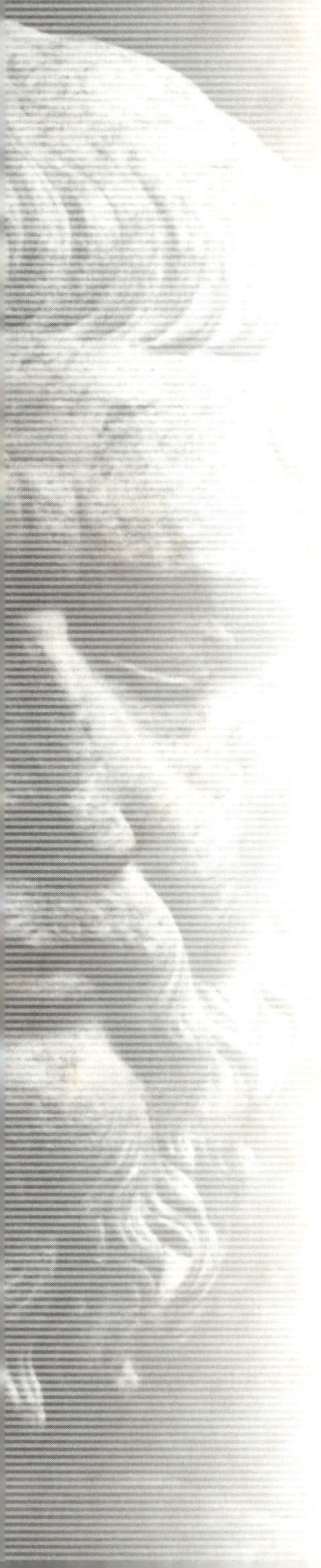

プラトン政治哲学批判序説

——人間と政治

永井健晴［著］

風行社

ψυχῇ μητρός

〔目　次〕

第一部　プラトン『国家』篇における正義と魂不滅──予備的考察　1

第二部 正義と支配――『国家』篇 327a-367e 153

第三部 シティズンシップとアイデンティティ 195

第四部　自然 physis と作為 technê——支配（統治）におけるテクネー・アナロジー　237

第五部　正義と自由　279

［凡例］

1　本書の第一部、第二部、第三部、第五部は、もともと異なる機会に書かれたものである。章のタイトルや編成など、多少変更しているところもあるが、内容は概ねもとのままである。第三部はかなり書き加えたところがある。初出一覧は「あとがき」に付した。

2　第四部は今回の出版に際して、新たに書き足したものである。

3　ギリシア語の概念に関しては、カタカナのところもあるが、基本的にラテン文字で記した。アクセント記号や気息記号は省いたが、長母音には accent circumflex のようなしるしを付した。

4　古代ギリシア人の人名については、慣例に倣って長母音をつづめた。事項に関しては、もとの長母音を残した。但し、すでに日本語として定着しているものは、そのように記した。（例えば、イデアーをイデアとした。）

5　必要と思われたいくつかの箇所で、ギリシア語原文のセンテンスを挿入した。多少奇妙ではあるが、これもラテン文字で記した。

第一部　プラトン『国家』篇における正義と魂不滅

――予備的考察

序

ἐν δ' ὕδωρ ψῦχρον κελάδει δι' ὕσδων
μαλίνων, βρόδοισι δὲ παῖς ὀ χῶρος
ἐσκίαστ', αἰθυσσομένων δὲ φύλλων
κῶμα κατέρρει·

すず川のほとり
からなしの　枝を鳴らして
風そよぎ　渡りゆく、
葉末のさやに　とよめけば
まどろみの　流れておつる

サッポオ　断片二（呉茂一訳）

Ἔσπερε πάντα φέρων ὄσα φαίνολις ἐσκέδασ'
αὔως,
†φέρεις, ὄϊν, φέρεις† αἶγα, φέρεις ἄπυ μάτερι
παῖδα.

夕星《ゆうずつ》よ
光をもたらす暁が
散らせしものを
そなたはみなつれ戻す
羊をかえし
山羊をかえし
母のもとに子をつれかえす

サッポオ　断片九五（北嶋美雪訳）

πλήρης μὲν ἐφαίνετ' ἀ σελάννα,
αἰ δ' ὠς περὶ βῶμον ἐστάθησαν

折りしも今宵　望月なるを
乙女らが　祭壇をめぐりて
並み立ちければ

同　断片五三（同）

ἄστερες μὲν ἀμφὶ κάλαν σελάνναν
ἂψ ἀπυκρύπτοισι φάεννον εἶδος
ὄπποτα πλήθοισα μάλιστα λάμπη
γᾶν

綺羅星も　さやけき月のかたえに
影をひそむる
銀月の　大地にあまねく
照りわたるとき

同　断片三（同）

ἀρτίως μὲν ἀ χρυσοπέδιλλος Αὔως　Σαπφώ

今しも、あの
黄金《きん》の　鞋《あさぐつ》はく
あかときが
…………

同　断片一二三（呉茂一訳）

蒼穹の中天に燦々ときらめく黄金《きん》色の太陽は、生きとし生けるもの一切を遍照せしめている。氾濫する光の中で澄み切った静謐な大気は万物の輪郭をくっきりと際立たせる。群青の海は無数の光を眩く点滅している。早春ともなれば、丘に群生するアネモネは海からの微風に身を軽やかに靡かせ、深紅の雛罌粟《ひなげし》は凛呼とした生命の輝きを可憐に漲らせる。果樹たちは伸び広がった枝という枝に、仄かに芳香を放つ清楚な白い花々を咲き競わせる。晩夏ともなれば、たわわに実を結んだ橄欖《オリーブ》の林は銀緑色の葉末をざわめかせ、林檎《からなし》、無花果《いちじく》、石榴《ざくろ》、そして葡萄の木々が醇乎として熟れた実を重たげに揺らしている。灰白色の大地のここかしこに広がる麦畑は、天に向けた穂先を緩やかに波打たせている。牧童たちが穏やかな羊たちや犬たちと伴に木漏れ日の下で熟睡《うまい》するとき、聞こえてくるのは遠くの潮騒と蝉時雨ばかりである。夕照の中で多島海が葡萄色に染まると、峨々たる山塊は逆光に山の端の稜線を画然と浮かび上がらせる。やがて満天は手の届きそうなところで宝石箱を覆したように綺羅を競う星辰で埋め尽くされる。

あるべきものがあるように設つらえられた精彩に富む天与の舞台の上でも、古代ギリシア人たちの「受苦の演劇」das Theater der Leidenschaften は繰り広げられたに違いない。夥しい数の魂の惨劇は何ひとつ語られることも記《しる》されることもなく、かれらの快活な精神と暗鬱な情念をともなって永劫に消え去った。消滅だけが救済であるかのように。身体の苦痛はその身体の消滅とともにやがて鎮まるであろう。だが、魂には消滅による救済がないとすれば、「過ぎ去ってしまった悲惨」das vergangene Elend、魂が受けた不条理な惨苦を宥めるものがあろうか。澄明な夜空に競って綺羅を飾る数多の星辰だけが、死すべき人間たちの想像力に修羅の記憶を喚起しづつける。善悪、正邪、美醜、愛憎、快苦、真偽――無数の人間たちの生死における悲喜こもごもの営みの一つひとつを織り込んだテクストを読み解こうとするのは誰なのか。冥府から悲劇の終曲を告げるクォロスが地鳴りのように響いてくるとき、大きな黄金《きん》色に輝く両眼を憑かれたように瞠いた「ミネルバの梟」(1)は、漆黒の闇へ向かって勢いよく飛び去っていく。

＊

古典古代世界は、人類の記憶の中に、とりわけヨーロッパ人のそれの中に、あたかも光眩い黄金時代であったかのような鮮明なイメージを刻印した。事実、ギリシア人の残した数々の芸術・学問上の遺産はローマとゲルマンの世界において古典となり、西欧文化の揺るぎない隅《すみ》の首石《おやいし》の一つとなった。だが、それはなお、とりわけ近現代世界に生きる人間にとって、いかなる意義を持ちうるであろうか。

ヘーゲルによれば、世界史という織物は、世界史という舞台の上で労苦しながら社会的に活動する諸個人の「受苦」と「理性」とを緯《たていと》と経《よこいと》として織り成される。それは数多の倫理的不条理に溢れかえった「受苦の演劇」であり、血腥い「屠殺台」でさえある。無数の偶然と必然の連鎖の果てに活動する諸個人の膨大な労苦と悲惨を手段として、いわゆる大文字の「理性」が世界史「過程（審判）」において自己を実現していく。[2] ヘーゲルにとって、世界史 Weltgeschichte は世界法廷 Weltgericht である。

若きフリードリヒ・ヘーゲルは、シラーやヘルダーリンと同様に、[3] 憧憬に駆られて、古典古代ギリシア世界を、自分の同時代の堕落度を計る基準として、また堕落した現実世界がそこへ復帰してゆくべき範型として理想化した。[4] これに対して、老ヘーゲルは、それを西欧近代世界（「キリスト教ゲルマン世界」）において完成する件《くだん》の「世界史過程（審判）」の一段階として位置づけた。[5] たしかに、ヘーゲルに従えば、古典古代ギリシアの「市民共同体」（ポリス）には、西欧近代「市民（ブルジョア）社会」のそれに固有の、個体と全体との分裂や矛盾が存在しない。すなわち、そこには、競技《アゴーン》や闘争《エリス》の関係は存在しても、少なくともポリス市民にとって、後のマルクスが言う意味での構造的な「疎外」や「搾取」の関係は存在しない。そこに見られたのは、個人と共同体の稀有な調和である。

しかし、ヘーゲルによれば、西欧近代「市民（ブルジョア）社会」は、まさにそれ自体に内在するそうした否定的諸契機を通じて、一方では、かの「古典古代」ギリシア人たちの「市民共同体」には未だ存在しない、万人に普遍的に通用するような、「抽象的法（権利）」ないし形式法や「道徳性」ないし「主体性」の原理を、他方では、飛躍的に発展した自然支配力（科学技術）と厖大な社会的富の蓄積を、要するに、ヘーゲルの言う二重の意味での人間の「自由」（選択意思ないし恣意の自由と「自己限定」としての自由）を実現させる条件を成立させた。

若きカール・マルクスの中にも、ギリシア自然哲学への関心ばかりでなく、ジャン・ジャック・ルソーを介して、古典古代ギリシアのポリス共同体と民主制への憧憬とその理想化が見られる。(6)それに対して、老マルクスは、古典古代ギリシア人たちの「市民共同体」を、（近代「市民（ブルジョア）社会」と対比して）「共同体」の歴史的に特殊な一形式（古典古代的形式）として、と同時に「階級社会」の一形式（奴隷制社会）として捉え直した。(7)この「階級社会」を廃棄するための現実的な前提条件の一つは、かれにとって生産力の飛躍的発展であるが、この発展は「共同体」一般の解体と西欧近代「市民（ブルジョア）社会」の成立から帰結した。

マルクスにとって、ヘーゲルにとってと同じく、西欧近代の基本的課題は、端的に言って、この西欧近代「市民（ブルジョア）社会」の成立を前提として、その存立構造をラディカルに「批判」ないし「揚棄」すること、すなわち、一方でそこに内在する「疎外」や「搾取」の構造を廃棄し、他方でそこで確立する「主体性」の原理に基づき、新たに「自由人たちの連合体」Verein der freien Menschenを創建することであった。この意味で、マルクスは、社会構造の転換に関する歴史的認識の枠組を、必要な変更を付すならば、基本的にヘーゲルから継承したのである。

われわれは現在、こうした一九世紀的ないわゆる西欧（人間・理性）中心主義的グランド・セオリーを、そのままドグマとして受け入れることはできない。もちろん、人間社会の発展の可能性を闇雲に否定することもドグマに他ならないであろう。むしろ、ヘーゲルの「理性」概念やマルクスの「労働」概念は、世俗化したキリスト教的ヒューマニズムに基づく自然観や歴史観の枠組を離れても通用しうるような普遍的性格を備えている、とさえ言えるであろう。しかし、これらの概念も、ある意味で、基本的に極めて両義的もしくは未分化のままであり、従って容易に一面化（すなわち、ホルクハイマーの言う意味で「主観化」ないし「道具化」）されてしまう可能性を残しており、また実際、この可能性は現実化したのである。(8)

とはいえ、ドイツ古典哲学、就中ヘーゲルとマルクスとの思想の核心にあるものの共通項を、所与の自然的諸条件を前提にして歴史的に形式転換しうる、人間の「社会的労働」の「理性」に適ったあり方、あるいは、社会的存在としての人間の理性的「自律」、という観点として設定しうるならば、ここでの「理性」や「労働」の概念がなお両義的かつ未分化のままであるとしても、これらをあっさり投げ捨てるならば、大事な赤ん坊を風呂桶の水と一緒に投げ捨てるようなものであろう。

さて、西欧近代世界における社会哲学的意味で本質的な問題の核心を、ホルクハイマーの用語を使って端的に定式化するならば、それは「理性の自己破壊」とこれに対応する「自然の反乱」から帰結する、人間の「生存の危機」と「アイデンティティの危機」(あるいは、マックス・ウェーバーに従えば、生きることの「意味」と「自由」の喪失)ということになろう。[9] このことの因って来る所以は、ホルクハイマーの議論に従うならば、「社会的存在」としての人間が、まさに自らの「主体性」(理性的「自律」)を確立していく過程において、「理性の主観化あるいは道具化」によって、その内的自然(欲求)と外的自然(環境)との盲目的な抑圧と支配を強いるような、敵対的・排他的な社会関係(構造的な「疎外」と「搾取」の関係)を形成してきた点にある。だが、ホルクハイマーとアドルノによれば、西欧近代世界に内在する根本的問題は、古代ギリシア以来の西欧文明に淵源する「啓蒙の弁証法」に、すなわち、その「理性」そのものに内在する自己矛盾に、由来する。[10]

だが、その「理性」に自己批判能力があるかぎり、社会的存在としての人間の生きることの「意味」、「自由」と「正義」への問かけは喚起され続けるであろう。広義の「社会的労働」は、人間にとって、単に「生存」überleben のためばかりでなく、「有意味に(善く)生きる」gut leben ためにこそ必要であるが、その負担と成果(社会的価値)の公平な(「理性」に適った)配分によってのみ、「正義」は実現しうる。この「正義」の実現はまた、「自由」と「平等」の均衡の実現にかかっている。その際、問題は、端的に言って、この「正義」の基準は何であるか、ということよりも、むしろ、まさにこの基準そのものを、社会的存在である人間における理性的自己批判能力の一定の歴史的水準に照らして、誰がいかにしていかなる制度の下で決定するのか、という点に存するであろう。

古典古代ギリシア世界において成立した政治理論は、とりわけプラトンのそれは、こうした近現代世界における本質的な政治哲学的諸問題に取り組もうとする者に、いかなる示唆を与えるであろうか。ここでは、プラトンが、とりわけかれの主著と目される『国家』篇において、ヘシオドス以来呈示されている「正義」への問に対して、いかに答えようとしているか、かれはまた「正義」が実現されうる国家社会（共同体）のあり方をいかに構想しているか、そしてこの構想は人間が生きることの「意味」への問にいかに係わるか――これらについての予備的考察を行いたい。なお、第一部、第一章では、プラトンの議論の前提になっている、古典古代ギリシア世界の自然的・歴史的・社会的諸条件、ポリス共同体の存立構造、ポリス的「自由」の概念、アテーナイ「民主制」などについて、簡単なスケッチを試みる。第二章以下では『国家』篇の諸問題について予備的考察を行う。

第一章　古典古代ギリシア世界とポリス共同体

1　古典古代ギリシア世界のエレメンタ――自然的・歴史的諸条件

ここでは、さしあたり、「古典古代」世界の成立を可能にさせた諸々の偶然と必然の結合そのものの前提となる、自然的・歴史的諸条件の概略を押さえておきたい。

はじめに一般論として、その生活環境（自然）への適応能力という点において、生物種としての人間が際立った特徴を備えている、という人間学的議論に注目をしておこう。人間は、生物学的適応能力の点で「未熟状態」で生まれ、「成年状態」Mündigkeit にまで成長するために相対的に著しく長期間を要するばかりでなく、種の再生産のために不可欠な社会的行動、とりわけ生殖や同種内の相互殺戮に関する本能的衝動制御メカニズムを備えていない。[1] この点で、人間はいわゆる「欠陥動物」Mangelswesen である。[2] だが他方で、まさにこの生物学的デメリット、すなわち、その生活活動の在り方が本能によって決定される度合いが相対的に低いということ自体が、つまり、逆にまさにそのデメリットゆえに、そのあり方の可塑性が高いということ自体が、その所与の生物学的メリットたる相対的に発達した大脳器官と発声器官の潜在能力を通じて、ある意味で、より大きな適応能力を持ちうる可能性を、生物種としての人間（homo sapiens, homo loquens, homo faber）に与えている。そして、この可能性は、人間諸個体が、かれらそれぞれがそこに生まれ落ちた歴史的にすでに形成されている所与の社会の中で、欠落した本能的メカニズムを代替する衝動抑制メカニズムとしての「道具的行為」規則と「倫理的行為」規範とを学習する、という意味での「社会化」よって現実化する。(3) この意味で、生物種としての人間の諸個体は、第二の自然としての、この歴史的にすでに形成されている所与の社会に適応することを通じて、第一の自然環境への適応を果たす。人間という生物種は、まさにこの社会的に間接化（二重化）した適応のあり方次第で、他の生物種と異なり、極地から赤道直下に至るまでの苛酷な自然条件下でさえ、場合によっては生存しうるのである。

しかしながら、人類の文明を実際に成立せしめたのは、極地と赤道の間の、気温と湿度とが年間を通じて相対的に適度である地域である。一般に、自然環境があまりに苛酷で、それへの適応に——すなわち、生存のための必要（労働）に——人間が精一杯であるかぎり、あるいは逆に、自然環境が生存のための緊張した労働を殆ど必要としないほど恵まれたものであるかぎり、要するに、社会的生産（農業と牧畜）が成立するばかりでなく、さらに一定の生産力の発展による剰余生産が可能になる最低限の自然的条件と社会的条件とが揃わないかぎり、人類の社会が文明を産み出すのは困難だからである。

文字通り、アジア、アフリカそしてヨーロッパの三大陸に挟まれた「地中海世界」は、上述のような、文明を成立せしめうる自然的諸条件を備えた地球上の諸地域の一つである。「夏の乾燥、冬の湿潤」(4)（マルトンヌ「年乾燥指数二〇以上、夏乾燥指数五以下」(5)）——このように、和辻哲郎は『風土』の中で、この地域の気候を端的に表現している。この地域は、その狭隘な大地も塩分の多い海も、湿潤（熱帯、亜熱帯）地帯におけるそれらの豊饒さを持たない。むしろ、どちらかと言えば土地は痩せ、海の幸にもあまり恵まれていない。とはいえ、この地域は、大地を耕すために（すでに家畜も部分的に使う「犂農耕」）苛酷な労働を強いることはない。冬の天水を利用する冬蒔きの穀物を中心とした、いわゆる「乾地農業」が可能であるがゆえに、砂漠の周辺地域に位置する「オリエント世界」におけるような、大河を利用した大規模な潅漑設備のための大量の集約的労働も、植生の旺盛な湿潤地帯におけるような、辛苦を強いる「除草」作業も必要としないからである（専門家による「世界における農業技術体系の区分」に従えば、地中海地域の農業は、湿潤地帯の「中耕除草農業」と対照をなす、乾燥地帯の「休閑保水農業」である）。[6] そして、なによりも、諸大陸に囲まれ、冬期を除けば常に比較的穏やかであり続ける地中海は、諸大陸や散在する島嶼を結び、地域特性をもつ農産物や鉱物資源などの物財ばかりでなく、総じて文化そのものを運搬する、天与の交通路となることにより、古典古代ギリシア世界の成立に測り知れない寄与を果たした。

さて、古代史の専門家によれば、前一二世紀前後に、諸民族の連鎖的に引き起こされた大移動に伴い、オリエント的専制諸王国によって織り成される「文化複合体としての東地中海世界」に大地殻変動が生じた。これと連動する印欧語系ギリシア諸民族の第二次移動・征服により、先住ギリシア人の築き上げたエーゲ文明（クレタ島、ギリシア本島ミケーネなどにおける、小規模ながら一応貢納制、奴隷制、官僚制などを備えたオリエント的諸王国）は、全面的かつ決定的に崩壊した。[7]

周知のように、ヤスパースの謂う「枢軸時代」Axenzeit は、人類文化の歴史において特筆に値する画期である。一方で、冶金（労働要具、すなわち武具と農具に使われる青銅器、とりわけ鉄器の製造）の技術と文字の発明は、生産力の飛躍的発展と強力な階級支配の成立を可能とする条件であり、これらを前提として、まさにこの時期に、諸大陸の一定の地域に巨大なオリエント的専制国家が群立する。他方、まさに、これらの専制国家群の内外で惹起される諸民族、諸共同体間の激烈な軋轢の只中から、まさしく普遍的性格を備えた多様ないわゆる「世界宗教」、科学そして哲学が、時を同じくして諸大陸各地に成立した。[8] とりわけ、先行する東地中海世界の崩壊に伴ってギリシアとパレスティナで形成された古代文化（ギリシア精神と古代ユダヤ教）は、後の西欧文化の発展に決定的な意義を持つことになった。

この時期に、ギリシア本島は地理的かつ歴史的に極めて有利な位置を占めていた。強大なオリエント的専制諸国家の狭間にあって、その地理的近接ゆえに、それらに蹂躙され辛酸を舐め尽くすパレスティナ地域とは異なり、それらから地中海によって、距離的に遠からず近からず、適度に隔てられていたがゆえに、ギリシア本島は、一方で、それらによる征服を免れながら、他方で、それらのすぐれた先進的知識や技術を受け取ることができたからである。エーゲ文明の徹底的壊滅後、ギリシアはいわゆる「暗黒時代」となるが、この時期にギリシア人は、鉄器を導入し、フェニキア文字を基に新たにギリシア文字を案出した。オリエント世界とは異なり、ギリシアでは、これらは、上述したようなこの地域の相対的に有利な自然的かつ歴史的諸条件と相俟って、専制的国家の形成とその支配のためではなく、むしろ、件の古典古代ギリシア世界形成のための条件となった。要するに、人類史におけるいわゆる「周辺革命」Peripheral Revolutionの中のもっとも重要な一つ（古典古代ギリシア世界）の成立する前提条件は、上述のエレメンターリシュな諸条件と、古代オリエント文明世界に対する「古典古代」ギリシア世界の適度の地理的距離関係及びそれを通じて可能となる適切な歴史的継受関係との、絶妙なタイミング ein für allemal の結合であったと言えよう。

2　共同体とその古典古代的形式の概念規定

さて、ここでは次に、マルクスの「共同体」についての所論（「経済学批判要綱」の中の「資本制的生産に先行する諸形式」）あるいはウェーバーの「古代社会経済史」に就いてのそれを手がかりに、歴史的に形成された古典古代ギリシア世界の基礎構造とその世界史的位置づけとに関する諸問題の前提となる理論的枠組の大略を掴んでおきたい。(1) マルクスは、周知のように、「本源（原生）的共同体」を基礎に、歴史的に（すなわち、農業・牧畜そして諸「共同体」間の戦争という形の社会的生産の開始とともに）成立する「第二次共同体」を、生産手段としての土地 Grund und Boden の占有ないし所有のあり方（土地の私的占有と公的それとの間の比重）を基準に、三類型に区別している。(2) 結論から先に述べるならば、いわゆる「古典古代的共同体」においては、土地の「私的占取」と「共同占取」とが対立・拮抗するほど確固とした形で、生産手段としての土地の「私的所有」ein privates Eigentumという事態が、「共同体」の只中に成立した。(3) この事態が世界史においてはじめて明確な形で登場するのは、この時期の、この地域においてであるが、その「私的所有」と「共同体」は稀有な形で均衡していた。

ところで、この「私的所有」という事態はどういう経緯で成立し、またそれは一般に人間の社会にとっていかなる意味を持つのであろうか。当然のことながら、総じて、自然環境に適応しながら生存している生物種の諸個体には、まさにそのこと自身を通じて、生活資料の「私的占取」という事態が、いわば即自的に成立している。さらに、これも当然のことながら、「本源（原生）的共同体」による主要な生産手段としての土地の「共同占取」を基礎に何らかの形で「社会的労働」がすでに始まっている場合も、「共同体」に帰属する諸個人の再生産は、自己労働の成果としての生活資料の直接的もしくは間接的な「私的占取」によって可能となる。やがて、その「私的占取」の対象は、条件次第で、自己労働の成果としての、単なる生活資料や宅地などの生活手段ばかりでなく、同じくそれとしての、さまざまな労働要具、さらには「庭畑」などの生産手段にまで及びうる。他方で、生産諸力とりわけ生産技術の発展が剰余生産を可能にすれば、このことは諸「共同体」間の、さらには各「共同体」内部での、社会的分業 Teilung der sozialen Arbeit 成立の契機となりうる。翻って、この「共同体」を基礎とした社会的分業の発展は、「共同体」の枠の中で、生産手段としての土地の単なる「占有」Besitznahme の「所有」Eigentum への転化を条件づける。かくして、こうした可能的趨勢が現実化するならば、「共同体」の「第二次形成」は必然化する。(4)

社会的分業、生産力、私的占有の発展に伴い、「共同体」のメンバーたちの自己労働を基礎とする経済的自立度が高まり、これを通じて、一面では、かれらの「自己意識」のいわば「対自化」の可能性が、他面では、生産諸手段ひいては財一般の不均衡な集中化の可能性が生ずる。一度このようにして、「本源（原生）的共同体」のいわば本源的統合が危機に晒されるならば、「共同体」の存立にとって、その基礎にある「本源（原生）的共同性」の統合機能を代替する何か、と言うよりも、それを補完する何かの存否が、その死活問題となる。その何かとは、端的に言うならば、広義の「神話」と、それにより正統化される、同じく広義の「国家」（政治権力）に他ならない。一旦征服（あるいは、これに先行する「共同体」内の自然発生的な社会的機能分割）を契機にして成立する「国家」は、国家共同体が存立するかぎり、その後も、「共同体」の内外において生じうる紛争に常に本質的に係わる。それは、一方で、その至上の物理的暴力（政治権力）によって、「共同体」内部に生じる社会的価値の配分をめぐっての紛争に、「神話」ないし「世界像」の水準に応じた基準に従って決着を付ける。その際、「権力」は、それが「共同体」のメンバーたちの共有する「本源的共同性」の「疎外」態であるかぎりで、かれらによって、少なくとも暗黙裡に事実上正統化されている。それは、他方で、「共同体」の社会的生産の一環としての（あるいは、その前提としての）対外戦争や大規模な集団労働に際して、そのメンバーたちの共同労働の遂行を合理的かつ効率的に統括する機能を担う。まさに、この両機能を充全に果たしうるかぎりで、「国家」は、「共同体」の自己解体を防遏すると同時に、「階級支配」機能をも果たしうる。(5)

逆に言えば、生産手段としての土地の「私的占有」とその「公的占有」との間の、少なくとも潜在的な対立・緊張を孕んだマルクスの言う「第二次共同体」の存立は、「国家」による上述した統合機能を前提にしてのみ、可能なのである。かくして、いわゆる「国家によって組織される」die staatlich organisierte Gesellschaften(6) は、いわば、その外枠ないし外被たる「国家」と、その内実たる「第二次共同体」（もちろん、その基礎には依然として「本源（原生）的共同体」が残存し続ける）から構成される。「第二次共同体」内部の件の対立・緊張のバランスが「私的占有」の極に傾き切った時、要するに商品経済の全面化によって「共同体」が決定的に自己解体する時、近代「市民（ブルジョア）社会」が成立する。ここでは、「共同体的」桎梏（規制）から解放された原子論的諸個人の排他性そのものが、まさにかれらの盲目的な全面的依存関係の成立を必然化しているが、この事態は、かの「本源（原生）的共同体」を、いわば逆立ちした姿で現象させている、とも言えよう。生産手段としての土地の共同所有及び親族関係を基本とする「共同体」と、資本と労働という商品関係を基本とする「資本制社会」とは、たしかにその基本構造を決定的に異にしているが、しかし「国家」が上述の機能を果たすことによってのみその存立（と統合と）が確保されるという一点に関して両者は共通している。そしてまた、いずれの社会においても、社会的価値（欲求充足チャンス）の配分の決定根拠が何らかの「神話」に基づいているかぎり、顕在的にせよ潜在的にせよ、ある意味で、「構造的暴力」ないし「階級支配」が存在している

とも言えよう。(7)

さて、「共同体」の概念規定に関する以上のような極めて粗いスケッチを踏まえて、ここで、さしあたり「古典古代的共同体」という「第二次共同体」、とりわけギリシア人の「ポリス共同体」について、その構造上の基本的特徴（概念的種差）を確認しておきたい。(8) いうまでもなく、それは、まず基本的に、農業社会なのであるが、その基盤である土地の占有に関して、上述のように、その私的形式と共同的それとが、そこでは世界史には類を見ない稀有の均衡を維持している。ここでは、「共同体」の基礎である土地の「私的所有」が紛れもなく成立していながら、「共同体」そのものは微動だにしない。それどころか、まさにそれによって「共同体」は一層堅固になるのである。すなわち、ここで成立する「国家」は、「共同体」の外部には存在しないのである。つまり、「国家」は、ここではいわば「共同体」そのものである。したがって、いわゆる「共同体的規制」は、そのメンバーたちにとって、決して疎遠なものではない。要するに、ここでは、「自由」Freiheit と「共同」（連帯）Gemeinschaftlichkeit, Solidarität とが、消極的自由と積極的自由とが合致してしまうような構造を備えた「共同体国家」が成立するのである。(9)

これを可能にしたのは、上述したようなさまざまな自然的、歴史的前提条件を一応度外視するならば、一つは、自覚的な制度上の工夫であり、もう一つは、そのメンバーたち（ポリス市民 politai）自身の充実した自己労働である。すなわち、それは、制度上、比較的均等に配分された、あるいは少なくともそのメンバーたちの間に支配・隷属関係を生じさせるほどの格段の差がつけられないように配分された、私的所有地（家 oikos）における個別労働としての「生産活動」と、「国家」polis における共同労働としての「戦闘活動」を現実に遂行するかぎりでのみ獲得されうる、かれらの「自律と連帯」である。(10)

たしかに、この「ポリス共同体」の内外には「支配」構造が存在する。実際、「ポリス共同体」内部の（あるいはその外部の）「奴隷制」と他の「共同体」の従属化（あるいは逆に、少なくとも他の共同体の支配からの自立）とは、「ポリス市民」の上述の意味での自己労働を基礎とした「ポリス的自由」の歴史的現実における成立の前提条件であった。だが、それは単に歴史的に必要条件であったに過ぎず、歴史的にも原理的にも、十分条件ではありえない。なぜならば、その十分条件はあくまでもそのメンバーたち自身の充実した自己労働の完遂にあり、「奴隷労働」による自己労働からの完璧な解放は、帝政末期のローマにおける場合と同じく、「ポリス的自由」の実現というよりも、むしろその喪失を意味するからである。

いずれにしても、特殊な自然的・歴史的諸条件下に、条件付ながら実現した「自由と共同との一致」の稀有な瞬間は、僥倖と称すべきさまざまな偶然と必然の組み合わせによって生まれた一回限りの世界史的事件である、と言うべきであろう。

3　ポリス共同体における自由 eleutheria 概念

エーゲ文明（ミケーネ文明）崩壊後の古代ギリシア史は、一般に「暗黒時代」（前一二—八世紀）、「古拙期」（前八—六世紀）そして「古典期」（前五—四世紀）の三期に区分される。すでに触れたように、ギリシア語諸種族の大規模な（第二次）南下から、それらのギリシア本土への一応の定着（住み分け）に至るまで、「暗黒時代」を通じて、先住諸種族に対する、そして後続諸種族間の、苛烈な征服戦争が行われる。これがいかに苛烈であったかに関して、これから帰結する自他の「本源（原生）的共同体」（自然発生的ゲマインシャフト）の余す所ない根こそぎの壊滅が、それを暗示している。こうした「共同体」の徹底的解体を前提としてのみ、いわゆる「ポリス共同体」のまったく新たな形成が緒に就きえた、とも言えるであろう。前八世紀以降には、農業上の技術革新、急激な人口増加、耕地の相対的減少によって、活発な農業植民市建設活動が促された。前七世紀の後半からは、小アジアで貨幣鋳造が始まり、漸次ギリシア各地に普及する。小アジア、エーゲ海諸島嶼、黒海沿岸、北アフリカ、南イタリア、シチリア島、スペイン南岸などにおけるギリシア人植民市及びそれらの周辺の異民族地域は、海上交易、とりわけ奴隷交易のネットワークによって、ギリシア本土と有機的に結合された。かくして、「古拙期」を通じて、「ポリス共同体」を存立せしめる内外の枠組、すなわち、古典古代ギリシア世界の基礎構造が成立したわけである。(1)

さて、上述したように、「ポリス共同体」は、世界史上極めて特異かつ稀有な、いわば「国家」を内在化させた「共同体」である。もちろん、それはもはや「本源（原生）的共同体」ではなかったが、さりとて「共同体」を解体しないまま、その外に巨大な専制「国家」を屹立させるオリエント的「共同体」でも、あるいは逆に「共同体」を解体して、自らの外に「近代国家」を疎外させる「近代市民（ブルジョア）社会」でもなく、「私的所有を基盤とするゲマインシャフトという、奇妙に自己矛盾した新国家」(2)である。竹内芳郎はこれを次のように的確に定式化している。

「おもうに国家としてのポリスには、その本質において、奇妙な逆説が内包されていたように思われる。すなわち、ポリスとは、土地共有に根ざす原始共同体の延長上にある自然発生的なゲマインシャフトではけっしてなく、土地を私有している農民たちの自由かつ平等な社会関係によって構成されたひとつの市民社会でありながら、しかもそれでいて、近代市民社会のつくり出した近代国家とはまるで異なって、決してゲゼルシャフトではなくてやはりひとつのゲマインシャフト、したがってきわめて目的意識的に創造されたゲマインシャフトだ、という点である」(3)。

一般に、マルクスの言う「共同体」は、農業生産の手段たる土地のその構成メンバーたちによる即自的「共同占有」を基礎に形成されている社会関係が、客観化された事態である。そこには、多様な即自的「私的占有」はもちろん、場合によっては対自的「私的所有」でさえ現出しうるが、それらはいわゆる「共同体規制」によって押さえ込まれている。概念分析的に言えば、その構成メンバーたちの「本源（原生）的共同性」そのものは、かれらの占有行為に、これが共同的であれ私的であれ、反事実的 kontra-faktisch に（行為事実に照らして）先在する。(4)「本源（原生）的共同性」そのものは、「行為」によって創成されるのではなく、むしろ、（認識する「われわれにとって」für uns）それを所与とする

「行為」は、いわばそれを「共同体規制」の形で顕在化させるにすぎない。だが、「共同体」が所与の土地に根差して自然発生的に存立しているかぎり、そこでの即自的「占有行為」に対する「共同体規制」も、「行為」する諸成員にとって即自的性格を帯びている。

ギリシア諸民族の大規模な移動と激烈な征服戦争は、一方で、即自的に「共同占有」された土地に根差す自他の「自然発生的ゲマインシャフト」を根こそぎ解体し、まさにそれゆえに他方で、征服のための戦闘「行為」の遂行自体が、その構成メンバーたち自身にとって、その「行為」に対する「共同体規制」の形で顕在化する「本源（原生）的共同性」のいわば「対自（自覚）化」を必然化する。このように構成メンバーたちによっていわば「対自化」された「共同性」こそ、「あらたに人為的に創出された共同体としての戦闘集団への没我的な献身のモラル」[5]に他ならない。

「実際、ポリスは一定の領域に定着してゆくにつれて、また植民地争奪戦もやがて頭うちとなるにおよんで、スパルタのような例外を除いては、次第にその戦士集団的性格を希薄化してゆかざるをえなかったものの、にもかかわらず、その共同体への献身の心術だけはけっして手ばなそうとはしなかった。もし手ばなすようなことをすれば、若干の公有地と公奴とを除くと、土地の共有とか国家的規模での共同労働の必要とかの経済的基盤をなにひとつもたないポリスは、必然的に解体してゆくほかないことを、ポリス市民自身がよく知っていたからである」[6]。

スパルタ人（ドーリア人）Spartiataiたちが征服・占取したペロポンネーソス地域においてであれ、アテーナイ人たちAthênaioiが征服を退けたとされるアッティカ地域においてであれ、「ポリス共同体」の出発点は、土地の自然発生的「共同占取」ではなく、「共同性」の徹底的対自化に基づくその自覚的「共同所有」であり、またこの「共同性」へ自覚的に一身を捧げ尽くす覚悟と気概を前提として分割された私有地（籤で分配された土地）klêrosである。従って、ここではたしかに私有地と公有地が存在し、マルクスの言うように土地の「私的占有」とその「共同占有」とが対立すると体」は、この意味で、戦士共同体 koinônia symmachê あるいは自己「労働」に基づく「自由人の連合体」である。[8]「ポリス共同体」存立のための戦闘に献身しうる能力と気概を持つ者たちのみが、この「ポリス共同体」にその構成メンバーとして帰属し、そして原理的には、このかぎりでのみ、「平等」homoioi かつ「自由」eleutheroi なのである。「ポリス共同体」は諸成員によってそのようなものとして自覚されている。「ポリス市民」polítai は、まず何よりも「戦士」stratiôtai であり、しかるのちに「独立自営農民」なのである。[7] 分割地において自律的に農耕に従事し、「重装歩兵」hoplîtai としての武装を自弁し、「密集隊」phalangx を構成し、「ポリス共同体」は、この意味で、

も言えようが、しかし原理的には、いわばこの対自的「私的所有」自体がそのまま「共同所有」なのであって、「共同体規制」は諸成員によってそのようなものとして自覚されている。「ポリス共同体」の構成メンバーたち、つまり「ポリス市民」polítai は、まず何よりも「戦士」stratiôtai であり、しかるのちに「独立自営農民」なのである。[7] 分割地において自律的に農耕に従事し、「重装歩兵」hoplîtai としての武装を自弁し、「密集隊」phalangx を構成し、「ポリス共同体」存立のための戦闘に献身しうる能力と気概を持つ者たちのみが、この「ポリス共同体」にその構成メンバーとして帰属し、そして原理的には、このかぎりでのみ、「平等」homoioi かつ「自由」eleutheroi なのである。「ポリス共同体」は、この意味で、戦士共同体 koinônia symmachê あるいは自己「労働」に基づく「自由人の連合体」である。[8]

実際、ギリシア語の「エレウテリアー（自由）」eleutheriâ という言葉は、語源的には、人々の中にある、共同体（民族）に帰属している、といった意味合いを持っている。ラテン語の「リーベルタース」libertas やドイツ語の「フライハイト」Freiheit も、語源そのものはそれぞれ異なるにせよ、こうした含意の点では、ギリシア語の「エレウテリアー」と共通している。これらの言葉の語源的含意は、ある意味では、近代語の同じ言葉のそれとは逆である。近代世界においては、「共同体的」桎梏（規制）からの解放こそが、むしろ一般的には、「自由」（消極的自由）を意味するからである。しかし、「共同体」（部族、氏族そして家族）からの離脱あるいは追放、その保護の欠如は、とりわけ近代以前の世界においては、アイデンティティの形成や維持の困難どころか、生存そのものの危機をも意味していたはずである。こうした困難や危機の回避を「共同体」が可能にしうるかぎりで、それへの帰属とその保護こそが、ここでは、さしあたり、「自由」eleutheriâ の意味するところなのである。けれども、その構成メンバーたちの「自己意識」のいわば「対自化」が進むにつれ、とりわけ、帰属する「共同体」そのものが他の「共同体」に従属する場合、あるいは「共同体」の内部に階級構造が存在し、その被支配の地位に置かれることを余儀なくされる場合には、「共同体」への単なる即自的帰属は、もはや「自由」を意味しなくなる。[9]

「ポリス共同体」の世界では、「エレウテリアー（自由）」は、さしあたり、一方の構成メンバー諸個人のあり方とい

う点からは、「ポリス共同体」にその自立的構成メンバー（戦士、クレーロスとオイコスを根拠とする独立自営農民）として帰属すること、つまり「ポリス市民」polítêsであること、すなわち、奴隷身分にないことを、そして他方の「ポリス共同体」のあり方という点からは、「ソーテーリアー」sôtêriâ（ポリスが、対外的に他国からの征服あるいは従属化を免れ、そのことによって対内的に安寧秩序が保全されていること）を意味している。あるいは、さらに次のように言ったほうがよいであろう。すなわち、個体と全体のそれぞれのこうした在り方が相互に規定しあっている事態（ミクロの次元の「コスモス」kosmosとマクロの次元のそれとの間の「ハルモニアー」harmoniâという事態）、まさにこの事態そのものによって両者の（個人の他者に対する、そして自国の他国に対する）「アウタルケイア」autarkeia（自立、自給自足）が実現していること、これこそが、ここではまさしく「エレウテリアー」である。

この意味での「エレウテリアー」は「ポリス共同体」一般のいわば共通項である。この「エレウテリアー」の基本的性格と構造は、次のような形姿で具体化される。すなわち、同質かつ同格の戦士たちが車座になって行う公開の集会ekklêsiâ、重装歩兵たちhoplîtaiの自発的規律により形成される密集隊列phalangx、ポリスの団結とその公共性のシンボルである「ヘスティアー（竈）」hestiâが置かれ、公開討議agoreueinが行われるアゴラagoraの周囲に（実際にはともかく、少なくとも理念的には、そこから等距離に）集住synoikeînする、各々の「家」oikosの「ヘスティアー（竈）」の中心点への空間的位置関係――これらがそれである。イオニア（ミレートス）の自然哲学者、アナクシマンドロス（BC610‐547年）以来のギリシア人のいわゆる「幾何学的宇宙像」には、むしろ「ポリス共同体」のこうした基本的性格と構造が反映されているとも言えよう。(10)

しかし、アテーナイのような「ポリス共同体」においては、その基礎構造ならびにその諸成員の「自己意識」の水準からして、「エレウテリアー」eleutheriâは、「アウトノミアー（自律）」autonomiâ（習俗規範の「対自化」・法規範の自己定立）、さらには「イセーゴリアー」isêgoriâ（同等の自由な発言権、法律上の平等、市民的自由）などと同義にまでなる。すなわち、ここでは、ギリシアの「ポリス共同体」一般が共有する「エレウテリアー」（自由）を、自覚的「制度化」を通じて、「デーモクラティアー」（民主制）dêmokratiâと結合させることが試みられた。[11] だが、後に見るように、アテーナイ民主制の末期には、プラトンが厳しく論難するように、古典古代的ギリシアの「エレウテリアー」は、恣意ないし選択意思、すなわち近代的な消極的自由の意味への変質する。

4　アテーナイ人の民主制 dêmokratiâ 概念

アテーナイにおける国制 polîteiâ は、「王制」basileiâ（後に最高官職の政務官 archôn の役職名の一つとなる）から始まり、すでに前九世紀には、「貴族制」aristokratiâ になっていた、と考えられている。[1] 前七世紀中葉には、「ポリス共同体」の核心を成す「重装歩兵制」hoplîteiâ が本格化した。[2] アテーナイ史を叙述する歴史家は、便宜上、ポリス市民polîtai を、血統・家柄・農産物収入額などの優劣によって、そしてまたこれに応じた戦士集団内部での役割のそれによって、「貴族」agathoi, eupatridai と「平民」kakoi とに区別するが、両者の間に「奴隷」doûloi に対する「階級支配」のような関係があったわけでは必ずしもない。しかし、「貴族制」aristokratiâ においては、氏族組織 genos に替わる「フラートリアー」phrâtoriâ と称される擬制的血縁組織を基礎に、「アレイオス・パゴス評議会」Areios pagos を中核として、「貴族」層が長期にわたって国政運営の主導権（とりわけ裁判権）を掌握し、そのことで政治的支配権を独占し続けた。[3] 上述したように、「古拙期」（前八—六世紀）のギリシア世界には、植民活動や海上交易の展開、貨幣経済の普及、手工業の発展、購買奴隷制の成立など、対外的にも対内的にも、相互に関連し合った一連の社会的分業と生産力の発展が見られたが、これらの経済構造の変動は、アテーナイにあって、ポリス体制の確立に寄与すると同時に、その「貴族制」を動揺させる誘因となった。すなわち、この変動は、一方で、戦士として自弁すべき武具の低廉化などにより、多数の「平民」たちの重装歩兵制・密集隊戦術における役割の比重を増加させ、さらには、これがかれらの政治的発言力の増加にも繋がった。しかし、他方では、同じその変動はまた、もともといわば自然発生的に生じていた貧富の格差を

さらに拡大させ、「貴族」内部での主導権争いなどと相俟って、「貴族」と「平民」の対立を激化させた。(4)

アテーナイにおいては、まさにポリス体制のこうした変動状況の只中で、世紀を追って順次、これに対処するための意識的制度改革が行われ、やがて「貴族」支配が実質的に打破されるにまで至った。前七世紀前半のいわゆる「ドラコンの立法」（BC.624年）は、「ノモイ」nomoi（習俗規範・慣習法）の成文化と公開化によって、法律知識の「貴族」による独占を突き崩した。(5) さらに、前六世紀初頭と同世紀末に敢行された史上名高い二つの改革、すなわち「ソロンの改革」（BC.594年）と「クレイステネスの改革」（BC.508年）は、アテーナイ民主制を成立させるための諸々の前提条件を作り出した。

まず、「ソロンの改革」においては、債務の帳消し、身体を抵当にする借財の禁止などによって貧農の奴隷化が防止され、血統や家柄ではなく財産額（土地の年産穀物高）を基準にして四等級の階層区分（「五〇〇メディムノス級」pentakosio-medimnoi、「騎士級」hippeîs［五〇〇―三〇〇メディムノス］、「農民級」zeugitai［三〇〇―二〇〇メディムノス］、「労働者級」thêtes［二〇〇メディムノス以下］がなされ、それぞれの国政参加権限が規定された。(6)

次に、「クレイステネスの改革」においては、市民資格認定団体である地域的下部組織として、上述の「フラートリアー」phrâtoriâ に替えて一三九の「デーモス」dêmos を単位とする一〇の人為的行政組織「ヒュレー（部族）」phylê、この「部族」から選出された各五〇名、計五〇〇名（任期一年、再任不可）によって構成される「ブーレー（五百人評議会）」boulê; pentakosioi、同じくそこから各一名、計一〇名（重任可）から成る「ストラテーゴイ（将軍職）」stratêgoi が設立された。(7) ギリシア語の「デーモス」dêmos には、土地、人民、そしてここで提示した「ヒュレー」phylê を構成する地域単位などの意味があるが、これらの制度改革を通じて、「平民」もしくは貧民が地域単位としての「デーモス」を基礎にして国政に参加しうる人為的政治制度という意味での「デーモクラティアー（民主制）」dêmokratiâ の基本的枠組が設定された。(8)

周知のように、前五世紀前半、ギリシア人の多くの「ポリス共同体」が大同団結して、侵攻するオリエントの大帝国ペルシアの大軍を両三度にわたり退けた、いわゆる「ペルシア戦争」は、さまざまな意味で古代史を画する大事件であった。ペルシア軍の来冠に対して、ギリシア人は、自民族の興廃を賭けて乾坤一擲の戦いを挑むが、とりわけ中心的役割を演じたのはアテーナイ人とスパルタ人であった。ギリシア人は、この戦争を勝ち抜くことによって、よかれあしかれ、オリエント的専制に対するギリシア的なポリス的自由の国制の優位を、つまり「蛮人」barbaroi に対する「ギリシア人」Hellênikos の優位を、確信するに至った。[9]

この戦争はまた、「ポリス共同体」にとってばかりでなく、成立後いまだなお日の浅いアテーナイ人の「デーモクラティアー（民主制）」にとっても、鼎の軽重を問うものであった。「サラミスの海戦」（BC.480年）とその翌年の「プラタイアイの陸戦」の後の半世紀は、あらゆる意味でアテーナイ人たちの全盛期であり、かれらはこの時期に絢爛と開花した文化を謳歌するとともに、「デーモクラティアー」を制度的に完成させた。ここでは、一方で、アテーナイ海軍の「三段櫂船」triêrês に「戦闘員」epibatai として乗り組んだ中小農民（「農民級」zeugitai）ばかりでなく、とりわけ、その漕者 hypêresiai として活躍した下層民（「労働者級」thêtikoi）までが、政治的発言力を強化し、他方で、これを入れるかたちで、エフィアルテスや、かれの衣鉢を継ぐかのペリクレスが、国制改革を断行する。「貴族」の牙城「アレイオス・パゴス評議会」の実質的権限は、すべて「民会」ekklêsiā、「五百人評議会」boulê、「民衆裁判所」dikastêrion に移され、「民会」が国政上の最高機関となった。軍事的かつ政治的な最高指導者の性格を持った「ストラテーゴス（将軍・宰相職）」stratêgos 以外の公職、評議会委員、陪審員などに関して、任期一年再任不可の輪番制 peristrophê が採用された。「アルコーン（最高政務官職）」archôn については、その就任資格が「農民級」zeugitai（や、後には「労働者級」thêtes）にまで引き下げられ、したがって、この最高官職は、すべての等級より予選された者たちの中から、平等に籤引き kyamos で、選任されることになった。

要するに、ここには基本的に、「職業としての行政」どころか、「職業としての政治」さえも存在しないような、すなわち、少数の専門官僚（行政官、司法官）としてではなく、いわば素人として、すべての市民が政治権力に実質的に参与しうるような国制の制度化が意図的に計られたわけである。かくして、国政参加権限に関して、血統・家柄・財産などの一切の制限が撤廃されたという点で、すべてのポリス市民の政治的権利における「平等」homoiotêsが制度上完成する。ここに、「ポリス共同体」一般の「エレウテリアー（自由）」とアテーナイの「デーモクラティアー（民主制）」との結合が実現したわけである。[10]

トゥキュディデスの簡勁な筆致で表現された、絶頂期アテーナイを象徴する「ストラテーゴス（将軍・宰相）」、ペリクレスの、あまりにも名高い国葬演説には、「デーモクラティアー（民主制）」に対するアテーナイ人たちの高揚した矜持が的確に示されている。

「われらの政体は他国の制度を追従するものではない。人の理想を追うのではなく、人をしてわが範に習わしめるものである。その名は、少数者の独占を排し多数者の公平を守ることを旨として、民主政治と呼ばれる。わが国においては、個人間に紛争が生ずれば、法律の定めによってすべての人に平等な発言が認められる。だが一個人が才能の秀でていることが世に分かれば、輪番制に立つ平等を排し世人の認めるその人の能力に応じて、公の高い地位を授けられる。またたとえ貧窮に身を起こそうとも、国に益を為す力を持つならば、貧しさゆえに道を閉ざされることはない。（……）私の生活においてわれらは互いに制肘を加えることはしない、だがこと公に関するときには、法を犯す振舞いを深く恥じ恐れる。時の政治を与かるものに従い、法を敬い、特に、侵されたものを救う掟と、万人に廉恥の心を呼び覚ます不文の掟とを、厚く尊ぶことを忘れない」（『戦史』、二、三七）。[11]

「われらは質朴のうちに美を愛し、柔弱に堕することなく知を愛する。われらは富を行動の礎とするが、徒に富を誇らない。また身の貧しさを認めることを恥とはしないが、貧困を克服する努力を怠るのを深く恥じる。そして己れの家計同様に国の計にもよく心を用い、己れの生業に熟達を励むかたわら、国政の進むべき道に充分な判断を持つように心得る」（同、二、四〇）。[12]

「まとめていえば、われらの国全体はギリシアが追うべき理想の顕現であり、われら一人一人の市民は、人生の広い諸活動に通暁し、自由人の品位を持し、己れの知性の円熟を期することができると思う」(13)（同、二、四一）。

よく知られているように、この演説は、アテーナイとスパルタをそれぞれ盟主としてギリシア世界を二分する両陣営が以後三十年近くにわたって消耗戦を繰り返す「ペロポンネーソス戦争」（BC.431-401年）の劈頭に、初戦に斃れた人々の国葬に際して行われたものである。この中で、ペリクレスは、アテーナイ人とスパルタ人の国制や気風などを対照させ、自国のそれらを賛美し、それらの優位点を列挙している。そこには、まさしく、上で言及した「ソーテーリアー（救国、独立）」sôtêriā、「アウトノミアー（自律、自治）」autonomiā、「イセーゴリアー（平等の市民権）」isêgoriā、「アウタルケイア（自活、自給）」autarkeia などのすべての諸理念が、別言すれば、上述の「エレウテリアー（自由）」の意識(14)（精神）と「デーモクラティアー（民主制）」という制度とが結合された「民主制ポリス」の理念が表現されている。

さて、このようないわゆる「アテーナイ民主制」が、いかなる諸条件の下で、何時から、いかにして、形成されてきたかについては、上で甚だ粗略ながらスケッチを試みた。ここでは、その衰退もしくは堕落に関して、同様の諸点についてごく簡単に触れておきたい。「ペロポンネーソス戦争」後、その敗戦にもかかわらず、少なくとも外面的には、その国制の点でも（戦争末期に挫折に終わった二度の寡頭制樹立の試みがあったが(15)）その経済的な意味での国力の点でも、アテーナイに、一気に転換期（没落期）が訪れたわけではない。むしろ、その後約一世紀間、とりわけ後者の点では、それなりの繁栄が享受された。だが、この間に、アテーナイ「民主制ポリス」の内実の変質もしくは形骸化は決定的となった。

「民主制ポリス」そのものが孕んでいた原理的諸問題については、さしあたり別にしておくとしても、すでに件のペリクレスの時代から、ある意味で、その頽廃の兆しは現れていた。すなわち、国政参加に関する平等の権利が制度的に実現した当時から、まさにそのことのために、公職や軍役への参加に対して、それどころか、「民会」出席や「観劇」にまでも、国庫から「手当」（給料）が支払われるようになっていた。これは、よかれあしかれ、端的に言って、自弁を原則とする、つまり公への献身を前提として、それを通じて自立を獲得するという構成メンバーの自律的精神を本質とする「ポリス共同体」の自己否定である。しかも、ペルシアに備えて結成されたいわゆる「デーロス同盟」の資金を、それを主宰するアテーナイ人たちが、件の諸「手当」や自国の公共建築物の費用に流用していたことが事実であるとするならば、アテーナイ「民主制ポリス」は、歴史家がそう表現するように、「帝国」化した、と言わざるをえない。あるいはむしろ、制度上構成メンバーたちの「平等」を原則とするアテーナイ「民主制ポリス」は、他の同盟諸国に対する帝国主義的「支配」（収奪）を基礎にしてのみ成立しえた、とも言えよう。この意味では、「ペロポンネーソス戦争」そのものが、「全体主義」に対して「民主主義」を防衛するための戦いなどと言うよりも、ギリシア世界の覇権をめぐる「帝国主義」戦争であった、と言ったほうが正確であろう。事実、戦争期間中に示された、彼我の、精神的退廃、道徳的無節操、民衆に迎合するデーマゴーゴスの跳梁跋扈は目を被うばかりのものだったのである。[16]

いずれにしても、前四世紀に入ってからも、敗戦にもかかわらず、アテーナイでは、市民権とそれに対応する土地所有権に関する排他的・閉鎖的制度の枠組と、そして「デーモクラティアー」の政治体制とが基本的には維持された。だが、一方で、貨幣経済、奴隷経済の展開に伴い、市民権を持たないまま（持ちえないまま）領域内に居住する「居留外国人」metoikoiが手工業、金融業、鉱山採掘業などを通じて大きな経済力を持つようになり、他方で、中小土地所有を基盤とするポリス市民の貧富への二極分解に歯止めがかからず、その結果、土地所有権・市民権の移動まで生ずることになるとともに、こうした経済構造の変動を背景として、市民皆兵制が傭兵制に実質的に代替されるまでに至った。かくして、政治と軍事とが分離し、傭兵雇用のため国家財源が逼迫して、財源調達のための戦争が必然化する。要するに、充実した自己「労働」を基礎にして、個の自立とその「共同体」への献身とが見事に調和するような「ポリス共同体」が、あるいは少なくともその内実が、この前四世紀を通じて、決定的に崩壊していったのである。[17]

ソクラテスとプラトンは、アテーナイ「民主制的ポリス」の輝かしい黄金時代の記憶がなお鮮烈に残りながら、すでにその堕落と解体の兆しが明確に現れはじめた転換期の只中で生きたのである。かのミネルバの梟がまさに迫りくる古典古代ギリシア世界の黄昏に飛び立つように。

5　中間的考察――古典古代と西欧近代――啓蒙の弁証法

周知のように、前六世紀から前五世紀にかけてイオニアや南イタリアなどのギリシア人植民市に端を発するギリシア哲学（タレス、アナクシマンドロス、ピュタゴラス、クセノファネス、ヘラクレイトス、パルメニデス、エンペドクレス、アナクサゴラスなど）の水流は、古典期（前五―四世紀）に、いわゆるソフィストたちやソクラテス、そしてデモクリトスなどを経て、プラトンとアリストテレスという大河に流れ込んだ。(1)

世界観に関して、古代ギリシア哲学は西欧近代哲学と基本的に異なっている、と言えるであろう。敢えて単純化すれば、前者は宇宙（自然）論 Kosmologie 的ないし形相質料論 Phylemorphismus 的パラダイムから、後者は、主体客体関係 Subjekt-Objekt-Relation 論的パラダイムから出発しているからである。後者における、自然と人間、個人と共同体、事実と価値、そして法と道徳などの位相の決定的断絶は、前者には見られない。しかし、このパラダイム転換にもかかわらず、両者の間には明らかに連続性がある、とも言えるであろう。すなわち、存在論と認識論、宇宙論と人間論、独断論と懐疑論、形而上学と経験科学、理論哲学と実践哲学、そしてポリス学（国家論・社会論）と倫理学などの形で、（自然と人間との）存在構造に係わる、そして（人間の）認識機能に係わる、近代の哲学的・学問的立場に通底する普遍的諸課題が、あるいは少なくとも、それらの萌芽が、この数世紀間のギリシア世界には、すでに出揃ってきているからである。そこでは、こうした哲学や科学ばかりでなく、近現代世界に生きる人間の魂にもその奥底において共鳴を惹き起こすようなさまざまな造形芸術や文芸もまた百花繚乱のごとく咲き誇った。要するに、両者の間には決定的差異性とともに共通性が存在するのである。

これらの古典的な学問や芸術の本質や性格について、そしてまた、それらが何故にこの時期にこの地域で叢生したのか、この理由について考察しようとするならば、件の古典古代ギリシア人の「ポリス共同体」の構造や、これに由来する「ポリス的自由」（エレウテリアー）[2]との関連を、われわれは考えないわけにはいかないであろう。ちょうど、ルネサンス以降の西欧近代的な学問や芸術の開花が、西欧近代「市民（ブルジョア）社会」の成立過程を抜きにしては考えられないように。ここで、かの誤解を招き易い「土台が上部構造を規定する」とか「意識の存在被拘束性」といったテーゼをドグマとして主張する必要はない。思惟や感性の在り方と社会構造のそれとの間には何らかの相互的制約関係がある、という言明が仮説として立てうるなら足りる。この仮説が有意味であるとすれば、われわれが上で考察したように、「古典古代的ポリス共同体」と「西欧近代市民（ブルジョア）社会」との間に、構造上の差異性のみならず同時に共通性もまた存在する以上、古典古代の学芸が、その本質や性格において、西欧近代のそれとの間に、同様に差異性と同時に共通性をも持っているのは単なる偶然ではない、と言えるからである。

ところで、ホワイトヘッドが述べているように、あらゆる西欧哲学がプラトン哲学のフット・ノートに過ぎないかどうかはさておき、次のような意味で、プラトン、アリストテレスの古典古代哲学史における位置は、ベーコン、デカルト以来の西欧近代哲学史におけるカント、ヘーゲルの位置に類似している、とは言えるであろう。すなわち、それらは、いずれも、それぞれの（古典古代と西欧近代という）時代や世界の決算期あるいは転換期に際して、先行する哲学が提示した諸課題を徹底的に吟味・検討し、それらを集約して厳密に定義すると同時に、そこに含まれたさまざまな深刻な矛盾や限界を、それぞれの独自の仕方で揚棄しようとする試みである、という意味で。実際、プラトンのアカデーメイアに学んだアリストテレスは、ソクラテス以前の自然哲学や存在論とソクラテスやプラトンに始まるような倫理学やポリス学とを体系化し、ギリシア哲学を固有の仕方で集大成している。

しかしながら、プラトンに関して言えば、その哲学の本質（あるいはその固有の特徴）は、アリストテレスのように先行するさまざまな哲学を鋳直して単に集大成したなどという点よりも、むしろ「ポリス共同体」世界の件の危機状況の只中で、その危機の因って来る所以を鋭敏に感受するとともに、それを的確に概念把握しようとし、さらには、まさにそれを通じて、人間世界の根源的な存在構造そのものを「理性」（ロゴス）の光によって照らし出そうと激しく希求している点に在るのではなかろうか。プラトン哲学における思惟のはたらかせ方の異様な緊張と深みは、ここに由来するように思われる。

さて、「すでに神話が啓蒙である」という『啓蒙の弁証法』*Dialektik der Aufklärung* におけるホルクハイマーとアドルノの第一テーゼに従うならば、(3)「ポリス共同体」の形成が始まった「暗黒時代」の末期のかのホメロスの叙事詩以来、自然哲学に関しては、「古拙期」中頃のタレス以来、いわゆる広義の「啓蒙」Aufklärung ないし「脱神話化」Entmythologisierung 過程がすでに緒に就いている。とりわけ、「ソクラテス以前の自然哲学」における宇宙論や存在論は、（「理性」に適った根拠を持たない盲目的言説という意味での）自然発生的な諸々の「神話」を、解体・再編するという、「啓蒙」の役割を演じた。だがまた、かの第二テーゼに従うならば、「啓蒙は神話に逆転する」。(4)「ポリス共同体」世界の危機状況の只中から登場してくる、ソクラテスやプラトンと同時代のさまざまな相対主義・懐疑主義者たちにとって、あらゆる実体論的な宇宙論や存在論は、それ自体が、すでに「神話」であった。ここでは、いわゆるソフィステース sophistēs と呼ばれる人々自身がそれをどのように自覚していたどうかはさておき、ホルクハイマーの言う意味で、「理性」（ヌース、ロゴス）の「主観化＝道具化」が必然化した。(5)

だが、ここでの「主観的＝道具的な理性」による、あらゆる存在論の徹底的「脱神話化」は、それ自身のテロス telos にそれ自身が盲目 opaque; blind になってしまわざるをえないという意味で、「理性」そのものの自己破壊へ帰着せざるをえない。このいわゆる「啓蒙の弁証法」の過程は不可逆である。しかし、よかれあしかれ、自然ばかりでなく人間をも支配するための道具として機能する「主観的＝道具的な理性」は、古典古代ギリシア世界においては、近代西欧世界におけるようには、社会生活のなかで必ずしも全面的に展開されることはなかった。前者においては、すでに商品・貨幣経済のかなりの発展が見られるとしても、上で見たように、それは、「共同体」的諸関係の構造を決定的に解体して、「資本制社会」におけるように、構造上総ての社会関係を「商品関係」に置き替えてしまうまでには至らないからである。

けれども、かの「ポリス共同体」世界の危機状況から成立する「主観的＝道具的な理性」は、翻って、「ポリス共同体」の土台である、その構成メンバーたちの件の古典古代ギリシア人に固有の「ポリス的自由」（エレウテリアー）の意識そのものを、決定的に破壊する力を秘めていた。生粋のアテーナイ人 Athênaioi であるソクラテスとプラトンは、かれらがまさにそこに生きているアテーナイという「ポリス共同体」そのものの「アイデンティティの危機」を、かれら自身の、さらにまた人間存在そのものの、「アイデンティティの危機」として鋭敏に感受した、と言えるのではあるまいか。(6)

第二章　『国家』篇の主題と構成

1　ソクラテス・モティーフ

プラトンの作品は、ソクラテス以前の哲学者たちのそれが断片の形でしか残っていないのに対して、その大部分がほぼ完全な形でわれわれに残されている。かれが約八〇年の生涯のうちに残したのは、初期の『ソクラテスの弁明』から絶筆の大作『法律』に至る（偽作の可能性もあるものを含めて）三五の対話篇と一三の書簡である。長期にわたる「ペロポンネーソス戦争」の初期の段階、前四二九年に、かのアテーナイの指導者、ペリクレスは没しているが、プラトンはその翌々年アテーナイの名門の家系に生まれている。戦争、飢餓、疫病、内乱そして道徳的退廃、かれが青少年期を過ごしたアテーナイは、文字通り危機状況の中にあった。(1) 戦争がアテーナイの敗北で一応終結した時、かれは二〇代の前半であり、かの「ソクラテス裁判」の行われた時、二〇代後半であった。周知のように、いわゆる『第七書簡』によれば、プラトンは名門のアテーナイ人として、若年の頃「政治」に志を立てたが、やがてそれに絶望し、「哲学」へ転向したとのことである。この転向に関して、かれが親炙したソクラテスという人物の影響がいかに大きかったかは、かれの作品の中に示唆されている。(2) 両者の関係をどのように捉えるか、この点についてはここでは立ち入らない。いずれにしても、プラトンは、その後その生涯の最後まで、常識にとっては背理としか思えない「政治と哲学」との関係を哲学的に探究することに、終始一貫飽くことを知らなかった。

『国家』篇（原題は国制 Polīteiā であり、テクストによっては、正義 to dikaion について、というサブタイトルが付される）は、その思想内容からして、中期の著作群に属すると考えられている。ここには、文体上の特徴についてはさておくとして、内容上、初期の作品に見られるいわゆる「ソクラテス・モティーフ」(3)に加えて、というよりも、それを基礎にして、ソクラテスにはなかった（と思われている）プラトン哲学固有の思想的諸契機が、ほぼ出揃ってきているからである。この点を、思想的に、ソクラテスへの「裏切り」と見なすのか、(4)あるいはその独自な展開と考えるのかは、決定的に意見の分かれるところである。だが、いずれにしても、この作品が、古来かれの主著と目されてきたことには充分な理由がある。まず何よりも、扱われている主題そのものが、プラトンが生涯一貫して執拗に探究し続けた当のことがらであるからである。それればかりではない。この作品においてプラトンは、一見その長大もしくは冗長な外観にもかかわらず、実は、かれが固執し続けた主題に関する理解の（異様とも思われるほどの）思想的深さを　——かれ独自の考え抜かれた論究（正義論、ポリス論、教育論、イデア論、哲人王論、魂不滅論など）を展開しながら——周到かつ緊密な構成の下に精細な筆致で描き尽くしているからである。

この対話篇の主題が何であるかについては、一応、その主タイトルと、古来のテクストに付されてきた副タイトルとに示されている。すなわち「国制 Poīteiā あるいは正義 to dikaion について、ポリス的対話篇」(5)というのが、それである。

ギリシア語の「ポリーテイアー」polīteiā という言葉は、一般に、ポリスの市民権 civil right やポリスの体制、つまり国制 constitutions; Verfassungen（王制、寡頭制、民主制などのポリスの統治形式）などを意味している。このテクストでは、たしかに後者が扱われてはいるが、しかし国制の単なる類型論そのものが問題とされているのではない。眼目とされているのは、いうまでもなく、「正義」に適う「国家」polis とは何か、そして、それよりもなによりも、このような「国家」においてのみ成立しうるはずの「正義」に適う人間の「魂」psychē とは何か、これである。すなわち、ここで言われている「ポリーテイアー」という言葉は、単なる国制ではなく、構造上類比されかつ機能的に相互に限定し合っている、一方の「ポリス共同体」の構成秩序と、他方のその構成メンバーたちの「魂」のそれ、この両方を指示している。この意味での「ポリーテイアー」は、必要な変更を付すならば、ヘーゲル哲学における「客観的精神」とそれを構成する「主観的精神」という両概念の関係秩序、(6) あるいは現代社会理論で言われるような、個人と共同体との両方のアイデンティティ形成の限定関係、すなわち「人格的アイデンティティ」とその形成と維持とを可能にせしめる「意味」（行為規範）秩序と、(7) 類比することもできるであろう。

「正義」dikaion; dikaiosynêというギリシア語は、語源的含意はともかくとして、(8) 一般的には、習俗規範nomosに適っていること、公正な裁判、倫理的正しさ、理拠に適う事態などを意味する。しかし、まさにこの時代に、かの危機状況の中で、伝統的な習俗規範そのものの自明性が動揺し、かつそれが問題化される。「ノモス」nomosとは、時代や地域によって相対的・可変的なものに過ぎないのか、それともその相対的・可変的な見かけの背後に、それを普遍的・不変的に根拠づける何かがあるのか。あるとすれば、それは何なのか。こうして、改めて「正義」とはそもそも何なのか、これが問われることになる。プラトンの結論を先取りするならば、かれの言う「正義」とは、「理知」sophiâもしくは「理性」logosによって制御された人間の「魂」の調和のとれた秩序を意味している。プラトンは、「正義」とは何か、を解明することで、さらにこのような「正義」に適う人間の「魂」が真実に幸福でありうるか、を論証しようとしている。プラトンは、この対話篇の登場人物、とりわけソクラテスをして、かれらの「ディアロゴス」（対話）の中で、「ロゴス」（理性）と「ミュートス」（神話、物語）とを、「アナロギアー」（類比）と「メタフォラー」（暗喩）とを自覚的に使い分け、かつ縦横無尽に展開せしめて、これを論証しようとしている。

プラトンをして、このような意味での「正義」の探究へと赴かしめたのは、かの「ソクラテス・モティーフ」と称ばれるところの当のものである。すでに上で言及したように、アテーナイ「民主制ポリス」が制度的に完成した時、まさにその時に、「ポリス共同体」の「エレウテリアー」の内実の喪失・解体過程は開始していた。(9) プラトンが、この主著のテクストにおいて、ソクラテスをして語らしめている、アテーナイ民主制における人々の「魂」の頽廃情況は、トュキュディデスが、上で掲げた、かの国葬演説の中で、ペリクレスをして語らしめているところのものに対して、極めて鮮明な対照を示している[10]。プラトンが描き出しているのは、「偽りとまやかしの言説と思惑」が跋扈し、「真実の言説（ロゴス）」が姿を消すことを通じて、諸々の「アレテー（徳）」aretê; arêtai が追放され、それらに替わって、「不必要な欲望」によって占拠されてしまった「青年の魂の城砦（アクロポリス）」の有様である[11]。

「このまやかしの言説たちは、それら（のアレテー）を追放して空っぽにし、自分たちが占拠して大いなるテロス（秘儀）を授けた青年の魂を浄化すると、次には直ちに、倨傲、無統制（アナルキアー）、浪費、無恥に冠を戴かせ、クォロスを従わせて輝く光の下に、これを追放から連れ戻す。倨傲を育ちの善さ、無統制を自由、浪費を鷹揚、無恥を勇敢と呼んで、美名のもとに賛歌する」（560e）[12]。

かくて、「青年の魂の城砦」においては、「必要な欲望」と「不必要な欲望」とが無差別となる。これによって、ここでは、あらゆる価値と権威とは崩壊する。

「こうしてかれは、その時々に訪れる欲望に耽ってこれを満足させながら、その日その日を送って行くだろう。ある時は酒に酔い痴れて笛の音に聞き惚れるかと思えば、次には水しか飲まずに身体を痩せさせ、ある時はまた体育に勤しみ、ある時はすべてを放擲してただひたすら怠け、ある時はまた哲学に没頭して時を忘れるような様子を見せる、というふうに。しばしばまたかれは国政に参加し、壇に駆け上がって、たまたま思い着いたことを言ったり行ったりする。時によって軍人たちを羨ましく思うと、そちらの方へ動かされるし、商人たちが羨ましくなれば、今度はその方へ向かって行く。こうしてかれの生活には、秩序もなければ必然性もない。しかしかれはこのような生活を、快く、自由で、幸福な生活と呼んで、一生涯この生き方を守りつづけるのだ」(561cd)[13]。「父親は子供に似た人間になるように、また息子たちを恐れるように習慣づけられ、他方、息子は父親に似た人間となり、両親の前に恥じる気持ちも怖れる気持ちも持たなくなる。(……)先生は生徒を恐れて御機嫌をとり、生徒は先生を軽蔑し、個人的な養育掛りの者に対しても同様の態度をとる。一般に、若者たちは年長者と対等に振舞って、言葉においても行為においても年長者と張り合い、他方、年長者たちは、若者たちに自分を合わせて、面白くない人間だとか権威主義者だとか思われないために、若者たちを真似て機知や冗談で一杯の人間となる」(563ab)[14]。

あたかも「われわれにとって」(für uns)はヘーゲルが『精神現象学』の中で引用しているディドロの『ラモーの甥』の「引き裂かれた意識」das zerrissene Bewusstsein[15]であるかのように思われる、このような「魂」の有様も、「当事者たちにとって」(für sie)は、そこに多少とも「自己意識」がはたらくかぎり、いわば「快活なニヒリズム」といったところであろう[16]。しかし、それが何らかの契機によって、そこから一歩踏み出せば、それは、かの「ストア主義」Stoizismus、「懐疑主義」Skeptizismus そして「不幸な意識」das unglückliche Bewusstsein[17]などの「自己意識」の諸形式へと転化するであろう。さらに、これは、条件次第で(ドストエフスキイの小説『悪霊』の主人公スタブローギンや『カラマーゾフの兄弟』のイワンにおけるような)「完璧なニヒリズム」か、もしくは絶対的超越神への飛躍か、この二者択一へと行き着くであろう。一般的には、すでに形骸化された「ポリス共同体」を支える内外の二重の支配構造が崩壊するか、あるいは「共同体」そのものが最終的に解体するかの、いずれでもないかぎり、「自己意識」はそこまで進むことはないであろうが。

だが、「ポリス共同体」の本質を成す「エレウテリアー(自由)」が「アナルキアー(無秩序)」に転化するとともに、上述の無差別は、自己目的化した「富」への欲望(あるいは、行き着くところ、生存そのもの)以外の、あらゆる価値や権威を破壊し、「理性の主観化=道具化」を不可避とする。なるほど、「理性」(ロゴス)は、もはや合理的根拠を持ちえない単に伝統的なすべての価値や権威を批判し揚棄する。しかし、「主観化＝道具化」した「理性」は、それ自体の存在理由を自ら問う能力を喪う。「理性」の自己破壊によって、人間の「魂」は腐蝕する。[18] ソフィステースと呼ばれる人々の多くが「メトイコイ」（居留外国人）であったのとは異なり、よかれあしかれ、生粋のアテーナイ人であった、ソクラテスやプラトンにとって、かれらの「人格的アイデンティティ」を成り立たしめる、意味と価値の秩序としての、アテーナイ人たち Athênaioi という「ポリス共同体」の「アイデンティティの危機」は、かれ自身の「アイデンティティの危機」に他ならなかったはずである。

かくして、プラトンの描くソクラテスは、およそ何の外連味《けれんみ》もなく問う。そもそも、人間にとって、生きるに値する生き方とは何か、「人生に相渉るとは何の謂ぞ」[19]と。そして、かれは端的に言い切る。それは、ただ単に「生き延びること」überleben ではなく、「善く生きること」gut leben; eû zên である、と。「善く生きる」とは、かれにとって、「富」を求めることでも、「名誉」を求めることでもなく、ただひたすら人間の「魂」をすぐれたものにしようとすること、「魂の世話」hê tês psychês epimeleia である。[20] 人間の「魂」の「アレテー（徳）」（「固有の機能の適（合）性」）、人間が人間である所以のもの、すなわち、「理知」sophiâ によって自己制御されている生活こそ、ソクラテスに従えば、「クシュンフェロン」xympheron あるいは「エウダイモニアー」eudaimoniâ（仕合わせ）[21] だからである。

「理性」とは、ソクラテスにとって、「ロゴス」（言葉、論理、概念定義、比量・識別する理性、理拠）の自覚的（自己反省的）機能である。[22] 上で言及したように、原生的諸神話に対する、イオニア派（タレス、アナクシマンドロス等）の「根本物質」やピュタゴラス派の「根本数」stoikeia、後二者に対する、エレアー派（パルメニデス、ゼノン等）の「存在」to on の「論理」logos は、いわば「理性」の「脱神話化」の行程を示している。この過程で、「ピュシス（自然）」と「ノモス（規範）」、「ノモス（規範）」と「ロゴス（理拠）」が分解する。ここでは、「存在」一般について、「行為結果において」en toîs ergois ではなく、「命題において」en toîs logois、「何であるか」（概念定義としてのロゴス、ti esti; ti ên eînai）という問が立てられても、すべての命題は、「理性」（ロゴス）の主観化によって、「臆見」doxâ 以外にはなりえない。[23]

まさしくこのことを自覚することから、すなわち、いわゆる「無知の知」[24]から出発して、ソクラテスは、「ディアレクティケー」（問答法、仮説弁証法）dialektikêを通じて、「臆見」doxâ（特殊定義）の定義としての不完全性を発見しながら、「ホリスモス」[25]（普遍定義）horismosにまで至ろうとする。このアリストテレスの言う意味での「エパゴーゲー」（概念帰納法）epagôgêがいわゆる「産婆術」maieutikê[26]と呼ばれるものであるが、ソクラテスの哲学史における画期的意義は、この点よりもむしろ、この方法のかの出発点、すなわち「無知の知」にあると言えよう。ある意味では、ここからはじめて狭義の「哲学」は始まる。すなわち、ソクラテスは、「無知」の自覚から、人間の自覚する機能そのものを自覚し、しかもこれを単に実体化することなく、「存在」一般について「何であるか」という問（概念定義）を、問うている当のものに向けている。「理知」sophiâとは、ソクラテスにとって、人間の「魂」の「自己批判」あるいは「自己反照（言及）」能力に他ならない。[27]プラトンは、タレス以来の自然哲学のみならず、上述したように、まさにこのソクラテスの問題意識と方法とを批判的に継受して、自らの課題に立ち向かった。

2　『国家』篇の構成

プラトンの『国家』篇全十巻は、かれの他の作品と同様に、「対話」形式をとっている。言うまでもなくこれは、一つの表現（叙述）のスタイルである。だが、このテクストは、そもそも、あらゆる言説、あらゆる思惟は、ロゴスlogosに係わる以上、他者との、そして自己自身との、対話dialogosである、ということを改めて示唆している。叙述は、一見、無造作に始められ、一般の会話がそうであるように、話題はその時々の切っ掛けから思わぬ転換と展開とを繰り返し、あたかも当事者が予期していなかったかのような結末へと向かって行く。けれども、プラトンは、このテクストで、思い付いたことを思い付くままに書き記しているのではない。むしろ、かれは内容と形式とを熟考して練り上げているのである。作品全体を見渡し、じっくりと腰を据えて向き合ってみるならば、それが極めて自覚的な方法によって充分考え抜かれ周到に構成されていることが判明する。細部にはさまざまな伏線がめぐらされ、表現効果も充分計算されている。

ここでは、単なるロゴスというよりも、いわばメタ・ロゴスが、すなわちロゴスによるロゴスの根拠づけが、問題になっている。したがって、問題となる当のことがらの検証は、単なる形式論理 dianoia によっては、論理の循環に陥るだけである。さりとて、その際、知覚経験の自明性を引き合いに出すわけにもいかない。そこで、単なる形式論理ばかりでなく、さまざまなイメージ eikasiā 類比 analogiā や比喩 metaphorā 神話あるいは物語 mythos が自覚的に展開されるのである。もちろん、登場人物たちの対話を操るプラトン自身には、単なるロゴスとミュートスそれぞれの限界が自覚されている。プラトンは、かれら（と同時にテクストの読者）をして、かれら自身との対話を通じて、それら（ロゴスとミュートス）それぞれの限界を自己発見せしめて、それらを成り立たせている当の根拠へと眼を向けさせてゆく。プラトン自身をこのようにさせているのは、メタ・ロゴスとしての理性 nous へのかれのいわば存在論的確信である。この確信は、さしあたり、ある種の倫理的センスから出発する。しかし、これは、「魂」の徳 aretē としての理性 sophiā の浄化 katharsis によって、要するに哲学的陶冶によって、揺るぎないものとなるはずなのである。

さて、さしあたりここで、この対話篇全十巻全体の構図と「その構造がおのずから示している相貌の意味」[1]とを、古典哲学の専門家に従って、先取りして見ておきたい。（言うまでもなく、それぞれの巻数は、文字通り巻物の物理的容量が尽きたことが示されているのであって、内容上の区分とは直接には対応しない。）

全編を俯瞰するとき、まず何よりも注目に値するのは、空間的にその中央部に位置するいわゆる「哲人統治論」のテーゼと、それを根拠づけるために展開されている「イデア論」（第五巻中頃―第七巻）とである。ここは、構築物全体を構成する各部分の力がこの一点に集まっているような、立論全体を支える中心点である。この中心点の前後に、「ポリス論」（第二巻―第五巻、第八巻―第九巻）が、さらにこれらの前後に「正義論」（第一巻、第十巻後半）が配置されている。「正義論」（Ⅰ）、「ポリス論」（Ⅰ）、「哲人統治論」の根拠としての「イデア論」、「ポリス論」（Ⅱ）、「正義論」（Ⅱ）という配置、これが、（……）全体としての見取り図が示す構図である。[2]」この構図に見えてくる「空間的な姿」は、「プラトン哲学の基本にあるソクラテス的な主題を裾野として、しだいにプラトン独自の主題（ポリス論とイデア論）へと中腹を登りつつ、中心部においてその頂点に達したのち、ふたたび前と対応する等高線をもつ地形をへて裾野へと至るような、ひとつの大きな山[3]」である。

他方、対話篇は、その各部分の論題を、時間的系列に従って展開させている。個々の論題は「対話の時間のなかで順次その内包量を増して行かざるをえない。[4]」しかし、ここでの「時間」は、発端から終末まで不可逆に流れ去る時間ではなく、円環を成した、いわば空間化された永劫の時間である。件の「哲人統治論」と「イデア論」は、「範型」paradeigmaとしての、「正義」と「ポリス」との構成秩序「ポリーテイアー」についての立論であるが、たしかに、これを前提にして展開される「ポリス論」（Ⅱ）（不完全な「国制」の諸類型論）と「正義論（Ⅱ）」（「魂」不滅論）とは、前に呈示されたそれらに比して内包量を増している、とも言えよう。あるいは、敢えて、前者（Ⅰ）を特殊命題とし、「イデア論」を一般命題とするならば、後者（Ⅱ）を綜合命題とすることもできるかもしれない。しかし、不可逆な時間でも形式論理学上の無時間でもない、上述したような内実のある円環的時間構造を前提にするならば、「イデア論」を共通の軸として両者が相互に対照され合うことではじめて、それぞれにおける立論の意味の明度が増すと言えよう。

さて、以上のような対話篇全体の構図とその内容上の区分を念頭に置きながら、各論で取り上げられている問題の要点を検討してみたい。

第三章　正義論（Ⅰ）

1　ケファロスとポレマルコス(1)

第一巻では、この対話篇の一貫した主題である「正義とは何か」という問題が提起される。ソクラテスの対話の相手は、メトイコイ（居留外人）metoikoiである三人、富裕な商工業者（盾製造業者）である老人ケファロス、その息子（相続人）ポレマルコス、ソフィステースのトゥラシュマコス、そしてアテーナイ人である三人、クレイトフォン、プラトンの兄のグラウコンとアデイマントスである。(2)もっとも、対話と言えるようなものは、実は、第一巻と第二巻の前半に限られ、それ以降は、プラトンの二人の兄弟が、ソクラテスの話に、もっぱら相槌を打つだけのような具合になっている。（「対話」が設定されている年代は、研究者によって区々であるが、一応前四三〇年頃が妥当とされている。(3)）ここでは、三つの「正義」観が示されるが、いずれも当時のアテーナイにおいて一般的であった社会規範についての臆見を集約したものと言えよう。

対話は、ソクラテスによる老年についての問かけに対する、ケファロス老人の回答から始まる。老年は、ケファロス老人によって、「猛々しい主人」である（現世の肉体的ないし金銭的）欲望（あるいは情欲）一般からの解放として捉えられている。市民権を持たないメトイコスでありながら、富裕なケファロス老人にとって、富そのものは自己目的ではないとされる。それは、かれにとって、既存の社会規範とそれを支える神々への信仰とを逸脱する行為をしないための保障である。一方で欲望が消滅し、他方でこうした既存の（自然的・社会的）権威に対して従順かつ敬虔であることによって、平穏な生活ができることが、この老人にとって人生の晩節における幸福なのである。したがって、かれにとっては、「正義」は、他人に対して真実を語る正直な態度のこと、誰かから何かを預かった場合にそれを返すこと、といったある意味では極めてまっとうな、しかしまたある意味ではきわめて凡庸な社会規範についての通念 doxa である。このケファロス老人の見解や生活態度を、後から登場するソフィステース、トゥラシュマコスのそれと対比させ、前者を「古代ギリシアの伝統的道徳」観と見る解釈があるが、(4) それは、それこそ、余りに凡庸な、あるいは、ある意味では決定的に的を外した解釈と言えよう。

話しはそれほど単純ではない。まず、善し悪しはさておき、市民権を持たないメトイコスであり武具製造業者であるケファロスの生活倫理と、少なくとも典型的アテーナイ市民のそれとが前提にする労働の質は基本的に異なる。前者は商工業の経営活動であり、後者は戦闘活動と自給自足的農業活動である。そして、上述したように、この後者の活動こそが、「ポリス共同体」の市民倫理の内実を成すものである。だが、すでに前五世紀後半のアテーナイにおいては、市民倫理は空洞化し始めていた。「ポリス共同体」の伝統そのものの内実が崩壊すること、まさにこのことによって伝統主義が成立する。まさにこの時点で、この伝統主義において、市民の生活倫理と非市民のそれとが、両者が無自覚であるかぎりで一致する。ケファロス老人が枚挙するような、真実を語る、虚偽を語らない、貸借弁済義務、給付と反対給付の等価、「節度」のある自足した生活、神への「敬虔」な態度等々(5)――こうした行為規範は、近代市民（ブルジョア）社会におけるように、排他的・相互「疎外」的人間関係においても、あるいは、商業行為一般においても、充分成立しうる。たしかに、この老人は善良かつ敬虔な生活を送ってきたのであろう。しかし、そうであるのは、かれ自身が、自他の人間関係や自らが生きる世界の現実の相に無自覚であるかぎりにおいてである。現実には、かれはむしろ、伝統主義によって、伝統の解体した世界に、よかれあしかれ、最適に適応してきたのである。また逆に、そのかぎりで、この伝統主義は、それ自身の実用主義あるいは道具主義への転化に対して無自覚である。

ケファロス老人の見解を引き継ぐ、かれの文字通りの相続人、ポレマルコスにおいても、事情は変わらない。各人にそれぞれ相応しいもの to prosêkon を、あるいはそれを修正した、友（正しき人）には善を、敵（不正な人）には悪を［与えよ］、という古代ギリシアの伝統に適う言明が、ポレマルコスから呈示される。しかし、この命題は、自同律に基づく形式論理による根拠づけの限界、すなわち、無限遡及あるいは循環に帰着するという限界を免れない。いまや、ここでは伝統の内実が形骸化している以上、真贋、善悪、美醜、正・不正など、およそ倫理的規範に関するすべての言明は主観化されかねない。ポレマルコスは父親から、伝統主義的倫理観を相続するが、父親の神に対する「敬虔」を受け継いでいない、と言われる。だが、そもそもその、親の信仰は、「ハーイデース」（冥界）における現世での行為に対する応報への恐怖あるいは応報という打算に基づいているのである。息子が父親から受け継いでいるのは、伝統的倫理というよりも、むしろ、その伝統主義倫理の内実が何か、ということへの無自覚そのものであった。けれども、この息子は、ソクラテスとの対話を通じ、「誰であれ人に害悪であることが正義に適わない」ことに同意し、単なる伝統主義倫理が剥き出しの権力主義と裏腹の関係にあることを自覚する可能性を示している。

(6)(7)(8)(9)

2　トゥラシュマコス――不正の弁証①[1]

富裕な商工業者親子、ケファロスとポレマルコスの「正義」観に対して、高名なソフィステースあるいは弁論家、トゥラシュマコスのそれは、何か著しく対照的で異質の見解であるかのような印象が一見与えられる。だが、両者の立場には、すでに触れたように、それぞれのテーゼにおける内容の違いにもかかわらず、それらを制約する前五世紀末のアテーナイにおける現実世界の構造に照らして考察するならば、見えない所で通低するものがあるように思われる。両者間の本質的差異は、端的に言って、見解や立場の相違などということよりも、むしろ、理念と現実との間の乖離に関する自覚度の相違にある。

「正義とは強者の利益以外ではない。」正義とは、他人にとって善いこと（利益）であり、自分の損失である。[2]トゥラシュマコスのこの有名なテーゼは、現実に「支配」や「疎外」が構造上存在する社会における、あらゆる倫理的規範や理念のイデオロギー機能を言っているに過ぎない。要するに、強者あるいは抜け目ない排他的利己主義者が主張するあらゆる正義は、かれらの他者支配あるいは他者を出し抜く行為を正当化する、と言っているわけである。トゥラシュマコスは、人々の垂直的・水平的「疎外」関係において、言語 logos 一般が、「主観化＝道具化」していることを冷徹に見極めているのである。

たしかに、トゥラシュマコスは、ニーチェが信奉する、かの『ゴルギアス』篇[3]に登場するカリクレスとは異なり、「力が正義だ」（Macht ist Recht.）とは積極的に言明していない。したがって、トゥラシュマコスの立場が、倫理的な意味で、能動的ニヒリズムなのか、あるいは単なるシニカルな常識主義なのか、対話篇を読むかぎりでは、必ずしも判然としない。しかし、いずれにしても、メトイコスであるかれが、アテーナイの現状における倫理的退廃、理念と現実の齟齬、正義と幸福の乖離に対して、鋭敏な感覚をはたらかせているのは確かである。かれが普遍的イデオロギー状況を自覚しながら、対話の中で、何気無く、ぶっきらぼうに、半分皮肉に、半分本気で、正義を「世にも気高い人のよさ」pany gennaiā euēteia、不正を「計らい上手」euboulīā と呼ぶとき、屈折しながらも、何かキラリと光るようなかれの倫理的感覚の閃きが覗かれる。[4]かれのソクラテスへの応接の背後には、他者との関係における愚直で馬鹿正直な生き方が結果として幸福に結び付かない（少なくともかれにはそのようにしか思えない）現実世界における倫理的不条理に対する激しくかつ氷りつくような憤りが感じられる。

トゥラシュマコスにとって、「正義」という述語が当てられる主語は、〈他者との関係において、他者の利益となり、自分の不利益になる事態〉、そして、両者の固有の能力差によって不利益を甘受せざるをえない、この関係における一方の者である。この場合の能力とは、他者を凌ぎうる打算能力、計算合理（あるいは、いわゆる「悟性」）の能力のことであって、これによって自己利益のために他者を手段化しうる者が、かれにとって、優秀でかつ不正な支配者である。要するに、「正義」と「幸福」は、この関係において、「正義」の人の所になく、「不正」の人の所にある。

ソクラテスは、それぞれ固有の対象を持つ技能 technê（この場合、支配（統治）archein のそれ、統治術 technê politikê）は、そもそもそれ自身のためではなく、その対象のためにあるのだ、という至極もっともな議論によって、トゥラシュマコスに反論を試みるが[5]、それはあるべき支配（統治）の技能について妥当することであって、現実の支配（統治）のあり方について語っている後者に対しては、必ずしも有効な反撃にはならない。さらに、エゴイストたちがエゴイスティックな目的のために徒党を組もうとするとき、それが可能であるためには内部倫理においてかれらはエゴイストに留まることはできない、という有名な「盗賊の倫理」についてのソクラテスの議論[6]も、それ自体は至極ごもっともな話であるが、現実には、エゴイストどうしの妥協・打算によって、いわば強固な排他的結合が現出しうる以上、必ずしも説得力のある反論にはならない。

さらには、「正義」は「魂」の「徳」aretê であり、「正しい魂」を持つ人は善く生き、「善く生きる」eu zên 人は「幸福」である、といった議論[7]も、これだけを取り出すならば、御説御もっとも、といったところであろう。トゥラシュマコスは、もてあましぎみに、苛立ちを押さえようとしながら、すべてに同意する。だが、トゥラシュマコスはまったく納得していない。現実世界の人間関係の有り様のみを冷徹に見据えているかれにとって、ソクラテスの言説は、気の抜けたトートロジーか、胡散臭い戯言のようにしか感じられないのである。

3　グラウコン——不正の弁証②[1]

トゥラシュマコスとソクラテスの対話は奇妙な行き違いとなって終わった。傍らでそれに静かに耳を傾けていた、生粋のアテーナイ人である二人の青年、グラウコンとアデイマントスは、ソクラテスの「正義」の弁証が、トゥラシュマコスに対してばかりでなく、かれら自身に対しても、充分な説得力を持たないことを感じる。かれら二人が問題にしようとするのは、「正義」と呼ばれることがらがもたらす「報酬」や世間の「評判」といった結果ではなく、「正・不正」の「それぞれが魂の内にあるときに、純粋にそれ自体としてどのような力をもつものなのか」(2)ということである。ソクラテスは、これに対して、さしあたり、「(正義)をそれ自体のためにも、それから生じる結果のゆえにも、愛さなければならないものに属すると思う」と答えている。(3)しかしながら、世間一般おいては（当代においても、おそらく現代においても）、「正義」は、まさに、その結果のゆえにやむをえないこと、それ自体としては厭うべきこと、と思われている。「正義」はそれ自体として何であるか、これが納得できない以上、「不正な人の生のほうが正しい人の生よりもはるかにまし」である現実世界を目の当たりする人たち（大衆及びソフィストたち）がそのように思うのは当然のことである、とも言えよう。(4)かくして、ソクラテスの弟子（同行者）synônである二人の廉潔な青年、グラウコンとアデイマントスは、かのトゥラシュマコスの「不正」の弁証を見事な形で再定式化して、これに対する再度の反論を、すなわち、「正義」が「不正」にまさる、ということについてのかれらも納得しうるような証明を、ソクラテスに求める。

まず、グラウコンは、「正義」とは何であり、それがいかなる起源を持つか、これについて、一般的な臆見doxâとして、近代における人間本性論や社会契約論の顔色を失わしめるようなクリアな議論を展開する。

「自然本来のあり方からすれば、人に不正を加えることは善（利）、自分が不正を受けることは悪（害）であるが、ただどちらかといえば、自分が不正を受けることによって被る悪（害）のほうが、人に不正を加えることによって得る善（利）よりも大きい。そこで、人間たちがお互いに不正を加えたり受けたりし合って、その両方を経験してみると、一方を避け他方を得るだけの力のない連中は、不正を加えることも受けることもないように互いに契約を結んでおくのが、得策であると考えるようになる。このことからして、人々は法律を制定し、お互いの間の契約を結ぶということを始めた。そして法の命ずることがらを合法的であり、正しいことであると呼ぶようになった。」

「これがすなわち、正義なるものの起源であり、その本性である。つまり正義とは、不正をはたらきながら罰を受けないという最善のことと、不正な仕打ちを受けながら仕返しする能力がないという最悪のこととの、中間的な妥協なのである。これら両者の中間にある正しいことが歓迎されるのは、決して積極的な善としてではなく、不正をはたらくだけの力がないから尊重されるというだけのことである。現に、それをなしうる能力のある者、真の男子ならば、不正を加えることも受けることもしないという契約など、決してだれとも結ぼうとしないだろう。そんなことをするのは、気違い沙汰であろうから。」(358e-359b)[5]

グラウコンが展開する議論に従えば、人間は、その自然本性 physis からして、「プレオネクシアー」(他者を凌いでより多く持とうとする貪欲さ) pleonexiā に駆られる存在であり、他者を凌ぎきる（一方的に不正をはたらく）能力がないかぎりでのみ、打算をはたらかせて、現行の「法律」(習俗規範) nomoi を「正義」として、不本意ながらも、それらの強制に従うのである。「何人も自発的に正しい人間である者はなく、強制されてやむをえずそうなっている」(360c) というわけである。このことは、次のような思考実験を試みるならば、明らかであろう。だれにも気づかれることなく、「何でも欲することが自由にできる力」exousiā poieîn ho ti an boulêtai[6]、すなわち、自分の姿が他者から見えなくなるという、かの「ギュゲスの黄金の指輪」を与えて、それを与えられた者が（他者に対し）何を為すかを、想像して見よ。これを掌中にして、何ら不正を為す気にならない者がいたら、人々は心中かれを「世にも哀れな大馬鹿者」と見なすであろうが、お互いの面前ではかれを賞賛するであろう。だが、「それは、自分が不正をはたらかれるのがこわさに、お互いを欺き合っているだけ」なのだ (360d)[7]。要するに、すべての人間は、「不正」のほうが「正義」よりもずっと得である lūsitelein と内心考えているのだ。だれしもわが胸に聞いてみよ、というわけである。

グラウコンは、「不正な人間」の生と「正しい人間」のそれとを比較して、いずれが「仕合わせ」(幸福) かということに関しても、一つの思考実験を行う。かれは、「不正な人間」と「正しい人間」の極限形態（いわば「理念型」）を、

「まるで彫像を磨き浄めるように」想定する。「不正な人間」の極とは「最大の悪事をはたらきながら、正義にかけては最大の評判を、自分のために確保できる人」（361a）である。[8]「正しい人間」の極とは、これとは正反対に、「何ひとつ不正をはたらかないのに、不正であるという最大の評判を受ける」[9]人間であり、「単純で、気高くて、アイスキュロスの言い方を借りれば、善き人と思われることではなく、善き人であることを望む」[10]人間である。両者が生涯一貫してそのような人間であるならば、前者はありとあらゆる賞賛と名誉と利益そして権力を享受し、神々からも人々からも愛され、これに対し、後者は「鞭打たれ、拷問にかけられ、縛り上げられ、両眼を焼かれてくり抜かれ、あげくの果てにはありとあらゆる責苦を受けたすえ、磔にされるだろう。そして、正しくあることをでなく、正しく思われることをこそ望むべきだと、思い知らされることだろう」（361d-362a）[11]。アイスキュロスの言い方は、むしろ前者に適用した方が適切である。すなわち、「まさしく不正な人間こそは、真実に即して事を行い、人の評判のために生きるのではない以上、不正と思われることではなく、不正であることを望んでいる」[12]のである。どちらの生涯が「仕合わせ」（幸福）であるかは、何人の眼にも火を見るよりも明らかではないのか、というわけである。

4　アデイマントス——不正の弁証③[1]

グラウコンがソクラテスの「正義」の弁証を引き出すことを意図して展開した「不正」の弁証は、充分に効果を挙げている。しかし、かれの兄アデイマントス（プラトンの長兄）は、弟の議論をなお不充分として、「正義」を賛え「不正」を咎める「評判」が、とりわけ青年たちの、「魂」の教育に与える影響力について語る。父親は息子に対して、一般に、正しい人であれ、と勧説する。詩人たちも、人々の行いの正・不正に対する神々の現世と冥界での報酬を、賞賛と非難の見事な言葉で唄いあげている。しかし、人々はおろか、神々さえも、「正義」というものをそれ自体として賛えているのではなく、それがもたらすよい「評判」doxāを賛えているのだ。理由は明確である。人々は異口同音に繰り返し語る。「節制や正義は確かに美しい、しかしそれは労苦を伴う。これに対して、放埒や不正は快く、容易に自分のものとなる、それが醜いとされるのは世間の思惑と法律・習慣 nomoi のうえのことにすぎないのだ」(2)。そして、かれらは「邪な人間であっても金その他の力をもっていれば、そういう人間のことを、公の場でも個人的立場でも、何はばかることなく、祝福し尊敬しようとする。他方、正しくても無力で貧乏な人間に対しては、前者と比べてより善人であることは認めながらも、これを見下し、軽蔑しようとする」。しかも、かれらの言に従えば、「神々でさえも、善き人々に不運と不幸な生活を、悪しき人々にその反対の運命を与えることがしばしばある」のである(364ab)(3)。

このような評判（世間の思惑）doxâ が大手を振って罷り通るところで、「人生をもっとも善く過ごすことができるかについて、考えて結論を出すだけの能力のある青年」は「正義の道と邪なる欺瞞の道との、どちらを行けば、より高い城壁に登る」ことができるか、自らに問うであろう。「世に語られているところによれば、私が正しい人間であっても、人にもそう思われるのでなければ、一文の得にもならず、苦労と明らかな損害があるばかりだという。これに反して、不正な人間でありながら正義の評判を確保してしまえば、至福の生活が獲られるということだ。それならば、賢者たちが教えてくれるように、見かけは真実にも打ち勝つ以上、そしてこの見かけこそは幸福の決め手となる以上、その方へ全力を振り向けなければならない。表向きの外見としては、徳に見せかけた影絵を身のまわりにまとい、背後にはしかし、世にも賢いアルキロコスが語った狡猾で抜け目のない狐を、引っ張って行かなければならない」と(365bc)(4)。

だが、人間における内外の行為の正義と不正が、それ自体として、明らかになる時と所はないであろうか。神（々）が一切を見逃さずにいるとするならば。当然ながら、こういう反論はありうる。しかしながら、「もし神々が存在しなければ、あるいは、存在しても人間のことにはまったく無関心であるならば」(365de)(5)、どうであろうか。それどころか、地獄の沙汰も金次第ということになれば、「不正をおかして、その悪事を元手にして神々に供物をささげるべきだということになる」(365e-366a)。

ここでは、あたかもパレスティナにおける古代ユダヤ教の預言者たちの——あるいは一九世紀のロシアにおけるドストエフスキイが造形したイワン・カラマーゾフという人物の――「倫理的不条理」に対する激しい憤怒を秘めた、重く暗い貌付きの背後で、カリクレスあるいはニーチェが描出するツァラトストラの乾いた哄笑が響き渡っているかのようである。「とにかく何らかの力を持つ人が正義を尊重する気になるなどということが、果たしてありうるだろうか？むしろそのような人は、正義が賞賛されるのを聞けば、笑い出さずにはいられないのではないか？」というわけである（367b）[(6)]。

かくして、弟グラウコンの「不正」の弁証についての議論に、かれの「ドクサ」の弁証についての議論を補完した上で、兄アデイマントスは、ソクラテスに対して改めて問うのである。「ただ正義は不正にまさることを言葉のうえで示すだけでなく、それぞれは、神々と人間に気づかれる気づかれないにかかわらず、それ自体としてそれ自身の力だけで、その所有者にどのようなはたらきを及ぼすがゆえに、一方は善であり、他方は悪であるのかを示すように」と（367e）[(7)]。

さて、トゥラシュマコスの言説やグラウコン、アデイマントス兄弟の展開している議論が呈示しているのは、「ポリス共同体」世界の解体、とりわけアテーナイの倫理的世界の崩壊、あるいはその鋭敏なる自覚である。この自覚はまた、逆に、人間社会一般における「倫理」というものの根源的状況の異様な深みを照らし出している。人間世界の「倫理的不条理」に関する鋭く激しい自覚に対してもっとも古典的な表現を与えたのは、古代ギリシアの哲学者たち（とりわけプラトン）とパレスティナの古代ユダヤ教の預言者たちである。それらの表現は、余りに深く激しく的確であるので、以後の人間が倫理に関して呈示したすべての問題が、あたかも、それらの気の抜けたバリエーションにすぎないかのように思えるほどである。いずれにしても、かれらが表現を与えた倫理的問題は、本格的な中世のキリスト教神学者、近現代の哲学者や文学者たちが真正面から受け止めて取り組もうとした当のことがらであるが、現代世界に生きる人間たちにも、そっくりそのまま手渡されていると言えよう。

すでに幾度も言及したように、ケファロス、ポレマルコス親子、トゥラシュマコス、グラウコン、アデイマントス兄弟の言説の背景には、それに関するそれぞれの自覚の程度はともかく、アテーナイ人たち Athênaioi という「ポリス共同体」の「アイデンティティの危機」ないしその解体情況がある。これは、いわゆる「ピュシス」と「ノモス」の即自的統一の解体とそれらの分離・対立として現出する。いわゆるソフィステースと呼ばれる人々の言説や、グラウコン、アデイマントスがかれらに代わって展開して見せた言説には、それらの分離・対立という同一の事態が反映している。但し、かれらの見解や立場にはさまざまな共通性と差異性が見られる。共通性は、まずさしあたり、言うまでもなく、「ピュシス」physis と「ノモス」nomos の分離・対立から帰結する「倫理（正義）」dikaion と「法」nomos、「法（権利）」(Recht) と「法律」(Gesetz) との乖離についての認識である。

差異性について言えば、例えば、トゥラシュマコスは、「法律」を制定するのは強者（支配者）である、とするが、カリクレスやグラウコンの議論においては、それは弱者（被支配者）である。後二者にあっては、人間が自然本性上エゴイストである、という点は共通であるが、カリクレスは、自然本性上人間は力において不平等である、としているのに対して、グラウコンの議論においては、ほぼ平等とされている。この点、トゥラシュマコスにとって、自然本性上平等か不平等か、などということは問題にならない。かれにとっては、人間の自然本性は何か、などということはどうでもよいのであり、かれにおける強者は、本性上そうなのではなく、事実上そうだというにすぎない。カリクレスはある種の「力の形而上学」を信奉しているが、トゥラシュマコスにおいては、すべての形而上学が解体されている。いずれにしても、こうしたかれらの見解や立場については、近現代の倫理的言説に、さまざまなバリエーションが見出される。

第四章　ポリス論（I）

1　第一ポリス・モデル（健康なポリス）[1]

グラウコンとアデイマントス兄弟による「不正」の弁証の再定式化を通じて、ソクラテスは、「正義」とは、「臆断（評判）」doxâにおいてでなく、あるいは「結果」としてでもなく、それ自体において、何であるか、というラディカルな問題に対して、改めて回答を迫られる。ソクラテスは、ロゴスによる「正義」の探究の手順として、いとも無造作に、個人（「魂」）の「正義」（人格的正義）を「小さな文字」、ポリスのそれを「より大きな文字」（ポリス的正義）に喩え、両者の形姿 eidôs; ideâ における相似 homoiotês を前提にして、見易い後者から調べることを提案する。かくして、かれは次のように述べている。「ポリスが成立する次第をロゴスにおいて考察するならば、ポリスの正義と不正との成立する次第も見ることができるのではないか？」と（369a）[2]。

この個人（魂 psychê）とポリスの存立構造上の対応については、さまざまな解釈がなされている。もちろん、プラトンには、究極のところで、存在秩序 kosmos 一般に関するある種の存在論的確信がある。しかし、ここでの、両者の形姿 eidôs; ideâ における相似・同一性についての言明は、単なる存在論的断定でも、ましてや、恣意的な方法上の仮説でもない。それは、あくまでも自覚的方法としての「類比」analogiâ であり、対話篇に登場するソクラテス（つまりプラトン）がそのように方法を限定していることこそが重要であろう。一般に、個体と全体、個人と共同体、魂とポリス、これらの構造ないし形姿 eîdos の上での照応関係が言われるのは、「ロゴスにおいて」logôi であり、そしてそのかぎりでのみである。類比はあくまで類比であって、この点を的確に押さえておかないかぎり、プラトンについての安易な神秘主義的解釈は避け難くなるであろう。

さて、第二巻以降の前半の「ポリス論（I）」において、おおよそ三つのポリス・モデルが提示されている。[3] これは、時間的に進展する三段階というよりも、むしろ没時間的「理念型」Idealtypen である、と言ったほうが適切であろう。しかし、三者の間に構造転換の推展による移行はありうる。この点で、あえて（もちろん、必要な変更を付した上であるが）、ここでのプラトンのポリス・モデルを、ヘーゲルにおける図式〈1〉個体と全体（「対自存在」Für-sich-Sein と「即自存在」An-sich-Sein、主体と客体）の即自的統一、〈2〉両者の分裂と対立（の対自化）、〈3〉両者の即かつ対自的統一）と比較してみることもまったく無意味ではないであろう。[4] ヘーゲルの場合、区分の基準は、いわば両契機の媒介関係の自覚度であるが、プラトンの場合のそれは、両者それぞれを構成する諸要因の均衡度である。プラトンとヘーゲルとでは、言うまでもなく、そもそも発想の基本的ないわゆるパラダイム paradeigma が異なるのであるが、あえてヘーゲルの用語を使えば、プラトンの第一ポリス・モデルは「即自的」均衡を、第二ポリス・モデルはその解体を、そして第三ポリス・モデルはその「即かつ対自的」均衡を表現していると言えよう。

第一に提示される、「もっとも必要なものだけのポリス」anagkaiotatê polis（369d）[5] と称される第一ポリス・モデルは、社会的再生産に関する一種の均衡モデルである。人間個人の自足性の欠如（相互依存性）と人間一般の素質の差異ないし多様性、「自然本性」physis としての人間のこうした在り方、要するに「必要」chreiâ; anagkaiâ から、社会的分業システムとしてのポリスの発生とその再生産が説明される。これは、もちろんポリス成立の歴史的記述ではありえないが、その発生並びに構造に関する一つの理論的モデルとしても、さしあたり、われわれには矛盾に充ちているように思われる。ここでは、少なくとも最低限の物質的生産に関して、そして、これに関してのみ、すでに社会的分業（これは家族内の年齢や性の自然的区別による分業ではもはやない）が展開しているが、物質的生産と精神的それとの間の分業は成立していない。しかも、このポリスにおいては、ある種の自然発生的メカニズムによって、諸個人の欲望が必要の限度に自動的に制御され、したがって、かれらの交換関係においても、完全な予定調和的均衡が即自的に維持されているから、諸個人の行為を外的に規制する「法律」も、その効力を保障する政治「権力」も存在しない。この点で、あたかも完全な閉鎖システムの中で単純再生産を通じて交換経済が自動的に永久運動しているかのような印象が与えられる。

この第一ポリス・モデルは、衝動制御メカニズムが内在している動物一般の社会のモデルではなく、人間の社会のそれである。にもかかわらず、社会的分業がすでに展開している以上、もはや単純な親族原理に基づく「本源的共同体」ではありえない。とはいえ逆に、私的欲望の解放が前提とされていない以上、もちろん商品経済システムでもありえない。近代の市場経済モデルも一種の均衡モデルである。これはいわば、多数の私的諸個人の欲望がそれら相互の排他的角逐を通じて相殺されて自動的に均衡が現出する、とされるモデルである。このモデルとは異なり、この第一ポリス・モデルにおいては、諸個人の欲望は始めから抑制されていて、交換関係に排他性は見られないし、生産力も必要の限度を突破して高まることがない。

この第一ポリス・モデルの成立の根拠は、必要と素質という自然本性 physis にある。しかし実は、その存立そのものもまた、すなわち、欲望の制御としての社会規範もまた、ここでは、自然本性に由来している。まさにそれゆえに、ここでは、一方では、社会的諸関係から生じる病気、貧困、戦争などが存在しないが、他方では、総じて文化一般もまた存在しない。この後者の意味では、これは、一面においては、グラウコンの言うように「豚のポリス」 hyôn polis に他ならないが、他面においては、それはやはり、人間の社会であって、しかも、動物一般の社会ではないにもかかわらず、そこには内在的な衝動制御メカニズムが存在し、完全な均衡が保持されているのであるから、この意味では、まさしく「健康なポリス」 hygiês polis あるいは「真実のポリス」 alêthinê polis に他ならない(6)。

この第一ポリス・モデルは、（歴史学的あるいは経済史学的に）厳密に考えるならば、歴史的にも理論的にも、人類史における社会の発展段階のいずれに位置づけることも困難である。あえて言えば、それは「本源的共同体」と「第二次共同体」との中間、すなわち「ポリス共同体」の初期段階に位置づけることができよう。但し、上述したように、典型的「ポリス共同体」の祖型を「戦士共同体」とするならば、第一ポリス・モデルはこれにも当てはまらない。それは、いわばポリス以前のポリスとでも言うしか、言いようがないのである。このモデルで重要なのは、社会的分業が、というよりも素質に適った職業の専門〈分化〉そのものが、「自然本性において」physei、すなわち、自然発生的かつ合理的に成立する、という点である。社会的労働総体の社会的適正配分とその統括という社会規範的なことがらが、人為あるいは政治的「権力」なしに成立するということ、この意味で、「ノモス」nomosと「ピュシス」physisが即自的に統一されていること、まさにこの点に原理的矛盾あるいは背理が存する。しかしまた、この点にこそ、このモデルの意義が存するとも言えるであろう。

いずれにしても、プラトンがこの第一ポリス・モデルでまず呈示しようと試みたのは、一方で、人間の社会生活に不変的かつ普遍的な天与の条件としての、必要、相互依存性、素質の差異性あるいは多様性であり、他方で、「社会統合」の安定に不可欠である欲望が必要の限度を超えない、という意味での（ここでは、「即自的」・内発的な欲望制御メカニズムあるいは閉鎖的均衡システムとしての）「正義」である。

2　第二ポリス・モデル（病気のポリス）

さて、次に提示されるのは、「贅沢あるいは優雅なポリス」tryphôsa polisあるいは「熱で腫れあがってしまったポリス」phlegmainousa polis（372e）と称される第二ポリス・モデルである。(1) ここで用いられるtryphônという形容詞は二重の意味を持っている。それは、一方では、欲望が動物一般の生存のための必要の限度を越えてしまっている、つまり

「贅沢な」というどちらかと言えば否定的意味を、他方では、「欲望」そのものとその充足手段が多様化・洗練化している、つまり「優雅な・洗練された」という（皮肉でなければ）肯定的意味を持っている。また、phlegmainousa は、phlegmainesthai（燃える、熱くなる、腫れる、のぼせる）という中動相の動詞の現在分詞（女性形）であるが、ここでは、この語は hygiês（健康な）という形容詞に意味内容からして対立し、生物一般における有機的身体のホメオスタシス homeostasis の均衡が破れてしまったこと、と同時に、欲望の追求が必要の限度を超えて無際限になること、この両方を指示している。

上述したように、グラウコンは第一ポリス・モデルを「豚のポリス」と呼んだが、それは決して単なる〈動物のポリス〉ではありえない。なぜなら、そこにはすでに、類の再生産を規制する内在的な衝動抑制メカニズムを代替する（あるいは補完する）人間固有の「社会的規範」が成立しているはずだからである。[2] この意味では、それは単なる「自然状態」でも、「原始状態」でもなく、そこに人間固有の文化が存在しないわけではない。しかも、社会的生産と素質の差異性に基づく社会的分業とが成立している以上、自他の区別の、個人と全体の区別の「自己意識」がまったく欠如して個人が全体に完全に埋没し切っている、というわけでもないであろう。そこに存在しないとされているのは、一方で、「疎外」や「支配」という敵対的人間関係、他方で、社会的分業を統括すると同時に「階級支配」を裏づける、という人為的機能を果たす「政治権力」、この両方である。

「自然状態」か「社会状態」か、あるいは「自然」か「人為」か、という二者択一の図式（ホッブズからヘーゲルやマルクスまでの政治理論におけるいわば西欧近代主義的立場）は、ある意味では、あまりに単純すぎる。（もちろん、ヘーゲルやマルクスは、「社会状態」そのものの「自然発生性」Naturwüchsigkeit を問題化した点で、他の近代主義諸理論から区別されなければならないが。）第一ポリス・モデルは、そこにおける社会的規範や文化が自然発生的あるいは即自的な性格を持っているという点でのみ、他から区別されるにすぎないからである。

第二ポリス・モデル、「病気のポリス」、「贅沢なポリス」においては、まさにこの第一ポリス・モデル、「健康なポリス」、「もっとも必要なものだけのポリス」に内在する自然発生的・即自的な社会的規範や文化の解体情況が現出する。ここでは、なお「社会統合」が維持されているかぎりで、自然発生的「習俗規範」は、ちょうどそれが即自的性格を喪失する分だけ、人為的（あるいは「実定的」）「法律」へと転化する。このことは、「ノモス」nomos; nomoiという言葉の語義の「習慣・習俗」から「人為・法律」への転化と対応する。まさにこれによって、「ノモス」nomosは「ピュシス」physisに概念上対立し、「社会統合」の内実は形式化し、「ノモス」は実定化する。人間関係の紐帯であった習俗規範の崩壊に伴って、排他的エゴイズムが跋扈しはじめる。ポリスそのものの全面的解体を防遏するためには、即自的な「システム統合」と「社会統合」の機能に替わる人為的なそれを担う機関、すなわち、政治「権力」の成立が不可欠となる。諸個人はそもそもまったく孤立して生きることができないかぎり、かれらは相互に「疎外」し合いながら、形式的「法律」と政治的「権力」を介して、いわば敵対的・排他的な結合の中で生きる以外にないのである。

第二ポリス・モデルにおいては、一方で、諸個人の欲望が必要の限度の枠を奔流のように乗り越えて拡大・拡散して行く。欲望が増大するばかりでなく、それを充足する手段は無際限に細分化・多様化し、必需品の生産ばかりでなく、奢侈品のそれがはじまる。肉体労働と精神労働が分化し、それぞれの分業がまたさらに推展し、それに伴って、人口が増大する。やがて、貧富の差は拡大し、社会層は二極分解に向かう。この点に関するかぎり、この第二ポリス・モデルは、ヘーゲルが近代「市民（ブルジョア）社会」の存立構造を「欲求の体系」System der Bedürfnisseとして叙述している内容を想起させる(3)。

しかしながら、こうした趨勢には、画期的技術革新による生産力の飛躍的上昇の見込みでもないかぎり、やはり一定の限度がある。「ポリス共同体」世界において、一定の限度内でこうした趨勢を可能にしたのは、端的に言って、対外的な征服戦争と対内的な奴隷支配以外ではないであろう(4)。プラトンが、この第二ポリス・モデル、すなわち、「贅沢なポリス」で、念頭に置いているのは、言うまでもなく、一面では、豊かな物財が氾濫し、洗練された文化が絢爛と開花しながら、他面では、まさにその文化が卑しい物欲に奉仕し、放埒・怠惰・迎合が跳梁する——要するにエゴイズムと倫理的退廃に落ち込んだ——件《くだん》のアテーナイ「民主制ポリス」（あるいは「アテーナイ海上帝国」）の世界である。これはまた、まさしく、上述したような、かのソフィストのトゥラシュマコスによって、そしてソフィストや大衆の「不正の弁証」を見事に定式化したグラウコン、アデイマントスによって、描き出された後期民主制アテーナイの社会状況でもある。

　この「贅沢なポリス」あるいは「熱で腫れ上がったポリス」には、プラトンの描くソクラテスに従えば、放埒と病気がはびこり、「数多くの裁判所と医療所が開かれ、法廷技術と医療技術とが幅をきかすことになる」（405a）[5]。ここでは、「病気をしながら不節制のために良からぬ生活法から抜け出そうとしない人たち」が、「治療を受けながら何ひとつ効果をあげるわけでもなく、ただますます病気を複雑にし大きくしていくだけで、それでいていつも、だれかある薬を勧めてくれる人があると、その薬で健康になれるだろうと期待し続けている」（425e; 426a）[6]。このような病人たちに、誰かが本当のことを告げて、「放縦で怠惰な生活をきっぱりやめないかぎり、薬を飲んでも、切ったり焼いたりしてもらっても、お呪いをしてもらっても、何ひとつ君の為にはならないのだ」と言うと、かれらは誰よりもそう告げる人を憎むことになる（426b）[7]。こうした病人たちとまさしく同じことを、かの「熱で腫れ上がったポリス」は、次のような場合、しているのである。「すなわち、ポリスのあり方そのものが悪いのに、市民たちにはその国制全体を動かすことを禁じて、これを犯す者は死刑に処する旨を告知する。そして他方、そのような悪しき体制の下にあるあるがままの自分にもっとも快い仕方で奉仕してくれる者、自分に快い自分のいろいろな望みを察知することによって機嫌をとってくれる者、そしてそれらの望みを充たしてくれることに有能な者があれば、そのような者こそはすぐれた人物であり、ポリスの重大事に関して知恵のはたらく人であって、ポリスから名誉を授けられるであろうと告知するような」場合である（426c）[8]。

　また同様に、この第二ポリス・モデル、「熱で腫れ上がったポリス」では、欲望を野放しにして習俗規範（伝統的倫理）を自ら崩壊させている、当のエゴイストたちは、まさにそこから生じてくるかれら自身の間の軋轢に際して、極めて瑣末なことがらに関してさえも、形式的な「法律」を作っては壊し作っては壊して、改正を繰り返しながら、いつかは問題を最終的に解決できるだろうと思い続けて、まるで「ヒュドラの頭を切るようなこと」をし続けている（426e）[9]。

けれども、プラトンの描くソクラテスによれば、身体の病気が対症療法や薬によってではなく、身体の在り方よりもむしろ魂のあり方（構造）自体の方を変えること（「節制」による欲望の制御）によってはじめて完治しうるように、ポリスの病気も、（倫理的には盲目的な）形式的「法律」や政治的「権力」によってではなく、「魂」のあり方に類比されるポリスのあり方（構造）自体を変えること（「理知」よる「気概」と「欲望」の支配）によってのみ、治癒しえる、というわけである。身体の病気もポリスの病気も、魂が病んでいること Pathologie der Seele がその根本原因であって、この点を放置しておいて、癒されることはない。だからこそ、何よりも「魂の世話（配慮）」hê tês psychês epimeleia が人間にとって大切なのである。この点で、ソクラテスとプラトンの考えは完全に一致する。

第五章　第三ポリス・モデル（浄化されたポリス）——陶冶・「善のイデア」・哲人王

1　「魂」の陶冶と「浄化されたポリス」

こうしたかれら（ソクラテス・プラトン）の基本的考え方は、同時代のソフィストと呼ばれる人々のそれに対してばかりでなく、西欧近代の社会理論におけるそれに対して、著しい対照を示している。「共同体」の解体、アイデンティティと生存の危機、倫理的荒廃、エゴイズムの跋扈——こうした一連の根本的には同質の諸問題に対して、取り組み方が正反対なのである。後者においては、結局のところ、一方で、人格的アイデンティティの危機の問題や倫理的問題は、常識、ニヒリズムないし懐疑主義、超越的絶対者への飛躍あるいはこれら総てのうちのいずれかに帰着し、他方で、生存の危機の問題は、形式法と国家権力とによる「システム統合」の技術的・効率的処理の問題に還元される。両者に関して、エリート論などという同じ言葉が使われるとすれば、その意味内容はまったく異なっている。前者にあっては、エリートは、魂において選び抜かれもっともすぐれた者を、後者にあっては、技術的処理能力あるいは計算能力においてそのような者を意味するからである。こうした次第である以上、近現代のスマートな社会工学者たちには、「魂の世話」などという古色蒼然たる言葉は、まったく時代錯誤のもの言いに聞こえることにならざるをえないであろう。

だがしかし、これでは、不節制な病人におけるように、問題の根本的解決には何らならないであろう、このようにソクラテス（プラトン）は言っているのである。「魂の世話」こそ何よりも大切である、というソクラテスの思想との一致点、ここから、プラトンは、上述したように、かれ固有の新たな道を歩み始める。すなわち、かれは、魂が病んで物欲が渦巻くポリスを「浄化する」作業に着手するのである。「浄化されたポリス」をロゴスにおいて logoi 建設するに際して、魂（の構造）論とポリス（の構造）とをロゴスにおいて繋ぐ環は、一方では「正義」（「魂」とポリス各々の構造上の均衡）、あるいは「理性」であり、他方では、まさしくこれを形成する「教育」（陶冶）である。すなわち、ここで課題となるのは、かの第二ポリス・モデルにおいて喪われた「正義」を再建すること、「理性」を陶冶することであり、そのために、そこで第二ポリス・モデルで成立した文化、形式的「法律」、政治的「権力」を担うべき人々の魂を「教育」（浄化）することである。従って、第三ポリス・モデルとしての「浄化されたポリス」に関しては、とりわけこの「教育」とこれを可能にしうる諸制度についての議論が展開されることになる。

この第三ポリス・モデル、「浄化されたポリス」において、政治的「権力」の実務、すなわち対内的行政と対外的軍事を担うべき者を、プラトンは、ここでは、「守護者」phylax と呼んでいる。ここでも、議論の前提として、素質 physis と能力 aretê を基準とした、社会層（社会的労働）の機能（職能）分割が行われる。これは、単に伝統や慣習に基礎を持ついわゆる身分ではなく、一定の合理的根拠を持つ基準に従った職能分割である。但し、この職能分割は、ここでは、第一ポリス・モデルにおけるように、即自的に行われるのではなく、自覚的に行われる。とすれば、ここで、一体、誰が、何時、いかにして、素質と能力を見極めるのか、という問題は、考えようによっては、もっとも肝心要の議論の出発点となるであろうが、この点については、テクストには明示されていない。それは、論理のしからしめるところ、以下に展開される厳格な教育カリキュラムと実務経験を充分こなし終えた、素質と教育とを合わせ備えている、「守護者」phylax、あるいは最終的には、教育プログラムの到達点である「哲学者」philosophos によって、ということになろう。しかし、ここではまさにこれらの人たちの教育（陶冶）の出発点が問題になっているのであるから、ここでこの到達点を持ち出せば、論理は循環してしまう。とすれば、論理的に考えるかぎり、この議論の出発点においては、人類の「自己意識」ないし「理性」能力の歴史的水準を持ち出すか、あるいは、出発点の論理的矛盾を不問のままにしておくか、これらのいずれかから出発する以外にはないであろう。

さて、プラトン自身がこの出発点の問題をどのように自覚していたのか、あるいはしていなかったのか、という点は、さしあたり、括弧に入れておくことにして、かれがソクラテスをして、「守護者」の素質と教育について語らしめているところを、見てゆくことにしよう。

行政と軍事を担う「守護者」に適った素質として挙げられるのは、まず、知覚が俊敏で闘争能力があること（375a）[1]、そして「穏やかであって、同時に気概の激しい」という相反する性格を兼ね備えていることである（375cd）[2]。次に必要なのは、さしあたって友敵を識別することのできる、ある種の潜在的な（本性的な）知的能力 philosophiā である（376ab）[3]。これは、やがて、適切な教育を通じて、善悪美醜・理非曲直を識別し得る能力 dianoiā として顕在化する。

このような潜在的な素質を持つ者たちに対する、初等教育科目として、「音楽・文芸」mousikē と「体育（身体鍛錬術）」gymnastikē が挙げられる。前者においては、感性・情緒の陶冶によって、後者においては、身体の鍛錬によって、魂の教育が計られる。この段階の教育においてとりわけ問題になるのは、「神話（物語）」mythos の内容と形式についてである。とりわけ子どもたちに読まれるべき「神話（物語）」における、神（々）や英雄たちの描かれ方が、激しい批判の対象とされる。プラトンにとって、神は完璧な善である。神はあらゆるものの原因ではなく、善のみの原因である。「善については、神以外の何物をも原因と見なすべきではないが、悪については、その原因を他に求めるべきであって、神を原因と見なしてはならない」（379c）[4]。神はまた、単一不変であり、あらゆる点でもっともすぐれている。その神が自ら進んで自らより劣るものに姿を変えるなどということはありえない。「どの神も可能なかぎりもっとも美しくもっともすぐれているからには、常に単一のあり方を保って自分自身の姿に留まる」のである（381c）[5]。プラトンに従えば、人間世界のありとあらゆる劣悪・下劣な性格、放縦、驕慢、虚栄、虚偽、怯懦、奸計などを、「神話（物語）」で描かれる神々や英雄たちに反映させるべきではないのである。なぜならば、それは、そもそも真実ではないし、それよりもなによりも、それをモデルとして、感性と品位・習慣 êthos において、模倣する若者たちの魂の陶冶 paideiā に悪影響を与えるからである。

もっとも、「神話（物語）」は、もともと、ある意味では、真実・歴史的事実 to alêthes ではなく、虚偽・虚構 pseudos である。しかし、これは、プラトンにとって、「真実の虚偽」、「魂における虚偽」ではなく、「ロゴス（言葉）における虚構」であるべきなのである。前者は、「神々も人間も、これを憎む」「魂の内なる無知」hê en tê psychê agnoia なのである（382bc）(6)。これに対して、後者は、狂気 maniā や無分別 anoia を匡正するための便宜・薬 pharmakon として、あるいは「真実」へ至るための一つの方法として、役立ちうるのである（381cd）(7)。但し、これを成しうるのは、「真実」を知る能力を素質と教育によって持つ者のみであって、かれのみが、薬（教材）としての虚構を、ロゴス（言葉）によって、創作しうるのである。それ以外の者が虚偽を語ることは、「魂のうちなる無知」の証なのである。「偽りというものはほんとうに神々には無用であり、人間にとってだけ、いわば薬として役立つものであるならば、明らかに、そのようなものは医者たちに任せるべきであって、素人が手を触れてはならないものなのだ」（389b）(8)。

子どもたち paides は、善悪美醜・理非曲直の判別能力 dianoia を未だ持たない段階で、総ての感覚器官（五感）を通じて、ものの見方、感じ方、振舞方、語り方などを、模倣 mimêsis によって、学び取り、それによって品位 êthos を形成して行く。初等教育 paideiā の終局点 telos は、美的判断力の形成あるいは「美しきものへの憧憬」ta tou kalou erôtika である。ここでは、だからこそ、可能なかぎりすぐれた（善美な）内容と形式の教材が与えられなければならない。これは、魂の徳 aretê としての「勇気」、「敬虔」、「節制」などにおいてもっともすぐれた気品 euêtheia を備えた模範となるようなものでなければならない。「子どもたちがいわば健康な土地に住むように、あらゆるものから身のためになるものを摂取して、いたるところから、あたかもそよ風が健全な土地から健康を運んでくるように、美しい作品からの影響がかれらの視覚や聴覚にやってきて働きかけ、こうしてかれらを早く子どもの頃から、知らず知らずのうちに、美しい言葉に相似た人間、美しい言葉を愛好しそれと調和するような人間へと、導いていくために」（401cd）[9]。

いわゆる徳育（文芸・音楽による善き品位・習慣、気品 euêtheia の形成）が、いかなるものよりも、体育よりも知育よりも、先行しなければならないということ、そしてその場合、「善美」kalokagathiâ を内容とするもっとも優秀な言葉、音楽が与えられなければならないこと――これがプラトン教育論の基軸である。「なぜならば、悪徳・品性の下劣 ponêriâ は決して徳と悪徳自身とを共に知る gignôskein ことはありえないけれども、徳のほうは、素質 physis が教育されることによって、やがて時の経つうちに、徳自身と悪徳との知識を共に把握するに至るだろうから」（409de）[10] である。体育は、身体の鍛練そのものが必ずしも自己目的ではなく、魂の徳としての「気概」thymoeides を養うためのものである。「徳育」を基礎として、そのかぎりで、それを体育が補完することで、「節制」と「気概」とを兼ね備えた、「魂」の調和のとれた人間の形成が期待できる。このような教育によって、可能なかぎり医者や裁判官による矯正・勧告・調停などを必要としない、自らの内に一定の自律的判断力を持つ「守護者」が生まれうることになる。

2　陶冶プログラムと「守護者」教育

プラトンの構想する第三ポリス・モデル、「浄化されたポリス」の中核を成すのは、「魂」の浄化された「守護者」層 phylakes である。かれらの「魂」の浄化 katharsis は、その素質 physis を備える者たちに対する、生涯にわたる体系的教育によって、果たされる。この教育の目標は、「魂」において、医者 iâtros や裁判官 dikastês を必要としない、すなわち、病気 nosos や放埒 akolasiâ に支配されない、自己制御能力や自律的判断能力を備える人間を造ることである。換言すれば、それは、「自分が用いるべき正義 dikaion を他の人々から借り入れざるをえず、そういう他人をみずからの主人・判定者となし、自分自身の内には訴えるべき正義を何も持たない」（405b）[1] というような、恥ずべき無教育状態 apaideusiâ aischrê に陥ることのない人間を、自己形成せしめることである。この第三ポリス・モデルにおいては、教育のあり方（教育制度）は、このモデル全体のあり方（諸制度）と相互に規定し合っている。

将来の「守護者」たるべき少年たち paides に対する、「少年期教育」paideiâ は、上述のように、「身体教育」gymnasitikê と「音楽・文芸教育」mousikê から成る。その眼目は、少年たちの素質 physis としての、潜在的かつ内発的な適性・能力 aretê の所在を見定め、それを適切に自己開花せしめることである。身体の鍛練や情操の涵養は、それ自体が目的ではない。その目的は、一方で、いわばアイデンティティ形成の基軸となる、「勇気」andreiâ と「節度」sôphrosynê（恐怖や欲望に対する自己制御能力）を、他方で、それらに照応する「信」pistis; Redlichkeit（よりすぐれたもの、より善きもの beltiôn ameinon に対する従順・信頼・廉直）を、自己陶冶せしめることである。換言すれば、それは、少年たちの「魂」の内発性を損なわないように配慮しながら、すぐれた（とりわけ「正義」の）範型 paradeigma として、善き内容の教材を厳しく選び抜き、それらをかれらに適切に模倣 mimêsthai させることにより、「善き生活リズム」rhythmos agathos と「善き生活習慣・品位」êthos agathos とを、とりわけ身体と感性において練成させることである[2]。

この「少年期教育」paideiâ は、この第三ポリス・モデルにおいては、基本的に、「守護者」と成るべき者たちに対する基礎教育の意味を持っている。だが、それは、同時に、このポリスの全構成メンバーの子弟に対する「少年期教育」でもなければならないであろう。プラトンの叙述は前者に関心が集っているので、この点について必ずしも明示されてはいないが、論理のしからしめるところ、この第三ポリス・モデルにあっては、後者が不可欠だからである。この問題は、この第三ポリス・モデル全体を構成する、「守護者」層と自余の「生産者」層それぞれのあり方と、両者の関係のそれとに注意を向けさせる。

結論を先取りするならば、この「生産者」層は、この第三ポリス・モデルにおいては、その構成上、このポリスの存立に不可欠な構成メンバー polîtai であり、奴隷ではない。すなわち、この両層、「守護者」層と「生産者」層とは、ここではたしかに、階層関係にあるが、しかしいわゆるゼロ・サム関係、すなわち階級的支配関係にあるのではない。ここでは、一方で、「守護者」層は、「家父長として奴隷を所有し支配する」domior という意味での、主人 dominus;

oikodespotêsではないし、況やヘーゲルのいわゆる「主と奴の弁証法」Dialektik von Herr und Knechtにおける主人Herrのような、「自己意識」Selbstbewusstseinの「即自態」An-sich-Seinとしての単純な欲求の主体でもない。(3) 他方で、ここでの「生産者」層は、そうした外なる主人の暴力とこれによる死への恐怖とからのみ、その外なる主人の「欲望」に隷属する奴隷Knechtではないし、また、自己制御されない欲望という自己自身の内なる主人にまったく隷属する欲望の奴隷でもない。

第三ポリス・モデルにおいては、「生産者」層の子弟paidesもまた、「守護者」層のそれと同様に、「少年期教育」paideiâによって、少なくとも、欲望を自己制御し、よりすぐれたもの・より善きものbeltionta, ameinontaとそうでないものとを的確に識別して、よりすぐれたもの・より善きものに自発的に従う能力sôphrosynêを備えるようになっているかぎりで、将来、両層間の、たしかに階層的ではあるが、しかし、ある意味で（本質的には）相互的な関係が成立する。したがって、その場合、「生産者」層の「守護者」層に対する信従の自発性Spontaneitätが、後者の暴力や操作によって調達されているのではないかぎりで、両者の関係は、いわゆる「階級支配」Klassenherrschaft関係ではありえない。逆に言えば、それが「階級支配」関係でない以上、将来「生産者」層となる「パイデス」にも「パイデイアー」が不可欠なのである。

プラトンは、この第三ポリス・モデル、「浄化されたポリス」を構成する両層（ないし諸層）に関して、ソクラテスをして、いわゆる「建国神話」を語らしめている（414b ff.）。(4) これは、「適切に用いられるべき虚構（擬制）pseudos」として、プラトンによって自覚的に語られている、ある意味ではまったく単純素朴ではあるが、しかしプラトンの第三ポリス・モデルを理解する上では極めて重要な、「神話」mythosの一つである。これは、単なる荒唐無稽な「物語」でも、あるいは「階級支配」のための単なるイデオロギーでもないであろう。結論を先取りするなら、ここでは、内容的に二つのことがら、すなわち、このポリスを構成する市民たちpolîtaiの属性である、共同性と差異性との意味が、比喩metaphorâを用いて叙述されている。

第一に、この「神話」によると、この第三ポリス・モデルを構成するすべての構成メンバーは、母なる「大地」gêの胎内で「塑造され育成され」prattomenoi kai trephomenoi、そこですっかり仕上げられてから、日の光の下に送り出される。すなわち、かれらは、「母なる大地から産み出される者たち」gêgenai、母を同じくする「兄弟姉妹」adelphoiである。

この「神話」を、ポパーなどにおけるように、根拠のない人種論的神話あるいは全体主義的イデオロギーと決めつけて解釈しなければならない根拠は必ずしもない。「大地」の上でポリスの構成メンバーと成るであろう諸々の塑像plasmaは、明るい日の光の下に誕生する以前に、冥い地の下で、塑像家plastêsたる神theosによってすでに造形されてしまっている、という「物語」によって、プラトンは、まず何よりも、次の点に注意を喚起している。すなわち、人間は、みずからが選択しない、ある特定の時処において、ある特定の資質をすでに与えられている、つまり、少なくとも自覚的には、みずからの意思とは無関係に産み落とされる、という事実は、人知の及び難い主体による行為結果（事実）Tatsacheであり、したがって、それが、なぜそうでありそれ以外ではありえないのか、ということは人知では推し量ることができない、という点に。そして、構成メンバーたちは、母を同じくする「兄弟姉妹」adelphoiである、という「物語」が示唆していることがらは、単にかれら相互間に文字通りの親近性affinity; Verwandschaftがある、ということに尽きない。それは、人間存在に関して、生物学的意味での種内の諸個体の同型性ばかりでなく、「ポリス的動物」zôion polítikonとしての人間の「本源的共同性」、すなわち人間の生きる意味を可能にするアイデンティティ形成の基礎となる、言語、習俗、伝統などの共同性の、いわば反事実的kontra-faktischな条件をも示唆している。

第二に、この「物語」の後段では、母なる「大地」の胎内で、かの「兄弟姉妹」（同胞）を造形する際に、神は、同じ祖型（かたちeîdos）を用いながら、「材料」hylêを変えることで、さまざまな塑像plasmaを造り出した、とされている。すなわち、かれらは、「金」が混ぜられると、「統治者」archônに、「銀」が混ぜられると、「補助者」epikouroiないしは「援助者」boêthoiに、そして「銅」ないし「鉄」が混ぜられると、「農夫」geôrgoiないし「職人」

dêmiourgoi になる、とされている。

この場合、もちろん、同型の構成メンバーという枠内でこのように区分されたいずれのタイプにも、一種類だけではなく、すべての「材料」が用いられているはずであり、それらの「材料」の構成比率によってのみ、タイプ区分がなされているはずである。なぜなら、もしそうでないならば、誕生して来るものは、人間以外の何か別種であることにならざるをえないであろうし、この「物語」でも語られているような、あるタイプから別のタイプが誕生する可能性は、なくなるであろうからである。

いずれにしても、この「物語」の後段では、人間の諸個体間における生得の資質の差異が必然的であることが確認されている。ここで語られていることは、カースト制、身分制、階級支配体制などにおけるように、「ノモス」nomos として、無自覚のうちにであれ、歴史的に明澄なる地上で形成された、つまり可変の、社会的差異性ではなく、「ピュシス」physis としてすでに暗冥なる地下で形成がすでに完了してしまっている、つまり不変の、自然的差異性である。人間の諸個体は、類としての共通性と共に、その枠内での相互の差異性を、所与の自然的事実として備えている。このような自然的事実がまさにこのようであって、それ以外ではありえないのか。このこと自体に関しては、第一の論点と同様、人間には、経験によっても論証によっても、万人が納得せざるをえないような説明ができない。逆に言えば、神がそれをそのようにした、という神話的説明がなされても、それを経験によって否定することも、論証的 apodiktisch に否定することもできないし、また否定しなければならない理由もない。要するに、そうであるとも、そうでないとも論証しえない。したがって、それがまさに自覚的に「神話」として語られているかぎりでは、それを根拠のないカースト制擁護のためのイデオロギーとして否定しようとしても、無意味である。ここで問題になりうることは、まさにこの可変的な差異性と不変的それとの間の差異を誰が如何にして見極めるのか、ということ以外にはありえない。

いわゆる「建国神話」において呈示されている上述の二つの論点に関して、プラトンは、現実離れした空想家でもなければ、不合理な現実を、意識的にせよ無意識的にせよ、是認してしまうイデオローグでもなく、一見するところ、むしろ率直で、あっけらかんとしたリアリストである。ある（在る）ことがある（在る）ようにある（存る）こと、これに驚き thaumazein、それを端的に認めることが、プラトンにかぎらず、古代ギリシア哲学が共有する出発点である。プラトンの際立つところは、人間と世界の存在の基底における、神秘と迷妄の「闇」について徹底して自覚していながら、否まさにそれゆえに、むしろ、明晰と啓蒙の眩い「光」へと志向してゆく、きっぱりとした意思的姿勢である。

いずれにせよ、かの「神話」の後段で言われていることは、要するに、人はさまざまに異なる資質や才能を持って生まれる、つまり、生得の資質や才能には人によって差異がある、ということにすぎない。プラトンは、この単純明快な事実から出発する。プラトンにとって問題は、人間のさまざまな資質や才能が、さまざまにかつ充全に、まさにそれらがそうあるべきように開花するか否か、これである。（もちろん、資質や才能のみならず、心身の障害も含めて、人は生れ落ちるとき、自分の境涯（初期条件）を選択しえない。このことをどのように受けとめるか、これは人間と社会についてラディカルに考えようとするとき、決定的なこと sine qua non であるが、ここではさしあたり立ち入らない。）所与の資質や才能の開花の可能性は、ポリスのあり方如何にかかっている。

かの第一ポリス・モデルにおいては、たしかに、人間に固有の潜在的諸能力は、さまざまな形ですでに顕在化し、それらは相互補完的分業体系をいわば即自的に成している。しかし、これは基本的に閉鎖系であるから、ここでは、よかれあしかれ、さまざまな諸能力の充全なる展開の可能性は眠ったままである。これに対して、第二ポリス・モデルにおいては、この可能性はすでに現実化しはじめてはいるが、その仕方は決定的に倒錯と退廃に陥る。ここでは、そうあるべきでない者がそのようにあり、そうあるべき者がそのようにない。「鉄や銅の人間がポリスの守護者となるとき、そのポリスは滅びる」（415b）。[5] プラトンをして言わしめるならば、そのポリスがいかに繁栄を謳歌していようとも、そのポリスの内実はすでに滅んでいるのである。

母胎としての冥い「大地」の下で用意された、人間のさまざまな資質や才能が、あるべきように開花しえないとすれば、それは明るい日の光の下における、人間の「魂」と「ポリス」のあり方に、そして両者の関係の仕方に、錯乱、ズレないしブレ Verrücktheit があるからである。自然秩序 kosmos あるいは「幾何学的平等」isotês geômetrikê を逸脱した人間世界の錯乱に対して、自然によって予定調和的にその秩序が回復されることなどは期待しえないし、またすべきでもないとすれば、あるいはまた、ソフィストたちのように、この錯乱に居直ってしまうべきでないとすれば、人間には、よかれあしかれ、このみずからの錯乱を、明晰に自覚して、それを自覚的に克服してゆく以外に、歩むべき途はない。この途を歩むために、プラトンによって呈示されたのが、第三ポリス・モデル、「浄化されたポリス」における階層モデルであり、その中核を占める「守護者」層に対する生涯教育プログラムなのである。

　プラトンの語らしめるソクラテスによる、「守護者」たるべき者の浄化された「魂」を形成するための、生涯教育プログラムに従えば、上で言及した二〇歳までの「少年期教育」paideiā の後、さらに三〇歳までの数学、幾何学そして天文学（分析的理性 dianoia）、三五歳までの「哲学的問答法」（弁証法的理性 dialektikê）の修得が、それ以後五〇歳までは、軍事・行政に係わる実務経験が課される。(6)「浄化されたポリス」においては、「守護者」は、こうした生涯教育プログラムに従って、的確な徳育と知育を受けるとともに、かれらの志操の全き堅固さは、恐怖、労苦、競争、苦痛、快楽など、ありとあらゆる試練 basanos の中で、生涯を通じて、厳格に吟味 basanizein される。(7)「守護者」は基本的に「戦士」であり、ポリスの外に対しては勇敢で、その内に対しては温和であって、「私」を徹底的に否定し「公」に全面的に献身しうる能力と志操を備えていなければならないからである。かくて、体系的に一貫した「魂」の不断のハード・トレーニングを通して、「全生涯にわたり、ポリスの利益と考えることは全力をあげてこれを行う熱意を示し、そうでないことは金輪際しようとしない気持が見て取れるような者たち」（412de）(8)が厳しく選び抜かれる。

　さて、ここで、プラトンが描いている、「守護者」の基本的な性格と機能と、そして第三ポリス・モデル、「浄化されたポリス」におけるそれを構成する一社会層としてのその位置づけとについて、確認しておきたい。「守護者」とは、端的に言って、「浄化されたポリス」の（「システム統合」と「社会統合」との両局面における）中核的機能を担うべき者である。上述したように、第二ポリス・モデル、「贅沢なポリス」においては欲望が必要の限度を超え無際限となる。ここには、まさにそれゆえに、一方では、対外的被征服（戦争）polemosと対内的無政府（内乱）stasis、すなわち生存の危機が、他方では、生きることの「意味」の喪失、すなわち魂の危機が潜在している。第三ポリス・モデル、「浄化されたポリス」の形成と存立が、この第二ポリス・モデル、「贅沢なポリス」の潜在的な危機の不断の克服を課題としているとすれば、その中核的機能を果たすべき「守護者」には、まず何よりも、戦争あるいは内乱に際して、文字通り一身を賭して防衛と治安という「秩序」形成の基幹となる任務を担う「戦士」stratiôtaiであることが期待されよう。すなわち、かれらがここで果たすべく期待されていることは、そこに内在する危機の緊急度からして、まず「システム統合」機能である。

この意味で、「守護者」層を中核とする第三ポリス・モデル、「浄化されたポリス」についてのプラトンの叙述は、成立期の「ポリス共同体」（あるいはスパルタSpartiataiのそれ）の特徴を反映させているが、それはまた、（上で援用した概念を再度使うならば）「本源的共同体」の解体以後の、戦争と社会的生産を伴う、「共同体の第二次形成」、あるいは「国家によって組織された社会」の成立、という事態の本質を的確に捉えてもいるのである。上述したように、一般に、「第二次共同体」（「ポリス共同体」）は、これの歴史的に特殊な一形態である）の形成と存立は、さしあたり、その只中から析出された政治的「システム統合」機能（つまり広義の「国家」形成）のいわば対自的遂行によってのみ、可能となるからである。(9) この点に関するかぎり、プラトンの叙述には、戦闘集団が生産から解除されていること、つまり生産に対する戦闘の第一次性、軍事、行政そして政治の機能的未分化、つまり官僚制の未発達などの事態が見て取れるが、これらは、古代ギリシアの成立期「ポリス共同体」一般における、征服によるポリスの形成、比較的狭小な領土とこれに見合うだけの人口、社会的分業の限定的展開、不断の戦争状態などの、歴史的・自然的特殊事情を少なからず反映していると言えるであろう。(10)

成立期の「ポリス共同体」においては、一方で、「システム統合」の対自的遂行の必要が析出されながら、他方で、、戦争の緊急性そのものが、民族の原生的な神話や伝統を解体させずに、それどころかむしろ、それを強化し、そのかぎりで、「システム統合」と「社会統合」の二局面を分化させないまま、構成員たちの間の紐帯を一層堅固にさせている。だが、戦争の緊急性が薄れ、古典期後半のアテーナイの「民主制ポリス」におけるように、いわゆる帝国主義的支配を基礎にして、市民皆兵制に傭兵制が取って替わり、「ポリス共同体」の内部で土地の排他的な私有と社会的分業が進展すれば、早晩、神話と伝統の解体がはじまる。(11) ここでは、上述したように、「理性」は「主観化=道具化」し、「評判と金銭」doxâ kai chrêmata が自己目的化し、このことにより人間の「魂」の秩序は転倒して、いわば普遍的イデオロギー状況が現出する。(12) かくて神話と伝統の内実が希薄化することになれば、たとえ政治的「システム統合」機能の強化によって「ポリス共同体」の崩壊がさしあたりは防遏されたとしても、その構成員の生きる「意味」の喪失は不可避となり、原生的神話に代替する「社会統合」機能の創出の必要が生ずる。ここで問題になりうることは、この新たに「社会統合」機能を果たすべき当の何かが単なる「イデオロギー」（単なる新たな神話）ではない、という保証はどこにあるのか、ということ以外ではないであろう。

プラトンの描き出す第三ポリス・モデル、「浄化されたポリス」の中核を成す「守護者」層は、一面で、「第二次共同体」一般の存立に不可欠な「システム統合」機能を果たすばかりでなく、他面で、それよりもなによりも、即自的な内実を喪失した原生的な神話や伝統に替わり、その「社会統合」機能の再建をいわば対自的に担うのである。伝統的神話に替わる何かが単なる「イデオロギー」でないという保証は、「守護者」層のあり方如何にかかっている。ここで言う「守護者」層の対自的「社会統合」機能とは、換言すれば、一生涯にわたる「ポリス共同体」への献身、個の全体への全面的献身による個そのものの内実（アイデンティティ）の自覚的実現である。ここでは、「守護者」は基本的に「戦士」であり、徹頭徹尾選び抜かれ鍛え抜かれた公人であるが、かれの「ポリス共同体」への献身生活は、単なる軍事専門家や単なるマンダリーンなどのそれとは異なり、「魂」の生涯にわたる不断の陶冶と、生死を賭する「魂」の緊張とを伴っている。「守護者」層は、上述したように、言語、伝統、市民権、とりわけ生活の基盤であり主要な生産手段である

「大地」を共有する「ポリス共同体」の構成メンバーたち、すなわちポリス市民の中から、その徳と知のあり方に照らして厳しく選抜される。その選抜の基準は、生涯にわたり陶冶・練成され、見定められた素質と能力、そしていわば「無私の精神」、「ポリス共同体」への全き献身の覚悟（気概）との有無であり、それ以外ではない。

第三ポリス・モデル、「浄化されたポリス」においては、アテーナイ「民主制ポリス」においてとは異なり、その構成メンバーたちは、統治に参与する「守護者」層と参与しない自余の層へと、制度的に明確に区別される。ここでの両層間の制度的区別は、確かに、資質 physis に基づいている。しかし、それは、上述したように、カースト制や封建的身分制とは基本的に異なる。それは、以下で触れるように、制度上決して固定的ではなく、不断に吟味され見定められる素質とその陶冶の成果如何とに応じて、流動的・可逆的だからである。「守護者」層と自余の層との関係はまた、たしかに、現実に戦争が起こっていないかぎりでは、ある意味では、非生産者層と生産者層との関係、そう言いたければ、いわば精神労働と肉体労働との関係である。だがしかし、それはまた、経済学的意味での、階級支配関係とも本質的に異なる。これも以下で触れるように、制度上前者においては、あらゆる排他的私有が原理的に否定され、後者においては、労働と所有とが分離せず、前者には最低限必要な生活資料のみが後者から供給されるとされている以上、前者の後者に対する、通常の意味での階級支配あるいは搾取はありえないからである。なるほど、両者の関係はまた、統率、指揮、命令、勧告、禁止などのメッセージの発信者とそれらの受信者との関係であるが、このメッセージの後者による受信は、前者の強制力によるよりも、むしろ後者の自発性によって成立する。この意味では、両者間には、権力の関係ではなく、権威の関係が存すると言えよう。

さて、「守護者」層を中核とする第三ポリス・モデル、「浄化されたポリス」において、制度上注目されるべきは、既述したところでは、次の点である。すなわち、第一に、一方で、この「ポリス」は、「守護者」層と「生産者」層との二層から構成され、ここには厳然たる階層があるが、他方では、両層いずれに属していようと、成人はすべてポリス市民 polítai であり、かれらの子弟（パイデス）は、少なくとも「パイデイアー」を義務教育として受ける必要があること、第二に、第一のことが前提となってはじめて可能となることであるが、両層の間に、帰属に関して、資質や能力次第で、流動性・可逆性があり、しかもその関係は階級支配関係ではないこと、第三に、「守護者」になりうる資質を見定められた者は、さらに上級の学科を修得し、生涯に渉って教育とさまざまな試練を受けるいわば使命を持つこと、である。

だが、プラトンの描き出す、この「浄化されたポリス」モデルにおける、諸制度のなかで、古来もっとも人々の耳目を聳動させてきたのは、なんといっても、「守護者」層に対する、家族の解体と性差別の撤廃とを含む、ラディカルな共有制（私有の徹底した否定）であろう(13)。ここでは、この層に属す人々は、自分自身の身体と魂以外、いかなるもの（財物）も、妻子さえも、「自分のもの」ta idiaとして、排他的に私有しない。否、かれら自身の身体や魂でさえ、ある意味では、かれらだけのものではない。かれらにおいては、基本的に、「わたし」egôと「われわれ」hêmeisが一致し、相互間に排他性はあってはならないのである。かれらは傭兵とは違い、「労働者並みの賃金」どころか、およそ一切の貨幣nomismaを手にしない。かれらが「守護」phylakêの任務の報酬として「生産者」層から受け取るのは、「節度ある勇敢な戦士が必要とする分量」（416b）(14)の食糧（穀物）sîtion以外ではない。なぜなら「かれらはその魂の中に、神々から与えられた神的な金銀を常に持っているのであるから、この上人間世界のそれを何ら必要としないし、それに、神的な金銀の所有を此の世の金銀の所有によって混ぜ汚すのは神意に悖る」からである（416e-417a）(15)。

ここで見誤ってはならないのは次の諸点である。第一に、この私有の徹底的否定という制度（そう言いたければ、共産主義）は、この「ポリス」全体にではなく、それを構成する一部の層である「守護者」層にのみ適用される、という点である。そして、そうであるのは、「守護者」層が、私有の否定を、何らかの外的な他者によってではなく、みずから内発的に為しえる少なくとも潜在的資質を備えているかぎりにおいてである。この私有の否定が禁止ないし外的強制の意味を持つのは、この資質がなお現実化（顕在化）していないかぎりにおいてである。第二に、私的所有の否定は、端的に言って、個体的所有のそれを意味しない、という点である。ここで否定されるのは、「ポリス的動物」zôion polîtikonとしての人間のあり方とその行為における排他性 Privatheit; Abgeschlossenheit; Eigendünkelheit;

Eigennützigkeit; Eitelkeit、すなわち、他者とのコミュニケーションを欠く私人性、狂気、無知、白痴等 idiôteiā であり、諸個人 Individuen の個体性 Individualität ないし固有性 Eigentümlichkeit ではない。後者は、否定されるどころか、内的強制により前者を否定することを通じて、まさに実現されなければならないのであり、このことこそが、プラトンの提示している課題なのである。

第三ポリス・モデル、「浄化されたポリス」においては、たしかに、その中核を成す「守護者」層は、そして、この層にかぎって、制度上、一方で直接的生産労働から解除され、他方で私有一般が否定されている。だが、ここでは、この層におけるこれらの制度的両契機は、相互限定の関係にある。古来、しばしば見られるように、前者の契機をそれだけ取り出して、そこに、階級支配あるいは生産労働に対する侮蔑を、そして、後者の契機を同じくそれだけ取り出して、そこにユートピア（共産主義）あるいは逆ユートピア（全体主義）を、直ちに見ようとするのは、皮相な見方であろう。なぜならば、この第三ポリス・モデルにあっては、もちろん、「節度」を欠く者、財貨を自己目的として追求する者、つまり「欲望の奴隷」に対する侮蔑はあっても、だからといって、必要な生産労働そのものに対するそれがあるはずはないからである。そしてまた、ここには、青年マルクスが「野蛮で無思想な共産主義」der rohe und gedankenlose Kommunismus と批判的に呼んだような、[16] ポリス全体が生み出した価値（福祉価値と名誉価値の総体）の、質的に無差別な、量的均等配分などあるはずはないからである。プラトンは、かれの「浄化されたポリス」モデルにおいて、制度上、一方で、その「ポリス」の「システム統合」機能の二局面である、政治と経済のシステムを、厳格に切断しておきながら、まさにこれを自覚的に行うことによって、他方で、「社会統合」機能（文化）の自覚的創出を通じて、諸個人間や諸階層間に、「疎外」Entfremdung や「搾取」Ausbeutung の関係が成立しないような形で、前者の二局面を有機的に再結合させることを構想しているのである。

なるほど、この第三ポリス・モデルにおいては、特に成立期の、歴史的現実としての、「ポリス共同体」においてとは異なり、広義の「労働」が、「生産」と「戦闘」とに、質的に弁別され、それらの一方をもっぱら担う二層へと振り分けられている。すなわち、ここでは、たしかに、人間の活動 Tätigkeit が、カテゴリーとして、（例えば、アーレントやハーバーマスにおけるように）、労働 Arbeiten、製作 Herstellen、行為 Handeln に弁別されているばかりでなく[17]、この区別が、制度的に社会層のそれとして、措定されている。しかしながら、この制度の下では、この第三ポリス・モデルを構成する二つの社会層の関係が、「疎外」や「搾取」の関係ではなく、相互的（互酬的）関係であり、したがって、社会的総労働の分割（分業）が単に機能的それであり、このポリスの「社会統合」が実質的であるかぎりで、ある意味では、直接的生産労働から解除されている「守護者」層もまた、間接的には、それに関与していることになるであろう。

逆に言えば、「生産者」層の、単なる欲望の奴隷ではない節度あるあり方も、かれらの狭義の「労働」も、「守護者」層とかれらの広義の「労働」（防衛・治安・教育）を前提として、これとの関係において、はじめて可能となるのであろう。いずれにしても、ここでの社会的労働の総体の分割は、近代世界の資本制的商品再生産システムにおけるように排他的・自己完結的諸個人が成り行き任せに盲目的に繰り広げるそれではなく、他者に対して開かれた諸個人の生得の潜在的能力を実現開花させるべく自覚的に為されるそれである。もちろん、ここでも諸個人や諸社会層の間に、緊張関係あるいは競争関係があるであろうし、またなければならない。だが、それは、後者においては、前者におけるように、ゼロ・サム的競争のそれではなく、非ゼロ・サム的それ agônisma であり、真実なる自己開花のために相互に競い合う（agônisthai する）ような、それでなければならないであろう。

要するに、ここには、人間や社会層（広義の労働機能）に関して、たしかに、無差別はなく、厳然たる機能（能力）区分がある。両者の関係は、プラトンの言葉でいえば、「救済・保全する人々」sôteres、「援助する人々」epikoupoi と、「雇ってくれる人々」misthodotai、「養ってくれる人々」tropheis との関係である（463b）[18]。しかし、それは、とりわけ社会的剰余生産を可能にする生産力が獲得されて以来、人間社会に成立しているような、身分や階級の差別ではない。両者の間には、敵対的依存関係 antagonistische Abhängigkeit ではなく、いわば有機的依存関係があるのである。この

「浄化されたポリス」モデルにおいては、「守護者」層のみならず、「他のポリータイをもまた、その一人一人を、それぞれが生まれつき適している一つずつの仕事 ergon に就けるべきであって、そうすることにより、市民たちの一人一人が自分に与えられた一つの仕事を果たして、決して多くの人間に分裂することなく真に一人の人間になるように、ひいてはそのようにして、ポリスの全体も自然に一つのポリスとなって、決して多くのポリスに分裂することのないようにしなければならない」（423d）[19]のである。だが、このことが言いえるのは、もちろん、次のような前提条件が、制度上充たされているかぎりにおいてである。

すなわち、それは、第一に、このポリスを構成するすべての市民たちが、共同性を、すなわち、個体的アイデンティティ Ich-Identität を自己形成せしめうる集合的アイデンティティ kollektive Identität を、共有すること（したがって、これと関連して、少なくとも「パイデイアー」は、すべての市民たちの子弟（パイデス）が義務教育として受けること）である。

第二に、このポリスを構成する両層間に、制度的に、相互性（互酬性）と可逆性（流動性）があることである。すなわち、「もし守護者たちに凡庸な子どもが生まれたならば、これを他の人々の中へ送り出し、他の人々にすぐれた子供が生まれたならば、守護者たちの中へ入れなければならない」（423cd）[20]ということである。

第三に、このポリスの内部において、一方に贅沢と怠惰を、他方に卑しさと劣悪を生む、富裕と貧困の二極分化が起こらないような、全体的視野からの制御がなされることである（421d-422a）[21]。そして、「ポリスが小さくもならず、見かけだけ大きなポリスとなることもなく、充分であり、かつ一つであるようにと、あらゆる手段を尽くして見張らなければならない」（423c）[22]ということである。

そして最後に、この「浄化されたポリス」モデルにおいて、その中核的位置を占め、戦闘の他に、以上のような諸制度を実現させるための任務を実際に担うべき「守護者」層の人々が、「魂」においてよりすぐれていること ameinôn einai、すなわちかれらがより自律的な自己制御能力を持っていること、そしてかれらがポリス全体に全生涯を通じて全面的に献身すること、そして、このことが、決して見かけや形式の上ではなく、実質的かつ現実的にそうであることである。

この最後の点を可能にさせるのが、一方での、全生涯にわたる教育（自己陶冶）と不断の試練、他方での、私有の否定（家族の解体）という、二つの制度である。これらは、いずれも、「守護者」層に限って適用される。これらの制度が「守護者」層に限定されるのには理由がある。

第一に、前者（生涯教育制度）に関して言えば、「守護者」層は、何と言っても、その存立の成否が、この第三ポリス・モデルのそれを決める基軸を成すところの当のこと（worum sich alles dreht; wovon alles abhägt.）だからである。すなわち、「ポリスとその諸々の法律を守護する（phylattein する）任にある者たちが、もはや守護者 phylakes であることをやめて、ただそう見せかけているにすぎないのであれば、（…）ポリス全体を根底から滅ぼすことになるのであり、逆にポリスの善き統治と幸福をもたらす決め手もまた、ただかれらだけが持っているのである」からである（421a）[23]。

第二に、後者（私有の否定という制度）に関して言えば、「守護者」層 phylakes の中の「補助者たち」epikoroi あるいは「援助者たち」boêthoi の、「魂」の浄化（自律的自己制御能力の形成）は、決して完成してはいないからである。まさにそれゆえに、そしてまさにそのかぎりで、かれらはなお、そうした制度と、「統治者」archontes たる真正な「哲学者」philosophoi による精神的後見（指導・勧告・命令）とを、必要としているからである。「守護者」層に対する、この共有制（共産主義）を、プラトンは、かれがウトピストであるがゆえに設定しているのではなく、それどころかむしろ逆に、かれが冷徹なリアリストであるがゆえにそうしているのである。

たしかに、プラトンの描き出す第三ポリス・モデルにおける、これらの制度の下でのかれらの生活は、ひたすら「祈りかつ働く」閉鎖的修道院のそれのような、禁欲的イメージを抱かせる。だが、「守護者」層の生活は、自給自足の修道院におけるそれとは異なり、ポリス全体から隔絶された閉鎖的それではない。それは、ポリス全体の中で有機的に位置づけられているからである。そして、ここでは単なる盲目的禁欲主義も問題にならない。禁欲 askesis は自己目的ではなく、「魂」の浄化のための手段にすぎないからである。

こうしたモデルを叙述するプラトンは、倫理・道徳的立場に関して、決して単なるRigoristでも、逆にHedonistでもないであろう。強いて言えば、プラトンはかれの言う意味でEudaimonistである、と言えるのではあるまいか。かれにとって問題は、単なる禁欲というよりも、欲求の適切な自律的制御によって、人間が、各人にそれぞれ与えられた資質に適った形で、充全なる自己実現を果たすことであるからである。プラトンに従えば、人間にとって、「幸福（仕合わせ）」eudaimoniâは、欲望の無差別な全き充足にあるのでも、その無差別な全き否定にあるのでもなく、「単純にして適正な欲望、知性nousと〈正しい思惑〉doxâ olthêに助けられ、思惟logismosによって導かれる欲望」（431c）[24]をみずからのものとする点にあるのである。とすれば、不必要な欲望に追い回されている者は「幸福（仕合わせ）」にはもっとも遠いのであり、苛酷な心身の鍛錬を課され、一見人間の本性に反しているように見える件の制度の下に生活する「守護者」は、内なる「魂」において「そのよりすぐれた部分」（知恵）によって「より劣った部分」（欲望）がより制御されているかぎりで、より「幸福（仕合わせ）」である、とも言えよう。

だが、プラトンにとって、問題は、いずれがより「幸福（仕合わせ）」か、ということ自体ではない。この点に関して、かれはソクラテスをして次のように語らしめている。「しかしながら、われわれが（浄化された）ポリスを建設するにあたって目標としているのは、そのことではない。つまり、そのなかにある一つの階層だけが特別に幸福になるように、ということではなく、ポリスの全体ができるだけ幸福になるように、ということなのだ。というのは、われわれはそのようなポリスの中にこそ、もっともよく正義を見出すことができるだろうし、逆にもっとも悪く治められているポリスの中にこそ、不正を見出すことができるだろう」（420b）[25]からである。「ポリスの全体が成長してよく治められている状態のもとでこそ、それぞれの階層をして、自然本来的にそれぞれに与えられる幸福に、与かるようにさせるべきである」（421c）[26]。要するに、プラトンにおいては、全体から切り離された自己完結的個人でもなく、また全体の中にまったく埋没しきった個人でもなく、全体の中で適格に位置づけられ、そのことにより、内発的に自己の資質を充分に開花させる個人こそが「幸福」である、ということになろう。

さて、以上のように、プラトンの構想に従って描き出された「浄化されたポリス」、すなわち第三ポリス・モデルは、「言葉の上で」logôi作成された「すぐれたポリスの範型」paradeigma agathês poleôs（427e）[27]であるが、これは、「いやしくも、それが正しい仕方で建設されたとすれば、完全な意味において、すぐれたポリスであるはず」である。「とすれば明らかに、このポリスは、知恵があり sophê、勇気があり andreiâ、節制を保ち sôphrôn、正義を備えている dikaiâことになる」（427e）[28]はずである。人口に膾炙した、かの「知恵」、「勇気」、「節制」そして「正義」は、第四巻六節――一〇節において、このように、まず「浄化されたポリス」が備えているはずである四つの「徳」aretaiとして議論される。

第一に、「知恵」sophiâとは、ここでは、「ポリスにおける一部の特定のことがらのためでなく、全体としてのポリス自身のために、どのようにすれば自国内の問題についても他国との関係においても、もっとも善く対処できるかを考慮 bouleuein するような知識 epistêmê、すなわち「全き守護者たち」teleoi phylakesと呼ばれる「統治者たち」archontes」（つまり「哲学者たち」philosophoi）の内にある「ポリスを守護するための知識」phylakikê（ヒュラキケー）である（428d）[29]。「浄化されたポリス」は、「みずからのもっとも小さな階層と部分に他ならない指導者たち・統治者たち proestôtes archontes によってこそ、全体として知恵がある、ということになり、そして、本来 physei もっとも少数しか生じないこの種族 genos こそは、他の諸々の知識の中でそれだけが知恵と呼ばれてしかるべき知識に与かることができる」のである（428e-429a）[30]。ここでは、「知恵」は、生涯にわたる「魂」の厳格な陶冶によって素質を開花させる、文字通りの選び抜かれた者たち（エリート）の中からさらに選び抜かれた者たちのみが担いうる特別な「知識」である、ということが示唆されている。

第二に、「勇気」andreiâとは、「恐ろしいもの ta deina とは何でありいかなるものであるかということについて、それを立法者 nomothetês が教育 paideiâ において告げ聞かせたとおりのものと見做す考え doxâを、あらゆる場合を通じて、保持し続ける sôzein ような力を持っている」ことである（429b-429c）[31]。すなわち、それを「苦痛の内にあっても、快楽の内にあっても、欲望の内にあっても、恐怖の内にあっても、それを守り抜いて diasôzesthai、投げ出さないということ」（429cd）[32]である。「恐ろしきこと」ta deina についての「真摯な（真直な）、ノモスに適う、意見を保持すること」sôtêriâ doxês olthês te kai nomimou（430b）[33]としての、ポリス的基準での「勇気」andreiâ polîtikê を担うのは、言うまでもなく、かの「補助者」epikouroi あるいは「援助者」boêtoi と呼ばれた中堅の「守護者」phylakes である。

第三に、「節制」sôphrosynê とは、個人においてもポリスにおいても、一般に、素質と能力において「すぐれたもの」の「劣るもの」に対する制御 egkrateia、そして両者の間に、まさにその点（どちらが「支配（統治）」archein すべきかという点）に関して成立する、いわば「交響音」xymphôniâ である。それは、個人においては、「魂」の「劣る部分」すなわち「欲望」epithymiâ が、「すぐれた部分」すなわち「知性」nous、「真摯な意見」doxâ olthê に従い、「思惟」logismos によって導かれ、「単純で適正」haplâ te kai metriâ な状態にあることである（431c）[34]。同様に、それは、ポリスにおいては、「よりすぐれた者」（よりすぐれた「素質」をよりすぐれた「教育」によって開花させているもの）が、「より劣る者」を、制御（統治）していること、そして両者の間に、このことについて同一の意見 doxâ が成立していることである。「それはポリスの全体に、文字通り絃の全音域に行きわたるように行きわたっていて、もっとも弱い人々にももっとも強い人々にも、またその中間の人々にも、完全調和の音階のもとに同一の歌を歌わせるようにするものである」（432a）[35]。個人の「魂」における「節制」の成立は、一般的に言うならば、必ずしもポリスにおけるそれを前提とはしないであろう。しかし、完全な「調和」harmoniâ の状態にある「範型」paradeigma としての「浄化されたポリス」においては、両者における「節制」のあり方は、相互に規定し合っていることになるであろう。いずれにしても、ここで言われているような意味での、ポリスにおける「節制」の成立は、「より劣る者」の側からの、いわば対自的な自発的服従がありえるか否かにかかっていると言えよう。

最後に、「正義」dikaiosynê とは、第三ポリス・モデル、「浄化されたポリス」を成立せしめる不可欠の条件として設定されている当のことがら、すなわち「各人はポリスにおけるさまざまな仕事の内で、その人の生まれつき physis が本来それにもっとも適しているような epitêdeiotatê pephykyia 仕事を、一人が一つずつ行わなければならないということ、そして、自分のことだけをして余計なことに手出しをしないこと to ta hautoû prâttein kai mê polypragmoneîn（433a）である。[36] この「正義」こそは、「節制」、「勇気」、「知恵」という「浄化されたポリス」が備える「徳」の「すべてに力を与えてポリスの内に生じさせ、そしていったん生じた後には、それらの徳を、それらが内在するかぎり、存続させるはたらきをするものに他ならない」（433b）。[37]

第三ポリス・モデル、「浄化されたポリス」が備えている、これらの四つの「徳（機能）」は、プラトンの語らしめるソクラテスに従えば、かの「小文字のポリス」polis grammata smîkra たる「魂」psychê の備える「徳（機能）」と類比 analogisthai されうる。なぜなら、人間の「魂」は、人間がまさにそれによって生き行為するところの当のものであるが、それにはそれを構成し機能的に三つに区別しうる部分、すなわち、第一に、行為に駆り立て、それに動機付けを与える「欲望的部分」epithymêtikon、第二に、それを制御する「理知的部分」logistikon、そして、第三に、両者の間に、後者に聴従し、後者のために戦う「気概的部分」thymoeides があり、これらの機能は、かの「浄化されたポリス」を構成する三階層（生産者、哲学者、守護者）の三機能、すなわち、「生活資料の生産、金儲け」chrêmatiskê、「政策審議、政策決定」bouleutikon、「統治者への補助、防衛、治安、行政、教育監督」epibouleutikon（441a）[38] に類比されうるからである。

「自分の内なるそれぞれのものにそれ自身の仕事でないことをするのを許さず、魂の中にある種族に互いに余計な手出しをすることも許さないで、真に自分に固有の事を整え、自分で自分を制御し、秩序づけ、自分自身と親しい友となり、三つあるそれらの部分を、いわばちょうど音階の調和を形作る高音・低音・中音の三つの音のように調和させ、さらに、もしそれらの間に別の何か中間的なものがあれば、そのすべてを結び合わせ、多くのものであることを止めて、節制と調和を堅持した、完全な意味での、一人の人間になりきって、かくてその上で、もし何かする必要があれば、はじめて行為に出るということになるのだ」(443d)。[39]

「範型」としての第三ポリス・モデル、「浄化されたポリス」に類比される、人間の「魂」のこのような「交響楽」xymphōniā は、まさしくかのピュタゴラス派の人々 Pythagoreioi のいわゆる「天球のハルモニアー」を想起させるが、[40] プラトンは、この「魂」の内なる動的秩序を、その「魂」そのものの「徳」としての「正義」dikaiosynē と呼び、この「交響楽」の指揮監督者である「魂」の「理知的部分」logistikon の「徳」を、「知恵」sophiā と呼んでいるのである。

3　正義の根拠――哲人王と「善のイデア」

「正義」に関するプラトンの議論の根底には、いわば同心円としての、人間(魂)・ポリス・宇宙を貫く、内在的理性秩序 kosmos についてのイメージがある。「正義とは何か」という問いかけとそれに対する回答は、プラトンにおいては、このイメージに規定されている。人間という存在は、「理性」nous; logos と一般に呼ばれる秩序形成能力を、少なくとも潜在的に(即自的に)備えており、この潜在的能力は、ポリス(社会)におけるそれを構成する諸個人の生活活動を通じて自己実現(対自化)される。これは、生存を全うするための相互依存関係ばかりでなく、「社会化」(諸個人による所与の社会的諸規範の内面化) socialization; internalization による「アイデンティティ形成」もまた、人間存在にとって、その自然本性 physis からして必然的である、ということを意味している。

人間存在は、宇宙(自然)秩序 kosmos の内に存在するが、そこにまったく埋没し切っているわけではない。それは、よかれあしかれ、同時にそこから逸脱あるいは超越する契機を、本来的に備えている。人間は、単なる動物でも神でもない以上、ポリス(社会)における生活活動を通じて、いわば第二の(「魂」と「ポリス」における)秩序を形成することによってのみ存在しえる存在である。この意味で、人間は「ポリス的動物」zôion politikon である。これを「類」あるいは「ポリス」の「個」あるいは「魂」に対する先在性を前提とする議論として解することは的外れであろう。両契機（全体と個体）のいずれが先在するかの二者択一は、ここでは問題とならないからである。強いて言えば、ここでは、むしろ両契機の関係そのものが第一義的であり、問題はこの関係そのもののあり方なのである。

「ポリス的動物」としての人間が「それによって生きるところの当のもの」である「魂」の機能は、プラトンに従えば、三つに区別される。その中で、欲求は、生物一般が共有する生存に必要な行為を起動する機能であり、これは人間以外の生物種の場合、いわば閉じられた内在的自動制御メカニズムによって条件づけられている。人間という生物種においては、このメカニズムがいわば欠損しており、したがって、よかれあしかれ、その再生産システムのあり方は相対的に開放されている。ある意味では、この欠損を補完して、その欲求を制御する、人間に固有の機能こそが「理性」である。この「理性」は、一方で「魂」の潜在的秩序形成能力であるとともに、他方で「ポリス」の秩序そのものでもある。後者は前者により形成されるが、ひるがえって、前者は後者の内面化を通じてのみ顕在化されうるからである。それゆえにまた、プラトンの議論においては、「ポリス」の構造（三機能区分と諸機能間の制御関係）と「ポリス」を構成する人間諸個人の「魂」のそれとの間には、緊密な類比関係 analogiā ばかりでなく、相互制約関係もまた、存在することになるのである。その際、両契機を繋ぐ連結環こそ、「ポリス的動物」としての人間存在が備える「理性」である。そのかぎりで、人間の「魂」はいわば「小文字のポリス」であり、逆に、それらから成る「ポリス」は「大文字の魂」である。

プラトンにおいては、このように、人間の「魂」と「ポリス」との間のこの構造的照応関係が前提とされ、両者それぞれにおける、件の三機能区分と三層構造についての議論が展開されるが、これらの議論は、もちろん、方法的に任意の仮説として、あるいは説明の便宜のための「類比」として設定されるのであるが、ある（強いて言えば存在論的）意味では、人間存在の「ポリス的動物」というあり方そのものから、むしろ必然的にそのような形で展開される、とも言えるであろう。その際、問われるべき「正義」とは、プラトンにおいては、端的に言って、かの全宇宙を貫く内在的な理性秩序 kosmos に照応（響応）する（自然本性 physis に適う）、人間の「魂」と「ポリス」における、あるべき秩序そのものに他ならない。

だが、プラトン固有の問題は、実のところ、「正義とは何か」ということよりも、むしろ、いつもすでに在るところの「正義」を、人間存在をして自己発見せしめること Heuristik である。この意味での「正義」を、一体いかなる能力の、いかなる者が、いかなる方法において、そのものとして見定めるのか。そして、一体何が、かれのこの見定めるという行為そのことと、これによって見定められたことそのこととを、究極において根拠づけるのか。プラトンの答えはこうである。「正義」をまさにそれとして見定めるのは、その素質を第三ポリス・モデル、「浄化されたポリス」における適切な教育（陶冶）によって開花させた真実の「哲学者」philosophos であり、かれはこれを、その「弁証法的理性」noêsis により、「哲学的問答法」dialektikê という方法において果たすのである。そして、かの「太陽の比喩」で極めて意味深く語られているように、この哲学的営為とその対象との根拠と原因を成すはずの当のものこそ、「善のイデア」he toû agathoû ideâ である。すなわち、これこそが、プラトンにとって、かの同心円としての「魂・ポリス・宇宙」を貫通する、内在的理性秩序を成立せしめる根拠であり原因である。

プラトンの立場は、よかれあしかれ、端的に言って、「イデア」実在論である。したがって、この立場からすれば、件の「浄化されたポリス」モデルは非現実的である、あるいは、それは実現不可能である、という批判は、意味をなさない。このモデルをプラトンが描き出した目的は、それが「現実に存在しえることを証明することではなかった」（427d）[1] のである。事実、それは、ある意味では、まったく非現実的であり実現不可能である。「ロゴスで語られるとおりの事柄が、そのまま行為のうちに実現される」（472a）[2] ということはありえないからである。だが、プラトンの立場からすれば、「むしろ、実践はロゴスよりも真理に触れることが少ないというのが、本来のあり方」（同）[3] である。それゆえにこそ、その「ロゴス」において作成された件のモデルは、「範型」paradeigma としての意味を持ちうるのである。したがって、このモデルの実現可能性に関して言えば、その完全な可能性を示すことではなく、「どのようにすればポリスが、われわれの記述にできるだけ近い仕方で治められうるかを発見」（同）[4] することだけが問題になりうる。ここで、プラトンは端的に問うている。「あるポリスがそのようなポリーテイアー（「浄化されたポリス」体制）へと移行することを可能ならしめるような、最小限の変革は何か」（473b）[5] と。そして、かれはソクラテスをして、自ら「最大の浪」kyma megista つまり「常識外れの言説」paradoxâ に喩えるかの回答（いわゆる哲人王論）を呈示せしめる。

「哲学者たちが、ポリスにおいて、王となって統治 basileuein するのでないかぎり、あるいは、現在王 basileus と呼ばれ、権力者 dynastai と呼ばれている人たちが、真実にかつ充分に gnêsiôs kai hikanôs 哲学 philosophein するのでないかぎり、すなわち、政治的権力 dynamis polítikê と哲学的精神 philosophiâ が一体化されて、多くの人々の素質 physeis が、現在のようにこの二つの方向へ別々に進むのを強制的に ex anagkês 禁止されるのでないかぎり、親愛なるグラウコンよ、ポリスにとって不幸のやむとき kakôn paûla はないし、また人類にとっても同様だと思われる。さらに、われわれが論述してきたような国制 polîteiâ（「浄化されたポリス」）にしても、このことが果たされないうちは、可能なかぎり実現されて日の光を見るということは、決してないだろう（…）実際、国制としては、こうする以外には、個人生活においても idiâi 公共生活においても dêmosiâi 幸福をもたらす途 tis eudaimonêseien はありえない（…）」（473de）[6]。

このプラトンの「政治権力と哲学的精神の結合」という基本テーゼを、「常識はずれ」para doxo logiâ として受け取り、嘲笑（哄笑）と侮蔑（不評判）で gelôti kai adoxiâi 押し流してしまうのは、二千数百年前のアテーナイにおける大衆やソフィストたちばかりではないであろう。この嘲笑と侮蔑に理由がないわけではない。実際、「神話」においてはいざ知らず、現在に至るまでの、人類の「階級社会」の歴史において、単なるユートピアやイデオロギーとしてでなく、

「政治」が「哲学」と現実に結合した例を、われわれは寡聞にして知らない。それゆえ、いかなる時代にあっても、多少でも「対自化」した自己意識には、この結合は胡散臭いものと映らざるをえない。またとりわけ近代的意識にとって、それは前近代的意識の残滓を示すもの以外ではないであろう。Quid facti（事実問題）と quid juris（権利問題）とのカテゴリーの峻別こそが近代的意識のメルクマールだからである。だが、現代の大衆とソフィストの意識（没価値的客観化科学を標榜する科学主義的意識）にとって、それはもはや嘲笑と侮蔑の対象にすらならない。ここでは、「政治」は、一方で権力ゲームのための操作技術へ、他方で福祉給付のための行政的処理の操作技術へ還元され、「哲学」は徹底的に解体されて、実証主義科学あるいはディレッタント的知的パズルに姿を替えているから、プラトンの言う意味での、真実なる「政治」にも、真実なる「哲学」にも、況や両者の関係にも、関心そのものが消え果てているからである。

だが、いかなる時代にあっても、プラトンに従って言えば、互いに迎合し合う、大衆とソフィスト（イデオローグ）とは、真実の「政治」と真実の「哲学」に対して、ある意味で、無知であらざるをえない。かれら（われわれ）の「魂」の「徳」としての知のあり方に限界があるばかりでなく、かれら（われわれ）の「魂」の構成秩序に錯乱があるかぎり、かれら（われわれ）は、ことがらの真実を見定めることができないし、見定めようともしないからである。大衆の知は所与の「憶断（評判）」doxâを超えようとはしないし、ソフィストの知の方は「憶断（評判）」の解体状況を超えようとはしない。後者の知も、一切の「憶断」を破壊しながら、「憶断」を超える真実なる知などというものは虚妄なる「憶断」以外ではない、という「憶断」からだけは抜け出そうとはしないのである。ここでは、一切が虚妄であるという判断そのものが虚妄とならざるをえない、という「パフォーマンスの矛盾」の空虚な演劇が演じられるだけである。一切を否定し空虚とすること、まさにこのことによって、それを遂行する当のものが否定され空虚にされる。ソフィストの懐疑は、それがヘーゲルの言う意味で「抽象的否定」にすぎないかぎりで、自己破壊という形以外では完結しない。(7)
このような自己完結の形を採らないかぎり、そこに残る選択肢は所与の現実に自己欺瞞的に適応すること以外にない。

だが、プラトンの言うような本物の「政治」と本物の「哲学」とが生存そのものを脅かすような危険を孕んでいることを、大衆とソフィストは、暗黙のうちに感じ取ってもいる。この意味では、かれら（われわれ）に欠けているのは、真実の「知識」ばかりではなく、真実の「勇気」でもある。この意味での無知と怯懦を共有するかぎりで、両者は迎合し合う。大衆は所与の現実（ポリス・社会）に対してラディカルな懐疑を決して向けない。もちろん、かれら（われわれ）に懐疑がないわけではない。ただ、かれら（われわれ）は、それを決して徹底しようとしないのである。逆に、ソフィストは一切の所与に懐疑を向ける。だが、この懐疑のベクトルは自己自身へと反転する。この懐疑は、上述したように、「抽象的否定」である以上、この反転によって、まさに所与の現実（ポリス・社会）の全面的否定という自らの行為そのものを通じて、自己自身の全面的否定に行き着く。さらに、これは、文字通りの自己破壊か、あるいは一転して所与の現実（ポリス・社会）の全面的肯定かの、いずれかに帰着する。かくて、本意であれ不本意であれ、状況の変化如何にかかわらず、現状を追認し、それへの適応によって生存（自己保存）を全うするということを第一義とする、という一点において、大衆の生き方とソフィストのそれとは一致する。

プラトンが目の当たりにしているアテーナイの世界のように、伝統的な規範秩序が崩壊し、人間の「魂」の構成秩序が転倒してしまうところでは、まさにかの自己保存が自己目的化することにより、人間は「生きる意味」そのものを喪失する。このような「価値の転倒」した世界において、大衆は「最大のソフィスト」である。大衆の盲目的な欲望が、ここではポリスを支配し、教育するからである。排他的な欲望が鎬を削り合うこの世界では、とどのつまりは、疎遠な他者の欲望を凌ごうとする道具的・操作的知の効用・効率・効果だけが問題になりうる。プラトンの言う意味での「ソフィスト」sophistēs は、いかなる時代にあっても、大衆という「巨大な動物の臆断（思惑・評判）doxâ ドクサー」に迎合する。(8) ソクラテスは、この大衆とソフィストとが共有する「臆断（思惑）」を破壊する。それればかりではない。かれはただ生きることに対して「善く生きる」ことに高い優先順位を置くことで、「価値の転倒」の転倒を要求する。さなきだに、「魂の浄化（世話）」を語るソクラテスは、大衆とソフィストにとって、「異界の人」である。単なる無自覚な大衆にとっては、ソクラテスは、単なる愚者か単なる現存秩序の破壊者である。だが、ソフィストとしての大衆にとっては、かれらが「価値の転倒」を自覚しながら、しかも、その再転倒への勇気を持とうとしない程度に応じて、ソクラテスは、単なる愚者としての嘲笑と侮蔑の対象から、畏怖あるいは敵意 diabolê の対象となる。[9]

だが、プラトンの言う真実なる「哲学者」philosophos とは、そもそも何者なのか。そしてかれに固有の知はいかなるあり方をしているのか。初期の対話篇以来、プラトンがこれを問うとき、その念頭に常にソクラテスという人物のイメージがあり続けた。もちろん、一般に、同じ用語でも、それが使われる時期や文脈によって、そこに込められる意味内容は異なる。プラトンにおける「哲学者」という用語も例外ではない。ここでは、以下に述べるような意味でのこの用語の概念的差異に、特に注意を払っておきたい。言うまでもなく、プラトンにおいては、「哲学者」は単なる学問知識の探求者や教養・識見を持つ人を意味しない。第一に、これは初期対話篇で描かれたソクラテスという人物のイメージから直接帰結することであるが、ここでは、「哲学者」は、むしろ真実の「知恵」を欠く者であり、この欠如の自覚ゆえに、激しく「真実」を希求する者である。かれの知は、単なる知にとどまらず、知そのものの根拠に向かっている。しかし、かれはその根拠が何であるかを言明できない。と言うよりむしろ、かれは「無知の知」に自覚的に踏み留まる。[10]したがって、ここでは、真実からの隔絶の自覚と真実への憧憬との厳しい相克こそ、「哲学者」を特徴づける。第二に、これに対して、プラトンの生涯の中期に成立したと目されるこの『国家』篇という作品においては、「真実」あるいは知そのものの根拠を渇望する者としてではなく、それを「イデア」として観照 theôrein する能力をすでに持つ者としての「哲学者」像が呈示されている。プラトンは、この意味での「哲学者」が現実にはまったくありえない空虚な観念にすぎないとは決して考えていない。しかし、ここでの「哲学者」像は、現実のポリスにおけるそれではなく、あくまでも、件の「範型」paradeigma としての第三ポリス・モデル、「浄化されたポリス」において位置づけられた、同じく「範型」としてのそれなのである。プラトンにおける、以上二つの「哲学者」概念の区別を的確に押さえておかないと、無用な誤解や的外れの解釈は免れ難いであろう。

さて、「哲学者」の知のあり方は、一般に、現実の「ポリス」における、権力者、大衆、ソフィストのうちのいずれのそれとも、本質的に異なっている。また、第三ポリス・モデル、「浄化されたポリス」において「統治者」archôn; kybernêtês として位置づけられる「哲学者」の知のあり方は、「生産者」層のそれとはもちろん、「守護者」層 philakes 一般、「補助者」epikouroi; boêthoi のそれとも、本質的に異なっている。この第三ポリス・モデルにおいては、上述したように、「少年期教育」paideiâ を適切に受けた者はすべて、「より善きもの」とそうでないものとを判別する能力、（すなわち「真実の臆断」を保持する能力、「信」pistis を形成している。但し、この場合、この判断そのものは自覚的（対自的）に為されるのではなく、むしろ無意識のうちに「習慣・品位」êthos として身に付けたものである。かれらの憶断が真実である（正しい）のは、「少年期教育」による「善きエートス」の形成と、この「少年期教育」を監督指導する真実なる「哲学者」を前提にするかぎりにおいてである。いまや、「あるもの（存在）」on と「あらぬもの（非存在）」mê on の「中間的なもの」に相関する、相対性を免れない「臆断」ではなく、端的に「あるもの（存在）」そのものに相関する、両者を区別 dianoeîn することのできる知 gnôsis; noêsis の形成、すなわち「哲学者」教育が問題となる。

　第三ポリス・モデル、「浄化されたポリス」における、この意味での「哲学者」教育は、「より長い迂回路」を辿って、「すべての魂がそれを追求し、そのためにこそあらゆる行為が為されるところの当のもの」[11]である「善のイデア」を目指す、「最大の学問探求」ta megista mathêmata である。[12]周知のように、プラトンは、かの「線分の比喩」で、人間の認識能力、「魂」のあり方とその段階を説明することにより、その最高段階としての、「善のイデア」を観照しうる真実の「哲学者」に固有の、知のメルクマールを呈示している。[13]そこでは、まず、人間の認識のはたらきとそれに相関するその対象のあり方とが、見ること horân（感覚・知覚すること）、見られるもの horâton（可視界）（すなわち「憶断されるもの」to doxaton）と、思惟すること noeîn、思惟によって知られるもの noêton（可知界）とに二分される。次に、この両者の比に従って、それぞれがまた二分され、認識のはたらきは、その対象と同じく、前者は「明晰性」saphêneia の度合い、後者は「真実性」alêtheia の度合いに応じて、そのあり方が、四分される。認識のはたらきに関しては、それが「明晰度」の度合いの低い方から高い方へと順に、（4）「影像知覚」eikasiâ（間接的知覚）、（3）「確信」pistis（直接的知覚)、(2)「分析的思考」dianoia(間接知)、(1)「直接知」noêsis あるいは「知識」epistêmê と呼ばれている(511de; 533d-534a)[14]。(4)、(3)はまた「憶断(憶見)」doxâ と呼ばれ、ともに「生成」genesis と消滅(感覚・知覚の相対性)に係わり、(4)は「似像」eikos(homoiôten)に、(3)はその「原物」to hôi hômoiôtê に相関する。(2)と(1)とはともに noêsis とも呼ばれ、「実在」ousiâ に係わる。

その際、プラトンの議論に従えば、(2)「分析的思考」dianoia(間接知)は、「似像」を用いながら、仮説 hypothesis から出発して、始原 archê に遡るのではなく結末 teleutê へと整合的に homologoumenôs に到達する。これに対して、(1)「弁証法的理性」noêsis(直接知)あるいは epistêmê は、「ロゴスがそれ自身で、ディア・ロゴスの力によって把握するところのものであって、この場合、ロゴスはさまざまの仮説 hypothesis を絶対的始原とすることなく、文字通り下に hypo 置かれたもの thesis となし、いわば踏み台として、また躍動のための拠り所として取り扱いつつ、それによってついに、もはや仮説ではないものにまで至り、万有の始原 pantos archê に到達することになる。そしていったんその始原を把握したうえで、今度は逆に、始原に連絡し続くものを次々と触れ辿りながら、最後の結末に至るまで下降して行くのであるが、その際、およそ感覚されるものを補助的に用いることは一切なく、ただ実相 eîdos そのものだけを用いて、実相を通って実相へと動き、そして最後に実相において終わるのだ」(511bc)[15]。

かくして、図式的に言えば、(4)、(3)「影像知覚」eikasiâ、「確信」pistis すなわち「臆断」doxâ における感覚・知覚の相対性と、(2)「分析的理性」dianoia における仮説の独断性とを揚棄して、認識のはたらきとその対象との双方の根拠であり原因である、かの「善のイデア」への、人間の知(認識能力)、とりわけ「哲学者」のそれの、上昇とそこからの自覚的下降の運動の途筋が呈示されるのである。第三ポリス・モデル、「浄化されたポリス」における「哲学者」の生涯教育のプログラムは、「線分の比喩」で示された「魂」のあり方(認識能力)の諸段階に従い、「魂」そのものの向きを、かの「可視界」、生成する可変的・相対的な世界((4)、(3)で捉えられる世界)から、「可知界」、不変的・絶対的な真実在の世界((2)、(1)で捉えられる世界)へと方向転換 epiagein させ、(2)「分析的理性」dianoia

と（1）「弁証的理性」noêsis ないし「知識」epistêmê とを形成することと目的とする。このプログラムに従うと、上でも言及したように、二〇歳までの音楽・文芸と体育を中心とする「少年期教育」を基礎にして、二〇歳から三〇歳までに、予備学（「前奏曲」）として、（2）に係わる数学・幾何学・天文学そして音楽学（和声学）が、さらにこれを踏まえて、三〇歳から三五歳までに、「本曲」として、（1）に係わる「ディアレクティケー」（弁証法）が学ばれ、その後五〇歳までは、軍事的ないし行政的実務経験が課される。ここでは、あらゆる現実のポリスの経験を積み、あらゆる試練に耐え抜いた者たちだけが、再び哲学的探求生活に復帰する。[16]

　第三ポリス・モデル、「浄化されたポリス」においては、このように「魂」の適切な生涯教育によりその素質を適切に開花させた「哲学者」の中で、あらゆる現実のポリスにおいてはまったく現実性・可能性を持たない「政治権力と哲学的精神との結合」が実現する。この意味での「哲学者」は、この第三ポリス・モデルの中心点あるいは頭脳である。ここでは、かれは万有の根拠にして原因である「善のイデア」を観照しうる能力（弁証法的思惟能力）をすでに獲得しており、まさにそれゆえに、上述したような一般的に定義されたポリスの「正義」（換言すれば、ポリスの「一般意思」）が現実に何であるか、これを判断しうる能力をすでに自らのものにしている。したがって、かれはこのポリスの真実の「統治者」archôn、「立法者」nomothetês「指導者」hêgemôn あるいは「教育者」となりうるし、ならなければならない。すなわち、ここでは、「魂」においてもっともすぐれた者 aristos となった真実の「哲学者」が、ポリス全体に係わる政治的判断ばかりでなく、ポリス市民全体に係わる教育（「魂の世話」、「魂の転回」）任務を担うことになる。かの「洞窟の比喩」で語られているように、かれはかつて迷妄（誤まてる臆断）に満ちた冥い「洞窟」から、太陽（「善のイデア」）が光り輝く地上へと這い出して来たのであるが、いまや再び、「洞窟」の中の壁に写し出された影絵しか見ることのできない人々の許へと降りてゆく。むろん、闇の世界に蠢くかれらの「魂」（視野）を転回させるために。[17]

　だが、そもそも何故に、いったん地下の「洞窟」から明るく照らされた地上へと抜け出した「哲学者」は、再びもとの暗い地下に留まる人々のところに帰還しなければならないのか。この他者に対する啓蒙の必然性そのものはどこから来るのか。ここでは、哲学者・統治者（政治家）・教育者の役割が一身に担われることになるが、このことは、この第三ポリス・モデル、「浄化されたポリス」そのものの「正義」として述べられた「各人が各人の素質に適った各人固有の仕事を果たす」という一般原則と矛盾しないのか。「洞窟」への再下降の強制は、真実の「哲学者」の「幸福」を奪うことにならないのか。他者による啓蒙（「哲学者」による大衆教育）は啓蒙される大衆の自発性を奪うことにならないのか。そして、かの「哲学者」が観照するとされる「善のイデア」は、「イデア」の「イデア」であり、「存在」そのもの to on であり、一切の存在者 ta onta の因って来る究極の根拠とされる以上、それ以上「善のイデア」とは何か、と問うことは無意味である。（なぜなら、この問いに答えるなら、「善のイデア」をさらに根拠づける何かを想定せざるをえないであろうからである。）だが、そもそもかの「哲学者」がこの「善のイデア」を観照しえている、と言いうる根拠は何か。それはその「哲学者」の現実の行為によって示される以外にないであろう。

何故に真実の「哲学者」は「洞窟」へ再下降しなければならないのか。なぜ自己啓蒙（「魂の転回」）を果たした「哲学者」は他者（自余のポリス市民たち、大衆）の啓蒙に係わらなければならないのか。プラトンの議論に従えば、それは、第一に、上述したような「哲学者」が支配者（統治者）にならないならば、かれは「自分より劣ったもの」による支配を甘受しなければならなくなるからである。しかし、それよりもなによりも、第二に、この「哲学者」はもともといわば「浄化されたポリス」の生涯教育制度の所産なのであり、自己形成を遂げた「哲学者」は、この「ポリス」から受け取っただけのものを、それを与えてくれた「ポリス」に返済するのは当然だからである（520b）[18]。だが、「哲学者」の帰還の必然性は、「借りたものを返す」といったことよりも、上述したような「社会的・歴史的な存在」としての人間存在のあり方そのものから帰結する、と言ったほうがより適切であろう。

上述したように、第三ポリス・モデル、「浄化されたポリス」は、あくまでも「ロゴス」において構想された「範型」paradeigma であり、そのいわば制御中枢たる「哲学者」もまたその意味で「範型」であるが、前者の完成された構成秩序と後者の「魂」のそれとは、構造的に「類比」されるばかりでなく、相互に制約し合っている。しかも両者の構成秩序は、不断に再生産される動的均衡秩序である。かてて加えて、それらはともにいわば開放系 open system であり、それぞれには発展と同時に堕落の可能性が潜在している。それゆえに、「哲学者」における弁証法的な認識過程に「可視界」からの上昇と「可知界」からの下降との両過程があるように、「浄化されたポリス」におけるいわば「類」のポリス的（社会的）再生産過程には、統治者・教育者としての「哲学者」の上昇過程と下降過程の両面が必要なのである。いずれにしても、ここでの問題は、「ポリス」を構成する諸個体の「幸福」か、あるいは「ポリス」全体のそれか、この二者択一ではなく、両者の関係におけるそれなのである。現実の「ポリス」において哲学者と称される人々は、必ずしも教育者ではないし、況や統治者ではないが、「範型」としての「浄化されたポリス」における「哲学者」の中では、その存立のあり方からして、哲学・政治・教育が分離することは決してありえないのである。

第三ポリス・モデルにおける「哲学者」による啓蒙あるいは教育について言えば、それは、ソフィストにおけるように、「あたかも盲人の目の中に、視力を外から植えつける」(518c)[19] がごとく外から「魂」の中に知識を植えつけるのではなく、むしろ各人のその中にもともと潜在する諸能力を内発的に顕在化させることである。

「ひとり一人の人間が持っている（真理を知るための）機能 dynamis と各人がそれによって学び知るところの器官 organon とは、はじめから魂のなかに内在しているのであって、ただそれをあたかも目を暗闇 skotos から光明 phânon へ転向させるには、身体の全体と一緒に転向 strephein させるのでなければ不可能であったように魂の全体と一緒に生成流転する世界から一転 periagein させて、実在 to on および実在のうちにもっとも光り輝くもの toû ontos to phanotaton を観ることに堪えうるようになるまで、導いて行かなければならない」(518c)[20]。

さて、第三ポリス・モデル、「浄化されたポリス」において自己形成・自己開花を遂げ、この「魂の転回」hê tês psychês periagôgê をすでに果たしている、真実なる「哲学者」が、この「ポリス」の「統治」archein とその構成員の

「教育」paideueinないしは公的な啓蒙に係わることが必然であるのは、上述のように、このモデルにおいては、この「ポリス」とその「哲学者」との成立（存立）が、相互に他方を前提にし合っているからである。だが、そうだとすれば、このモデルにおいては、明らかに論理は循環している。このモデルそのものを根拠づけるのは何かと言えば、それは実在そのものの究極の根拠・原因としてのかの「善のイデア」以外ではありえない。これは、こういうものである以上、これ以上これが何であるかについて問うことは、少なくとも、モデルとしての「ポリス」ではなく現実の「ポリス」に生きる人間にとっては、原理的に無意味である。しかしながら、「ポリス的動物」としての、あるいはhomo loquensとしての人間の言語・認識・行為を成り立たしめる、反事実的kontra-faktischな一般的前提条件はいつもすでにあるはずであり、それらに自己言及しながら、一方で前提の前提に遡及し、同時に他方で、不断に出発点に立ち戻ってくるという、思惟の往還運動によって、現実の「時間」の内において、「ポリス的動物」としての人間存在を根拠づける何らかの倫理的原理があるはずだ、と考え続けることは無意味ではありえないであろう。

　思惟活動はいつもすでに「対話」dia-logosである。自己の内部においても、同時代の他者との関係においても、時代を超えた世代間の関係においても、「対話」の可能性が開かれているかぎり、真実alêtheiaを問う哲学的営為philosopheinの已むことはないであろう。「高尚で自由な討論logoi kaloi te kai eleutheroí、知ることgnônai; gignôskeinを目指し、あらゆる努力を尽くしてただひたすら真実だけを追求するような討論、そして法廷においても個人的な集まりにおいてもただもっぱら思惑や口論erisを目標とする、手の込んだ論争技術めいたものは、一切敬遠するような討論」（499a）[21]、真実to alêthesを追究するという以外のいかなる強制からも解放された「討議」Diskursのため前提条件としてのいわゆる「理想的発話情況」die ideale Sprechsituation[22]は、かの「範型」としての、「浄化されたポリス」やその「哲学者」と同様に、ある意味では、いかなる現実の歴史的「時間」の内にも存在していない。しかしながら、人間が、上述のような意味で、「ポリス的動物」zôion politikonであり、homo loquensであるかぎり、人間の認識と行為には、それらの可能性の前提条件として、いわゆる「対話的合理性」die dialogische Rationalitätが、別の意味で、いつもすでに存在しているはずであるとすれば、[23]「対話」dia-logosの可能性が「永劫の時間」の中で開かれているかぎり、いわゆる「哲人王論」の理念の実現可能性をまったく否定することはできないし、まったく否定する必要もないであろう。

第六章　ポリス論（Ⅱ）(1)

1　最優秀者統治の範型とその逸脱・堕落

プラトンの『国家』篇の主題は「正義」dikaiosynêである。「正義」とは何か。上で見てきたように、それはプラトンにとって、魂・ポリス・宇宙を貫く幾何学的秩序kosmos、すなわち、人間と自然、「ノモス」nomosと「ピュシス」physisを通底する、客観的「ロゴス」（理性秩序）が、人間の「魂」において開示されうる事態である。

人間とは、それが在るところのもの（理性的存在）に「ポリス」において成る存在、すなわち「ポリス的動物」である。すなわち、「類」としての人間の「徳」aretê（固有の潜在能力）は、「ポリス」における教育（ないし「社会化」）によってのみ顕在化しうる。人間の「魂」psychêは、ここでのプラトンに従えば、「理知」logistikon、「気概」thymoeides、「欲望」epithymêtikonという三つの機能から成るが、この人間の「魂」において「理知」がその全体を制御すること、そして、そのことによって各々が各々に固有の機能aretêを充全に果たすこと、さらにこれらのことを通じて、人間の「魂」に内在する理性秩序（客観的ロゴス）が顕現すること、これこそプラトンが問題にする「正義」である。人間の「魂」の内的秩序としての「正義」を実現せしめうるような、「ポリス」における人間教育のあり方を、人間の「魂」と「ポリス」との双方のあり方polîteiāの関連（類比analogiā）において探究すること、これが『国家』篇の内容を成している。

「正義」は一般に社会的原理としては、社会的価値の配分についての公正と均衡とを示す理念であるが、この理念は、『国家』篇の「正義論（Ⅰ）」（特に第一巻一〇章―第二巻九章）が示しているように、それが単なる理念であるかぎり、いつもすでに（不正ないし階級支配を正当化する）イデオロギー（虚偽意識）として機能する可能性を持っている。プラトンは、イデオロギーに陥らない言説（命題）としての「正義」とは何か、公正と均衡の判断基準とは何か、これをさしあたり問わない。問わないのは、ソフィストのように、この問いかけ自体が空虚であり無意味である、とかれが考えるからではない。問うている当の人間の「魂」のあり方を問うことなしには、それが空虚であり無意味である、とかれは考えるからである。

人間の「魂」のあり方（「魂」に内在する理性的構成秩序）を問題にするための長い迂回路として、プラトンは、人間の大文字の「魂」としての「ポリス」という比喩 metaphorā に基づき、「ポリス論」を展開した。人間の「魂」と「ポリス」には、それらの理性的構成秩序に関して、構造と機能において、類比関係 analogiā がある、と考えられているからである。上で見たように、プラトンは、問題提起としての「正義論（Ⅰ）」（第一巻二章―第二巻九章）に続き、「ポリス論（Ⅰ）」として、まず二つのポリス・モデルを（第二巻一〇章―一六章）、次にこれらのモデルと対照させて、第三のポリス・モデルを、呈示している（第二巻一七章―第七巻末）。

すでに上で見たように、(2) 第一ポリス・モデル（「健康なポリス」、「豚のポリス」）は、いわば「国家権力なき国家」（アナーキーでありながらアナーキーではないポリス）の範型であった。ここでは、必要と素質に基づく社会的生産と社会的分業とがすでに展開されていながら、しかも欲望が必要の限度内におのずから制御され、自動制御的均衡がいわば予定調和的に保持されている。たしかに、この閉鎖システムにおける人間の生活は、必要に強いられた労働とその成果の交換とが行われている以上、少なくとも「本源的共同体」といったものではないし、況や楽園生活ではありえない。しかし、ここでは、そのシステムの構成メンバーたちの欲望が即自的に制御され、生産力の発展による剰余生産の可能性も制限されているかぎりで、紛争や支配が生じないから、紛争の調停、対外的戦争の遂行の統括など、「システム統合」機能とともに階級支配機能をも担う、国家権力の成立も必然化しない。

なるほど、第一ポリス・モデルにおいては、紛争も支配もなく、従ってそのかぎりで、「不正」（悪）の可能性は現実化されず、何らかの秩序が現出している、という意味ではプラトン的「正義」が成立している。しかし、ここには、人間の「魂」における、第一に、内発的（自覚的）な理性的秩序形成という契機が、第二に、諸個人に固有な潜在的諸能力 aretê の充全な自己開花という契機が、ともに欠けている。プラトン的「正義」が、人間を超えた何らかの力、あるいは偶然によってすでに与えられた秩序ではなく、むしろ「不正」（悪）の現実を前提にして、在るところのもの（理性的存在）に「ポリス」を介して自ら成る、という人間の自発性（理性的能動性）の契機を介して形成されるような、そういう秩序であるとすれば、ここにはその意味での「正義」は存在しない。

これに対して、第二ポリス・モデル（「病気のポリス」、「熱で腫れ上がったポリス」、「贅沢なポリス」）においては、この閉鎖システムにおける即自的均衡が崩れている。ここでは、欲望が必要の限度を超えて無際限となり、「不正」（悪）の可能性が現実化する。ここから生ずる紛争と支配による「ポリス」の自己解体を回避するために、ここでは、「医者」と「裁判官」、つまり国家権力の「システム統合」機能が必然化する。国家権力の存立は、いつもすでに「ポリス」の構成メンバーたちの事実上の正統化（承認）を必要とするが、標榜される権力の正統性は、所与の「世界像」（神話）から調達される。この「ポリス」は、社会的価値の配分において事実上の不均衡があるかぎり、階級社会でありうるが、所与の「神話」は、「社会統合」機能とともに、階級支配の正統化機能をも、事実上果たしている。やがて、「ポリス」の構成メンバーたちの「自己意識」の理性的自律度が高まるのに応じて、この「正統性信仰」（神話）のイデオロギー機能が対自化（自覚）されていく。

だが、その「理性」が「主観化」し、言語が「道具化」することになれば、「神話」を破壊しようとする当の「理性」そのものが「神話」となる。「理性」は、人間が自らの欲望を自ら制御する能力であるかぎりで人間存在の能動性の根拠であるが、その「理性」が自らに盲目であるかぎり、人間の欲望は盲目的に解放されるか、あるいは盲目的に抑圧されるかの、いずれかにならざるをえないからである。人間は他のすべての生きとし生けるもの（生物一般）と同じく、本来受動的（受苦的）な存在であり、理性を機能させうることでのみ、よかれあしかれ、限定された形で能動的にもなりうる存在である。しかし、その「理性」を自ら破壊するなら、本来成りえるものに成りえない。この「理性」の自己破壊、いわゆる「啓蒙の弁証法」の不可逆な過程がどの程度進展しているかはともかく、人類史に現れたあらゆる「国家によって組織された社会」は、「不正」（悪）の可能性を潜在させている限定された開放システムとしての第二ポリス・モデルのバリエーションである、と言えるであろう。

さて、プラトンの『国家』篇においては、これら二つのポリス・モデルに対比されて、第三ポリス・モデル、「浄化されたポリス」が、「最優秀者統治」aristokratiâ; basileiâ の範型として、「ロゴスにおいて」造形される。[3] それは、社会的に機能分割されると同時に有機的に結合された、三つの社会層から、すなわち①生涯教育システムによって選び抜かれ、立法・教育・統治に関して政治的決断を担う哲人王、②生産から解除され、共有制（家族・私有の禁止）を基礎として、治安国防を担う戦士、そして③家族・私有を許容されて必要労働を担う生産者から構成される。この三層の区別は、それぞれの「魂」の構成秩序の理性的自律度（自己制御と無私との度合い）の差異による機能分割に応じてなされ、固定化（世襲化）されない。それらの間には、指導制御と信頼承認の関係が同時に存在する。ここでは、プラトンの言う意味での「正義」（「魂」の内的構成秩序）とともに、「魂」の構成要因それぞれの固有の諸機能に応じた、「知恵」、「勇気」そして「節制」という、人間の「徳」が実現する。すなわち、人間の共同性と差異性との内的統合が果たされることにより、各人はそれぞれの本来ありうべき自己の潜在能力（機能）を開花させる。ここでは、「ポリス」の構成メンバーたちはそれぞれ、一面では、機能遂行者として対称的に相互承認することによって、他面では、「よりすぐれたものより善きもの」をそれとして、非対称的に自ら承認することによって、自己を実現する。

第三ポリス・モデル、「浄化されたポリス」の存立は、結局のところ、かの哲人王の成立にかかっている。すなわち、この「ポリス」の「社会統合」と「システム統合」との中核にあるのは、立法と統治と教育に関する哲人王の判断（決断）である。だが、この哲人王自身は、この「浄化されたポリス」における件の生涯教育システムの帰結（成果）であり、ひるがえって、この生涯教育システムはまた、哲人王を前提にしなければありえない。したがって、ここではもちろん、論理的に、「形成するもの」と「形成されるもの」、原因と結果、主辞と賓辞とが循環する。「教育者が教育されなければならない」（マルクス）。

これは、なるほど、論理的には解き難い矛盾であるが、しかしある意味では、「類的存在」、「ポリス」において在るところのものに成る存在である人間にとって必然的な存在様式を示してもいる。人間は、世代交替の過程において、「ポリス」にあって「ポリス」によって自らを形成し、自らを形成した人間が自ら生きる世界である「ポリス」を自ら形成するからである。

いずれにしても、大文字の「魂」としての「ポリス」の第三類型、すなわち、第三ポリス・モデルによって示されていることは何か。それは、一般的に言えば、第一に、「魂」のあり方と「ポリス」のそれとの間には、単に構造上の類比関係ばかりでなく、むしろいわば弁証法的な相互限定関係があるということ、第二に、「魂」の構成要因である「理知」と「欲望」のそれぞれのあり方は、両者の関係のあり方によって限定されるということ、第三に、人間が自らの潜在能力を実現させ、在るところのものに成るためには、「理知」と「欲望」とを媒介する「気概」を基軸にした、「ポリス」における人間の「魂」の教育（陶冶）が問題であることである。

第三ポリス・モデルにおいて呈示されている生涯教育プログラムにおいては、二〇歳以前の徳育や体育（情緒教育、「欲望」と「気概」の陶冶）、つまり「少年期教育」を基礎とし、あくまでこの基礎の上に、知育が許られている。そして二〇歳以後の知育は、いわば「形式的理性」の陶冶と「弁証法的理性」のそれとが、はっきり区別され、段階づけられている。(4) ここでは、客観的な自己実現（人間の「魂」の「徳」の開示）のために、こうした段階を踏んだ、「ポリス」における人間の「魂」の教育（陶冶）によって、「道具的理性」に還元された理知と必要を超えていく欲望との、いずれか一方が他方を一方的盲目的奴隷的に支配する関係ではなく、「弁証法的理性」としての理知が欲望を、自らにプラスにフィードバックさせるような形で制御する関係が成立する、と考えられているのである。

さて、上述したように、プラトンは、まず、「ポリス論（Ⅰ）」（とその基礎づけとしての「イデア論」と「哲人王論」）においては、「不正」（悪）の可能性を潜在させた第二ポリス・モデルを、即自的均衡システムとしての第一ポリス・モデルの転化した事態として捉え、次に、この第二ポリス・モデルに対比して、これが浄化されたポリスの「範型」としての第三ポリス・モデルについての長大な議論を展開した。この議論を踏まえて、「ポリス論（Ⅱ）」（第八巻一章―第九巻三章）においては、第二ポリス・モデルは、第三ポリス・モデルの逸脱形態ないし堕落形態として捉え返される。「ロゴスにおいて」造形された第三ポリス・モデルは、いわばモデルのモデル、「範型」の「範型」であり、これと対照させて、これの逸脱・堕落形態として捉え返された、第二ポリス・モデルには、人類史において登場する無数の下位モデルがありうる。ここでは、それらは四つの類型に集約され区分される。

引照基準として定位された第三ポリス・モデルは、ここ（「ポリス論（Ⅱ）」）では、「王制」basileiâないし「最優秀者統治」aristokratiâと呼ばれるが、プラトンが使うこれらの言葉には、もちろん一般にそれらにより含意される世襲の君主制ないし貴族制の意味はない。それは件の生涯教育システムにより、その「魂」の素質が見極められ充全に陶冶された文字通りの「最優秀者」aristoiによる「統治」を意味している。したがって、この意味での「最優秀者統治」と、その逸脱・堕落形態としての自余の諸「国制」politeiaiとの区別の基準は、次の点にある。すなわち、それは、一方で陶冶された「理知」によって統治する者を、他方で自らの「徳」（固有の潜在能力）を実現させ、すぐれたものをすぐれたものとして認めることのできる被治者としてのポリス市民たちを、出現せしめうるような、そういう件の生涯教育システムと、そして、このシステムから成立する「ポリス」とこれに類比される人間の「魂」とにおける理性的構成秩序との有無である。

逸脱・堕落形態としての「国制」の四類型を、プラトンはそれぞれ、「名誉制」tîmokratiâ、「寡頭制」oligarchiâ、

「民主制」dêmokratiâ、そして「僭主制」tyrannis と呼んでいる。これらの四類型を分類する基準は、かの「最優秀者統治」の範型からのそれらの逸脱・堕落のあり方、すなわち、「ポリス」とこれに類比される統治者（支配者）の「魂」とのそれぞれにおける構成秩序の内乱状態 stasis のあり方にある。最後に呈示される「僭主制」は、「最優秀者統治」からの逸脱・堕落の過程が帰着する極限形態であり、「民主制」は、これを生じせしめるその前段階に位置づけられている。

『国家』篇における「国制」politeiâ の類型は、プラトンの別の作品（『政治家』）やアリストテレスの『政治学』で提示されているそれとは、種類、数、順序、分類基準が異なる。[5] いずれの場合も、前八世紀以降の古代ギリシア、とりわけアテーナイの政治史において実際に現れた国制が反映されているが、ここでプラトンがこの類型を提示している意図が、単なる経験的研究にはないことは明らかである。けれども、かれが目指すところは、逆に、「国制」の逸脱・堕落過程の歴史的必然性に関する宇宙論的ないし存在論的論証そのものにあるわけでもない。このテクストの内容を、その解釈者が、単なる経験的研究か、あるいは逆に単なる形而上学（神話）か、このいずれかに還元して、否定的にせよ肯定的にせよ、単純に評価しようとするなら、プラトンの設定した的の正鵠を外すことになろう。強いて言うなら、プラトンは、自らの「アイデンティティの危機」の自覚に発して、自らが生きる現実の世界（ポリス共同体、アテーナイ民主制ポリス）とそこにおける人間のあり方に対する「批判」（吟味・検討）Kritik を試みているのであり、「魂」とこれに類比される「ポリス」との理性的構成秩序に関する議論は、それ自体が自己目的ではなく、この「批判」に説得力を持たせるためのものだからである。

もちろん、プラトンがこの対話篇の主人公ソクラテスをして展開せしめている論議が、存在論や宇宙論を前提にしていないわけではない。およそいかなる論議も、論議が論議として成り立つためには、それが暫定的に仮定されたものであれ、あるいは端的に確信されたものであれ、何らかの不可疑の前提を持っている。プラトンは、「名誉制」以下四つの国制の逸脱・堕落形式の間の転化（移行）過程については、すでに前提とされている、人間の「魂」の構成秩序のいわば転倒と錯乱を基軸にして叙述を展開している。

これに対して、前提とされる二つのことがら、第一に、理性的構成秩序の成立（発生）、第二に、ここから生じる、歴史的移行推展の原因（原動力）としてのその転倒と錯乱そのもの、すなわち「最優秀者統治制」の一方の成立過程と他方のその堕落過程との端諸に関しては、神話的ないし宇宙論的・存在論的な説明が行われる。これらについての説明はもちろん、Erklären（説明）というよりもむしろ、Erzählen（物語）である。しかし論議の前提そのものについて神話として「ものがたる」こと自体が、社会的現実における「不正」Unrecht を正当化するような、イデオロギー的な Verklären に直ちになるわけではない。プラトンは「神話」mythos を「神話」として自覚して「ものがたる」が、それは、伝統主義的貴族制や何らかの全体主義的独裁制を擁護するためでも、況や現実の倫理的不合理性や階級支配を正当化するためでもなく、むしろ逆に、それらを「批判」する論議を展開するための一つの自覚的「方法」としてそうしているのである。

人類史の過程は、進歩、没落、あるいは循環のいずれなのか。そして、その原因（原動力）は何か。「精神」の「自己疎外」としての「理性」の自己実現運動なのか（ヘーゲル）、「生産力」と「生産関係」のダイナミクスなのか（マルクス）、「力への意思」、「永遠の力の戯れ」なのか（ニーチェ）、それとも「魂」の構成秩序の転倒と錯乱なのか（プラトン）。いずれにせよ、これらの原因（原動力）そのものは、どこからいかに成立したのか。こうした形而上学的問題に対しては、「様々なる意匠」の解釈が（そして解釈の解釈が）可能であろう。逆に言えば、こうした類の問題に関する言説の客観的妥当性については、さしあたり、それを括弧の中に入れておかなければならない。だが、まさにそうだとすれば、それが議論の前提として自覚的に選択されたものであるかぎり、それをそれだけ取り出して、ドグマとしていきなり否定したり、あるいは肯定したりしようとすることは、いずれも少なくとも学問的には無意味であり、そうすること自体が、何らかのイデオロギー的なドグマであろう。問題は、あくまで自覚的に選ばれた論議の前提から、さらにいかなる議論がいかに展開されているか、ということであり、この展開叙述の如何にのみ、出発点の議論の前提が説得力を持ちうるか否かはかかっているのである。

2　その逸脱・堕落の諸形式[1]

（1）叙述の枠組と変化の原因

さて、上で触れたように、プラトンは『国家』篇第八巻から九巻にかけて、件の第三ポリス・モデル、「浄化されたポリス」、すなわち「最優秀者統治制」の四つの逸脱・堕落形態について叙述（「ポリス論（Ⅱ）」）を展開しているが、この叙述の目的と基本的論点に関して、あらかじめ以下の諸点を押さえておきたい。

第一に、この論究（「ポリス論（Ⅱ）」）の目的は、次のように設定されている。その目的は、もっとも不正な人間を観察し、これをもっとも正しい人間に対置させることによって、そもそも純粋の「正義」は純粋の「不正」に対し、それを所有する人間の幸福 eudaimoniâ と不幸 athliotês という点から見ていかなる関係にあるか、というわれわれの考察を完成させることに」あり、これは「トラシュマコスに従って不正を求めるべきか、それともいま示されつつある言説に従って正義を求めるべきかを決める」ためである（545ab）[2]。すなわち、この「ポリス論（Ⅱ）」は、一方で、上述したように、先行する長大な「ポリス論（Ⅰ）」（特に第三ポリス・モデルについての議論）を受けて、他方で、これにまたさらに先行する「正義論（Ⅰ）」（特に第一巻一二章—第二巻九章）の問題提起にはるかに呼応して、展開されている。

第二に、上で再三述べられたような、「ポリス」と「魂」との構造と機能における類比関係が、ここ（「ポリス論（Ⅱ）」）でも前提にされ、それぞれの逸脱した「国制」の構成と構成要因の機能に対比されて、それぞれの堕落した「魂」のそれらが描き出される。この場合、親子関係の在り方を比喩として叙述が展開されている点は注目に値するであろう。ここでは、親子関係は、血縁的な親族関係の基軸としてというよりも、むしろ世代間の教育の基軸として考えられているからである。

第三に、ここでも、「魂」と「ポリス」両者の間に、類比関係ばかりでなく、限定関係が想定されている。ポリスの構成メンバーたちの性格 êthos は、「ポリス」のあり方 polîteiā を限定する（その逆もありうる）。「それぞれのポリスに住む人間たちのエートスに基づいてこそ、国制というものは生じて来るのであって、その住民のエートスが、いわば錘が天秤を一方に傾けるように、他のものの傾向を自分に合わせて決める」（544de）[(3)]のである。ここで考えられていることは、性格と制度との間の、「社会化」を介しての、相互規定関係であろう。

第四に、逸脱・堕落した諸国制間の変化の起因は、一面では、支配層内部の「党派闘争」stasis にある、とされる。すなわち「およそいかなる国制にあっても、その変化は支配権を握っている部分の内から始まり、その階層自身の内部に争いが生じる時に変化が起こる」（545d）[(4)]とされている。

第五に、すでに逸脱・堕落の第一形式である「名誉制」の中に、「徳」の追求と殖財の追求との、つまり利他と利己との対立緊張が現れるが、他面では、これが「寡頭制」への転化の契機となり、さらに「善」として立てられた、後者の殖財の利己的追求、つまり排他的私有の原理が、「寡頭制」以下への国制転換の原動力となる。「殖財の道をひたすら前進して、金をつくることを尊重すればするほど、それだけますます徳を尊重しなくなる。富と徳とは、元来そういう対立関係にある」（550e）[(5)]とされている。

第六に、上述した、支配層内部の「党派闘争」stasis や排他的私有原理そのものは、それを遂行する人間達の「魂」における「内乱」stasis に、すなわちかれらの「魂」における、「理知」、「気概」、そして「欲望」から成る構成秩序の崩壊に由来する、と考えられている。

第七に、この「魂」の構成秩序の崩壊という点で、支配者と被支配者との間には、本質的な違いはなく、その崩壊の仕方とこれの程度との違いがあるだけである。支配関係は一般に被支配者の服従の自発性によって安定化するが、この自発性は、支配者と被支配者が共有する同質の「魂」のあり方から成立するような、「正統性信仰」から帰結する。支配関係が事実上存立しているかぎり、「個人的にも公共的にも賞賛され尊敬されるのは、被支配者たちに似た支配者たち、支配者に似た被支配者たち」（562d）[6] なのである。

最後に、かの第三ポリス・モデルの中核を占める「守護者（戦士）」層 phylakes の内部に「党派闘争」そのものを惹起せしめる原因である、第三ポリス・モデルとこれを構成する人間たちの「魂」とにおける理性的構成秩序の崩壊、この崩壊の因って来る原因、要するに、国制の変化（堕落）の原因の原因を、プラトンは、ピュタゴラス教団的な宇宙論的（数学的）存在法則の中に求め、かの哲人王にさえ、そのメカニズムはともかく、その発端の時期を予測することはできない、としている（546bcd）[7]。その上で、彼はヘシオドスを援用した件のいわゆる「建国神話」[8]を再び持ち出して、この宇宙論的「原因の原因」から帰結する、金・銀・銅の種族間における予定調和的均衡の崩壊と、さらにここから生ずる「魂」の内乱とについての「物語」を呈示している（547a）[9]。要するに、かの「原因の原因」については、神ならぬ死すべき人間には理解し難い理由により、起こるべきことが起こるべくして起こる、と言われているのである。

「ロゴスにおいて」造形された第三ポリス・モデル、「浄化されたポリス」、すなわち「最優秀者統治」の「範型」は、プラトンにとって、現実の「ポリス」の逸脱・偏差を照らし出す、いわば「範型」の「範型」であるが、それは現実から絶対的に隔絶した「イデア」世界にのみ存在する、つまり現実にはどこにも存在しえない、ユートピアないし単なる理想ではなく、永劫の時間の中で現実に成立しうるものとされている。それが時間の中に現実に存在しえないユートピアや単なる理想にすぎないのであれば、それはそのかぎりで、成立（実現）することもない代わりに衰滅することもありえないことになろう。永劫の時間が無時間と同じことでないかぎりで、永劫の時間の中で成立するものは、永劫の時間の中で衰滅する。「およそ生じてきたすべてのものには滅びというものがあるから」（546a）[10]である。逆に言えば、時間の中で第三ポリス・モデルの堕落を問題にしえる以上、そのかぎりで、その実現も問題にしうるわけである。

（2）「名誉制」tîmokratiâ; tîmarxiâ[11]

さて、最初の転化の原因（紛争）の原因が何であるか、紛争そのものが何に由来するかはともかく、紛争の帰結については、まず次のことが語られている。

「支配層（＝守護者（戦士））層の内部に）争いが起こると、二つの種族がそれぞれ別の方向へポリスを引っ張ろうとした。すなわち、鉄と銅との種族は金儲けと、土地や家や金や銀の所有の方へと引っ張り、他方、金と銀との種族は、生まれつき貧しくはなく魂において富んでいるから、徳と昔からの制度の方へと導こうとした。こうして互いに激しく争い対抗し合っているうちに、やがてかれらは妥協して、土地や家を分配して私有することに同意し合い、またそれまで自由人としてかれらに守護されていた友や養い手たちをいまや隷属化して、従属者として家僕として所有しながら、自分たちは戦争と、この人たちへの監視に専念することにした」（547bc）[12]。

かくして成立した「名誉制」は、戦士（＝守護者）が支配者となる国制であり、戦士層が「ポリス」の中核となるという点では、外見は「最優秀者統治」の範型に近似しているが、内実は決定的に異なっている。ここでは戦士集団は、生産労働から解除され、共同で軍事訓練に励むことによって「気概」を鍛錬する。しかし、かの「最善のポリス」の範型に照らしてみるならば、第一に、ここでの教育は、さしあたりすべてのポリスの構成メンバーたちを対象とする徳育（情操教育と体育）を基礎とした、「理知」の陶冶を期す全生涯教育ではなく、一部の社会層に限定され、しかも体育に偏ったものである。しかも、この教育は、それを受ける者にとって「自分で納得した教育ではなくて、強制による教育」となる（548c）[13]。第二に、戦士層は、一方で生産労働から解除されながら、他方で家族と私有が容認されている。従って、ここでは、戦士層の内部において、基本的に排他的対立の契機が現れるばかりでなく、戦士層（非生産者層）と生産者層との間に流動性がないかぎり、戦士層は統治者というよりも、むしろ支配者なのであり、「階級支配」の契機が現れる。

すなわち、ここでは、ポリスの構成メンバーたちは、「最善のポリス」において有機的に分割された社会的機能を自発的に担う「兄弟姉妹」adelphoiが形成するような、差異性と共同性との統一を成すことなく、支配—従属の関係において二層に分断され、それぞれの層においても、各人の間には排他的な対立が現れる。「ポリス」の内的有機的統一が解体しているかぎりで、その分裂と対立に統合をもたらしうるのは、一面では、外的な強制と、他面では、「正統性信仰」を供給する伝承された「神話」以外ではないであろう。しかしまた、ここには生涯にわたる件の全人教育システムの成果である哲人王の指導勧告が欠けている以上、その支配（強制）も盲目的にならざるをえない。プラトンが、この国制を、現実のクレタあるいはスパルタのそれを念頭において描いていることは明らかであるが、この国制のあり方の基本的特徴に関しては、近代社会以前の多くの伝統的「階級社会」のあり方についても、同じことが言えるであろう。

この「名誉制」tîmokratiâ（ティーモクラティアー）と類比される名誉志向型人間philotîmosの「魂」においては、その構成要因のうちの「気概」が「理知」と「欲望」とを支配する。だが、「気概」は、本来「理知」の指示の下に、「理知」の「欲望」対する制御を媒介する機能を果たすべきものであるから、「理知」の指示を欠く「気概」が「理知」と「欲望」とを支配しようとしても、それは盲目的・偶然的な支配にならざるをえない。「魂」の構成秩序の転倒によって、その構成要因の諸機能もそれぞれ変質するから、この名誉志向型人間の「魂」は、一方の、「勇気」andreiâや「名誉」tîmêを自己目的として追求する方向と、他方の、盲目的に「欲望」に駆られて私的な富を追求する方向とに、引き裂かれる。したがって、この分裂した「魂」のうちには、外見と内実との間の葛藤と自己欺瞞の契機がすでに本質的に潜在している。ここでは、「理知」は、自己目的となった外面的「名誉」に奉仕する主観的道具的理性へと変質し、「欲望」はこうした見てくれの「名誉」への関心によってのみ抑圧されているにすぎない。実際、戦士の単なる見てくれではない「勇気」[14]や「名誉」は、現実の戦争において現実に一身を擲って実証して見せないかぎり、自己欺瞞に陥りかねないのである。

（3）「寡頭制」oligarchiâ[15]

ここでプラトンが定式化している「寡頭制」は、少数の富者が支配する国制である。この「国制」においては、「知恵」でも「勇気」でもなく、「欲望」そのものが原理となり、血統や家柄ではなく、財産額の多寡だけが国政参与の条件となる。ここでは、富を追求することが唯一の価値であり、富の追求と集中を妨げる一切の障害が排除され、体育はおろか、およそ人間形成そのものを目的とした教育（陶冶）への関心が消えうせる。「一国の内で富と金持ちの人々が尊重されるのに応じて、徳とすぐれた人々は、尊重されなくなる。」「尊重されるものは、常に熱心に実践されるし、尊重されないものは蔑ろにされる」（551a）[16]。一方で、欲望に駆られ富の追求だけを自己目的とした者の、ある種の勤勉とそのかぎりでのある種の禁欲が、他方で、この私益獲得競争から脱落した者の怠惰と放縦とが現れる。前者は後者のこの没落を踏み台にして支配者となる。もっとも、前者にとって、支配は私益追求の手段ないし結果であって、それ自体が目的ではなく、況や統治はそうではない。

かくして、この国制においては、社会的機能分割（分業）は実質的にはまったく消滅し、ポリスの構成メンバーたちは、支配者としての少数の富者と、被支配者としての多数の貧者とに二分されていく。その結果、一方で、少数の富者は「ポリス」の社会的機能のすべて、すなわち統治、治安防衛、生産に係わることになり、他方で、多数の貧者は、零落して、無為徒食する浪費者の大群となっていく。ここでは、すべての人間関係が基本的に排他的になり、富者と貧者との縦の支配関係はとりわけそうなるから、少数の富者は支配者として、その支配を脅かしかねない多数の貧者の武装を許容できず、支配や防衛のために、自らそれを直接担うか、あるいは傭兵を使うことになるであろう。

しかし、より多くの物財の獲得のみが自己目的であるような富者は、もともと戦士としての勇気も鍛練も欠いているし、しかも吝嗇 pheidôlos であるから、この国制は戦争においては弱体なものとならざるをえない。ここでは、少なくとも少数の富者にとっては、全人教育ならずとも、何らかの技術教育とそのための禁欲とがありえるが、多数の貧者と落ちぶれた富者は、戦士や生産者の活動、社会的に何らかの形で生産的な活動におよそ疎遠になり、「ポリスの構成メンバーとして何らの役割も演じることなしに」怠惰・放縦・浪費に陥り、やがてここから、蜂の巣にすくう針を持つ「雄蜂」kêphên のような者たちが現れる。

この「寡頭制」という国制に類比される人間の「魂」においては、その構成要因のうち、自らの欲望そのもの以外のいかなるものからの制御抑圧を受け付けない「欲望」が「魂」の王座におさまり、「理知」と「気概」を自らに奉仕させる。ここでも、「魂」の構成秩序の転倒と全人教育としての自己陶冶の欠如とによって、構成要因はそれぞれ変質してしまう。「理知」も「気概」も本来の機能を失い、「理知」は、私益追求のための計算能力となり、「気概」は、同じくそのための恐喝能力となり、これらを支配する「欲望」は、必要の限度を越え、無際限かつ盲目的なものとなる。

但し、ここでは、この不必要にして限度のない「欲望」は、少なくともあくまで富を追求する「けちで働き者 pheidôs kai ergatês の」少数者においては、「欲望」そのものによって、そしてこれによってのみ、抑圧制御される。つまり、この「欲望」は、この「欲望」が支配する変質した「理知」に、すなわち計算理性に、基づいてのみ自ら抑制されるのである。したがって、この「けちで金儲けに熱心な人間」の「魂」には、外見と内実の間の乖離というよりも、解き難いディレンマ、あるいは自己矛盾が内在する。

（4）「民主制」dêmokratiâ(17)

ここでプラトンが言う「民主制」とは、等しい者にも等しくない者にも、等しく平等に国政参加資格 isotîmiâ を与える国制である。この意味での「民主制」においては、この質的無差別の形式的平等と恣意としての自由が、多数者（大衆）polloi の原理となる。この国制は、「知恵」でも「勇気」でもなく、「欲望」そのものが原理となる、という点では基本的に「寡頭制」と同じである。しかし、「寡頭制」と異なり、ここには、そこには少なくとも少数者にはあった、不必要にして限度を越えていく欲望の欲望そのものによる自己抑圧が消え去り、多数者の恣意という意味での「自由」が根本原理となる。ここではまた、この点でも「寡頭制」と違い、国政への参加資格は、財産額によるのではなく、況や血統家柄によるのでもなく、無条件ですべてのポリスの構成メンバーたちに与えられ、公職の地位は、籤によって決定される。「国事に乗り出して政治活動をする者が、どのような仕事と生き方をしていた人であろうと、そんなことは一向気にもとどめられず、ただ大衆に好意を持っていると言いさえすれば、それだけで尊敬される国柄なのである」(18)（558bc）。

要するに、ここでは、全人教育どころか技術教育ですら、社会的には無価値となり、人間の能力の質的差異がすべて問題とされなくなる。かくして、この国制においては、多数者の「欲望」が、無条件にすべての箍を外されて野放しにされ、その「欲望」の解放における、恣意と平等の原理が、私的生活ばかりでなく、公的生活にも浸透し尽くす。「何でも思い通りのことを行なうことが放任されている」この「国制」は、「あらゆる習俗によって多彩に彩られ、他のどのポリスよりももっとも多種多様な人間たちが生まれてくる」から「ちょうど多彩の模様を見て感心する子どもや女たちと同じように、この国制をもっとも美しい国制であると判定する人々」にも事欠かない(19)。だが、他方では、その恣意が平等に（無差別に）すべての権威を破壊し、当の恣意の権威だけを唯一破壊しないことによって、「無政府状態」anarchiā が現出し、やがてかの「雄蜂ども」の怠惰と放縦が猖獗を極めることになる。

この「民主制」という国制と類比される人間の「魂」においては、「自由」という名の恣意（如何なる抑制も欠く欲望）が「魂」の王座に就き、「欲望」がその自己抑圧によって「理知」や「気概」を自らに奉仕させるということさえ消え去り、「不必要な欲望」mê anagkaîai epithymiaí、あるいは「消費的な欲望」analôtikai epithymiai の無益にして無秩序な果てしない解放が進む。この「魂」の構成秩序は、転倒と言うよりはむしろ、決定的に錯乱に陥って行く。その構成諸要因の諸機能はそれぞれ、あらゆる必然性を喪失し、決定的に偶然性（恣意性）に委ねられる。この倒錯した「魂」には、あらゆる質的差異が消失し、必然と偶然とが無差別となるから、それにとっては、すべてが等価になるというより、価値や意味そのものが、問題になりえなくなる。とりわけ青年たちは、その「魂のアクロポリス」を、かの「偽りとまやかしの言論や思惑」に占拠され、自己自身の頽廃を自覚しないかぎり、一方で、自己以外のあらゆる権威を抽象的・盲目的に否定し、他方で、その時々に何の必然性もなく浮かんでは消える「欲望」（恣意）に促され、「あたかも籤を引き当てるようにしてその都度やってくる快楽」に身を委ね、それをまさしく「自由」と思い込みながら、空虚な快楽を軽薄・軽躁に際限なく追い求める。「あらゆる快楽は同じような資格のものであり、どれもみな平等に尊重しなければならない」（562c）[20] というわけである。

（5）「僭主制」tyrannis[21]

プラトンの叙述に従えば、「名誉制」を除けば、これ以外の逸脱・堕落した国制の三類型、「寡頭制」、「民主制」、「僭主制」には、「最優秀者統治」の範型において想定されているような、「ポリス」を構成する社会層の有機的機能分割が基本的になくなっている。これらの三類型においては、ポリスの構成メンバーたちは、いずれも「欲望」に盲目的に駆られて生きる、少数の富者、多数の貧者、そして後者から出現する件の「雄蜂ども」から成る。あらゆる社会的に有意味な役割・生産・活動に無縁となり、もっぱら消費というよりも浪費をこととする「雄蜂ども」からは、もっぱら怠惰である種類と、怠惰である上に凶暴である種類（「針を持つ雄蜂ども」）とが現れる。

プラトンの言う「僭主制」tyrannisは、この後者の中から現れ、権力そのものを自己目的として仮借なく追求する「僭主」tyrannosが暴力的に専制支配する国制である。これは、かの「民主制」から帰結する「ポリス」の逸脱・堕落の極限形態である。「富への飽くことのない欲求と、金儲けのために他のすべてをなおざりにする」という「寡頭制」の原理そのものが「寡頭制」を滅ぼすように（562b）[22]、恣意と質的に無差別な平等という「民主制」の原理そのものが「民主制」を滅ぼし、「僭主制」を現出せしめる。「最高度の自由からは、もっとも野蛮な最高度の隷属が生まれてくる。」ex tês akrotatês eleutheriâs（kathistatai）douleiâ pleistê te kai agriôtatê（564a）[23]・

かの「針を持つ雄蜂ども」のうちの一人を「僭主」（独裁者）に仕立て上げるのは、まさしく「民主制」における大衆である。大衆は、普遍的な利己的人間関係の只中で、「いつも誰か一人の人間を特別に自分たちの先頭に押し立てて、その人間を養い育てて成長させる」（565c）[24]。「大衆先導者」prostatêsとなって、文字通り少数の財産所有者に対する大衆の反乱の先頭に立つ者が、一方で、負債の取り消しや土地の再配分などを約束して大衆の支持を取りつけ、他方で、政敵たちを暴力で打倒することを通じて、やがて「僭主」（独裁者）に変貌する。一度、陰謀と暴力で権力を奪取した「僭主」は、敵味方を問わず秀れた同胞を追放・抹殺し、自らの身辺を、解放奴隷などから調達された護衛隊phylakes（566b）[25]やイデオローグ（「僭主制」を賛美する者としての悲劇作家）（568b）[26]などの、もっぱら阿諛追従をこととする下劣な者たちで固め、今度は、自らを養い育てた当の大衆を支配搾取するために、絶えざる戦争をはじめ、ありとあらゆる手段で、権力保持を画策する。かくして、大衆は、「自由人への隷属という煙を逃れようとして、奴隷たちの専制支配という火の中に落ち込んで」しまう（569c）[27]。この国制においては、不法な欲望と、これに基づく暴力とそれへの恐怖とが人々の「魂」を支配し、その結果、ありとあらゆる価値や意味が、単に否定されると言うよりも、容赦なく破壊される。ここでは、すでに「名誉制」において萌芽していた利己的・排他的な人間関係（私有原理）が極限的な形で現れてくる。

「僭主制」に類比される人間の「魂」においては、その構成秩序の内乱は極限に達する。この「魂」の錯乱は、「不必要であるような快楽と欲望のうちの不法なparanomosとも呼ばれるべきもの」（571b）[28]に由来する。「民主制」において登場する不必要な欲望は、人間にとって無益かつ空虚なものであるが、その中の不法な欲望は、それに加えて、あらゆる羞恥と思慮から解放された、凶暴な狂気を備えている。「要するに、愚劣さにも無恥にも何ひとつ欠けるところがない」のである（571cd）[29]。プラトンは、不必要な欲望と不法な欲望との関係を、大衆と僭主との関係になぞらえて、見事に描き出している。不法な欲望は、「怠け者で何でも手当たり次第に分配し合って浪費する欲望どもの、先導者prostatêsとして押し立て」られた「翅のある一つの巨大な雄蜂」である。「他の欲望どもが、（…）欲しいままにされるさまざまな快楽に飽満しながら、この巨大な雄蜂の回りをブンブン飛び回っては、これを極限にまで大きく成長させ養って、飽くことのない欲望の針をこの雄蜂の中に生じさせたならば、そのときこそこの魂の先導者は、狂気によって護衛されながら荒れ狂い始める」（573ab）。[30]「僭主制」的人間の「魂」においては、その構成機能の一つである「欲望」により、他のその構成機能（「理知」と「気概」）が支配されるばかりでなく、さらには不法な欲望によって、すべての「欲望」（必要な欲望と不必要な欲望）が支配されるから、この「魂」の全体は不法な欲望によって専制的に支配されることになる。

第七章　正義論（Ⅱ）[1]

1　正義 dikaiosynê と幸福 eudaimoniâ——関係（親しみ）philiâ の欠如[2]

プラトンは、針を持った凶暴な雄蜂としての僭主を止めどもなく駆り立てる不法な欲望を、「エロース」erôs に喩えている。[3]「エロース」という言葉が、単なる恋情とか愛欲の因って来るところのもの以上に、生きとし生けるものの生死に係わる何か、しかも底知れず不気味で凶暴な狂気と錯乱を秘めた何か、を含意しているとするならば、この比喩は、より深くより広い意味を暗示しているであろう。

いずれにしても、獣的で猛々しいもの thêriôdes kai agrion とされる不法な欲望は、ある意味では、神ならぬ、死すべきものとしての人間にとってこそ、生得のものである（571b, 572b）。[4]獣（あるいは人間以外のすべての動物種）は一般にいかに猛々しくとも必要な欲望を超え出ることはない。とすれば、不法な欲望ばかりでなく不必要な欲望さえも、獣にではなく、むしろまさしく人間という動物種に固有のものなのである。グラウコンによって語られた件の「ギュゲスの黄金の指輪」の物語（359de, 360abc）は、人間の「魂」の奥底に潜む利己性・排他性（人間にとっての悪の根源性）を示唆している。[5]これを根拠にして為される主張——「何びとも自発的に正しい人間である者はなく、強制されてやむをえずそうなっているのだ」（360c）[6]は、この意味で充分説得力を持っている。

だが、プラトンが、「僭主」の「魂」において極限的な形で顕在化する不法な欲望について語るのは、単純な性悪説や原罪説を主張するためではない。人間の欲望が必要の限度を越え不法なものになりうる可能性は、人間にとって所与の条件であって、この生物学的条件があるからこそ、人間は「ポリス的動物」、つまり「ポリス」において「ポリス」によって人間に成りうるところの存在なのである。「ポリス」によって人間が人間に成りうるというのは、一面では、「ポリス」の習俗規範 nomoi の内面化により「欲望」を「理知」に従うより善きものとし、理知に従うより善き欲望によって、不必要な欲望や不法な欲望を抑制することであり、他面では、このことを前提にして、そのすべての潜在的諸機能（「魂」とその構成要因としての諸「徳」）を実現することである。プラトンにとっての問題は、欲望が必要の限度を超え、不法なものとなることそのものでも、それをただ闇雲に押さえ込むことそのものでもなく、それをいかなる「ポリス」において、いかなる「ノモス」の下で、いかなる教育によって、いかに制御するか、ということなのである。

さて、「僭主」の「魂」のあり方は、その構成秩序の崩壊、その内乱状態 stasis、要するにプラトンの言う意味での「不正」の極限状態である。それはすなわち、不法な欲望が人間の「魂」全体を専制的独裁的に支配する状態である。「魂」のこの状態は、「ポリス論（Ⅱ）」の、すなわち「ポリス」に類比される「魂」の理性的構成秩序の逸脱・堕落についてのいわば現象学的叙述の到達点である。「正義論（Ⅱ）」の課題は、「ポリス論（Ⅰ）」を踏まえて展開された第三ポリス・モデルの範型と、この逸脱・堕落形態を叙述した「ポリス論（Ⅱ）」――もちろん、この二つの「ポリス論」は「魂」論の比喩として展開されていたわけであるが――とを前提にして、「正議論（Ⅰ）」、特にグラウコンとアデイマントスによって定式化された「不正の弁証」という形での問題提起に対して、回答することである。[7]プラトンの回答は、まず、「不正」の極限的な在り方をしている「僭主」の生きざまがいかに「幸福」eudaimoniā とは正反対のものであるか、これを示す点にある。

上述したように、「僭主」は、不法な欲望に絶えず駆りたてられて、ありとあらゆる奸智と暴力をためらうことなく用いて、権力の獲得と維持を自己目的として追求する。この「魂」の中では、「もっともすぐれた部分が奴隷として仕え、極くわずかのもっとも劣悪でもっとも気違いじみた部分が、主人として専制的に支配している」（577d）[8]から、この「魂」全体は自由どころか、極めて惨めな隷属状態にあり、「絶え間なく欲望の針によって無理やり引き回されて、騒乱と悔恨に満たされている」（577d）(9)。

「魂」がこういう状態に傾いている、「僭主制」的人間、あるいは「僭主」に成り上がっていく人間は、自らにとって必然的・本質的な人間関係を破壊していくことにより、自己破壊の途を突き進んでいく。「僭主制」下の人間関係の退廃は、「民主制」下のそれより、さらに一歩進んでいる。この点について、プラトンは鮮やかな印象を残すような叙述をしている。上で引用したように、後者（「民主制」）においては、教師（年長者・親）が生徒（若者・子）を恐れて御機嫌をとり、生徒（若者・子）が教師（年長者・親）を軽蔑していたのであるが（562e-563ab）(10)、前者（「僭主制」）においては、そんな生やさしいことでは済まない。ここでは、生徒が教師を、子が親を、殴りつけるのである。

「最近親しくなったばかりの、必然的結び付きのない不必要な女友達のために、古くから親しく、血縁による必然的な結び付きを持つ必要な母親を殴りつけ、あるいは、最近親しくなった若盛りの、血縁による必然的な結び付きのない不必要な友達のために、盛りも過ぎて年老いた、必然的な結び付きを持つ必要な父親、もっとも古くからの友達である父親を殴りつける」（574b）(11)。

こういう「僭主制」的人間は、「人との交わりにおいては、自分に阿諛う者たち、進んでどんな奉仕でもしてくれるような者たちと交わるか、あるいは、何かを頼む必要のある相手がいる場合には、自分の方が平身低頭して、親しさを示すためにどんな態度や格好でも敢えてしてみせるけれども、目的を達してしまえば赤の他人となるような、そういう交わり方をする」（575e, 576a）(12)。したがって、「このような人間は、一生涯決して誰とも親しい友とならずに、いつも誰かを専制的に支配するか、誰かの奴隷として仕えるかしながら、生きることになる。自由 eleutheriā と真の友情 philiā というものを、僭主的な生まれつきの者は、常に味わうときがない」（576a）(13)のである。

こういう人間が一度「僭主」になると、「ポリス」の中でよりすぐれた人々を追放・抹殺し、自らに似たより下劣な人々をとりまきとする。しかし、下劣なエゴイストたちの間には、あらゆる信義が――かの「盗賊の倫理」さえも――欠けているから、「僭主」は、外の敵ばかりでなく内の敵にも、絶えず戦々恐々としていなければならない。したがって、かれは常に恐怖の中で、自らに媚び諂う奴隷たちに対してさえ、自ら阿諛追従して御機嫌を取り結ばなければならない。要するに、彼は奴隷の奴隷なのである。

「正真正銘の僭主とは、実に最大の諂い thôpeiā と隷属 douleiā を行うところの、正真正銘の奴隷なのであり、もっとも邪悪な者たちに仕える追従者 kolakos にほかならない。かれは自分のさまざまな欲望をいささかでも充足させるどころか、もっとも多くのものに不足していて、魂の全体を見て取る能力のある人の目には、真実には明らかに貧乏人である。そして彼は全生涯を通じて、恐怖に満たされ、震えと苦しみに満たされて過ごす」(579e)[14]。「かれは必然的に、妬み深く、信義なく、不正で、友なく、不敬で、ありとあらゆる悪を受け入れて養う人間であらざるをえないし、またその支配権力ゆえに、増々そのような人間に成って行かざるをえない。そしてこれらすべての結果として、まず誰よりもかれ自身が不幸であるだけでなく、さらに、自分の近くにいる者たちを同様の人間とせずにはおかない」(580a)[15]のである。

上に見られるように、「僭主制」的人間は、外見や評判の如何にかかわらず、(あるいは主観的自己了解がどうであれ)もっとも「不幸」である。なぜなら、かれは縦・横の本質的人間関係をまったく持つことができないし、持とうとすることもないからである。もっとも、本質的な人間関係の欠如、排他的相互「疎外」関係という事態は、「寡頭制」や「民主制」に類比される「魂」を有する人間においても、欲望がかれらの「魂」の王座に就いているかぎり、多かれ少なかれ、同様である。そこでは、「魂」の理性的構成秩序を形成するための本質的な権威も本質的な相互承認もなく、私的な欲望充足という目的のために自余の一切が手段にされかねないのであり、このことが抑制されるとすれば、それは欲望と欲望との相殺あるいはエゴイストたちの間の妥協によって抑制されるにすぎない。

こういう本質的な人間関係の欠如が人間の「不幸」の内実を成しているとすれば、逸脱・堕落した国制に類比される「魂」のそれを持つ人間は、すなわちその「魂」の構成秩序が倒錯・錯乱した人間は、外見や評判がどうであれ、「不幸」なのであって、私欲のために何のためらいもなく一切を手段化する「僭主制」的人間は「不幸」の極みなのである。手段選択に何の抑制もはたらかず、あらゆる本質的な人間関係を破壊して、己の特殊的利害関心のために一般的利害関心を犠牲にする行為は、「魂」の錯乱の極みに由来するのであって、プラトンは、「魂」のこのあり方を「不正」と呼ぶわけである。したがって、この意味で「不正」な人間（「僭主制」的人間）の生活は「不幸」である。

「不正」な人間、すなわちその「魂」の構成秩序を転倒錯乱させた人間は、自らの「徳」（固有の潜在能力）を実現せしめることを可能にするような、本質的な人間関係（権威、承認、教育）を持ちえない（あるいは失わざるをえない）以上、「幸福」ではありえない。逆に言えば、「正義」、すなわち、「ポリス」と「魂」とにおける理性的構成秩序の確立こそ、「幸福」の実現を可能にする。「正義」と「徳」とが「幸福」に結び付いていることを明証すること、このことが長い迂回路（「ポリス論（Ⅰ）」と「ポリス論（Ⅱ）」を経て展開された議論、つまりかの「不正の弁証」（「正義論」（Ⅰ））への反論の帰着点である。

2　快楽の真実性 hê tês hêdonês alêtheia(1)

ところで、「不正」な人間（「僭主制」的人間）は、プラトンに従えば、よりすぐれた真実の「快楽」hêdonêを持てない点でも、「幸福」の状態にはありえない。真実の「快楽」は、プラトンによれば、その理性的構成秩序の確立された「魂」においてのみ成立しえるからである。この点について、プラトンは、二つの観点から、すなわち①「快楽」の優劣に関する判定能力、②「快楽」の性質、真実の「快楽」と虚偽の「快楽」との区別から論証を行っている。「魂」は、その機能に鑑みて、「理知」logistikon、「気概」thymoeidesそして「欲望」epithymêtikonの部分に区分されたが、そこにはまた、その志向性に鑑みて、それらと対応して、「学問や知恵を希求する部分」philomathes; philosophon、「勝利や名誉を希求する部分」philonikon; philotimon、そして「金銭・物財や利得を希求する部分」philochrêmaton; philokerdesが認められる。(2) とすると、「魂」の中のいずれの部分が優位を占めるかの組み合わせによって、三（ないし六）の人間類型を想定しうる。ここで問題とされるのは、これらの人間は自らが希求するそれぞれの対象のもたらす「快楽」を優位に置くが、いずれの判断krisisが妥当であるか、ということである。結論は、「学問と知恵を希求する人」の判断の妥当性がもっとも高いということである。なぜなら、この判断は「経験」empeiriâ、「思慮」phronêsis、「理性」logosによって裏づけられているからである。すなわち、かれだけが三種類の「快楽」を「経験」し、その「経験」を「思慮」によって判別し、その判断を「理性」（論議）によって論証しうるからである。したがって、「学問と知恵を希求する人」の「快楽」がもっともすぐれており、もっともすぐれた「快楽」を持ちうる人間あるいは「魂」は、もっとも「幸福」な状態にありうる、というわけである。(3)

次に、「幸福」をもたらす「快楽」の真実性alêtheiaと存在性について論及される。「思慮ある人の持つ快楽を除いて他の人々の快楽は、決して完全に真実の快楽ではなく、純粋の快楽でもなく、陰影でまことらしく仕上げられた書割の絵のようなものだ」(583b)(4) というのがプラトンの主張である。かれはここで、多くの身体的「快楽」がそうであるように、真実性と存在性との度合いの低い「快楽」について、その所以を論議している。まず、「快楽」hêdonêとその反対の「苦痛」lypêの状態と、その「どちらでもない中間の静止状態」hêsykiâという三つの状態があるとすると、一般に「快楽」とは「苦痛」の止むことであり、「苦痛」とは「快楽」の止むことである、というように事態は相対化されて捉えられる。しかし、もしそうだとすると、それは逆に、「どちらでもないものが両方どちらにもなる」(583e)(5) ことになり、そしてまた、「快楽」や「苦痛」が生じることは一種の「運動」kinêsisである以上、「静止」が「運動」である、ということになってしまう。「してみると、それは、実際にそうであるのではなく、ただそのように見える ouk estin ara toûto, alla phainetai だけ」なのである。「すなわち、静止状態がその時々によって、苦痛と並べて対比されると快楽に見え、快楽と並べて対比されると苦痛に見えるというだけであって、こうした見かけ phantasmata のうちには、快楽の真実性という観点から見て何ら健全なものはなく、一種のまやかし goêteiâ にすぎぬことになる」(584a)[6]。「快楽」と「苦痛」の「中間状態＝静止状態」(いずれでもない状態)が、「運動」(変化、移行)によって、「快楽」・「苦痛」のいずれかの状態と取り違えられること、このことは身体的快苦の場合に多く見られること、そして快苦がこのように取り違えられているかぎり、それらの真実性の度合いは低いということは確かであろう。「真理に無経験な人々は(…)苦痛へ運ばれるときには正しく判断し、そして実際に苦しむのであるが、しかし他方、苦痛から中間状態へと運ばれるときには、充足と快楽に到達したとすっかり思い込んでしまう」(584e, 585a)[7]からである。

だがしかし、身体的快苦の現れ方、見え方、感じられ方は相対性を免れないとしても、身体的快苦そのものの存在は、果たして一種のまやかしに過ぎないのであろうか。まやかしかどうかはともかく、プラトンに従えば、それは真実と存在とに与る度合いが低いのである。なぜなら「自らの自然本性に適したものによって充たされること to plêroûsthai tôn physei prosêkontôn が快 hêdy であるとすれば」(585d)[8]、自然本性からして身体 sôma とこれを充たすところのものとは、「片時も同じ相を保つことのない死すべきものと関連をもつもの to mêdepote homoiou kai thnêtoû (echomenon)、そしてそれ自体もそのような性格で、そのような存在のうちに生じるもの」(585c)[9]だからである。「常に不変にして不死なる存在と真理に関連をもつもの」to toû aei homoiou echomenon kai athanatou kai alêtheiâs(同)は、「可死・可変のもの」として存在するものよりも、よりすぐれて存在し、真実と存在とにより与っているとするならば、自然本性からして、後者にのみ係わり後者によって充たされることからのみ生ずる「快楽」は、真実と存在とに与る程度もより低い、というわけである。

「より劣ったものによって充たされ、そしてそれ自体もより劣って存在するところのもの」(585d)[10]は、本当の意味で充たされる」ことがない。「よりすぐれたもの」（不死・不変の真実）を仰ぎ見ることのない者たちは、「家畜たちがするように、いつも目を下に向けて地面へ、食卓へと屈み込み、餌をあさったり交尾したりしながら身を肥やしているのだ。そして、そういったものを他人より少しでも多くかち取ろうとし、鉄の角や蹄で蹴り合い突き合いしては、いつまでも満たされることのない欲望のために、互いに殺し合うのだ。他でもない、いくら満たそうとしても、かれらは本当に存在するもの ta onta によって自分を満たすのではないし、また自己の内なる真実に存在する部分 to on、取り入れたものをしっかりと持ちこたえることのできる部分を満たすのでもないのだから」（586ab）[11]。可死・可変の、つまり相対的な、充足手段によって獲得される、あらゆる「快楽」は、「真実の快楽の幻影であり、幻影によってまことらしく仕上げられた書割の絵のようなもの」にすぎず、こうした快楽は、「苦痛との相互併置によって色付けを与えられているために、どちらも際立って強烈なものに見え、自分に対する気違いじみた欲情を愚かな人々の心に生み付けて、かれらをしてこの幻影を目当てに闘わせることになる」（568bc）[12]のである。

かくして、不死・不変の真実の存在を希求する人（「魂」）の持ちうる「快楽」は、真実のものであり、それに対して、可死・可変の相対性を免れない真実ならざる存在に駆り立てられる人（「魂」）の持つ「快楽」は、真実ならざるものにならざるをえない。しかし、それだけではない。「いやしくも、それぞれ（利得や勝利を希求する部分 to philokerdes; to philonikon）にとってもっとも善きもの to beltiston はまた、もっとも相応しいもの to oikeiotaton でもあるとするならば」、「魂の全体が知恵を希求する部分 to philosophon の導きに従い、そこに内部分裂がない場合には、それぞれの部分は、一般に他の事柄に関しても、自己自身の仕事と任務を果たしつつ、正しくあることができるとともに、特に快楽に関しても、それぞれが自己本来の快楽、もっともすぐれた快楽、そして可能なかぎりでのもっとも真実な快楽を、享受することができる」（586e, 587a）[13]のである。

「魂」全体とそれを構成するそれぞれの部分（機能）が、自己本来の「快楽」と能うかぎりの真実の「快楽」とを享受できるのは、「知恵を希求する部分」が他の部分（機能）を導き、「魂」全体が理性的に秩序づけられている場合のみである以上、「逆に、他の二つの部分のどちらかが支配権を握るような場合には、その部分自身が自己本来の快楽を見出すことができないだけでなく、その他の部分に対しても、自己本来のものではなくまた真実でない快楽を、追い求めるように強いることになる」（587a）[14]のである。

「哲学」philosophiā（「知恵」を希求すること）と「ロゴス」（万有の理性的秩序を写し出す言論）、この意味での「ロゴス」によって限定される「ノモス」nomosと「タクシス」taxis（「ポリス」における規範秩序）――これらからもっとも遠く隔たっているのが、自らの「魂」の構成秩序の破綻している「僭主制」的人間の、エロース的（暴力的に放埒な）欲望である。したがって、「僭主制」的人間は、真実で自己本来のものである「快楽」からもっとも遠く隔てられ、真実でも自己本来のものでもない贋の「快楽」（「快楽」の影）を追求することに絶えず強いられ、もっとも不快な生活を送っているのである。かくして、不正な人間は、すなわち、その「魂」の内的構成秩序の破綻している人間は、見てくれや評判の如何にかかわらず、生活の気品euschēmosynēと美しさkallonと徳の点においてはもちろん、「快楽」という点においても、かの「魂」の内的構成秩序の破綻の度合いに応じて、「幸福」eudaimoniāに与ることができない、という結論が導き出されるわけである。

以上の議論によって、アデイマントスが定式化した「不正の弁証（Ⅱ）」、すなわち、「完全に不正な人間でありながら、世間の評判では正しい人であると思われている者にとっては、不正をはたらくことが有利である」（588b）[15]、という命題は覆される。すなわち、評判が何であれ、「不正」であることは、それ自体において、そうである当人にとって、不利益でありかつ「不幸」である。そして「不正」であることが自覚されないこと、さらに自覚の有無にかかわらず、「不正」であることが自他によって矯正されずに生涯を過ごしてしまうことは、「幸福」どころか、「不幸」の極限に他ならない。「不正」であるということは「魂」の内的構成秩序が破綻していることである、という観点からは、このように結論される。「魂」全体とその構成要因が「理知」によって統御されていないかぎり、「欲望」ばかりでなく、当の「理知」そのものも真実性と存在性の度合いの低いものとなり、したがって、不正な人間の主張や判断は真実の根拠を持ちえないのであって、こうした人間は、真実のところ、自らが何であり何を主張しているのかを、感じることも理解することもできないのである。「自己の内なるもっとも神的なものを、もっとも神と縁遠いもっとも汚れた部分の奴隷として、何ら痛ましさを感じないとしたならば、果たしてそれでもかれは、惨めな人間だとは言えないだろうか？　その人は、夫の命と引き換えに首飾りを受け取ったエリピュレよりも、もっとはるかに恐ろしい破滅を代償に、黄金の贈物を受け取ることにならないだろうか？」（589e, 590a）[16]

プラトンにとって、「正義」とは、協和音の交響するような、「魂」の内的構成秩序のことであり、かれの一貫した課題は、このような意味での「正義」を実現するための人間教育（陶冶）であった。この教育の本質は、存在秩序に照応する「徳」aretêを顕現させるために、よりすぐれたものに聴き従う、という一点に尽きている。法（規範）nomos、権力（統治）archê、国家polisなどは、かれにあっては、この問題関心との関連において考察されているのである。

「もっともすぐれた人間を支配している部分と同様の部分によって支配されるようになるためにこそ、（…）かのもっともすぐれた人間、自己の内に神的な支配者を持っている人間の下僕とならなければならない。（…）自分の損害のために、下僕となって支配されるべき（というのではなく）、（…）逆に、あらゆる人にとって、神的な思慮theîon kai phronimonによって支配されることこそが——それを自分の内に自分自身の者として持っているのが一番望ましいが、もしそうでなければ、外から与えられる思慮によってでも——より善い（為になる）（のであって、それは）われわれのすべてが、同じものに導かれること kybernâsthaiによって、できるかぎり相似た親しい友philoiとなるため」（なのである）（590cd）[17]。

3　詩poiêsisへの告発[1]

プラトンは、上述のように、第九巻三章—一三章において、「僭主制」的人間が、その外観や評判が何であれ、「不正」の極限というその「魂」のあり方からして、「幸福」ではありえないことを、すなわち、「不正」と「幸福」とが真実には結び付かないことを論証した。第八巻と第九巻とにおける「ポリス論（Ⅱ）」（不完全ポリスの諸形式論）と「正義論（Ⅱ）」（「正義」と「幸福」との関係についての議論）との収束点は、人間の「魂」の内的構成秩序の錯乱・転倒の極限的あり方、つまり「不正」と「不幸」の極限を示す「僭主」tyrannos の姿である。これは、先行する第六巻と第七巻とにおいて提示された、「正義」と「真実」とを具現する「哲学者（哲人王）」philosophos; Philosophenkönig の姿に対してくっきりしたコントラストをなすように描き出された。

プラトンの『国家』篇の主題である「正義」とは、繰り返し述べたように、人間の「魂」の理性的構成秩序のことである。この秩序は、明るい「理知」によって暗い「欲望」が制御されることによってのみ実現されうる。「僭主」の際限のない不法な欲望に関して、前述したように、プラトンはエロース erôs という言葉を使っている。人間は「ポリス」にあってはじめて人間に成りうる。したがって、人間は神でも単なる獣でもないいわば中間者であり、正義・不正、善・悪、法・不法の可能性を合わせ持ち、とりわけ身体を備えた個体としては、死すべきものである。エロースという言葉は、死すべきものとしての人間の「欲望」が、「魂」の内的構成秩序を欠くとき、いかに盲目的なものとならざるをえないかということを、そしてまた、その盲目性の底知れない深淵を、暗示している。

人間の「魂」の内的構成秩序のあり方は、「ポリス」のそれと連動し、両者は相互限定の関係にある。両者を繋ぐ環は、端的に言えば理性（近代哲学の用語で言えば、主観的理性と客観的理性）である。換言すれば、それは一方で、「魂」の理性的構成秩序の形成という意味での「ポリス」における人間教育（陶冶）であり、他方で、教育された人間に自覚的に体現された品位・行為習慣 êthos と習俗規範（法）nomos である。すぐれたポリスにおける、その秩序の内面化としての、すぐれた教育なしに、すぐれた人間は形成されない。すぐれたポリスにおいて、人間に固有の「徳」aretê と自己に固有のそれとを顕在化させ、「正義」を具現するすぐれた人間として自己形成を遂げる「哲学者」philosophos の対極にあるのが、僭主制ポリスにおける「僭主」tyrannosである。「不正」と「不幸」、そして「虚偽」の極限を具現する「僭主」は、すぐれたポリスにおけるすぐれた人間教育の欠如の極限でもある。

人間に自己を発見せしめ自己を実現せしめるのは、つまり人間を人間たらしめるのは、当人の内発的意志とポリスにおける教育である。人間教育は教育を担う人間を必要とする。教育を可能にするのは、基本的には家oikosと国家における人間関係である。教育者は、さしあたり年少者にとって、年長者あるいは先行する世代である。だが、「教育者もまた教育されなければならない」。教育を担う者も、教育された者であるばかりでなく、教育されるべき者である。年少者のみならず、一定の「社会化」を遂げ、一定の「人格的アイデンティティ」を形成した者もまた、つまり、おしなべて人間は、よりすぐれた者によって、なお教育されるべき者である。

上で見たように、プラトンは、すぐれたポリスの範型（第三ポリス・ポリスモデル）を描き出す際に、その第三ポリス・モデルの中核となる「守護者」や「哲学者」を形成するための、生涯教育に係わるプログラムとカリキュラムを呈示している。すでに言及したように、真実を希求するばかりでなく、すでにそれを観照しうる人間という意味での「哲学者」を作り上げるためのこの教育プログラムは、それ自身すでにその意味での「哲学者」の存在を前提にしていなければ、実現不可能である。この循環ないしディレンマは論理的には突破し難いが、現実のポリスにおける人間教育について考えるに際しては、二つ人間教育を分ける必要があるであろう。

第一に、それは子供のための教育である。これは、「真実なる臆断」あるいは「よりすぐれたエートス」を身に付けさせるとともに「人格的アイデンティティ」を形成させるための文字通りの「少年期教育」paideiaである。第二に、それはいわば大人のための教育である。これは、すでに一定の「社会化」を遂げた国家市民たちpolītai、教育を担う者自身の自己教育である。一定の「人格的アイデンティティ」を形成し遂げている人間であっても、人間が人間である以上、現実のポリス（国家社会）において生きる人間は、絶えず教育されうるし、されるべきである。

いずれの教育においても、「模倣」mimēsisと「想起」anamnēsisのあり方が問題となり、真実なる正義に適う人間が実現されるべきであるならば、人間の「魂」における、能動的知性としてのロゴス logos と受動的感性としてのパトス pathos とのそれぞれのあり方と、両者の関係のあり方とが、徹底的に吟味検討されなければならない。この点との関連で言えば、プラトンにとっての課題は、いわば広義のイデオロギー批判であり、さらに、このイデオロギー批判を遂行する当の主体による、自らのロゴスとパトスの、そして両者の関係の、ラディカルな自己批判である。かれは、前五世紀後半以降の（特に同時代のアテーナイの）思想情況の只中で、厳密な意味での「哲学」philosophiâ の確立のために、一方で、自覚的であれ無自覚的であれ、伝統的存在論を破壊して結局は相対主義、懐疑主義もしくはニヒリズムに帰着してしまうような、ソフィステースや弁論家たちに対して、他方で、伝統的「神話」mythos を無批判に踏まえて創作 poiein する、ホメロス以来の創作家たち poiêtai、とりわけ同時代の悲劇作家たち tragôidiâs poiêtai に対して、二正面作戦 doppelte Frontstellung を展開した[2]。

プラトンは、『国家』篇、第一〇巻一章―八章において、いわゆる「詩人の追放論」により、第一に、「哲学」philosophiâ に対して、「創作（芸術）」poiêsis あるいは「模倣」mimêsis の本質が何であるか、を明らかにし、これを踏まえて、第二に、人間の「魂の劣った部分」あるいはパトスにもっぱらはたらきかけて、「魂」の理性的構成秩序を転倒させてしまうような、詩や悲劇つまり創作 poiêsis のあり方と内容を、人間教育の観点から、批判的に吟味している。

ここでプラトンは、ものを製作する poiein という行為を三つに区別している。一つは、実在ないし本性 physis、あるいは「実相」ideâ（イデア）を製作 ergazesthai する、という神 theos の行為である。この意味で、神は本性製作者 phytourgos と呼ばれる。これに対して、他の二つは、ものを作るという人間の行為である。その第一は、人間の生活において実際に使われる有用な道具 skeûos を製作する手仕事職人 cheirotechnês や製作者 dêmiourgos のそれである。この製作者は、もちろん本性（実在）界 physis において在る（存在する）それぞれのもの自体、ものそのもののイデア ideâ、本当に在る（存在する）もの to on têi aletheiâi を製作するのではなく、このイデアに眼を向けて pros tên ideân blepôn、特定のものを製作する。その第二は、本性製作者 phytourgos や製作者 dêmiourgos が製作するのを真似て、ありとあらゆるものの「そう見えるところのもの」phainomenaを製作する行為である。これは、プラトンによれば、本性（実在）から遠ざかること第三番目の作品を産み出す者、つまり模倣者 mîmêtêsの行為である。(3)

このテクストでは、寝椅子 klinêの製作 poieînを例として、議論を展開している。神は寝椅子のイデアを、職人はこれを分有する metecheinする特定の寝椅子を、そして画家 zôgraphosあるいは模倣する者 mîmêtêsは寝椅子に見えるものを製作する。寝椅子の本質や機能、すなわちその存在性と真実性の度合いの点で、三者の製作するものを比較するならば、画家あるいは模倣する者のそれがもっとも低いとされる。

プラトンにとって、模倣（真似る）mîmêsthaiできるのは、ものあるいはことがらの本質や機能ではなく、あくまでその見かけ phainomenon、つまり何らかの感覚像にすぎない。「影像知覚」eikasiâにおいて捉えられたものは、ものそのもの（イデア）の無数に現れうる相対的・可変的な見かけの影像 phantasmaのうちの僅かな部分に外ならない。模倣者は単なる模倣者であるかぎり、ある特定の時点の特定の条件の下における、この見かけの影像のある特定の局面を、模倣しているのであって、したがって、いわば真実なる存在の影（感覚像）の影のそのまた一部分を、それが写実的なものであれ、理想化されたものであれ、あるいは分解再構成されたものであれ、あくまで何らかの感覚像として、製作 poieînしているにすぎない。この意味で、模倣者 mîmêtêsは、天上天下、地上地下のありとあらゆるものを製作できるが、このように製作されたものは、何らかの感覚像であるかぎり、いずれも真実の存在性を欠いている。(4)

悲劇作家たち tragôidiâs poiêtêsもまた、もっぱら感覚像を真似る単なる模倣者であるかぎりでは、「人間の徳その他、かれらの作品の主題となるさまざまなことがらに似せた影像（虚像）eidôlaを描写する（真似る）だけの人々であって、真実そのものには決して触れていない」（600e）。(5) 影像を作る人 eidôlonpoiêtês、すなわち、ものを真似る人（模倣者）mîmêtêsは、「在るもの」to onについては何も知らず、見えるもの phainomenonについて知っているだけである」（601b）。(6) かれらは、主題となるさまざまなことがら（人間や神々の行為や徳など）について、韻律やリズムや調べを付けて、つまり表現上の「様々なる意匠」を凝らして、「見事に語っていると大衆に感心される」ように、物語る。しかしながら、この場合、プラトンに従えば、語っている悲劇作家も、語られていることの真実の内容については本当には知らず、その上辺の見てくれから判断しているに過ぎない。「創作者 poiêtês が語るところのことがらから音楽という色彩が剥ぎ取られて、内容それ自体として語られる場合、それがどのようなものとして現れるか（…）それは、若盛りにあるけれども、もともと美しくはない人たちの顔のようなものではないかね？（…）花の盛りに見捨てられたとき、そうした顔がどのように見えてくるかというのと同様だね？」（601b）[7]というわけである。

プラトンは、「作る、為す」poieîn ところの当のことがらに関する知識のあり方における三次元の本質的差異を区別している[8]。画家 zôgraphos は手綱 hêniâ や馬銜 chalînos を描く。皮職人 skŷtotomos や鍛冶屋 chalkeus はそれらを作る。しかし、それらの本質や機能について本当の知識を持つのは、それらを使う術を心得ている人 ekeînos hosper toutois epistatai chrêsthai、すなわち、馬に乗る人 hippikos だけである。「道具にせよ、動物にせよ、行為にせよ、それぞれのものの善さや美しさや正しさは、それぞれがそのために作られたり生じたりしているところの、他ならぬ使用 chreiâ ということに関わる」のであり、「それぞれのものを使う人 chrômenos こそが、もっともよくそのものに通じている人 empeirotatos であり、そして、自分の使うものが実際の使用にあたって、どのような善いところあるいは悪いところを示すかを、製作者 poiêtês に告げる人 aggelos になる」（601d）[9]。

使用者 chrômenos は、ことの善し悪しについて peri kallous te kai ponêriâs 知識 epistêmê を持ち、その使用者 chrômenos の告げることに耳を傾ける製作者 poiêtês は、それについて「正しい信念」pistis orthê あるいは「正しい思惑」doxâ orthê を持つことになるが、単なる真似る者 mimêtês は、彼が同時にそうした使用者や製作者であるのでないかぎり、ことの善悪の「見かけの影」を持つにすぎない。そうであるかぎり、プラトンに従えば、「真似る人は、彼が真似て描写するその当のものについて、言うに足るほどの知識は何も持ち合わせていないのであって、要するに真似ごと mimêsis とは、何らかの子供じみた遊びごと paidiâ tis であって、真面目な仕事 spoudê などではない」（602b）[10]。

一般に芸術家（画家、詩人、悲劇作家）、創作者 poiêtês は、真似をこととする者、すなわち単なる模倣者 mîmêtês であるかぎりでは、ものやことがらの真実を持ちえない。プラトンは、このように主張する。これに関しては、要するに、二つの理由がある。第一に、創作者は模倣者に留まるかぎり、「感覚によって捉えられるもの」horâton; aisthêton、すなわち可変的・相対的な無限に多数の個物にのみ係わり、「知性や思惟によってしか捉えられぬもの」noêton、すなわち一なる不変の実相 ideâ; to on; physis には係わらないからである。第二に、創作者は、模倣者に留まるかぎり、ものを自ら実際に使う chrêsthai ことも、他者と自ら実際に係わって行為 prattein することもないので、ものやことがらの本質やその必然的機能にも、ひとの本来の「徳」にも、直接触れることがないからである。

もちろん、創作（詩）poiêsis は、単なる模倣（真似）mimêsis を超えて、まさに感覚や感覚像（感覚形式）を通じて、つまり個物において、その本質 ideâ を具現せしめることができるであろうし、芸術の本領はむしろこの点にあると言えるであろう。しかし、そもそもイデアは、感覚を通じて模倣 mîmêsthai されるわけではないし、いかなる作品もその感覚像そのものがイデアであるわけでもない。イデアは影像知覚 eikasiâ あるいはその模倣においてではなく、知解 noêsis あるいはその想起 anamnêsis においてのみ捉えうるからである。感覚や感覚像は、この想起 anamimnêsthai の機縁になるにすぎない。それゆえに、すぐれた創作者は単なる模倣者を超えているとしても、かれが同時にすぐれた「哲学者」philosophos でないかぎり、かれは自らの作品さえその意味を理解しえない。

さて、創作者は模倣者として、真実から遠ざかること三番目のところ、すなわち影像知覚界において、真実と比べれば低劣な作品（虚像）eidôlon を作るのであるが、こうした創作者・模倣者とその作品は、人間の「魂」の内の、「理知」から遠く離れた低劣な部分、すなわち「欲望」（感覚と感情）にもっぱらはたらきかけても、その最善の部分（理知）には直接は係わらない。したがって、プラトンに従えば、模倣 mimêsis をことととする創作者（詩人、悲劇作家）が描き出す、人間や神々の性格 charaktêr は、多くの場合、苦難や不幸の中でそれを平静に堪え忍び、ロゴスとノモスに従って、運命に思慮深く対処するようなそれではなく、徒らに嘆き悲しんで感情 pathos を昂ぶらせるそれである。なぜなら、

後者の性格の方が、「いくらでも種々さまざまに真似て描くことができる」し、大衆の好評を獲得し易いからである。(11)

悲劇や喜劇の作家は、大衆の「魂」の低劣な部分に狙いを定めて、快苦、情欲や感情、喜怒哀楽などの受動感性pathosを自ら毅然と制御できないような、人物や神々の像を描き出す。こうした創作者たちは、プラトンに従えば、「魂の低劣な部分を呼び覚まして育て、これを強力にすることによって理知的部分を滅ぼしてしまう」のである。「それはちょうど一つのポリスにおいて、たちの悪い連中を権力者にしてポリスを委ね、よりすぐれた人々を滅ぼしてしまうようなもの」である。「それと同じく、模倣（真似）mimêsisをこととする創作者もまた、人間一人一人の「魂」の中に悪しき国制（構成秩序）politeiāを作り上げる」。まさしく「魂の愚かな部分、どちらがより大きいか小さいかも識別できずに、同じものを時には大と思いときには小と思うような部分の機嫌をとり、自分は真理から遥かに遠く離れて、影絵のような見かけの影像を作り出すことによって」（605c）(12)、そうするのである。

こうした創作によって「魂」の構成秩序が損なわれてしまうのは、子供や大衆だけではない。それは、「ほんの少数の例外を除いて、すぐれた人物をも損なうだけの力を持っている」（605c）。ここで「ほんの少数の例外」と言われているのは、もちろん、真実の「哲学者」のことであろう。われわれ現実の人間一般に関して言えば、総じて「われわれの内なる生来もっともすぐれた部分は、理性logosによって、また習慣êthosによってさえも、まだ充分に教育されていない」（606a）(13)。現実の個体としての人間は、一方で、エートスとロゴスによる陶冶なしには盲目的であらざるをえないところの感覚・感情・欲望を、つまり受動感性pathos的ことがらを伴う身体sômaを備え、他方で、潜在的な理性能力を持っている。後者は、家や国家社会における人間関係を通じて教育陶冶なしには決して顕在化することはない。模倣（真似）mimêsisと習慣êthosによる幼少年期教育paideiāの後も、つまり一定の「人格的アイデンティティ」が形成された後も、人間は、よかれあしかれ、なお現実に身体を備え、受動感性を伴って生きているかぎり、なお国家社会においていつもすでに教育されるべき存在であり、「魂」の堕落、すなわち「魂」の構成秩序の転倒・錯乱の可能性がまったくなくなることは身体の死に至るまでない。まさにそれゆえに、人間教育のために、すなわち人間の「魂」の理性的構成秩序の形成のために、もっぱら模倣をこととするような創作は告発されるべきである、とプラトンは考えているのである。

第八章　「魂」の不滅(1)

1　ロゴスとミュートス

対話篇『国家』第十巻は、この長大な交響曲のような作品のフィナーレである。「正義」を主題とするこの巨きなテキストの最終巻において、プラトンは登場人物ソクラテスをして、その前半で上述のいわゆる「詩人の追放論」を、その後半で、「魂」不滅のロゴス（論証）と不滅の「魂」の輪廻転生についてのミュートス（物語）を語らせて、全巻を締め括っている。

「正義」は、プラトンにあっては、人間の「魂」の内的構造秩序を示す言葉である。これは「ポリス的動物」としての、さらには倫理的存在としての、人間の本質に係わっている。人間が自らの「徳」（人類に固有の潜在能力）を実現すること、人間がポリスにおいて真実に人間と成り人間として生きうること――このことは、ポリスにおける「正義」が真実に実現することを前提にしている。逆に、この「正義」の実現の可否は、究極においては、ポリスを構成する人間の「魂」の倫理的責任能力の絶対性にかかっている。

この倫理的責任能力の絶対性は、「魂」自体の不滅性と、この不滅の「魂」への個別の人間の「魂」の関与metechein の必然性とを要請する。この不滅性を、プラトンは、ロゴスにおいて論証している。この論証が論証として充分説得力を持つか否かについては、疑問が残るであろう。それは、ある意味では、トートロジーあるいはpetitio principiiを語っているとしか考えられないからである。しかし、現象する個別の「魂」は、正邪、善悪の確執・拮抗を内容としており、生成・消滅するのだとしても、不可視の「魂」そのものは不滅であり、「善」そのもの以外ではありえない、ということはプラトンにとって、揺るぎない確信であった。

だが、この不滅の「魂」そのものと生成・消滅する個別の「魂」との関係、すなわち不滅の「魂」そのものが生成・消滅する「魂」として現象すること、このことの必然性を、論証することは、人間のロゴスがロゴス（論証能力としての言語）であるかぎり、「魂」の不滅性の論証以上に困難である。「魂」の本質とその現象との間にある必然的な内在的関連とそこでの本質のいわば絶対的超越とについて、人間のロゴスが論証しうるのは、考えようによっては、その論証は不可能である、ということだけであろう。

だが、にもかかわらず、人間の「魂」の倫理的責任能力の絶対性を問題にする以上は、この内在的関連と絶対的超越について、語らないわけにはいかない。語らなければならないことを、人間のロゴスは、ロゴス（論証言語）としては語ることができない。このことを見定めた上で、プラトンは、不滅の「魂」の輪廻転生という、論証言語としてのロゴスにおいては矛盾背理でしかありえないことがらについて、自覚的にミュートス、物語（神話）mythosとして語るのである。上述のように、「正義」を主題とする全巻のフィナーレでまさにこの「魂」の輪廻転生という物語を自らが語るために、最終巻の前半で、ミュートス（神話）やこれを題材にしたポイエーシス（創作）の本質や限界を、明らかにしておく必要がプラトンにはあったのである。

プラトンは、かれが創作自体の——人間や国家にとっての——意義を端的に否定するがゆえに、「詩人の追放」を主張しているのではない。むしろ逆に、かれはその意義の大きさを見極めていたがゆえに、これを主張しているのである、と言ったほうが適切であろう。真実の「哲学」philosophiāを確立することを志し、「正義」について粘り強く問い続けるプラトンが激しく批判（あるいは吟味・検討）しようとしたのは、大衆やかれらの「魂」の低劣な部分に迎合

kolakeuein しようとするソフィストやポイエーテース（詩人、創作家）のロゴスやパトスのあり方、つまり「魂」のあり方である。

伝承されたミュートス（神話、物語）を題材にして「様々なる意匠」を凝らして創作される作品（ポイエーシス）は、古典古代世界においては、一人で黙読されるものというより、公衆の前で音読されるか演じられるものであったが、単なるミメーシスであるかぎりでは、不可視の可知界 noêton に係わることのないものであった。そこでは、可変的・相対的可視界ないし感覚世界 horâton におけるさまざまな感覚像（感覚的イメージ）eikasiâ; eidôlon; phantasma によって、神々や人間たちの性格、振舞、行為などの形姿が描き出された。それらの感覚像は、それらがまさに感覚像であるがゆえに、これを感受する、あるいは模倣する人間の「魂」の受動感性的部分のあり方に、ひいてはその「魂」のあり方に、そして結局はその「徳」の実現の仕方に、著しい影響を与えたのである。

人間はたしかに、一面では、ロゴス（理性）的存在として、その「魂」においてロゴス的能力を潜在的に備えており、このことは類としての人間の「徳」（人類に固有の潜在能力）である。だが他面では、人間はあくまで、あらゆる生きとし生けるものと同じく、感覚、欲望などを伴う身体を備えているばかりでなく、自余の生けるものと異なり、とりわけ個体としては「自己意識」を備えた死すべきもの das Seiende, dasjenige sterben kennen kann でもあり、それゆえ、いわば二重の意味で、パトス（受苦・感性）的存在である。

類としての人間の「魂」（生命原理）には、他の生物のそれと違い、よかれあしかれ、そのあり方に可塑性があり、この点は、その（生活環境への適応能力の点での）欠如性（欠陥）と裏腹の関係にある。すなわち、「魂」のパトス的部分が内在的な全自動の制御メカニズムを欠いていること、「欲望」が必要の限度を超えて「不法なもの」になりうる潜在的可能性を持っていること、このことは、いわば「欠如存在」homo demens としての人間に固有のことであり、これは人間の類的な「徳」aretê の裏面である。まさにそれゆえに、人間は、その本性上、ロゴスとパトスの両面において、そしてこれら両面の関係の仕方において、その「魂」のあり方がポリス（家や国家社会）における人間関係を通じて教育されるべき「ポリス的動物」であり、倫理こそが人間が人間である根拠なのである。換言すれば、ポリスにおけるこの教育によって、善きエートス（習慣）が形成され、すぐれたロゴス（理性）が実現され、これによってパトスが理性的に制御されなければ、人間は本来、類としての人間の「徳」を実現できないどころか、その「魂」のあり方が果てしなく堕落しかねないばかりでなく、その生存すら他の生物より以上に、極めて危うい存在なのである。

まさにそうであるかぎり、プラトンに従えば、ミュートスやそれを題材とするポイエーシスが、「魂」のとりわけパトス的部分を通じてその内容を感受・模倣する人間のエートスの形成と維持に決定的影響を与え、「魂」の内外の条件次第では、人間の「魂」の内的構成秩序を破綻させかねない以上、それらの内容は、すぐれた人間の教育あるいは善きエートスの実現という点に鑑みて、徹底的に批判（吟味検討）されるべきなのである。

それればかりではない。ポリス共同体、とりわけアテーナイにおいて、悲劇と喜劇の上演は、ポリスの連帯性（紐帯）と市民たちの「人格的アイデンティティ」との形成と維持に関して大きな意味を持っていた。ポリス共同体の核心は、現在生きている市民たちの共同意識にあり、この共同意識は、とりわけアテーナイにおいては、ポリス防衛のための戦争において戦士として一身を抛つ気概を市民たちが共有することによるばかりでなく、遠い過去の世代から途切れることなく伝承された記憶をかれらが不断に更新することにより、存立しえたからである。この意味でも、市民たちの共同意識を支える過去の記憶であるミュートス（神話）と、このミュートスを題材とする、その更新としてのポイエーシスとの内容は、プラトンにとって重大な関心事であったのである。

太古の闇からポリスにおける人々により無意識のうちに伝承されたミュートス（神話）を題材とし、ロゴス（言葉）によって感覚像として、新たに意識的に創作されたミュートス、すなわちポイエーシス（創作、つまり詩や悲劇）は、ポイエーテース（創作者、つまり詩人や悲劇作家）による虚構 pseûdos である。もちろん、虚構は必ずしも単なる虚偽であるとは限らない。そこには真実と虚偽が分かち難く結び付けられているが、その内容がポリス共同体の共同意識の存立とポリス市民たちのアイデンティティ形成との基礎を成すもの、ポリスにおいて自己実現する人間の本質的なあり方に係わっているかぎり、何らかの人間的真実も潜んでいるはずだからである。

詩人（創作者）poiêtêsは、あるいは軽快で明澄な、あるいは厳粛で重厚な、見事な言葉（ロゴス）の虚構によって、意識することなく人間の真実相に係わることがらを歌う。詩人（創作者）をしてこれを歌わしめるのは、彼の理知でも習得された表現技術でもなく、むしろ神がかりの狂気maniâである。いずれにしても、詩人（創作者）の作品は、そこにいかに見事な表現が果たされていても、それが単に模倣mimêsisに係わるものであるかぎり、その内容によっては、意識的にせよ無意識的にせよ、人間の「魂」やポリスにおける不合理ないし不正なことがらを正当化するイデオロギー機能を果たすばかりでなく、人間の「魂」のあり方（構成秩序）そのものを損ないかねない。プラトンに従えば、詩人（創作者）自身は、感受性や表現能力の点でいかなる天分が与えられていようと、単なる模倣者mimêtêsにすぎないかぎりでは、つまり彼が同時に真実の「哲学者」philosophosでないかぎりでは、その虚構・虚偽pseûdosのうちに潜む真実alêtheiaを真実と見極めることができないからである。

2　「魂」不滅 hê tês psychês athanasiâ の論証(1)

虚構・虚偽pseûdosとしての詩・創作poiêsisという原石の中からそこに紛れ込んでいるキラリと光る黄金（真実、あるいは人間の「魂」の「徳」としての「正義」そのもの）を取り出すことのできるのは、ロゴスを弄ぶソフィストsophistêsでも、天分の与えられた詩人poiêtêsでもなく、最善のポリスにおける生涯教育によって自らの「徳」を実現させ、真実在eidos; ideâを観照しうるに至った「哲学者」だけである。

だが、この真実在を観照しうる「哲学者」は、プラトンの描き出すソクラテスとは、すなわち、真実在から隔絶され、この隔絶の自覚ゆえに、真実在を己の知性によって只ひたすら求める者philosophosとは、区別されなければならない。後者は、前者と異なり、真実（あるいは「正義」という「徳」）そのものを、決して積極的に呈示することはできないからである。後者が為しうるのは、それを為しえない所以を呈示することだけである。後者は、不断の否定反駁的対話elegxosを通じて、あらゆる虚偽と虚妄を打ち砕く。かれは一切を懐疑し一切を相対化する。もちろん、この懐疑と相対化の活動は、まさにそれによって自らをも掘り崩していかざるをえない。だが、にもかかわらず、ここにおいて、ソフィストのように安易で空虚な懐疑主義や相対主義、あるいはニヒリズムにおさまってしまうことなく、まさに真実そのものからの隔絶の自覚ゆえに真実在をあくまで希求するのが、かのソクラテスのごときフィロソフォス philosophos である。

懐疑する自らをも含めた一切に対する懐疑と相対化にもかかわらず、ソクラテスのごときフィロソフォスをして、たとえ何度死ぬことになろうとも、一切を抛って、ただ生きるのではなく、「善く生きること」to eu zên(2)へと、つまり「魂の世話」hê tês psychês epimeleia(3)へと、ひたぶるに志向せしめる当のものとは何か。これは、「ダイモーンのごときもの」to daimonion と呼ばれるものであるが、これが何であるかを、さらに名状することはできない。知りえないことは知りえないことを知らなければならない。だが、まさにこの無知を知らしめるところの当のものに駆り立てられ、ソクラテスは、生涯エレンコス elenchosを、すなわち、かれと同じく真実在を希求しようとする同志 synontesとの、そして自らのうちでの自らとの、対話 dialogosを、只ひたすらに飽くことなく繰り返す。真実在は何かという問に対して、回答は決して積極的には与えられない。だが、少なくともソクラテスには、何が真実でないか、いまここで何が為されるべきでないか、についての指針が示唆される(4)。

「語りえないもの」が語りえない所以が語られなければならぬ。「語りえないもの」とは何か。それは、かの「無知の知」を可能ならしめる当のもの、「無知の知」の欠如を無恥であらしめる所以のもの、比喩として以外語ることのできないもの、一切の根拠づけの根拠であるがゆえに自らは何ものによっても根拠づけることのできないもの、すなわち、「善のイデア」、真実在 alêtheia; eidos; ideâと呼ばれるところの当のものである(5)。

プラトンに従えば、その内的構成秩序が「正義」と呼ばれるところのもの、人間の「魂」をしてそれたらしめているもの、つまり「魂」そのものは、この「語りえないもの」に類比しうる。それはその特定の「魂」のあり方としてのその生死、善悪を越えている。というより、それは「生」そのもの、「善」そのものである。人間あるいはその「魂」は死すべきものであるが、「魂」そのものは、全永劫の時間において不滅である。だが、何故このように言明しえるのか。「魂」不滅の論証は、すでに対話篇『パイドン』の中でもさまざまな観点から試みられている。(6) これとは異なり、『国家』篇におけるその論証は、このテクストの主題である「正義」論に副うかたちで、試みられている（608d-613e）。(7)

およそ存在するものにはそれぞれに固有の善と悪がある。「善きもの」to agathon とは、自らを「保全し益するもの」to sôizon kai ôpheloûn であり、「悪しきもの」to kakon とは、自らを「滅ぼし損なうもの」to apollyon kai diaphtheîron である。(8) およそ存在するものに滅亡するということがあるとすれば、それは、究極においては、それに固有の悪に因るのであり、それ以外に因るのではない。身体、あるいは身体と「魂」との個別の結合体は、久しくながらえることなく、やがては風の前の小さな灯火のごとく必ず消滅する。身体の消滅は、結局、身体に固有の悪 ponêriā である文字通りの病気 nosos に因るのであり、「魂」に固有の悪がこれに影響を及ぼすことはない。同様に、「魂」が損なわれ消滅することがあるとするなら、それは「魂」に本来属している悪に因るはずであり、身体に固有の悪はそれに決定的影響を与えない。(9)

「魂」にとっての固有の悪は、「不正」adikon、あるいは放縦、怯懦、無知などである。(10) 「不正」とは、プラトンにとって、「魂」の内的均衡の破綻、「魂」の秩序の内乱状態である。「魂」のこの自己破壊は、自己の本質と自己と他者との本質的関係とを損なう。だが、にもかかわらず、「不正」は、「魂」そのものにとって「死に至る病」ではない。「不正」なる「魂」の人間は、「不正」であること自体や「不正」なる行為とその行為結果自体に因って、おのずから矯正されることも消滅することもない。(11) そうではないからこそ、人間には、人間による倫理的教育 paideiā が、人間世界には、人間による法規範とこれに則る刑罰が必然的である、ということになるわけである。人間世界においては、いわば即自的には「正義」が存在しないからこそ、まさに「正義」を問題にしなければならないのである。

ところで、自らに固有の悪に因って自ら滅びることのないものには、それ以外の何に因ってであれ、そもそも滅びるということがない。けだし、およそものの消滅の究極的原因は、そのもの固有の悪以外ではないからである。とすれば、「魂」は自らに固有の悪、すなわち不正自体に因って消滅しない以上、「魂」には消滅するということがない、つまり「魂」は不滅である。(12)

ここで、プラトンは「不正」の事実性、あるいは現世における倫理的不条理の絶対性をいわば逆手に取って、そこからまず「魂」の不滅性を、次いでこの不滅性から人間の「魂」の倫理的責任の絶対性を導き出している。

「不正がそれを受け入れる者に直接死をもたらすものであれば、不正はそれほど恐ろしいものではないであろう。なぜなら、そのおかげでさまざまな禍から解放されることになるであろうから」(13)。

その「魂」が「不正」であるところの人間は、外見や評判がどうであれ、主観的自己感情がどうであれ、「善」への真実なる歓喜と希望を決定的に欠いているがゆえに、真実なる「幸福」eudaimoniāとは無縁である。「不正」なる「魂」の所有者は、その「不正」ゆえに、他者ばかりでなく、実際には自己をも損傷することになるが、まさにその「不正」自体に因って自らを消滅させることはない。ここから、「魂」の不滅性が導出されたのであるが、逆に、「魂」が不滅である以上、「不正」なる「魂」を所有する人間とかれの「不正」なる行為の結果とは、時効によっても自己消滅によっても、自らの「不正」とそれゆえの自らの「不幸」から救済されることがない。何故に「魂」は不滅でなければならないのか。「それは、魂には消滅による救済がないためである。換言すれば、魂は初めから善へと向けられて創られているのであって、善き魂となる以外には、魂には幸福がありえないからである」(14)。

3　「魂」の本性(1)

「魂」には消滅することがない。このことが明らかであるとすれば、この「魂」の不滅性から、さらに「魂」の性格規定を導き出すことができる（611ab）。すなわち、不滅である「魂」は、その数が増減することなく、常に同一のものとして存在する。不滅なるものはもともと不滅であり、可死的なものが転じて不死なるものとなることはないからである。他方、「魂」がそのもっとも真実なる本性において永劫に存続するものであるならば、それは「多くの複雑な、互いに相似ず、相異なった性格が充満しているようなもの」でも、「多くのものが集まって合成されているもの」でもありえない。「魂」そのものは、その不滅性ゆえに、いつもすでに永遠に存在するものであり、生成するものではない以上、分割されたり、合成されたりするものではありえないからである。(2)

プラトンによれば、このテクストにおいて論述されてきたのは、「魂が人間の生活において受け取るさまざまな様態と形状」（612a）(3)である。ここで「ポリス」のあり方との類比において考察されてきた「魂」のそれは、感覚や欲望を伴う身体との結合体であり、対立拮抗する「理知」と「欲望」との諸機能から成る構成体であった。「魂」のこのような姿は、その本来の姿ではない。それは、「いわば海神グラウコスにも比すべき状態にあるものだったのである。人々はグラウコスを見ても、かれの元の本当の姿を見分けることは、もはや容易ではないだろう。その身は、元からある部分が波浪のために、ちぎり取られたり、擦り潰されたり、見るかげもなく損なわれてしまっているうえに、本来そうであったような姿と比べるならば、むしろどんな動物にでも似ているようになってしまっている。われわれが見ている魂もまた、無数の悪のために、ちょうどこれと同じようなありさまになっている」（611cd）(4)。

「魂」の真実の本性を知るためには、大海の底に沈んで岩石や貝などが付着した「魂」の姿ではなく、そこから引き上げられ付着物が払い落された「魂」の本来の姿を、透徹した眼で洞察しなければならない。プラトンに従えば、「神的で不死で永遠なる存在と同族である」（611e）(5)「魂」そのものには、自らを大海の底から引き上げ、自らに付着したものを自ら払い落とし、自らの本来の姿を知ろうとする衝動が備わっている。「魂」自体に備わっている、自らの真実の本性を知ろうとする、このような衝迫（自己知への希求）こそが、「哲学」philosophiā に他ならない。(6)

4　倫理的不条理と倫理的自己責任

　さて、プラトンは、「不正」に関して、すでに次のことを明らかにした。すなわち、第一に、「正義論（Ⅱ）」（第九巻四章—一三章）においては、「不正」は真実には人間を益するものではない、ということを。第二に、ここ（第一〇巻前半）では、その「魂」が「不正」であるところの人間の罪責やその「不正」であること自体における「不幸」は、自ら消滅することで救済されない、ということを。要するに、外観や報酬や評判が何であれ、「正義はそれ自体として魂それ自体にとって最善のものであるということ」（612b）[1]が明示された。プラトンは、「魂」の不滅性を論証し、確認した上で、「魂」の輪廻転生のミュートスを物語る前に、その導入として、「正義」の報酬について言及している。

　プラトンによれば、「魂」が不滅であることが論証されうるとするならば、このような不滅の「魂」がそれの同族であるところの「神」の存在を疑うことはできない。とすれば、「正しい人も不正な人も、それぞれどんな人間であるかは神の目を逃れることができない。」「神々の目を逃れえないとすれば、一方は神に愛される人間であり、他方は神に憎まれる人間だと言うことになろう。」「正しい人間については、たとえその人が貧乏の中にあろうと、病の中にあろうと、その他不幸と思われている何らかの状態の中にあろうと、その人にとって、これらのことは、かれが生きている間にせよ死んでから後にせよ、最後には何か善いことに終わるだろうと考えなければならぬ。なぜなら、進んで正しい人になろうと心がける人、徳を行うことによって、人間に可能なかぎり神に似ようと心がける人が、いやしくも神からなおざりにされるようなことは、決してないのだから」（612e, 613ab）[2]。

　たしかに、「魂」が不滅であり、無謬なる神、「善」のみの原因である神が存在するとすれば、「この世」における、「魂」の「正義」と「不正」に対する、そしてその所業の善と悪に対する、かの神の為す審判と応報に、不均衡や不公正はありえないし、あってはならない。だが、そうだとしても、そもそも何故に、本来不滅不可分の善なる「魂」そのものが、固有の悪としての「不正」をまとった姿で現象することになるのか。そもそも何故に、現象界あるいは現世にあって、苦難の配分の不均衡や正義と幸福との不一致が、つまりいわば関係における倫理的不条理の絶対性が、必然的であるのか。何故に、ヘーゲルの言うように、人間の歴史は「幸福の舞台」ではなく、「国家の知恵、個人の徳が、挙げて犠牲に供せられる屠殺台」[3]なのか。

「人間の生が「正義」の実現という前提の上ではじめて成り立つ構造を持ちながら、この世においてその実現が真実には期待できないとするならば、真実の眼でありのままの「魂」を裁く場がどこかに存在しなければならない。（…）倫理法則の絶対性が、その絶対性を貫徹しうる場を要請している」[4]。「善や正義が絶対性を要求するかぎり、そして、人間の心の奥底に善への希求があり、それの実現のうちにのみ真実の幸福があるのだとするかぎり、この事態は死後の裁きとその結果としての償いの実現の場を要請している」[5]。

だが、死後の世界とはいかなるものなのか。それは端的な無なのか。それともやはり、そこにおいて「正義」がはじめて真実に実現される場なのか。いずれの回答に対しても、死すべきものとしての人間のロゴス（論証言語）は沈黙する[6]。「人間が自己の主体的能力である理性に固執するかぎり、換言すれば、単なる「理性の限界内」で真理を追求し続けるかぎり、人間は自己の内部を堂々めぐりしているだけで、自己性の壁を突き抜けることができず、決して超越的なものに出合えないだろう」[7]。語りえないことを、あたかもロゴスであるかのごとく語ってはならない。ロゴスとして語りえないことが、ミュートスとして不用意に語られるならば、それは、現世の倫理的不合理を、無差別に絶対的もの、必然的なものとして正当化するイデオロギー（虚偽意識）に陥らざるをえないからである。イデオロギーとしてのあらゆるミュートスは破壊されなければならない。現世の倫理的不条理性は、それが現世内の諸条件の下で人間の「理性の限界内」で可変なものであるかぎり、現世内で揚棄されなければならない。これは、人間が人間であろうとするかぎり、人間にとって日々の課題であるとともに永遠の課題でもある。

だが、にもかかわらず、現世の人間の理性能力を越えた、現世の倫理的不条理の絶対性という問題は残る。人間の自己実現が「正義」の実現を前提とするにもかかわらず、「正義」の真実な実現は、現世においては、絶対的にはありえない。現世を超えたどこかで「正義」が真実に実現するとしても、この超越的なることの究極的根拠について、人間のロゴス（言語、理性）は、それがロゴス（論証言語）であるかぎり、語ることができない。にもかかわらず、まさに人間が人間であるために、人間の倫理的自己責任の絶対性が要請される。プラトンが、いわば自らの倫理的決断によって選択し創作したミュートス、「エールの物語」を、それがミュートスであることを自覚しながら、ソクラテスをして語らしめるのは、ここにおいてである。

5　エールの物語――因果応報・宇宙秩序・自己選択・輪廻転生(1)

「その昔、エールは戦争で最期を遂げた。(…) 死んでから一二日目に、まさにこれから葬られようとして、野辺送りの火の薪の上に横たえられていたとき、エールは生きかえった」(614b)(2)。エールの物語は、このように語り始められる。甦った勇敢なる戦士エールは自ら黄泉の国で見聞したことを語る。

第一に語られるのは、身体を離脱した死せる「魂」が冥界 háidēs における裁きの場で受ける厳格無比な審判である(3)。死後の国の審廷にあって「魂」は、この世における自らの所業に応じて、つまりその正邪の質量に正確に応じて容赦なく裁かれ、その生涯の十倍の期間、天上での悦ばしき報酬、あるいは地下での惨酷なる刑罰を、否応なく受ける。善く・正しくある以外には、「魂」にとって真実の「幸福」はありえないとするならば、刑罰がいかに酷烈であっても、悪しき「魂」にとって刑罰は救いである。刑罰だけが「不正と悪を浄化しうるからである。この世でもあの世でも、「不正」そのものが「魂」にとって「不幸」であるが、刑罰を欠く「不正」は、幸運どころか、もっとも不幸である。手段を選ばない権力追求、神々や生みの親に対する不敬や殺害といった、地獄の業火によっても浄化され難い罪を犯した「魂」は、底無しの奈落 Tantalos に投げ込まれる。そこには、消滅も浄化もなく、従って救済もない。要するに、これはプラトン版の勧善懲悪・因果応報の地獄・極楽物語である。

第二に、生きとし生けるものすべてを規定する宇宙の秩序と調和が語られる。[4] これは、オルフェウス教もしくはピュタゴラス教団から受け継がれたとされる、宇宙秩序 kosmos つまり回転する「天球のハルモニアー」の物語である。地球を中心とした同心円としての日月星辰の天球の回転運動は、それらの色彩や光度の差異によって、全体として見事な調和のとれた弾み車のような姿を示している。地軸からの距離と速度とがそれぞれ違う八つの天球の回転運動の作る輪の上には、それぞれ声の高さが違うセイレーンが乗っていて、絶妙なアンサンブルを聞かせている。「紡錘はアナンケー Anagkê（必然）の女神の膝の中で回転している」（617b）。[5] その回りには、アナンケー（必然）の三人の娘たち、白衣をまとい花冠をいただいた運命の女神たち Moirai が、等間隔に腰をおろしている。ラケシス Lachesis は過去のことを、クロートー Klôtô は現在のことを、アトポス Atopos は未来のことを歌いながら、永劫の時間の中で、紡錘の輪に手を触れて、その回転を助けている。然るべき裁きにより天上での報酬あるいは地下での刑罰を受けた「魂」たちには、再びこの世に生み出されるに先立ち、このような視覚的聴覚的イメージで、万有を統べる巨大な宇宙の秩序と調和が啓示される。

最後に、「魂」自らによる新たな生の選択と再生が語られる。[6] 過去は現在と未来を必然的に制約する。過去のことを歌う女神ラケシスの膝の中から、生（生涯）の見本と選択順を定める籤が取り出される。新たな生（生涯）の選択に際して、過去の現象界における生きとし生けるものすべての生（生涯）が見本となる。冥界において、すでに決裁され、それぞれに相応しい応報を天上と地下で受け、決裁の場に帰還した、個々の「魂」に、それらの見本からの新たな生の選択が委ねられる。新たな生を選択した「魂」は、それぞれの運命を導くダイモーン daimôn を、過去の女神ラケシスにより付与される。ダイモーンは「魂」を、まず現在の女神クロートーの所へ、次に未来の女神アトポスの所へ、そして最後に必然の女神アナンケーの所へ導き、各々の「魂」が自ら選んだ運命を、確実なものとする。冥界からこの世への「魂」の旅路には、越えて行かねばならぬ炎熱の「忘却 Lêthê の野」がある。辿り着いた「放念 Amelês（アメレース）の河」の水を飲むやいなや、各々の「魂」は一切を忘れてしまう。その場に眠り込んだ各々の「魂」は、新たな誕生のために、やがて「流星が飛んで行くように」[7]突如としてそこからこの世へと運び去られる。「物語は救われ、そして滅びなかった」mythos esôthê kai ouk apôleto.

小括

不滅の「魂」は、永劫の時間の中で、宇宙万有を統べる秩序において、此岸と彼岸を貫いて存立する。「魂」は、この世とあの世との往還過程において自己変容を遂げる。「エールの物語」の示すところによれば、あの世、すなわち冥界 hâidê は、「魂」にとって、第一に、真実にして厳格なる裁きの下される究極の審廷のある場であり、第二に、宇宙万有を統べる秩序の構造と過程の全体が開示される場であり、第三に、自らの運命を決定する自己選択の場である。人間の「魂」の自己転生過程において、糾える縄のごとく絡まり合う必然と自由との相互限定運動により、宇宙秩序の必然性 anagkê が成就される。必然性のこの成就により、「魂」の不滅性が明証される。一方で、魂・ポリス・宇宙を貫徹する秩序としての「正義」が、他方で、人間の倫理的自己責任の絶対性としての「正義」が、そして、とりわけ両者の関係が、いわば必然と自由の弁証法として、いかにして宇宙秩序の構造と過程の全体において成就されるか。このことを、プラトンは、「エールの物語」で、解明しようと試みたのである。

上述したように、この世の構造とメカニズムがすべて解明され尽くされたとしても、現世の人間の理性能力では未来永劫解決し難い問題がある。それは、人間の倫理原則の究極の根拠の問題である。それは、人間の生と行為を根源において規定する、必然と自由の関係の絶対性の意味の問題であり、換言すれば、何故に、悪と「不正」の事実性、あるいは倫理的不条理の絶対性が、この世において必然的であるのか、という問題である。こうした問題に対して、プラトンは、詩人たちを媒体としながら記憶を絶する過去から由来も知れずに語り伝えられてきた「美しきあの世の物語」(1)をもって、応答する。あらゆる神話が解体されながら、敢えて一つの神話が自覚的に選び出される。プラトンの描き出すソクラテスは、「この神話の開く展望の中に自己の生き方としての哲学を賭けた[2]」のである。

この「あの世の物語」によれば、あの世において「魂」は、自らの生（運命）を自ら選択する。自らの運命への自己責任という意味で、人間の「魂」は自由である。このあの世における「魂」の自己選択の瞬間を左右するのは、この世（前世）における「魂」の生のあり方である。「けだし、この瞬間こそ、（…）人間にとってすべての危険がかかっている。まさにこのゆえにこそ、われわれ一人一人は、他のことを学ぶのをさしおいて、ただこのことだけを自らも探求し、人からも学ぶように心がけねばならない。——善い生と悪い生とを識別し、自らの力の及ぶ範囲で常にいかなる場合でも、より善い生を選ぶだけの能力と知識を授けてくれる人を、もし見出して学ぶことができるならば」（618bc）[3]。あの世での生の自己選択に際して、善悪、正邪を識別しうるためにこそ、この世での自己教育（陶冶）による「魂」の浄化が必要なのである。より善き人に、よりすぐれた人に従い、習慣によって「正しき信念」をもって生きることは次善である。最善なのは、自ら「哲学する」こと、「魂」に配慮して、「善く生きる」ことである。人間の「魂」は、この世にあってもあの世にあっても、この意味での自己責任を免れないがゆえに、自由なのである。人間の「魂」の自己責任という点で、あの世とこの世は規定し合っている。

だが、「魂」の輪廻転生の必然性によってこそ、「魂」の不滅性が明証されるかぎり、「魂」には、その転生の全過程において、その真実なる浄化が成就するまで、選択しないことを選択する自由はないし、この必然性の契機としての、「魂」の自己選択の自由そのものは、「魂」自身が自ら獲得したものではなく、選択肢がそうであるのと同様に、与えられたものである。この意味ではもちろん、命はかなき死すべき人間の「魂」に与えられた自己選択の自由は、明らかに、全能の神のそれのごときものではない。しかし、この転生の必然性の中での自己選択そのものの責任は、それぞれの「魂」以外にはない。選択肢としての、この世のありとあらゆる生の見本は、善悪、正邪の多種多様なあり方をしているはずである。この世の生のあり方は、事実上そうであるし、それよりもなによりも、この多様性を欠けば、あの世での選択の意味はなくなるであろうから。もっとも、その見本には、全き善なる生も、全き悪なる生もないはずである。こうした生は、いずれにしても、必然的な輪廻転生の循環過程から外れて行くであろうから。「エールの物語」の呈示する、「魂」の転生過程における、必然と自由の弁証法に照らしてみるならば、悪や「不正」の事実性と倫理的不条理の絶対性とが、この世において必然的であることの根拠は、あの世において人間の「魂」が行う倫理的決断の自由にあるのである。

「われわれが、（…）魂は不死なるものであり、ありとあらゆる悪をも善をも堪えるものであることを信じるならば、われわれは常に向上の途を外れることなく、あらゆる努力を尽くして正義と思慮とに勤しむようになるだろう[4]。そうすることによって、（…）われわれは自分自身とも神々とも、親しい友であることができるだろう」（621cd）。

第二部　正義と支配——『国家』篇　327a-367e

序

プラトンの『国家』篇は、冬の夜空に輝く綺羅星のごとき三十数篇の作品の中で、ひときわ強い光を発している。彼の著作活動の中期に成立したといわれるこの作品は、初期作品に見られる倫理的なソクラテス・モティーフと後期作品に現れるより深い哲学的思索との結節環を成している。この作品が主著と目される所以である。ここではまた、後に西欧の形而上学や哲学が繰り返し問い続けることになる諸問題がほぼ出揃っている。カントに倣って、これらは次のような問いとしてまとめることができよう。人（私）は何を如何に知る（認識する）ことができるか？（Was und wie kann man (ich) wissen (erkennen)?） 人（私）は何を如何に為すべきか？（Was und wie soll man (ich) tun?） 人（私）は何を如何に望むことが許されるか？（Was und wie darf man (ich) hoffen?） これらの問いは、これらの問いを問う人間とは何か？ 私とは誰か？（Was ist der Mensch? Wer bin ich?） さらには、人間（私）をしてこれらの問いを問わしめるところの当のものは何か？（Was lässt den Menschen (mich) diese Fragen stellen?）という問いに集約することもできよう。[1]

なるほど、プラトンは、西欧近代哲学の端緒と帰結であるデカルトとカントとは異なり、私 Ich もしくは主体（「私は思惟する」cogito; ich denke）を、その哲学の起（基）点にしてはいない。けれどもかれは、まさしくこの問いを発する人間 ho anthrôpos を、その哲学の出発点にしている、とは言えよう。この意味では、プラトンは、よかれあしかれ、西欧の哲学・倫理学（あるいは、いわゆる「人間中心主義」的なそれ）の源流である、ともいえよう。だがしかし、プラトン哲学の水脈は、いわゆる「ソクラテス以前の自然哲学」と決して断絶しているわけではない。それどころか、それは、むしろ、これと深いところで通底している、と言わねばならない。(2)

ところで、二〇世紀は「戦争と革命の時代」であった、としばしば言われる。とりわけ世紀前半の（いずれも西欧世界の周辺において、よかれあしかれ、西欧近代の克服を企図して成立した）ドイツ・ファシズムとロシア・マルクス主義との確執は、ある意味で左右のヘーゲル主義の闘争として特徴づけられた。(3) これが正鵠を射ているか否かはともかく、いわゆる左右のヘーゲル主義は、いずれもヘーゲル哲学の解釈としては、極めて偏狭なものである、と言わざるをえない。同じ時代背景において、プラトンのテクストについてもまた、同じような毀誉褒貶と、同じように偏狭なイデオロギー的解釈とが横行した。そもそも「プラトンの政治理論」などという言い方が適切であるとは思えない。率直に言って、そんなものは存在しないからである。『第七書簡』と言われるテクストの真贋はともかくとして、プラトンにとっての究極の問題は、端的に言って、哲学ないし倫理であって、政治ではない。(4)

とはいえ、もちろん、プラトンのテクストからは、とりわけ『国家』篇からは、人間にとって「政治的なるもの」が何を意味するか、についての数多の深い洞察を見い出すことはできるであろう。『国家』篇の主題は、国家（ポリス）polis に類比 analogesthai される人間の魂 psychê の構成秩序という意味での、そしてまた、「自分自身のことを為すこと」to tou heautou pratteinという意味での「正義」dikaionである。ここでは、プラトンの『国家』篇のテクストから、就中、その第一巻と第二巻前半の「トゥラシュマコス篇」と呼ばれる第二巻以降への導入部分を取り上げ、ここで言われている「支配」archeinと、この全編の主題である「正義」との関係に注目し、人間にとって「支配」はいかなる意味を持つかという問題を考察してみたい。

第一章　ピューティオス・アポローン・ソクラテス Pythios Apollôn, Sôkratês

「汝自身を知れ」gnôti sâuton.——この極めて簡潔な箴言は、「限度を越えるな」mêden agân. という同じく簡潔な警句とともに、デルフォイ Delpohoi（ピュートー Pythô）神殿に祀られる神アポローンの神託として、人口に膾炙している。アポローンとはいかなる神か。これについては、後期ヘレニズム以降、闇（情念、混沌、陶酔）を象徴する暗欝な神デュオニュソースと光（理性、秩序、覚醒）を象徴する快活な神アポローン、という対照的なイメージが出来上がった。ところが、さまざまな神話学 Mythologie や語源学 Etymologie が実際に示すところによれば、むしろ「夜のような」と形容されるような、禍々しい悪疫、殺戮、死をもたらす闇と、「光り輝く」と形容されるような、治癒、解放、生をもたらす光、この両面のイメージが神アポローンには纏わりついている。(1)

『アポローン賛歌』Hymnos eis Apollôna などでは、「曲がれる弓と竪琴」に親しむ神アポローンは、父ゼウスの意思を死すべき人間たちに知らしめるべく、雪を頂く聖山パルナーソスの麓で、大地母神ガイアの化身、大蛇ピュートーン Pythôn を殺戮し、そこを神託の地に定めた、と歌われている。このデルフォイ（ピュートー）の神殿では、巫女（ピューティアー Pythiâ）が、脱我・憑依状態に没入して、謎めいた両義的（曖昧）な言葉で神託を伝え、神アポローンの神意を伺う人々に、その謎解き（解釈）を委ねた、とのことである。(2)

「汝自身を知れ」gnôti sâuton! の gnôti（知れ）は、文法的には gignôskein（識別する）という動詞の二人称単数第二アオリストの命令形であり、sâuton（汝自身）は、人称代名詞二人称単数対格 se と強意代名詞男性単数対格 auton との融合形である。この命令文が、何かについて神意を伺った（死すべき）人間に対する、神アポローンの回答であるとすれば、神アポローンは、問われたことには直接的には答えないで、問うている当人自身が何であるか（誰であるか）Was bist du?; Wer bist du? を、まず何よりも先に自問せよ、と命令文で応答したことになろう。すなわち、当人を当人たらしめ、人間を人間たらしめている所以を自問し、さらにこの問いを問わしめている所以を自問せよ、と問うている当人に命令していることになろう。

「限度を越えるな」mêden agân! について言えば、mêden は否定辞であり、agân は「過度に」という意味の副詞だから、文法的には、「ある」eînai ないし「為す」prattein という、状態ないし行為を示す動詞の命令形が、省略されていることになろう。この命令文も、「汝自身を知れ！」という箴言とともに、神アポローンによって、人間に対して発せられたのだとすれば、「人間たるものの身の程を思い知れ！」という程の意味に解されよう。

いずれにしても、神アポローンの言葉が、「死すべき人間 thnêtos anthrôpos の限界を見極めよ！」、「不死なる神 âthanatos theos を畏れよ！」という、人間のヒュブリス hybris を戒める警句であるとともに、「人間とは何であるか、を自問せよ！」、という人間の自己認識を要求する箴言であるとすれば、それは、まさにプラトンが描き出したソクラテスの、生涯にわたる哲学的モティーフの核心を、簡潔に表現していると言えよう。プラトンにとって、人間は「死すべきもの」であるばかりでなく、自らにとって「死ぬことを、知ろうとすること」thnêskein episthanai(3) が問題となりうるところの存在であり、これに対して神は、「不死なるもの」であるばかりでなく、擬人化して表象することの不可能な、つまり名指すことのできない、いわば「存在のメタ根拠」であったからである。プラトンは、とりわけ最初期の作品『ソクラテスの弁明』Apologiâ Sôkratês において、デルフォイの神ピュティオス・アポローン Pythios Apollôn の使徒としてのソクラテス像を見事に彫琢している。(4)

ところで、何故にそのソクラテスは告発されたのか。三〇年にもわたったペロポンネーソス戦争はアテーナイの敗北で終結したが、その余燼さめやらぬ状況の中で、ソクラテス裁判は行われた。戦争直後に民主派と寡頭派（貴族派）との間で繰り広げられた苛烈な権力闘争・内乱 stasis の記憶は、アテーナイ民衆に、なお生々しく残っていた。裁判の実相を窺わせるような確実な資料は、プラトン、クセノフォン、アリストファネスの諸作品以外には、ほとんど存在しない。これらによると、ソクラテスは、多くの民衆の眼には、民主制を脅かす寡頭派（貴族派）の同調者、破綻した件の三〇人独裁政権の黒幕、国家の基礎を成す伝統的な習俗規範を揺るがすような、無神論者ないしソフィスト、あるいは何であれ、彼らの理解を超えた奇人・変人のように、映っていた節が窺える。[5]

いずれにしても、名目上の告発理由は不敬罪 asebeiâ であった。アテーナイにおいて、国家（ポリス）の認める nomizein 神々が、国家統合の究極の根拠を成す何かであり、それらの神々が人間をして人間たらしめる究極の根拠を成す何かである、と信じられていたかぎりでは、敬虔でないと思われること asebês einai dokein は、告発理由に充分なりえたからである。

ソフィスト的啓蒙〈知〉は、しばしば「ピュシス」（自然）physis を基準にして、「ノモス」（習俗規範・法規範）nomos の相対性を指摘し、国家の伝統的「正統性信仰」を脅かす。しかし、ひるがえって、その当の「ピュシス」の倫理的合理性の根拠をそれとして判断する手立ては、さしあたり、何らかの「ノモス」的なシュンテーケー synthêkē; convention 以外にはありえない。ソフィストは、しばしばこの循環（パフォーマンスの自己矛盾）を逆手にとって、〈知〉を道具化してしまう。道具化された〈知〉は、権力主義にも保守主義にも結び付きうるが、いずれにしても、この結合によって、国家統合の内実（アテーナイ人たちの collective identity と personal identity）は危機に晒されてしまう。この意味では、アテーナイ人たちのいわゆるソフィスト sophistês に対する不信には、かれらがそれを自覚していたか否かはともかく、一定のしかるべき根拠があったわけである。多くのアテーナイ人たちは、かれらの理解を超えた得体の知れないソクラテスを、この意味でのソフィストの一人と捉えていたと言えよう。

プラトンが描くソクラテスは、多くのアテーナイ人同胞によってかけられた、こうした不信や嫌疑を払拭すべく、それが謂われのないことであり、かれが生涯をかけて為そうとしてきたことは何であったのか、まさにこのことを弁明

apologesthai しようとする。多くの同胞から反感・悪意 diabolê を抱かれた直接の原因は、彼が生涯の課題とした、同胞の〈知〉を吟味し、その反省〈知〉を覚醒させようとする、まさにその活動にあった。(6) この活動の発端は、ソクラテスの弁明によれば、「ソクラテスに勝る智者はいない」mêden sophôteros Sôkratous einai というデルフォイの神託にあった。ソクラテスは、「謎」として提示されたこの神託のテシス thesis に反駁 elegchein して、神意を質そうとする。

そのために彼は、自他ともに認める当代のすぐれた人々、政治家 politikos、作家詩人 poiêtês、職人 dêmiourgos のもとへ出かけ、かれらの〈知〉のあり方を、自分のそれと比較してみる。するとかれらは、それぞれすぐれた専門〈知〉を持ちながら、倫理〈知〉の根拠については、ソクラテスと同じく無知であるが、にもかかわらず、その無知であることに無知であること、まさにこのことが判明する。とすれば、ソクラテスは自分がその「無知の知」を持っているという点にかぎり、自分のほうがかれらよりすぐれている、と考えざるをえない。この意味でかれが誰よりもすぐれている、ということの意味は、神アポローンが、アテーナイ人同胞の無知を覚醒させようと、まさにこの仕事を、死を賭しても果たされるべき使命としてソクラテスに課した、ということに他ならない。ソクラテスは、このように、アポローンの神意、神託の「謎」を解釈したわけである。(7)

もちろん、厳密にいえば、専門的職業人においてであれ、何らかの知識人あるいはソフィストにおいてであれ、彼らが倫理〈知〉の根拠についての自分の無知に対して無自覚である、ということはありえないことであろう。なぜならば、そもそも人間の〈知〉は、その機能 dynamis; aretê が徹底されるかぎり、一方で、専門〈知〉と倫理〈知〉とのカテゴリーの弁別に、他方で、倫理〈知〉の根拠についての無知の自覚に、その本質からして、必然的に至り着くはずだからである。だとすれば、ソクラテスのすぐれた点は、「無知の知」にあるというよりも、むしろ人間におけるその「無知の知」の意味を、生涯にわたって徹底的に探究し続けようとする、異様とも思える、並みはずれた意思の力に、あるいはその徹底性にある、と言ったほうがより適切であろう。

逆に、カント的に言えば、彼らには〈知〉よりも、むしろ〈意思〉が欠けていた、とも言えよう。(8) この探究への

「持続する志」こそが、ソクラテスにとって、神アポローンの要求する「敬虔」eusebeiā なのであって、この意思の、あるいはその徹底性の欠如は、早晩、倨傲 hybris や偽善 hypokrisis といった自己欺瞞に帰着しかねない。この点で、まさしくデルフォイ神殿の神アポローンの「汝自身を知れ！」という箴言は、プラトンの描くソクラテスの全生涯を通じて、その意思と活動を駆りたてるような通奏低音としてソクラテスの魂の奥底で鳴り響きつづけた、と言えよう。

曰敢問死、曰未知生、焉知死（曰わく、敢えて死を問う。曰わく、未だ生を知らず。焉んぞ死を知らん）。（『論語』、巻六、先進一一、一二）生ける人間は誰もが、死すべきものであり、生死という事柄（とそのメカニズム）を現象として知ることができる。にもかかわらず、そのことがらが何に由来するのか、これを知りえない。生ける人間にとって問題になりえるのは、生死ということがらの由来ではなく、このことがらの意味を知ろうとすること episthanai だけである。

初期プラトンの描くソクラテスにとって、問題は「生きることではなく、善く生きること to eû zên」であり、善く eu 生きること、立派に kalôs 生きること、正しく dikaiôs 生きることは、同じことである」[9]。この「善く生きる」ことは、人間の生死ということの意味を知ろうとすることと同義であろう[10]。

第二章　それは人である——オイディプース Oidipous とプロタゴラス Prôtagorâs のミュートス

人間の生死ということがらにおける、善 agathon、正義 dikaion、幸福 eudaimoniâ の一致というテシスと、この一致を自覚し得る倫理〈知〉はいかにして可能か、という主題は、初期、中期のプラトンのいくつかの対話篇の中で、さまざまに変奏されて繰り返されている。それらの対話篇においては、例えば、いずれもよく知られた次のような言葉が、主人公のソクラテスによって何のけれん味もなく直截に語られている。(1)

——アテーナイ人諸君！　君たちは、金や名誉を求めて、魂の配慮を疎かにしていることを恥としないのか！

——正しい人は、善く生き、善く生きる人は、仕合せである。

——不正を為すよりも不正を蒙ったほうがよい。

——ひとは悪を悪と知って悪を欲することはありえない。

——不正を行うこと自体が不幸であるが、不正を行って罰せられないことがもっとも不幸である。

初期プラトンが描いているソクラテスが、あまりにもまともな（あるいは常識はずれ paradxâ にさえ思われる）これらの台詞を、大真面目に正面切って語るのを聞くならば、トゥラシュマコスやカリクレスならずとも、ひとは皮肉の一つも言いたくなるか、あるいは、ひょっとすると、これこそまさに Socratic irony; eirôneiâ Sôkratous ではないのか、と訝かしく思いかねないであろう。だが、これらの言葉を発するソクラテスは、冗談や皮肉を弄ぶどころか、まったく真剣であり、このことは、彼の生き方と死に方そのものが証明している。ソクラテスにおける言行 logos kai ergon の一致が明らかになるとき、彼の一見何の変哲もない平明な言葉の一つひとつは、そうであるがゆえに、かえって不気味で謎めいた響きをもって迫ってくるように感じられる。いずれにしても、少なくとも、上に掲げた幾つかのソクラテスの言葉を、単に道学者風な言辞としてあっさり片付けるわけにはいかないであろう。

自明のことながら、「善き人」ho agathos とは、「善きこと」to agathon を為す人であり、「正しい人」ho dikaios とは、「正しいこと」to dikaion を為す人である。だが、プラトンにとって、「善い行為」to agathon ergon は、とりもなおさず「正しい行為」to dikaion ergon である。人間の行為の「善さ」to agathon は、その「正しさ」to dikaion と一致する。これが、プラトンが描くソクラテスの根本命題である。だが、これは自明であろうか。

「善」agathon とは、「もの」ないし「ことがら」に固有のはたらき（機能）dynamis が、つまりアレテー（徳、卓越性、器量）aretê が、充全に発揮されることであるとすれば(2)、人間の行為の「善さ」とは、人間の人間たる所以のもの（アレテー）が、充全に実現されることである、ということになろう。だが、人間の人間たる所以とは何か。端的に言えば、それは、プラトンが描くソクラテスにとって、「魂」psychê における「徳」（アレテー）の根拠としての広義の〈知〉sophiâ である。すなわち、そのソクラテスによれば、人間の「魂」における「徳」は〈知〉である。とすれば、さらに問われるべきは、そもそも、この人間を定義する、「魂」、「徳」、〈知〉とは何であるか、ということになろう。

古来、人間は自らを、「〈知〉をはたらかせるもの」homo sapiens と定義してきた。ギリシア悲劇の白眉とされるソフォクレスのオイディプース王 Oidipous tyrannos は、自らの〈知〉を恃む主人公が、自分が誰であるか、人間が何であるか、という問いを自己発見せしめられる物語である。自分が誰であるか、自分自身の人格的アイデンティティ、これを自覚しない主人公の名、オイディプース Oidipous には、皮肉なことに、oida dipous、すなわち「私は自分が二本足の人間であることを知っている」という意味が含まれている。この悲劇の主人公の台詞には、随所にいわゆる「悲劇的アイロニー」tragic irony; tragôidikê eirôneiā が見て取れるが、すでにその名前そのものに、それが潜められているわけである。自分が二本足（理性的存在）であることを知っている、と思いなしていた主人公オイディプース Oidipous は、やがて、自分が〈誰〉であるか、このことの発見を自ら意思することによって、自分が実は四本足（非理性的存在である獣）に象徴されるテュランノス tyrannos であったことを、そして、人間が〈何〉であるか、これを自ら発見せしめられる。[3] かれは自分の断固たる意思と行為によって自分の運命を成就するのである。

テーバイ王オイディプースは、王 basileus であるとともに僭主 tyrannos であり、国家の救済者であるとともにその破壊者であり、王殺しの犯人であるとともに親殺しの犯人であり、子であるとともに夫であり、親であるとともに兄弟である。まさにオイディプースの自己探求の行為を通じて、人間存在のいわば「関係の絶対性」が露出する。この時空あるいは縦横の関係の二重性と錯乱には、オイディプースが誰であるか、そしてこれはまた、人間が何であり、何であるべきか、という彼にとっての、そしてまた人間にとっての、根源的問題が示唆されているように思われる。人間は、homo sapiens であるとともに、homo demens である。というよりも、人間は、まさに homo demens であるが故に、homo sapiens でもありうる、と言った方が適切であろう。ある意味では、このことこそ、人間が人間であることの所以は倫理〈知〉にある、ということの所以であろう。

この問題と関連してプラトンは、周知のように、初期対話篇『プロタゴラス』[4] において、プロタゴラスをして極めて示唆に富んだおよそ次のようなミュートス（物語・神話）を語らしめている。

かつて、不死なる神々だけがいて、死すべきものがいなかった時代があった。やがて、定められた誕生の時がきた。神々は大地の中で生きとし生けるものを形づくった。あらゆる生物種が棲み分けることを配慮し、それぞれに環境に適応しうるような身体装備と能力を分け与える役を担ったのは、プロメテウス Promêtheus とエピメテウス Epimêtheus

の兄弟神であった。ところが、エピメテウスはうっかり屋で、分配すべき能力をすべて使い果たしてしまい、人類だけが無防備で無能力の「裸のサル」のまま残されてしまった。そこでプロメテウスは、竈《かまど》の神へーファイトス Hêphaitos から火を、知恵の神アテーナー Athênâ から技術〈知〉を盗み出し、人類に贈った。この〈知〉によって、人類は音声を分節化して色々な言葉をつくり、また衣食住の必要を充たすことができた、というわけである。

ところが、人類は最初ばらばらに居住していて、強力な獣などに生存を脅かされる劣弱な動物であり、これに対抗するために、国家（ポリス）をつくろうとしたが、そのための知恵をもたなかった。そのため、人々は互いに不正をはたらいて、再びばらばらとなって、滅亡に瀕した。これを憂慮したゼウス Zeus は、ヘルメース Hermês をつかわして、人類に「廉恥」aidôs と「正義」dikê という二つの「ポリス的徳」polîtikê aretê をもたらし、人々が友愛 philiâ の絆で結ばれ、国家の秩序が整うように計らった。ゼウスは、この二つの徳（アレテー）を「すべての人間に与えて、誰もが分けもつように」した。「そうしないと、もし他の技術 technê と同じように、かれらのうちの少数の者だけがそれを分けもつだけなら、国家は成立しえないだろうから」である。(5)

このいわゆる「プロタゴラスの物語 mythos」で示唆されている眼目は、次の諸点であろう。第一に、あらゆる生物種は、それぞれの生存に必要な固有の身体、能力、環境を備えているが、人間という種だけが、これらの点においていわば「欠陥動物」Mangelswesen であった。(6) 第二に、この欠如存在に、生存の必要を充たすための技術〈知〉（悟性ないし道具的理性）が、後から補完された。第三に、さらにその後、技術〈知〉に加えて、倫理〈知〉（実践的理性）ないし政治〈知〉（判断力ないし弁証法的理性）が備えられることになった。第四に、技術〈知〉＝専門〈知〉が少数者にしか与えられなかったのに対して、倫理〈知〉と政治〈知〉のほうは多数者（あるいは万人）に与えられた。

プラトンが、自分自身が真実には知らない知識の卸売業者にして民主制に与するプロタゴラスに、この物語（ミュートス）を語らせたのは、「徳 aretê は教えることができる」というプロタゴラスの主張の根拠を、かれに自ら説明させせるためであった。すなわち、上の第四の点、多数者（あるいは万人）に倫理〈知〉＝政治〈知〉が、少なくとも潜在的に、与えられているはずである、ということが「徳」の教育可能性の根拠として語られたわけである。与えられていない〈知〉を教育するわけにはいかないが、少なくとも潜在的に与えられた〈知〉は教育可能だというわけである。

この点はそのまま、民主制 dêmokratiâ を擁護するための論拠にもなりうるであろう。民主制においては、誰もが自由に eleutherôs 発言し、平等に homoiôs 国民総会 ekklêsiâ で意見を述べることができるし、またそうしなければならない。そこには発言権 pappêsiâ の自由と責任があるからである。このための〈知〉の教育を担うのが、まさにソフィストである。そして、技術〈知〉＝専門〈知〉の修得は困難であり、少数者にしか可能ではないとしても、倫理〈知〉＝政治〈知〉の修得のほうは、むしろ容易であり、教育次第で誰にも可能である、というわけである。

だがしかし、この論拠は説得力をもつであろうか。どちらの〈知〉の修得も容易ならざることであるにしても、強いて言えば、後者のほうが前者よりも、むしろより困難である、と言うべきではなかろうか。そもそも、「廉恥」あるいは「つつしみ」aidôs や「正義感」あるいは「いましめ」dikê が、少なくとも潜在的に、万人に与えられているとしても、これは教育次第で倫理〈知〉や政治〈知〉あるいは統治の〈知〉になりうるのであろうか。これについて、プラトンの描くソクラテスは、さしあたりここでは、何も断定的に語ってはいない。プラトン自身は、反駁的対話 elegchos に聴く耳を傾けようとする者に自問自答を促している、と言えよう。

いずれにしても、このいわゆる「プロタゴラスの物語」には、これを語るプロタゴラスの意図とは別に、上述したように、人間は homo demens であるがゆえに、このことを自覚し、自己探求の果てにのみ homo sapiens でありうるのではないか、またまさにそれゆえに、人間を人間たらしめる所以が倫理〈知〉にあるのではないか、倫理〈知〉とは、そもそも何なのか、技術〈知〉と倫理〈知〉＝政治〈知〉との間に区別がなされているように、倫理〈知〉と政治〈知〉との間にも区別がなされるべきではないのか、といった一連の問いかけが、示唆されているにように思われる。

人間が欠如存在 Mangelswesen である、ということには、この「プロタゴラスの物語」が示唆しているところから見ても、二重の意味が含まれている。第一に、それは「人間は、あらゆる点で獣たちよりも力の弱い存在だった」(7) ということ意味している。人間は風にそよぐ「一本の葦」であって、少なくとも裸の人間は、生存能力、環境への適応能力において相対的に劣弱である。第二に、それは、人間には「お互いどうしが滅ぼし合うことを避けるための手段」(8) が欠けていた、ということを意味している。人間以外の動物種においては、いわば同種内での不必要な殺戮への衝動を抑制するメカニズムといったものが、いわば遺伝子プログラムとしてセットされているとするならば、これに対して、人間という動物種には、このような内在的な衝動抑制メカニズムが、少なくとも欠損している、と言えようか。

だが、まさにこれらの能力の欠如は、人間という動物種が、閉鎖系ではなく、開放系に置かれていること、すなわち内発的な発展の可能性を与えられていることを意味しうる、とも言えよう。だからこそ、人間は「考える葦」でもありえるわけである。人間の直立二足歩行は、道具の使用を可能にする両手を解放するだけでなく、音声を分節化できる発声器官や思惟を可能にする大脳新皮質を成立せしめる条件でもある。こうした身体的器官の成立を前提にして、人間の技術〈知〉と倫理〈知〉ないし政治〈知〉は可能となる。技術〈知〉が第一の欠如を、倫理〈知〉と政治〈知〉が第二の欠如を補完することで、はじめて人間の生存そのものばかりでなく、人間として「善く生きる」こと to eû zên もまた可能となる。

だがしかし、上述の人間の身体器官は、技術〈知〉と倫理〈知〉や政治〈知〉の成立可能性の必要条件にすぎない。その十分条件は、人間の欲望もしくは衝動の自己抑制である。そして、これを可能にするのは、人間の関係行為においてはたらく何らかの力であり、そこにおいて形成される欲望の抑制・制御システム、要するに何らかの規範である。そしてまた、これを成立せしめるのは、端的に言って、教育と学習以外にはないであろう。もちろん、それはプラトンにとっては、ソフィストにおけるような既成の知識の外からの注入ではなく、人格的な自己陶冶でなければならないであろう。

人間は、人間であるところの存在ではなく、人間に成るところの存在である。人間に対しては、カントを捩って言えば、敢えて人間たれ！（aude homo fieri!; Wage Mensch werden!）と、あるいは、より正確に言うならば、人をして敢えて自らを人であるところのものたらしめよ！（Lass sich selbst den Menschen werden wagen, was und wer er selbst ist!）と言わねばなるまい。(9) デルフォイの神アポローンなら、巫女を通じてこのように述べるであろう。なぜならば、それ（人間「である」ところのものに生成すること）がまさに人間であるからである（dioti hode ho anthrôpos esti）と。

第三章　正義と支配 dikaiosynê kai archê

――「トゥラシュマコス篇」、『国家』篇 327a-367e

プラトンは生涯のうちに三十数篇の作品を残したとされているが、それらが成立した時期は、概ね初期、中期、後期に分けられている。初期のテクストは、否定反駁的ないし批判的、中期のそれは教説提示的、後期のそれは探究的として、それぞれ特徴づけられている。もっとも、テクストにおける叙述の仕方の傾向がそうであるとしても、プラトンの対話篇は、いずれも、すなわち中期のそれもまた、教説提示的なテクストとしてではなく、否定反駁的、批判的かつ探究的なテクストとして、読まれるべきであろう[1]。

とまれ、とりわけ初期の対話篇では、いずれのテクストにおいてもソクラテス的な倫理的モティーフが貫かれており、「勇気」andreiā、「節制」sôphrôsynê ないし「思慮」phronêsis、「敬虔」eusebeiā、「友愛」philiā といった、人間にとっての倫理的な「徳」aretê が何であるか、についての否定反駁的な問答 elegchos が展開されている。しかも、そのいずれのテクストにおいても、展開された反駁的な問答はアポリアー aporiā に陥り、双方の無知が開示（暴露）され、まさにこのことを通じて、「徳」aretê と〈知〉sophiā（ソフィアー）との緊密な関係が問題として析出される。

中期に成立したとされている『国家』篇、全一〇巻では、初期ないし中期の否定反駁的な対話篇において展開されたモティーフや主題が、独特な形で総括され、それらにおいて提起された問題に対して、一定の解決が試みられている。第一巻から第二巻にかけての「トゥラシュマコス篇」と呼ばれている導入部分では、ソクラテスと、富裕な盾製造業者、居留国外人 metoikos のケファロス、ポレマルコス親子やソフィストのトゥラシュマコスとの間で、「正義」to dikaion とは何か、をめぐって否定反駁的な対話が展開され、これを通じて、「正義」dikaiosynê と「幸福」eudaimoniâ の一致というテシスが提起される。第二巻以降では、相互に類比される「魂」psychê と「国家」polis とにおける諸機能の構成秩序としての「正義」という長大な教説が、ソクラテスによって展開され、このテシスの論証が試みられている。(2)

対話は、「老年」についての問いかけから始まる。生きているかぎり、誰もが経験することになる、身体の老化と「死」への接近は、いかなる心境なのか。すでに老境にあるケファロスに、ソクラテスは尋ねる。それは自分にとって必ずしも否定的なことではなく、「欲望」の支配からの解放という積極的なことである、とケファロスは答える。多くの老人とは異なり、あなたがそう言えるのは、あなたが富裕であるからなのか、とのソクラテスのさらなる問いに対して、ケファロスは答える。たしかに自分は富裕であったおかげで不本意に「不正」を犯すことなく生涯を過ごすことができたし、神に充分なお供えをして敬虔であることを示すことができて、「死」に近づいた今も安心立命の境地にいられるわけである、と。(3)

ここから、その「不正」を犯すとは何の謂いか、そもそも「正しい」行為とは何か、についての問答が始まる。ケファロス、ポレマルコス親子の見解は、それ自体としては決して間違ってはいない、ごくまっとうなもの、あるいは陳腐とさえ言えるものである。例えば、「借りたものを返すこと」、「嘘をつかないこと」、「相応しいひとに相応しいものを与えること」などである。いずれの場合も、等価、衡平、真偽、友敵、善悪などの判断には一定の基準があるが、これについて誰がいかにして判断するのか、そうであること eînai と、そうであると思われること eînai dokein を、つまり「知識」epistêmê と「臆見（思い込み）」doxâ とを、区別する必要があるのではないか、といった疑問はかれら、ケファロスとポレマルコスには思い浮かばない。

ケファロス、ポレマルコス親子が月並みな、あるいは一見するところ伝統主義的な正義観を披瀝するのに対して、ソクラテスがいかにも勿体振って反駁するのを、傍らで聴いていたトゥラシュマコスが、業を煮やしてソクラテスに襲いかかり、提示するのが、「正しいことは、より強い者の利益に他ならない」to dikaion ouk allo ti hê to toû kreittonos xympheron eînai というテシスである。(4) その強者とは誰なのか。強者とは、トゥラシュマコスによれば、弱者に害を加え、それによって自分の利を獲得し、そしてこの行為を、「正しいこと」として弱者に受け入れさせることのできる者、つまり支配者である。

支配階級は、それぞれ自分の利益に合わせて法律を制定する。……そういうふうに法律を制定したうえで、この自分たちの利益になることこそが被支配者たちにとって正しいことなのだと宣言し、これを踏み外した者を法律違反者、不正な犯罪者として懲罰する（338e）。

ここからソクラテスのトゥラシュマコスに対する反駁が始まる。反駁の出発点となるのは、「正しいことは、利益になることである」(5) と、「支配者に服従することは正しいことである」(6) というテシスである。これらのテシスに関しては、両者の意見は、一見するところ意外なことに、あっさり一致する。但し、両者がこれらのテシスで考えている内容は、まったく異なる。両者が、「支配者」archôn; archontes、「支配」archein、「利益」xympheron という言葉で念頭に置いている内容が、まったく異なるからである。

ソクラテスは、上の同意のもとに、トゥラシュマコスに問う。「支配者は、自己利益について思い違いをすることはないか？」(7) と。この問いに対して、トゥラシュマコスは次のように答えている。

それぞれの専門家 dêmiourgos は、その人がその呼び名の通りの者であるかぎり、決して誤ることはない。（…）なぜならば、誤りをおかす人というのは、その人が自分の知識に見放されているときにこそ誤りをおかすのであって、その瞬間においてその人は専門家であるとは言えないからだ。（…）一国の支配者たる者も支配者であるかぎりは、決して誤ることはないのだ（340e）。

この点には、ソクラテスにも異論はありえないであろう。だが、そもそも専門家あるいは職能人 dêmiourgos の「技術」technê とは何なのか、「技術」は何（誰）に利益をもたらすのか。その「技術」を持つものにか、それとも、その「技術」を受けるものにか。支配すること archein も一つの「技術」であるとすれば、支配術とは何か。これによって利益を得るのは誰か。これらのことについて、ソクラテスは、次のような意見を述べる。

それぞれの技術にとっては、技術としてできるだけ完全であること hoti malista telean eînai 以外に、何か利益があるだろうか（341d）。

技術が探求する利益とは、その技術がはたらきかける対象にとって利益になること以外にはない（342b）。

技術とは、それがはたらきかける対象を支配し、優越した力をもつものだ（342c）。

一般に、どのような種類の支配的地位にある者でも、いやしくも支配者であるかぎりは、決して自分のための利益を考えることも命じることもなく、支配される側のもの、自分の仕事がはたらきかける対象であるものの利益になる事柄こそ、考察し命令するのだ。そしてその言行のすべてにおいて、彼の目は、自分の仕事の対象である被支配者に向けられ、その対象にとって利益になること、適することのほうに、向けられているのだ」（342e）

ソクラテスのこうした意見に対して、トゥラシュマコスは次のように猛然と反駁する。

あんたは、羊飼いや牛飼いが羊や牛たちのほうの為をはかるものだなどと考え、かれらが羊や牛を肥らせ世話をすることの目標は、主人の利益や自分自身の利益とは別のところにあると思い込んでいる（343b）。

正義だとか正しいことだとかいうのは、自分よりも強い者・支配する者の利益であるから、それはほんとうは、他人にとって善いことなのであり、服従し奉仕する者にとっては、自分自身の損害にほかならないのだ。不正はちょうどその反対であって、まことのお人好しである正しい人々を支配する力をもつ。そして支配されるほうの者たちは、自分より強い者の利益になることを行い、そして奉仕することによって強い者を幸せにするのであるが、自分自身を幸せにすることは全然ないのである（343c）。

正しい人のほうが、きまって損をするのだ（…）。もっとも完全な不正こそは、不正をおかす当人をもっとも幸せにし、逆に不正を受ける者たち、不正をおかそうとしない者たちをもっとも惨めにする（343d, 344a）。人々が非難するのは、不正を人に加えることではなく、自分が不正を受けることがこわいからこそ、それを非難する（…）正しいことは強い者の利益になることにほかならず、これに反して不正なことこそは、自分自身の利益になり、得になるものである（344a）。

初期のプラトンは、多くの対話篇で、テクネー・アナロジー techné-analogy; craft-analogy を、彼の描くソクラテスをしてさまざまな形で展開させているが、ここでもそれが繰り返されている。医術、建築術、航海術、牧羊術その他、ありとあらゆる専門技術と同じく、支配（統治）術も、さしあたり一つの専門技術であり、専門〈知〉である。「技術」

technê はそれぞれに固有の機能を持ち、それぞれがはたらきかける dêmiourgein 固有の対象に、それぞれに固有の「利益」xympheron をもたらす。要するに、「技術」とは、それぞれのものやことがらに固有の広義の「徳」aretê を顕在化させる「はたらき」dynamis ということであろう。

したがって、ソクラテスによれば、羊飼いが本当の意味で羊飼いであるかぎりで、つまりそれが牧羊術という専門技術であるかぎり、彼は金儲けを目論む商売人とは異なり、羊を世話し、肥らせるのは、自分たちで楽しみ食らうためではなく、羊の最善 ariston を目指しているのである。つまり、いわば羊の「徳」aretê の実現を目指しているのだ。だから、医術であれ、牧羊術であれ、それで金儲けを目論む人は、それぞれの技術そのものによってではなく、報酬獲得術 misthôtikê とでも呼ぶべきものによって、それを行っているのであり、支配術についても同様のことが言えるはずである、というわけである。

> すべての支配は、それが（本当の）支配であるかぎり、政治的支配であろうと、個人的支配であろうと、ただもっぱら支配を受け世話を受ける者のためにこそ最善のことがらを考えるものだ（345de）。

> あらゆる技術は、それぞれがなしとげる自分だけの仕事をもち、自分が配置されている当の対象に利益を与えるものだ（346d）。

このように見てくると、トゥラシュマコスとソクラテスとでは、「支配術」he tês archês technê という言葉で考えられている意味が、まったく異なることが分かる。ソクラテスからすれば、トゥラシュマコスのいう支配術は、支配術という名の報酬獲得術に類することだとなり、トゥラシュマコスからすれば、建前の支配術が何であれ、現実の支配術とは、そもそもまさに報酬獲得術以外ではないのであって、ソクラテスはそこが分かっていないか、さもなくば偽善者である、ということになろう。

これと関連して、もう一つの両者の間にある差異は、「利益」xympheronという言葉で考えられている意味である。クシュンフェロン（利益）xympheronという言葉は、syn（ともに）-pherein（もたらす）という動詞の現在分詞の中性単数形から派生したのであろうから、文字通りには「何か（ここでは支配ないし支配術）に伴ってもたらされるもの」くらいの意味になろう。トゥラシュマコスは、かれにとっては当然ながら、これを金銭、名誉、権力、健康といった何らかの現世利益と考えている。これに対して、ソクラテスは、端的に言えば、それをそのものに固有の潜在的「善さ」agathon、つまり「徳」aretêの実現と考えている。

したがって、トゥラシュマコスにとっては、「正義」dikaiosynêが「臆見（評判）」doxâあるいはイデオロギーでしかない以上、これまた当然ながら、「不正」adikêを犯してであれ、何をしてであれ、これらの現世利益を獲得することこそが、人間の「幸福」eudaimoniâを意味する。これに対して、ソクラテスは、こうした現世利益そのものを全否定しているわけではないであろう。しかし、かれは「徳」の実現あるいは「魂の世話」he tês psychês epimeleiaこそが、人間にとって最善のこと、最優先すべきことであって、これがあってこそ、人間は「幸福」になりうるのであって、これなしには現世利益も何の意味ももちえない、況や、「不正」を犯して「幸福」になる、などということはありえない、と考えている。要するに、「大事なことは生きることではなく、善く生きることだ」(8)というわけである。

トゥラシュマコスは、カリクレスとは異なり、「力が正義である」（Macht ist Recht.）と言っているわけではない。(9)彼が「正義は強者の利益だ」と言うのは、「正義」という言葉が不正な「支配」を正当化するイデオロギーとなり、不正な者が支配者となって、被支配者を害し、利を収奪し、まさにその行為を「正義」として、被支配者たちに受け入れさせている、ということであろう。だが、ソクラテスとて、現実の政治的支配が、このようなものであることは百も承知であろう。

両者の決定的な違いの一つは、トゥラシュマコスが、「支配」というものは金輪際そのようなもの以外ではありえないと考え、これに対して、ソクラテスはそうは考えない、という点にある。もう一つの違いは、トゥラシュマコスが、現実には多くの場合、「不正な人」が「幸福」になり、「正義の人」が「不幸」になる、つまり正直者がばかをみる、と常識的に考え、これに対して、ソクラテスは、見かけはどうであれ、そんなことはあるべきではない、というよりもむしろ、究極的にはありえないことであるし、それどころか、「不正」を為すことそれ自体が「不幸」である、とさえ考えている点にある。

　ところで、現実のいかなる政治的「支配」にも、端的に言って、どの局面の比重が大きいかはともかく、いつもすでに三つの局面が絡まり合っているように思われる。その一つが、トゥラシュマコスが着目している「階級支配」の局面である。「階級支配」という言葉が時代錯誤のように響くなら、「社会的欲求充足チャンスの、正統化されざる構造的不均衡配分」と言っても、同じことである。これは、時処の違いに応じてさまざまな形式をとりうるが、少なくとも現在にいたるまで、政治的「支配」の存在するところ、いずこにおいても存在している。この意味では、トゥラシュマコスの主張は間違っていない。かれが間違っているのは、「支配」をこの「階級支配」の局面に還元してしまっている点にある。

　もう一つは、社会学的に言えば、政治的な「システム統合」機能という局面である。これは、とにかく政治権力と統治 archê を欠く状態 anarchiâ を回避して、国家共同体の構成メンバーたちの生存をまっとうせしめる機能である。すなわち、対外防衛と対内治安を前提に、社会的労働の総体とその成果を適正に配分する機能である。これは、多数の乗組員を統御する操船技術 kybernân に喩えられる。この機能の局面は、仮に将来「階級支配」が消滅するようなことがあるにしても、人間が何らかの共同体を形成しながら生活するかぎり、その統合と存続に不可欠なこととして、残るはずである。

　第三の局面は、ソクラテスが着目する、人間の「徳」の実現ということである。支配技術が、被支配者に「利益」をもたらす、とソクラテスが述べるのは、この意味においてである。すなわち、それは、「徳」の意味を広くとれば、被支配者の生存のみならず、「善く生きる」ことを可能にする、ということであろう。この意味でまた、ソクラテスは、被支配者が支配者に服従することは「正しい」、と言っていたわけである。これに対して、トゥラシュマコスは、その「正しい」は「階級支配」を正統化するイデオロギーに過ぎない、と言っていたわけである。

だが、ソクラテスの主張は、単なる建前あるいは理想論に過ぎないのであろうか。ある意味では、現実政治が第一と第二の局面で展開されている以上、その通りであろう。けれども、その現実政治を動かしているのは基本的には人間の利害や欲望の確執であるにしても、人間は人間である以上、生存のみならず、「生きる意味」もしくは「アイデンティティ」の問題を回避しえない。現実政治において、潜在的であれ、これが問題になるかぎり、人間の倫理的「徳」の実現というソクラテスの主張は、単なる建前や理想論ではない、とも言えよう。

プラトンの描くソクラテスは、一方で、自分は生涯を通じて、「政治」というものに積極的に係わろうとはしなかった、と言いながら[10]、他方で、あのペリクレスでさえアテーナイ人を真実に「善き者」ho agathos にできなかった、つまりアテーナイ人の「徳」の実現を真実には果たせなかった、単なる政治屋であって、もし本来の政治家 ho polítikos というものがいるとすれば、それは私であろう、という趣旨のことを語っている[11]。それは、ソクラテスが、「政治的なるもの」をこの第三の局面で考えたからであろう。このソクラテスは、第一と第二の局面を無視するような意味での空想家ではなく、これらの局面に対する第三の局面の優位を主張したにすぎない。しかし、彼は第二と第三の局面の二者択一に迫られるならば、断固として後者を選択するような意味での理想家であった、とは言えるであろう。

第四章　ギュゲスの指輪と社会契約――exousiâ と pleonexiâ

『国家』篇の主人公ソクラテスが展開する教説によれば、「正義」dikaiosynê とは、「魂」psychê を構成する三機能、「理性」logistikon、「気概」thymoeides、「欲望」epithymêtikon のそれぞれが、それぞれ固有の機能 dynamis を果たすことであり、このことは、「理性」による「気概」を通じての「欲望」支配が確立することによって可能となる。換言すれば、「正義」という「徳」aretê とは、「知恵」sophiâ という「徳」の支配の実現によって、「勇気」andreiâ と「節制」sôphrosynê という、それぞれの「徳」の実現を可能にする「魂」の機能である。[1]

だが、逆に、「勇気」と「節制」を欠く「知恵」などというものはありえない。とすれば、ある意味で、「節制」と「知恵」とは、「勇気」を介して相互限定関係にある、と言えよう。この場合、「知恵」とは、単なる悟性〈知〉を越える真実〈知〉、すなわち認識と存在とを可能ならしめるメタ根拠としての、かの「善のイデア」を知る、あるいは知ろうとするはたらき episthanai である。[2] かくて、この教説の核となるのは、その諸機能の構成秩序としての「正義」という「徳」を実現する「魂」の教育（陶冶）である。

「正しい」dikaion という語は、倫理的な意味では、形容詞ないし副詞として人間とその行為とに付せられる。すなわち、それは人間として在るべきこと、人間として為すべきことを表現する。これらはいずれも人間の他者関係性に係わっている。従って、この「正しい」という語の内容は、一般的には、何らかのかたちで公平、均衡、等価（配分と交換）などに係わっている。

プラトンの描くソクラテスは、「正義」を「自らのことを為すこと」to ta heaoutoû prattein と表している。[3]「我が事を為す」こと。自分のことを為して、他者のことを為さないこと。まさにこのことによって、他者と関係していること。すなわち、プラトンの「正義」概念では、他者関係性における均衡秩序と、「魂」の均衡秩序、つまり強意の人間の「徳」の実現とが、緊密に結び付けられている。

その都度の具体的な特殊状況において、何が正しいか、を判断するのは人間の〈知〉である。しかし、〈知〉の判断には基準が必要である。だが、この基準を判断するのは、再び何らかの反省〈知〉である。この反省〈知〉が如何に作動するかは、プラトンによれば、人間の「魂」のあり方、その諸機能の連関如何にかかっている。これはまた、他者関係性のあり方と、個と全体との、個別の「魂」（プシューケー）と「国家」（ポリス）との関係性のあり方とによって限定される。

プラトンが描き出しているソクラテスは、その『国家』第二巻一七章以降で、小文字の「国家」polis としての「魂」における人格的正義の実現を、つまり「魂」の構成秩序の実現を、説明するために、その支配者の「魂」における人格的正義の実現を通じてまさにその政治的正義の実現が可能となるような、大文字の「魂」psychê ポリスについて、すなわち「最優秀者支配」（文字通りの aristokratiâ の確立したポリス形式 politeiâ）について、長大な議論を展開している。

この議論に先だって、第二巻一〇章から一六章二において、まず、いわば即自的に「正義」を実現し、必要と均衡によって特徴づけられている「第一ポリス・モデル」（「健康なポリス」ないし「豚のポリス」）、次に不必要と不均衡によって特徴づけられる「第二ポリス・モデル」、つまり「不正なポリス」のモデル（「病気のポリス」あるいは「贅沢なポリス」）が提示される。「最優秀者支配」は、この「第二ポリス・モデル」、「不正なポリス」を浄化する「第三ポリス・モデル」として、構想されている。[4]

ここで提示されている三つのポリス・モデルは、どれもいわば「理念型」Idealtypus である、と言えよう。しかし、「正義」が実現している第一と第三のポリス・モデルについては、必ずしも過去や現在の実際のポリスを抽象化・純粋化して得られたわけではないから、どちらも、ある種のユートピアである、とも言えようが、強いて言えば、これらについてはむしろ、モデルのモデル、つまり「メタ・モデル」である、と言った方がより適切であろう。

いずれにせよ、身体に類比されて、「熱で膨れ上がった」、「病気の」と形容されている「第二ポリス・モデル」、すなわち「不正なポリス」は、第一と第三の「正義のポリス・モデル」に対比され、過去にせよ現在にせよ、実際のポリスの、現実の国家共同体一般の、さまざまな病理学 Pathologie を映し出している。ここでは、人間の「欲望」が必要の限度を無際限に越えてゆき、そのため対内的にも対外的にも対立と紛争が必然化する。かくて、病気の身体が医者を必要とするように、この「不正なポリス」においては利害対立を調停する裁定者が必要となる。

プラトンの描くソクラテスは、この「第二ポリス・モデル」を、一方（第二巻）では、「第一ポリス・モデル」、「健康なポリス」、「豚のポリス」からの逸脱形式として、他方（第八巻、第九巻）では、「第三ポリス・モデル」、「浄化されたポリス」からの堕落形式として、すなわち「不正なポリス」の諸形式（名誉制、寡頭制、民主制、僭主制）として、呈示している。[5]

だが、プラトンが、この「第二ポリス・モデル」を、過去や現在の事実としてのポリスだけでなく、とりわけかれが生きた同時代のアテーナイ民主制を念頭におきながら、描き出していることについては、疑いの余地がない。トゥラシュマコスが披瀝し、ソクラテスの若い友人（同行者）synôn; synontes であったグラウコン、アデイマントス兄弟が見事に定式化している件《くだん》の人間観や正義観は、「第二ポリス・モデル」を特徴づけるものであり、また明らかに同時代のアテーナイの情況を反映しているからである。[6]

プラトンの次兄、グラウコンは、トゥラシュマコスが謂わんとしたことを、かの「ギュゲスの指輪」の物語といわばある種の原型的な社会契約論とによって的確に表現している。リュディア人ギュゲスが手にいれた指輪は、彼を「透明人間」にすることを可能にした、という物語は一つの思考実験である。自分からはすべての他者の姿が見え、すべての他者からは自分の姿が見えない、という不可逆的な関係が可能になったならば、すなわち、「何をしても許される自由」

エクスウーシアー exousiâ を与えられたならば、自分が何を為そうとするかを想像してみよ、というわけである。他者の視線に晒されずに、一切を対象化（物化）vergegenständlichen; versachlichen して視ようとする、無際限の欲望、より多くを持とうとする（プレオネクシアー、pleonexiâ; mehr haben wollen）の主体というのは、必要な変更を加えれば、ホッブズ的な自然状態における原子論的・自己中心的な個人、[7] あるいはヘーゲル的に言えば、「抽象的否定態」die von allem abstrahierende Negativität としての自己意識（個人）ということになろう。[8]

互いに対象化（物化）し合う諸個人が相手の眼の中に視るのは、対象化（物化）された己の姿であろう。「死」の恐怖の覚醒から、「道具的理性」[9] が成立する。これによって、自己保存を全うするための妥協 compromise が図られる。この妥協とは、「自分にされたくないことであれば、他人にもするな」quod tibi fieri non vis, alteri ne feceris! という、まさしく件の黄金律（「自分が他者に為して欲しいことを、他者に為せ」）[10] をひっくり返したような条件付き命令を、相手も受け入れる、という保障があるかぎり、拒否権を留保して条件付で受け入れる、ということである。

グラウコンは、おそらく当時ギリシア世界で流布していたソフィスト的な社会契約論を、次のように的を外さずに定式化している。

自然本来のあり方から言えば、人に不正を加えることは善（利）、自分が不正を受けることは悪（害）であるが、ただどちらかと言えば、自分が不正を受けることによって被る悪（害）のほうが、人に不正を加えることによって得る善（利）よりも大きい。そこで、人間たちがお互いに不正を加えたり受けたりし合って、その両方を経験してみると、一方を避け他方を得るだけの力のない連中は、不正を加えることも受けることもないように互いに契約を結んでおくのが、得策であると考えるようになる。このことからして、人々は法律を制定し、お互いの間の契約を結ぶということを始めた。そして法の命ずることがらを合法的であり、正しいことであると呼ぶようになった。

これがすなわち、正義なるものの起源であり、その本性である。つまり正義とは、不正をはたらきながら罰を受けないという最善のことと、不正な仕打ちを受けながら仕返しをする能力がないという最悪のこととの、中間的な妥協なのである。これら両者の中間にある正しいことが歓迎されるのは、けっして積極的な善としてではなく、不正をはたらくだけの力がないから尊重されるというだけのことである（358e）。

たしかに、ここでは、利己主義の確執が、道具的・形式的な理性の成立を通じて、妥協すなわち排他的な結合を遂げる、という事態が的確に捉えられている。しかし、仔細に見るならば、ここにはいわば捩れた「自然主義的誤謬」naturalistic fallacyが見られる。一方で、善悪とは利害のことだとされ、利害のために加害を抑制することが正義だとされて、ある種の唯名論的な自然主義が示されながら、他方で、加害は不正である、ということが前提にされているからである。ここには、伝統的な規範秩序が揺らぎ、言語の内実が希薄化して、善悪、正邪といった言辞そのものが、自然主義的に唯名化・道具化していながら、規範秩序そのものが完璧に崩壊しきってしまったわけではないことが、示されている。いずれにしても、ここではすでに、法が道徳から乖離している（法規範 Recht あるいは習俗規範 nomos; Sitte が法律 lex; Gesetz と道徳性 Moralität に分裂している）。まさにこの乖離によって、人間を定義する「倫理的なもの」（人間の「徳」）そのものが不確かなものとなり、倫理的に「正しいこと」ti dikaion estin と「正しいと思われること」ti dikaion eînai dokei とが無差別となる。

グラウコンの議論を受けて、プラトンの長兄、アデイマントスは、さらにトゥラシュマコスの主張の背後にあることがらを剔抉している。現実に（あるいは「第二ポリス・モデル」において）人々からも神々からも賞賛を受けているのは、正しい人であるよりも、むしろ正しいと思われている人である。不正な人であっても、財力と権力があれば尊敬を受け、正しい人でも、これらを欠けば、軽蔑される。不正によって獲得された財力や権力であっても、まさにこれらによって、正しい人であると思われること to ho dikaios eînai dokeîn、つまり正しい人であるという評判 doxâ を得ることができれば、この評判によってまた財力や権力が獲得できるからである。「正しい人間であっても、人にそう思われるのでなければ、一文の得にもならず、苦労と明らかな損害があるばかり」であり、「これに反して、不正な人間でありながら正義の評判を確保してしまえば、至福の生活が得られる」[11]というわけである。

見かけ to dokein は真実 alêtheiâ に打ち勝つ以上、そしてこの見かけこそ幸福 eudaimoniâ の決め手となる以上、その方へと全力をふり向けなければならない。表向きの外見としては、徳に見せかけた影絵を身のまわりにまとい、背後にはしかし、世にも賢いアルキロコスが語った抜け目のない狐を、引っ張って行かなければならない（365c）。

法と道徳との乖離が一般化していく中で、思惑・評判 doxâ に惑わされる人々の眼はともかくとして、道徳の根拠である神々、正義そのものをそれとして見極める神々、こうした神々の眼を逃れることはできるのか。だが、仮にこれをのがれることが不可能であるとしても、「神々でさえも、善き人々に不運と不幸な生活を、悪しき人々にその反対の運命を与えることがしばしばある」[12]のは、どうしてなのか。この問いに対しては、さまざまな「神義論」Theodizee が展開されうるであろう。しかし、こうした議論がすべて、虚妄なるイデオロギーにしか思えないとすれば、どうであろうか。ここまで問いつめていくならば、次の問いかけは避けがたいものとなろう。

もし神々が存在しなければ、あるいは、存在しても人間のことはまったく無関心であるならば、そもそもどうしてわれわれは、その眼を逃れることに気をつかわなければならないのか（365de）。

現実の国家社会における倫理的不条理を、そして此の世における正邪と禍福との不一致を、目の当たりにし、この不合理が改変不能であることを、思い知らされたとき、人はいかなる態度をとることになるであろうか。神も仏も存在しない以上、あるいは、神や仏が存在するとしても、それらが存在する意味を認めがたい以上、（ドストエフスキイがその未完の長編小説の中で造形した人物）イワン・カラマーゾフのように、[13]「何をしても、すべてが許される」と思いなし、またカリクレスのように、[14]「力が正義である」というニヒリズムに徹して生きようとするのであろうか。それとも逆に、かの（ニーチェが暴露した）「ルサンチマン」[15]から、此岸の弱者・劣者こそを彼岸で救済するとされる超越的な絶対神を、虚構することになるのであろうか。プラトンの描き出すソクラテスが示唆する道は、それが何であれ、少なくとも、このいずれでもないであろう。

第五章　人になれ！

(1) 第三ポリス・モデルとパイデイアー paideiâ

プラトンの描くソクラテスは、第二巻一七章以降で、「第二ポリス・モデル」、「不正のポリス」を浄化する「第三ポリス・モデル」、最優秀者支配 aristokratiâ に関して、その基軸となる「守護者」phylax に係わる教育 paideiâ とその制度とを詳述している(1)。

第一に語られるのは初期教育についてである。幼少年期、模倣 mimêsis 段階においては、音楽や体育を通じて、受動的な感性と感情 pathos の涵養が図られる。ここで教育する者が心を砕くべきことは、教育されるべき子どもたち paides が模倣すべき模範 paradeigma が、「よりすぐれたもの」、「より善きもの」ameinon; beltion か否か、である。

この過程において、「より善きもの」が何であるか、ことがらに、そして自他に、より相応しいことが何であるか、を自ら見極めうる「徳」、すなわち「節度」sôphrosynê、あるいは善き習慣 hexis; êthos が陶冶される。もちろん、この見極めは不可謬の判断ではなく、いわゆる「正しい思いなし」doxâ orthê にすぎない。しかし、この「正しい思いなし」を得ることではじめて、人は人として自立（欲望の自己制御）の道を歩み出す。

身体とその感性において涵養された、この「節度」を基礎として、恐れるべきこととそうでないことを見極めうる

「徳」、すなわち「勇気」andreiāが陶冶される。こうした制度と「勇気」という倫理〈知〉の自己陶冶を前提として、技術〈知〉や悟性〈知〉dianoia、さらにこの悟性〈知〉の批判的反省〈知〉としての弁証法dialektikê technêの修得が図られる。(2)

「第三ポリス・モデル」、「浄化されたポリス」の基礎にあるのは、いわば徹底した文字通りの能力主義と機能主義の原則と、「各人に各人のものを」suum quiqueという原則である。ここでは、「魂」psychêに類比されて、一つの全体としての「国家」polisが、三つの構成部分、生産者、守護者、哲学者に機能分割される。哲学者が、すなわち、その「魂」において「知恵」が「勇気」を介して「欲望」を抑制しうる者が、守護者を介して生産者を統治hêgesthai; kybernânすることで、三者それぞれに固有の機能（徳）が充全に果たされ、その結果、全体の機能、すなわちポリス的「正義」という「徳」が実現される。(3)

「浄化されたポリス」は、上述したように、「理念型」ではなく、いわば「メタ・モデル」である。この統治秩序は、伝統主義的あるいは保守主義的な身分秩序でもなければ、自然発生的な社会的分業から成立する階級秩序でもない。この「浄化されたポリス」において、その構成メンバーをして、社会的機能の一つとしての支配・統治の担い手であり、文字通りの公僕である守護者や哲学者たらしめるのは、血統、家柄でも、財産でもなく、もっぱら資質、能力、教育である。この支配者・統治者は、少なくとも直接的には生産労働に携わらないという意味でも、私有財産を持たないという意味でも、無産者である。逆に、被治者としての生産者は、生産し、生産の成果を私有するという二重の意味で、有産者である。要するに、ここでは、無産者が有産者を支配・統治する。

「浄化されたポリス」における支配者・統治者・教育者としての「哲学者」philosophosは、このポリスにおける生涯教育プログラムの成果であると同時に、このポリスの形成と統治との出発点archêでもある。彼は倫理〈知〉のメタ根拠としての、そして認識と存在のメタ根拠としての、「善のイデア」(4)を、すでに洞察している。この「哲学者」は、単なるカリスマ的な指導者でも、況や自称・他称のいわゆる哲学者でもなく、また上述したような、真実〈知〉からの隔絶を自覚するゆえに、つまりいわゆる「無知の知」ゆえに、限りなく真実〈知〉を探究する者という意味での、ピュテイオス・アポローンの使徒としての「哲学者」でもない。そうではなく、この「哲学者」概念は、この「第三ポリス・モデル」と同じく、いわばメタ概念である。

その「魂」において理性支配（人格的正義）が完璧に確立している「哲学者」philosophos が支配する哲人王制 basileiâ ないし最優秀者支配制 aristokratiâ が、つまり「浄化されたポリス」が、ポリス的正義の極限形式であるとすれば、その「魂」において欲望支配（人格的不正）が完璧に確立する「僭主」tyrannos が支配する僭主制 tyrannis は、ポリス的不正の極限形式である。

ところで、ここでのポリス的不正の極限形式としての「僭主制」は、「第二ポリス・モデル」、つまり欲望が必要の限度を無際限に越えていく「病気のポリス」の極限形式に他ならず、同じく人格的不正の極限形式である「僭主」は、「ギュゲスの指輪」をはめて、自らを省みることなく一切を対象化（物化）する無際限の欲望の主体、トゥラシュマコスの謂う強者・支配者の極限形式である。ここでは、「何でも思い通りにする自由ないし放埒」（エクスウーシアー exousiâ）と〈必要の限度を越える無際限の欲望〉（プレオネクシアー pleonexiâ）も極限に達する。

「正義」は、「魂」にあっても「国家」にあっても、その構成秩序における理性支配の確立によって、倫理的諸「徳」を実現することであり、諸「徳」の実現は、「善」の実現に他ならず、「善」の実現こそが「幸福」に他ならないとすれば、かの「正義」と「幸福」とが一致する、という推論が成り立つわけである。(5)

(2) 主人と奴隷の弁証法

僭主支配は、トゥラシュマコスの謂う強者の支配であり、物理的力 kratos ないし暴力 biâ による他者支配 kratein、つまり奴隷支配 douleiâ である。周知のように、ヘーゲルは、その『精神現象学』の中で、まさにこうした支配関係を、主人と奴隷の弁証法 Dialektik von Herr und Knecht として叙述している。議論の出発点は、ヘーゲルの用語で言えば、「自己意識」Selbstbewusstsein の「即自態」An-Sich-Sein としての抽象的な欲望 Begierde の諸主体間で繰り広げられる、その「承認」Anerkennung をめぐる生死を賭けた闘争 Kampf auf Leben und Tod である。(6)

この欲望の主体は、プラトンの叙述に即して言えば、その「魂」において「欲望」が支配力 kratos; biā をもって「気概」と「理性」とを支配 kratein している自己完結的・排他的・自己中心的な個人である。生死を賭けた闘争は、この自余の一切を対象化（物化）して、欲求充足の手段にしようとする個人に、「死」の恐怖を覚醒させる契機を与える。

「死」を自覚した個人は、まさにそのことによって、欲望（内的自然）を自ら抑圧 kratein し、この抑圧つまり禁欲 askesis を通じて顕在化する「悟性（道具的理性）」によって、即自的に自立的 an sich eigenständlich な外的自然に対して、自らの形相を付与 formieren し、これによって自己の自立性 Eigenständlichkeit を自覚（対自化）していく。さらに、自己の「死」を自覚し、なおかつ「生（存）」を求めるこの個人は、自ら労働 Arbeiten に赴き、労働 Arbeit の成果（形相化された非自立的な外的自然）を闘争相手に供出することで、主奴の支配関係を受け入れる。

他方、主人となった欲望の主体は、労働（内的自然の抑圧）とこれによる「悟性（道具的理性）」の顕在化なしに、もっぱら外的自然の非自立性にのみ係わって、それを享受するかぎりでは、いわばますます欲望の奴隷になっていく。欲望の奴隷のままに留まる主人は、奴隷労働に依存することによって、早晩、まさに盲目的欲望からの一定の自立を遂げた奴隷の奴隷となって、主奴関係は逆転する。いずれにしても、この主奴関係においては、相互承認は成立しない。ここには、諸項の関係においても、項の内部においても、対象化（物化）と抑圧しかないからである。

ヘーゲル『精神現象学』におけるいわゆる「主人と奴隷の弁証法」についての叙述における核心を成す事態は、諸項（主人、奴隷、内外の自然）の間の関係のあり方と、諸項そのものの内部のその構成諸機能の間での関係のあり方との、相互限定関係ということであろう。換言すれば、その眼目は、社会を成す人間諸個人（社会）の内外の自然に対する関係、要するに社会的総労働における、一方での、個人と個人（あるいは社会層と社会層）との間の関係、他方での、個人の内部（プラトンにおける「魂」）におけるその構成諸機能（「理性」・「気概」・「欲望」）の関係、これら両局面における諸関係の間の相互限定関係を、要するに、いわば構造的な関係そのものの限定関係を、的確に捉えることであろう。

『精神現象学』における「自己意識」の成立過程、すなわち即自的な「自己意識」が対自化する過程は、「私」が「私」であることは、他者（他在）との限定関係においてであることを、つまり「私」の被媒介性 Vermitteltheit を、「私」自身が自覚していく過程である。この過程は、「自己意識」の個体発生 Ontogenese と系統発生 Phylogenese という二つの次元を含意している。ヘーゲルは、この過程を、人間（人類）が、自己の活動 Tätigkeit; Selbstbestätigung を通じて、すなわち、自己労働と自己疎外 Selbstentfremdung とを伴う自己の理性の顕現化を通じて、自己陶冶 Selbstherausbildung を遂げていく過程として捉えているが、この発想は基本的に、ヘーゲル左派の人々や青年マルクスによって継承された（ヘーゲル弁証法の硬直性を批判したかれらにおいては、そのダイナミクスは、むしろヘーゲルよりも狭められてしまったとしても）、と言えるであろう。

だが、ヘーゲルは、世界史過程における、「労働」や「疎外」のみならず、無数の偶然性や不条理性をもまた、いわゆる大文字の「理性」の自己実現過程の必然的な契機（「手段」）として捉え、この点に「理性の狡智」List der Vernunft を見ることで、諦念に彩られたある種の「神義論」Theodizee を表明している。[7] これに対して、マルクスは、「人間と自然との間の（社会的・歴史的）物質代謝」過程における社会的労働の総体における構造転換の継起として、従来の人類史（文明史）を捉え、そこに内在する構造的な（自然と人間の）「疎外」（物化）と「搾取」Ausbeutung を廃棄することを、そして、諸個人の緒活動の諸関係の総体でありながら、いわば「運命」Schicksal として現れる「第二の自然」[8] としての、社会的分業 gesellschaftliche Teilung der gesamten Arbeit の盲目的な運動を自ら合理的に制御することを、すなわち人類が自己解放 Selbstemanzipation を遂げることを、人類の課題とした。

（3）「合理化」と「啓蒙の弁証法」

人間は自然の一部であるが、その自然は、人間にとって自らの生活の基盤であるだけでなく、自らの生存を脅かす不確定性の総体でもある。人間は、自己再生産（生存）の危機意識から、自己の内外の自然を制御（支配）する必要に迫られる。内的自然（欲望）の制御は、外的自然の制御の必要条件である。人間と自然との、そして人間と人間との社会的関係から成立する、緊張と規範は、内的自然（欲望）の制御の前提である。人間は、この緊張と規範の内（面）化internalizationによって、自己制御を果たし、これを通じて、外的自然の制御を可能にする。要するに、人間は、「第二の自然」としての社会を形成することを通じて、「第一の自然」を制御（支配）する。

人間が自らの生活（生存）を可能にするためには、内外の自然の制御（支配）が不可欠であるが、この必然性は、必要な変更を加えれば、後期ウェーバーの謂う「世界の普遍的な合理化（脱呪術化）」allgemaine Rationalisierung（Entzauberung）der Weltのそれである、と言えるであろう。人間は、世界（内外の自然）の「合理化」を通じて、その盲目性、非合理性、偶然性、不確定性の脅威から部分的に脱却し、これによって、自己の生存、つまりüberlebenを確保するだけでなく、ひいては自己の「アイデンティティ」（生活の自由と意味）、つまりgut lebenを確立する。(9)

だが、「世界の合理化（脱呪術化）」過程は、人間を運命として現れる盲目的自然から解放するが、まさにこの解放過程それ自体が、非合理性、盲目性という性格のみならず、不可逆性、必然性というそれをも帯びることによって、運命として現れる。人間は、この過程において、自己の内的自然（欲望）に対する盲目的抑圧（支配）と、これを制約する社会的抑圧（人間の他者支配・階級支配）とを必然化することによって、自由と意味とを、獲得すると同時に喪失するからである。マックス・ウェーバーによれば、この「合理化」過程の果てに現出する「末人たち」die letzten Menschenは、すなわち、「精神を欠く専門人」Fachmensch ohne Geistと「信条を欠く享楽人」Genussmensch ohne

Gesinnungは、盲目的運命と化した資本制経済システムの運動と「鋼鉄の檻」と化した官僚制的管理社会の只中でおいて、「自らを完璧な虚無と化しながら、かつて到達したことのない人間へと昇りつめたと思い上がっている」[10]。

この主題は、ホルクハイマーとアドルノの共著『啓蒙の弁証法』において、「神話と啓蒙の弁証法」あるいは「主体性の原史」Urgeschichte der Subjektivitätとして、独特なかたちでパラフレーズされている[11]。ここでは、「啓蒙」Aufklärungとは、主客未分の（ミメーシス的な関係の）世界に沈み込んでいた人間（人類）が、系統発生的にも個体発生的にも、「論証的ロゴス」diskursive Logik（自然からの人間の自己疎外としての主体客体関係）の形成（啓蒙によって解体される神話そのものは、すでに啓蒙であったが）を通じて、神話的運命からの自己解放と理性的自律を遂げていく過程のことである。そして、人間が、自己支配（人間の社会的支配と理性）を通じて、自然による人間支配（神話的運命）から自己を脱出せしめ、「主体性」を確立していく過程、つまり、この「啓蒙」過程そのものが、もとの自然による人間支配（神話的運命）に逆転すること、つまり「啓蒙は神話に逆転する。」、これが「啓蒙の弁証法」の謂である。

（4）小括──『オデュッセイアー』Odysseiâのアレゴリー解釈

ここでは、西欧世界における古典の中の古典であるホメロスの『オデュッセイアー』が「主体性の原史」Urgeschichte der Subjektivität、すなわち「神話的世界から合理的近代への私（主体）の脱出」過程という意味での「啓蒙」のアレゴリー（寓喩）として解釈されている[12]。周知のように、この物語は、トロイアー陥落後、部下たちを率いたオデュッセウスが、数多《あまた》の艱難辛苦を乗り越えた末に、小アジアからギリシア本国への帰郷を果した航海を歌い上げている。セイレーンの歌声が反響する海峡からのオデュッセウスの船の脱出行は、アレゴリー解釈されたこの冒険譚の挿話の一駒である。

甘く美しく響き渡るセイレーンたちの歌声が誘い暗示する主客未分の審美的世界は、理性的「自律」Autonomieを志向する人間が、まさにそこからもがき苦しみながら抜け出してきた、冥（蒙）く生温かい母胎のような世界であり、また困苦する者には楽園のように想い描かれる世界である。「主体性」を形成しつつある人間は、この甘い誘惑に負けて、この世界に逆行してしまえば自壊する他ないわけである。セイレーンの歌声の魅力とその危険とを見極めたオデュッセウスは、キルケーの助言に従い、自分を帆柱に縛り付けさせ、水夫たちの両耳には蝋をつめて、船を懸命に力漕させ、海峡を脱出する。

自然が人間を支配するのか。それとも、人間が自然を支配するのか。互いにそれぞれの狡智を凝らした、支配をめぐる両者の鎬を削る凌ぎ合いの緊張が、この場面の中に読み解かれる。人間は、自然を支配するために、二重の自己支配を果たす。一つは、人間による人間の支配、つまり人間の社会的支配であり、もう一つは、これを通じての人間の内的自然における理性による欲望の支配である。

自然におけるこれら三つの支配関係のあり方は、それぞれ相互に限定し合っていると言えようが、オデュッセウスの航行におけるかれとその水夫たちの支配関係モデルと上述のヘーゲルにおける主人・奴隷・自然の三極間における支配関係モデルとは、明らかに内容が異なっている。オデュッセウスは、直接的労働を水夫たちに強い、主客未分の世界から距離を取って、理論〈知〉ないし技術〈知〉theôrîāを得ることによって、一方でセイレーンの歌声の美しさを享受しながら、他方でその危険な誘惑から自己をもぎ離すことができる。ヘーゲルの件《くだん》の主人Herrとは異なり、オデュッセウスはこの支配関係において、自ら理性的な「自律性」を達成する。

欲望を理性的に自己支配できない水夫たちは、オデュッセウスから労働と欲望制御を強いられることによってはじめて、結果的に自己保存を全うし、一定の自律性をも達成できる。自然と人間との間の緊張関係に、オデュッセウスが直接的に対峙しているのに対して、水夫たちは、かれとの支配・服従関係を介して、それに間接的に向き合っているわけである。したがって、オデュッセウスと水夫たちの関係は、「自律性」に関しては、ヘーゲルの件の「主人と奴隷の弁証法」の関係とは逆である。オデュッセウスの支配は、この意味で、自己利益のためのみならず、水夫たち自身の利益のためでもあるから、水夫たちが、そのことを見極め、かれに一定の信頼を寄せて、その支配関係を自発的に受け入れているかぎり、水夫たちの服従は、暴力による隷従というよりも、権威による信従である。

しかし、そもそも何故に、人間による人間の支配を介しての、人間による自然の支配は、再び自然による人間の支配に帰してしまうのであろうか。「啓蒙の弁証法」の因って来る所以は、端的に言えば、自然と人間、人間と人間の関係のあり方、換言すれば、労働と支配のあり方そのものに係わっている。なるほど、労働と支配とは、人間にとって必然的であり、これらは、それ自体としては廃棄し得ないであろう。しかし、それらのあり方は、必然的であるわけではない。

労働 Arbeiten; labour; doulesthai は、たしかに、ある局面からみれば、アーレント的な意味で、生存の必要に強いられた単なる生理的エネルギー支出であり[13]、あるいはハーバーマス的な意味で「道具的行為」[14]でしかありえないであろう。しかし、そのあり方は、常に一次元的 eindimensional で、自然に敵対するあり方でしかありえないというわけではないであろう。支配もまた、それが必然的であるにしても、常に排他的、敵対的、搾取・収奪的なあり方でしかありえないわけではないであろう。自然と人間の関係、人間と人間の関係、この両者の関係、あるいは労働と支配のそれぞれのあり方は、相互に限定し合っている。問題は、それぞれに固有の本来的な機能（「徳」aretē アレテー）を見極め、それを実現せしめうるような関係（プラトンはこれを「正義」と呼んだ）を実現することであろう。

プラトンは、こうした意味での支配、すなわち正義を実現しうる、「魂」と「国家」のモデルを提示した。しかし、もちろんプラトンはこれを直接に現実化しうる革命プログラムとして提示したわけではない。「第三ポリス・モデル」、「浄化されたポリス」は、「善のイデア」を洞察しえた哲学者を統治者（支配者）とする国制であるが、こういう意味での哲学者は、神人でも超人でも神でもありえない人間には、実際にはありえないし、ありうると想定すべきでもないであろう。この哲学者は、この「第三ポリス・モデル」の教育システムの所産であると同時に、その出発点（根拠）でもあり、論理的にはこの循環は突破できないからである。

プラトンが、彼の謂う意味での「正義」に適う支配（統治）、この最優秀者統治のモデルで示そうとしたことは、「よりすぐれた者」が支配し、支配される者は、「よりすぐれた者」に聴き従う、という関係と、それぞれのそうした姿勢とが、はじめて「徳」（人間固有のはたらきとあるべきあり方）を実現すること、つまり人間が人間と成ることを可能にする、ということであろう。[15]「人になれ！」anthrôpos geneû、あるいは、「人であるところのものになれ！」tis anthrôpos esti geneû. これこそ、彼のテクストを読もうとする者に発せられた、プラトンからのメッセージと解しうるであろう。[16]

第三部　シティズンシップとアイデンティティ

第一章　国家権力と正統性

1　人間と社会

文明の成立以来、人間（人類）は自らを万物の霊長と見なしてきた。とりわけトマスにおけるようなキリスト教的世界観の中では、被造物としての万物から成るヒエラルヒーの頂点に据えられた特権的地位が、まさしく人間に与えられている。世俗化されたキリスト教的ヒューマニズム(1)としての西欧近代思想の世界観においても、事情は基本的に同じである。西欧近代において成立した、人間の認識と行為に関する「主体・客体」関係パラダイムに基づく世界観の構図においては、ユダヤ教・キリスト教におけるいわばデミウルゴスとしての絶対的・超越的な創造神の地位を、理性を付与された人間の「主体性（主観性）」が簒奪している。この場合、この Subjektivität を Inter-Subjektivität として設定しても、やはり事情は基本的に同じである。(2)

いずれにしても、人間は言語、思惟、行為、道具製作などの能力を唯一特別に与えられた存在（例えば、homo sapiens, homo loquens, homo faber）として積極的に定義されている。そればかりではない。ここでは、すでにＦ・ベーコンにおいて示されているように、このような能力（理性）を付与された人間は、よかれあしかれ、自己目的あるいは自己利益の実現のための手段として自余の内外の自然を支配しうる（すべき）存在であるかのごとく捉えられた。要するに、西欧ヒューマニズムは、意識的にせよ無意識的にせよ、宇宙を創造したとされる神のごとき地位に人間を就けたのである。(3)

だが、もちろん西欧思想においても、むしろ逆にいわば欠如存在 Mangelswesen; homo demens としての人間（人類）の否定的なアスペクトに対して刮目されなかったわけではない。人間は自余の動物と比較して、その所与の身体の生活環境への適応能力が劣っているだけではない。(4) この適応能力の劣性を補完すべき（同じく人間にとって所与の）理性そのものが、悪と堕落へ開かれている。自然的かつ社会的・歴史的存在としての人間は、超越神には金輪際なりえない。つとにアリストテレスは、ポリスを離れて生きうるのは神か獣である、と述べている。(5) 神ならざる人間が単独者あるいは唯一者として生存することはありえないことではない。しかし、社会から遊離した人間は、少なくとも人間として有意味に生きることはできない。(6)「意味」は人間と自然との関係のみならず、同時に社会的・歴史的に限定された人間関係からのみ成立するからである。

しかし、いずれにしても、人間は、人間以外のいかなる動物とも異なり、獣どころか、条件次第では悪魔のごときものにいつでもなりうる。人間はその種の内部の同胞に対して悪を犯しかねないだけでない。それどころか、人間はその内外の自然に対していつもすでに無自覚に悪を犯している、とさえ言えよう。この悪と堕落の可能性、これもまた人間存在に固有の属性であること、このような根源悪に対してはすでに、まさにそのキリスト教的ヒューマニズムのみならず、プラトンやアリストテレスもまた、深く自覚的であった。そこには、すでに人間の根源悪についての深刻な自己反省の契機が見られる。

この点に関して、古代ユダヤ教、原始キリスト教、そして新プラトン主義や中世末以来の神秘主義にここで立ち入ることはできないが、西欧近代においても、例えば周知のように、パスカルは人間存在の本源的両義性に透徹した眼を向けている。かれによれば、風にそよぐひとときの「考える葦」としての人間は、無限と虚無、偉大と悲惨、善悪、正邪、いずれにも向かいうる可能性を併せ持つ、二つの極限の「中間者」milieu 的存在であり、まさにそれゆえに、道徳的自由 liberté morale への可能性も与えられている。[7]

ディドロのような一八世紀の代表的啓蒙主義者でさえ、すでにキリスト教的ヒューマニズムや「啓蒙」そのものが孕む（とりわけ倫理や道徳に係わる）原理的な自己矛盾に対して自覚的であった。[8] ルソーは、まさしく文明（啓蒙）の成立そのものに人間の驕慢、虚偽、堕落の原因が潜んでいることを洞察した。[9] いわゆるドイツ古典哲学は、この「啓蒙」が孕む原理的（理論的かつ実践的）な自己矛盾の自覚とその克服のさまざまな試みであった。二〇世紀前半の西欧的理性の壊滅的自己崩壊を目の当たりにして、ホルクハイマーやアドルノは西欧近代のみならず西欧文明の源流にまで遡って、「理性の腐食」や「啓蒙の弁証法」についての西欧的理性（啓蒙）の自己批判を遂行した。[10] ここには、西欧近代ヒューマニズムとその理性そのもののイデオロギー（虚偽意識）性（西欧中心主義、人間中心主義）を鋭敏に感受しうるような、いわばラディカル・ヒューマニズムが示されている。

偉大でも卑小でもありうるところの善悪に開かれた人間は、生物種としてはともかく、生まれながらにして人間であるわけではなく、人間に成る可能性を持っているにすぎない。この可能性を現実化するのは、歴史的に形成され諸世代間で継承された特定の社会的諸規範と諸制度において果たされる教育と学習（自己陶冶）Selbstherausbildung に他ならない。社会学の用語を使えば、人間は「社会化」socialization（規範や制度の内面化 internalization）を通じてのみ「個体化」（人格化）を達成しうる。たしかに、人間は社会的生産において、無意識的にせよ意識的にせよ、協働 Zusammenwirken と分業 Teilung der sozialen Arbeit を行なう。しかし、それよりもなによりも、人間が人間として有意味に生きうるのは、互いに「意味」を与え合う他者たち significant others との生きた社会的関係を通じて、所与の潜在能力を自己実現しうるかぎりにおいてである。[11] この意味でこそ、人間は「ポリス的動物」zôion politikon（アリストテレス）あるいは「類的存在」Gattungswesen（フォイエルバハ、初期マルクス）であり、したがって、人間の本質は「社会的諸関係のアンサンブル」（マルクス）であるとも言いうるわけである。[12]

自余の動物種と比較してみると、人間という動物種は、たしかに一方で、発達した発声器官や大脳器官を所与としている。しかし他方では、社会化＝個体化以前の生身の人間における生活環境への適応能力（不確定性の克服能力）は極めて劣弱でしかなく、しかも内的衝動の制御（抑制）メカニズムは欠損している。この意味で、人間は欠陥動物であるが、「欠如存在」としての人間個体における所与の適応能力の低さは、その可塑性（世界開放性）の高さを意味しているから、人間個体は、いわば「第二の自然」としての歴史的に形成された社会システム（規範と制度）への適応（教育と学習）を通じた潜在的な理性（言語・思惟・行為）能力の実現次第で、逆説的に（他の生物よりも）、「第一の自然」へのより高い適応能力を獲得しうる。

すなわち、一方で、人間は外的自然の規則性・法則性について習得された知識に従う活動によってこの外的自然の不確定性 Kontingenzen を制御し、かつ活用することを可能にし、他方で、人間は内的自然としての欲望や衝動の制御（抑制）システムの欠陥を補完しうるような、いわばその自己制御（抑制）システムとしての社会規範を、内面化することによって、諸個体の共存を可能にするばかりでなく、この共存によって二重の意味で「生きること」、すなわち、ただ生きるのみならず、「善く生きること」eu zên、換言すれば、生存のみならず、集団的アイデンティティ collective identity に基づく人格的アイデンティティ personal identity の形成を可能にする。[13]

2　国家権力と正統性――世界像とアイデンティティ

国家と文明の成立期をヤスパースは人類史における「枢軸時代」Axenzeit と呼んでいるが、この時期はまた「階級社会」の成立期でもある。[14]狩猟採集経済と親族原理とを基礎にした本源的共同体は、社会的生産（農業・牧畜・戦争）の開始に伴って、広義の国家権力による再組織化を余儀なくされる。共同体内の社会的生産とその生産物の配分は、外的自然と自余の諸共同体とに対する一定の緊張関係（不確定性を克服する必要）、さらには、当該の共同体内部の構成メンバーたちの間に潜在する緊張関係において遂行される。まさにこの緊張関係は、一方で、共同体の構成メンバーたちの内的自然（欲求・衝動）の自己制御（抑圧）構造として内面化され、一定の規範意識を結晶化させる。他方で、その緊張関係は、道具的行為規則を顕在化させ、社会的生産の効率化・合理化を促す。生産力が上昇し、社会的剰余生産が可能になれば、剰余生産物の合理的な管理・運用、そしてその適正配分、さらにこの配分をめぐる紛争の調停などの機能が、国家共同体の存立に不可欠なものとして要請される。(15)

周知のように、マックス・ウェーバーは、広義の国家を「正統的暴力の独占を要求する団体」と定義している。(16) 人間が形成するさまざまな集団の中で、国家という集団の種差はそれがいわゆる ultima ratio としての国家権力（正統化された至高の物理的暴力）を備えているということ以外にない。国家のあり方は時代や地域によってさまざまなバリエーションがありうるが、国家が備える権力が果たす機能は本質的に同じである。国家が存立するかぎりで、その権力はいつもすでに肯定的な機能と否定的なそれとの両面を遂行している。すなわち、国家権力は、一方で、国家共同体における、社会的労働の総体の効率的組織化と合理的統括、この成果の総体（社会的価値）の合理的配分、この配分をめぐる紛争の調停――これらを通じて国家共同体の「システム統合」機能を果たし、まさにこれによって間接的にその「社会統合」機能を果たす。だが他方では、そこで社会的価値（社会的欲求充足チャンス）の構造的な不均衡配分が事実上行なわれているかぎりで、つまり「階級社会」が構造的に存続しているかぎりで、国家権力は、まさに上述のその公共的統合機能を果たすことを通じて、同時に（いわば「即自的に」an sich）「階級支配」の機能を果たしている。国家が存立しているかぎりで、国家権力は、このように「システム統合」的・道具的な機能をいつもすでに事実上果たし、それによって間接的あるいは結果的に「社会統合」機能をも果たしうるが、しかしこの後者を直接的には果たしえない。

だが、そもそも何故に国家権力はこのような二重の統合機能を果たしうるのか。それは国家権力が事実上、その領域内での最大の物理的強制力であるからばかりではない。と同時に、国家権力は大多数の構成メンバーたちによって、いつもすでに事実上――少なくとも黙示的に――正統化されているからである。だが、何故にこの正統化は事実上成立するのか。ここで議論は循環してしまうのであるが、階級支配にもかかわらず、国家権力が事実上大多数の構成メンバーたちによって正統化されるのは、なによりも、それが実際に「システム統合」機能を果たすからである。（すなわち、柄谷行人が論じているように、ここでは「略取—再配分」の「交換」が事実上果たされている、とも言えよう。）[17] けれども、この正統化が安定するのは、まさにこの「システム統合」機能の遂行によって、「欲求充足の社会的不均衡配分が、規範体系の中にしっかりと記入され遵守され」ているからである。[18]

では、そもそもなぜこの「規範体系への記入」が可能なのか。伝統的社会における国家権力の正統化ための資源は、歴史的に形成された所与の社会の世界像 Weltbid（世界解釈としての神話、宗教、科学）から供給される。たしかに、こうした世界像は、当該の社会が階級支配を構造的に内在させているかぎり、その階級支配をも正当化するイデオロギー機能を持っている。だが、上で触れたように、国家権力の「システム統合」機能そのものは、それから直接的に「社会統合」機能を生み出すことはできない。この伝統的世界像が、構造的な階級支配の現存にもかかわらず、「正統性信仰」をもたらし、結果的に「社会統合」機能を果たしうるのは、それが単なる虚偽意識（幻想）に留まらず、構成メンバーたち自身とかれらが構成する国家共同体、この両者のアイデンティティを相互限定的に自己同定せしめうる歴史的連続性を保証しうるかぎりにおいてである。[19]

「世界（内外の自然と社会システム）を安定化する解釈体系 Deutungssystemen の基本的機能は、混沌 Chaos を回避すること、すなわち、不確定性 Kontingenzen（人間の生存のために認識され、かつ技術的に制御されるべき、内外の自然に潜在する脅威と、人格的アイデンティティのために回避されるべき意味と規範の喪失という意味での危機）を克服することにある。支配秩序や基礎規範の正統化は、この意味を付与する機能 *sinngebende* Funktion を特殊化したものとして理解できる」。[20] 人間が「言語と行為の能力を備える諸主体」として人格の統一性・同一性を形成・維持しうるのは、意味を付与し秩序を形成して（要するに意味約束 *Sinnversprechen* によって）、個人と集団それぞれの自己同一性（アイデンティティ）と両者の相互限定関係とを保証する、（環境としての内外の自然と社会システムとの交換過程において不断に再生産される）世界像とこれに基づく道徳的規範体系との関連においてのみである。

3　正統性の危機――近現代的国家（ブルジョア国家と行政・給付国家）の正統性

伝統的共同体 Gemeinschaft から近代社会 Gesellschaft への構造転換に伴って、「世界像の脱中心化」あるいは「呪術からの現世（世界）の普遍的解放（合理化）」の進展は加速する。資本制的商品生産システムが自立化してゆくにしたがって、伝統的共同体の解体はとめどもなく進行し、それまで未分化であった「社会統合」と「システム統合」とが不可避的に分離してゆく。西欧近代社会は、ヘーゲルが解明したように、家族と国家との間に、全面化した商品交換（契約）システムに基づくブルジョア社会を、経済法則と私法体系の形で自律化させる。[21] このブルジョア社会の基礎にある経済システムの（個々人には盲目的な）自己運動は、家族と国家を制約しながら、社会的再生産過程の総体を主導する。加速化された「世界の脱呪術化（合理化）」の進展によって、世界像の自然発生性と実体性とが希薄化し、世界像から内外の自然についての解釈権を独占するに至る「客観化科学」die objektivierenden Wissenschaften が自立化する。伝統的な世界像が国家共同体の「社会統合」と国家権力の正統化とにおいて果たしてきた効力は喪われ、これによって「生活世界」Lebenswelt の意味秩序形成 nomization と人間の自己同一性（アイデンティティ）とは危機に晒されると共に、国家権力に対する正統化需要 Legitimationsbedarf が新たに生まれる。西欧近代は、人間の自己同一性に関しても、また国家権力の正統性に関しても、解放 emacipation の時代であると同時に危機 crisis の時代である。

ところが、まさに全面化した資本制的商品生産システムにおいて、市場の自動制御的な均衡メカニズムが維持され、商品交換（契約）関係（とりわけ労働市場における資本と労働との、あるいは貨幣と商品との間のそれ）における相互の給付物件の等価性が形式的に自由かつ平等な人格としての当の所有と交換の主体たちによって基本的に信じられているかぎりでは、まさに当の資本制商品経済システムそのものが行政システムとしての国家権力の正統性を供給し、「社会統合」機能をも担うことになる。「自律的になった交換関係は、政治的秩序から正統化の負担を取り除いてしまう。（…）

市場という制度は、等価交換に内在する公正を拠り所とすることができる。それゆえに、ブルジョワ的立憲主義国家は、生産の諸関係が正当なものであることを根拠にして正統化される。[22]」

しかしながら、古典的自由主義国家論における「予定調和」の神話の崩壊以降、それまで（実際にはともかく、少なくとも理論的には）消極化していくとされていた国家権力の政治的（というよりも行政的）「システム統合」機能は、資本制的商品経済システムの高度化による現代大衆社会の巨大化・複雑化の留まるところを知らない進展に伴って再び（というよりも、ますます）積極化する。現代のいわゆる行政国家（介入国家）あるいは行政システムは、租税制度の確立と整備を通じて経済システムから財源を確保しながら、通貨管理を基軸としてさまざまな経済政策や社会政策の遂行を通じて景気の循環過程を調整し、そして資本制的商品経済システムに内在する技術革新と成長経済のダイナミズムを維持・促進しながら、まさにそのことによって、「私経済的資本利用の形式」を温存している。

ところが、現代の行政国家の「システム統合」機能は、市場の自動制御的な均衡メカニズムのさまざまな機能障害を、経済政策の遂行を通じて積極的に補正するばかりでなく、よかれあしかれ、受動的な大衆に対して社会政策・福祉政策の遂行を通じて組織的・効率的・効果的なさまざまな公共的給付を上から施し、さらには「社会統合」に決定的に係わる教育（学校制度）にまで深く介入し、大衆の忠誠を調達する。一面では、大衆が、政治的な共同意思の形成過程への実質的参加にはますます無関心となり、さまざまな市場の提供するありとあらゆる大量の消費財（ますます多様化する欲望充足チャンス）と行政府の提供する給付や保護にもっぱら関心を向けているかぎりで、他面では、エリート・テクノクラートたちが、その高度に官僚制化・専門化された行政システムにおいて、その高度な技術的処理能力によって、上述の諸課題をオプティマールに果たしていると信じられているかぎりで、現代の国家権力は受動的な消費者・受給者としての大衆によって事実上（行為事実において）正当化されている。[23]

4　国民国家システムの形成と現在

盛期中世の自由（商工業）都市とそのネットワーク（バルト海交易圏と地中海交易圏）の発展、近世初頭のヨーロッパ、アメリカ、アジアをグローバルに結び付ける大航海時代の幕開け、これらを背景にした商業資本主義と貨幣経済の浸透によって、西欧世界では、次第に伝統的共同体が解体しはじめ、商業ブルジョアジーと王権との結合による集権的な絶対主義国家の形成に伴って、一方では、封建制的世俗諸権力の分散割拠状況が清算され、他方では、ローマ・カトリック教会の普遍的権威に亀裂が生じた。聖俗、新旧のさまざまな諸社会層間における権力や利害をめぐる確執と結合――これらの複雑な歴史的諸要因の絡み合いによって、西欧近代の主権国家（国民国家）システムは、一七世紀中葉、（いわば西欧近代世界における第一の決定的な内乱であった）三〇年戦争の終結とその結果締結された最初の国際条約であるオスナブリュック（ヴェストファーレン）条約とを契機として形成された。要するに、近代的主権国家（国民国家）システムは、対内的には資本制経済の発展と世俗権力の集権化との結合、対外的には集権化された世俗権力の相互承認、この連動する両局面の展開によって確立していく。

一八世紀末から一九世紀初頭にかけてのフランスを震源としたフランス革命とナポレオン戦争という激震は、フランス共和国・国民軍の軍鼓に伴って、ナショナリズム（国民主義・民族主義）の精神と近代共和国主義（あるいは近代デモクラシー）との理念の形で、大陸ヨーロッパ各地に伝播された。ナポレオンの軍隊の軍靴に踏みにじられた諸地域では、一方では、テロリズムと独裁へと急展開していった革命への恐怖が、他方では、民族主義と国民主義との意識（封建制や旧体制の打倒を通じて近代的な立憲主義的国民国家を確立する希望）が覚醒された。

近代的主権国家の枠の中で数世紀にわたって資本制経済システムを形成してきたいわゆる西欧列強（とりわけイギリスを筆頭にネーデルラント、フランス、そして遅れてドイツ、ロシアなど）及び一九世紀末にフロンティアを終了したアメリカと幕藩体制を清算した極東の日本は、対内的には、資本制的国民経済の育成と近代的主権国家（立憲主義的法治国家）の制度化を志向し、対外的には、とりわけ一九世紀後半から二〇世紀前半にかけて、アジア・アフリカ地域において、熾烈な植民地獲得競争に鎬を削った。二〇世紀前半に勃発した古今未曾有の二つの世界大戦は、この帝国主義的諸列強間における競合状況の不可避的な帰結であった。

この間、植民地化された非西欧諸地域では、さまざまな形で西欧列強の帝国主義・植民地主義に対する長く苛烈な抵抗と解放闘争が展開された。第二次大戦後には、この地域においても、まさにその西欧世界において成立した近代デモクラシーや社会主義などの理念を標榜する形で、国民国家と国民経済の形成とそれを基礎にした政治・経済・文化の近代化が試みられてきた。二〇世紀後半には、南北・南南の格差と東西冷戦という縦横二つの国際関係における対立構造に制約されながらも、主権国家・国民国家システムが西欧世界を越え、諸大陸のあらゆる諸地域に成立し、そのネットワークはグローバルに広がり尽くした。

旧ソ連邦の自壊、その衛星国家であった東欧諸国の自立、ドイツ再統一、これらと連動した冷戦体制の崩壊、欧州連合の拡大・ブロック化、世界経済・貿易・金融のさらなるグローバル化とパラレルに進展する、国際社会における政治、軍事、経済、金融、文化の諸領域でのアメリカの圧倒的影響力の拡大、中東アラブ・イスラーム諸国の石油戦略、インド、東南アジア諸国の経済成長、中国とロシアの経済的・軍事的な大国化——二〇世紀末以降に展開された国際関係の枠組みの急速かつ大規模な変動の中で、国民国家システムはその変容あるいは再編を迫られている。一方でのヒト・モノ・カネ、そして情報と技術のグローバル化・一元化・アメリカ化に向かって加速する趨勢に対して、他方では国民国家内外における宗教、文化、歴史、言語の特殊性、多様性、差異性の確保が声高に強調されている。

核兵器の登場以来、主権国家・国民国家システムの枠内で偶発しかねない全面的核戦争がもたらす人類自滅の差し迫った危機感は、東西冷戦の終結後、人々の意識から遠のきはしたが、克服されたわけではない。それどころか、核兵器の拡散傾向はとまらない。核兵器を保有する諸大国はそれを自発的に放棄するどころか、相互に縮小するための協議のテーブルにさえ積極的につこうしない。まさにアメリカ外交の独善的ユニラテラリズムそのものが国際的テロリズムを必然化さえしている。この悪循環は、より大きな経済力、軍事力を有するほうが率先して自己抑制しようとしないかぎり、根本的には断ち切れない。

資本制的な世界経済・貿易・金融のシステムは、主権国家・国民国家システムの枠組みを超えながら、それを超える最終審廷なしに留まるところを知らずに展開されているが、その経済諸主体の盲目的競争の衝迫は、絶えず互恵関係というよりも、むしろ当該諸国家間に対立と緊張を生み出し、国民国家内外における経済格差を拡大し続けている。

このことは、地球上の資源枯渇と生きとし生けるものの生活環境の破壊によって、その生存の危機を不可避にしている。ここでも、持てるものがより大きいほうが率先して自己抑制しないかぎり、あるいは、それよりもなによりも、まさに資本制経済システムそのものの人類的立場からの原理的揚棄が果たされないかぎり、経済成長と環境対策の原理的ディレンマ、そして人類そのものの生存の危機状況は打開できない。ところが、経済的、軍事的に優位にある社会層あるいは諸国家がまさにその優位にある既得権を自発的に抑制あるいは放棄した例を（皆無ではなかろうが）人類史の中に見出すことは極めて困難である。とはいえ、まさにこの点にこそ人類文化の水準は示されることになろう。

アメリカの経済力・軍事力のプレゼンスの下で進展するその宗教・文化・言語的なアメリカ帝国主義における画一化・浅薄化・アメリカ化の趨勢に対しては、ただそれに宗教・文化・言語の特殊性や差異性を対置しても、有効にそれを阻止することはできないであろう。そのためには、両者（これらの影響力における強者と弱者）それぞれが、より普遍主義的な立場に立って、自己を相対化する必要がある。とはいえ、これに関しては、強者は弱者の特異性に目を留めることはあっても、強者自身の欠けるところや弱者のすぐれたところを見極めることは稀であろうから、弱者がもっぱら強者の支配を甘受あるいは模倣するだけでなく、彼我の関係を冷徹に相対化・客観化しうるならば、むしろ弱者のほうにより高次の次元に達するチャンスがあるであろう。

5　リベラリズム・リパブリカニズム・ナショナリズム

西欧近代国家は主権国家 sovereign state あるいは国民国家 nation state として形成された。ここでは、ハーバーマスに従って、図式的・要約的に述べるならば、伝統的共同体においては未分化であった社会的再生産の「社会統合」と「システム統合」とは、近代資本制社会の「合理化」に従い分化する。歴史的には、台頭するブルジョア層（さしあたり商人資本）から調達された財源を基礎にして分散していた世俗権力の集権化を遂げた絶対主義的官僚制国家の成立過程において、貨幣を媒体とする資本制的経済システムとこれに対応する権力を媒体とする近代主権国家（行政システム）という二つの目的合理的（戦略的、道具的）行為システムが、「生活世界」Lebenswelt から分離独立する。[24]

この社会的再生産の分化・分離過程において、分化・分離して行く両局面を媒介する伝統的習俗規範としての法規範は実定法化する。すなわち、未分化であった法規範の ius; Recht と lex; Gesetz の二つのアスペクトは分化する。[25] 実定法においては、作為の恣意性と作為結果の形式性（普遍性と客観性）とが結び付いている。[26] この実定法化過程はまた、一方での法規範の道具化・媒体化 Vergesetzlichung と、他方での法規範の権利主張のための制度化 Verrechtlichung の両局面に分化する。すなわち、実定法化された法規範は、一方で行政システムからの政策執行（権力）の制御手段（公法）となり、他方で「生活世界」からの権利主張の抵抗手段（私法）となる。

このように、西欧近代における社会的「合理化」と法規範の実定法化との過程の中で成立した近現代主権国家には、三つの局面ないし段階がある。第一に、それは立憲主義的ブルジョア的法治国家あるいは自由主義国家である。このブルジョア的法治国家モデルにおいては、市場経済システムの貨幣媒体の担い手としてのブルジョアが、その商品生産とその成果の交換という活動を通じて析出される実定法化された形式的私法体系において、経済システムの機能的かつ形式的な要件としての所有、契約、人格を実質的法権利 Recht として主張し、そして行政権力に対しては、その法権利の保護を要求する。ところが、ひるがえって同じブルジョアは、まさにこれを通じて、この確立した（既得権化した）法権利への行政権力の介入を拒絶しようとする。

立憲主義的ブルジョア的法治国家は、この形式性と実質性、普遍性と特殊性、強制と自由という形のディレンマを原理的には払拭できない。ここでは、国家権力は、そのイデオロギーが何であれ（商品交換に内在する形式的・抽象的な自由と平等としての交換的正義すなわち、ブルジョア的所有権の妥当要求は、生得の自然権としての普遍的人権のそれに転化する）、現実的には、ブルジョア的所有権の保護のための道具であると同時に、階級支配のための道具でしかない[27]。

第二に、近現代国家は、理念的には共和国主義的（あるいは民主制的）法治国家である。ここでは、古典古代の共和制の理念としての治者と被治者の同一性が原理として主張される。国家のすべての構成メンバーたちは平等に国政への政治的参加権を持つべきであり、国法はかれらすべてによって合意された一般意思の表現でなければならず、その意思形成やそのための公共的議論はかれらすべてに開かれていなければならない。ここでは普遍的な政治的参加権（国民主権）とそれが現実に行使されることだけが政治権力を正統化する。この国家が備える主権は構成メンバーたちによって事実上正統化された至高の政治権力であるのみならず、かれらの（政治的）自己決定、すなわち、カント的意味での自律を意味することになる。

もちろん、古典古代における自由と平等の構成メンバーたちから成る共和国モデルは、対外戦争と対内的奴隷支配という二重の排除構造を前提にしていた。これに対して、西欧近代的な共和国（民主制）モデルにおいては、普遍的人権を建前とするかぎり、こうした排除構造は原理的には許容されない。しかし、まさにそれゆえに、この近代民主制モデルはさまざまな原理的矛盾を孕むことになる。普遍的人権そのものの正当化あるいは根拠づけはともかくとしても、ここから出発するこのモデルは個々の主権国家化間の相互承認システムの枠を突き破り、いわばコスモポリタニズムに帰着せざるをえない[28]。

もちろん、商品の所有と交換契約を遂行する諸主体間とこの諸主体と行政権力との間の機能連関（形式的な私法と公法の体系）、そしてこの両連関を規範的承認関係としてイデオロギー的に読み替えて、前者を所有権の主体として人格の、後者を参政権の主体としての公民の、権利と正当化の制度として設定するという、ブルジョア的かつ共和制（民主制）的法治国家モデルを、カントがいったんはそうしているように、社会契約論的モデルにしたがって、理念的にそのまま主権国家間とこれらと世界政府との間の関係に類比ないし敷衍することは可能であろう。[29] しかし、そうだとしても、ここでもそのモデルが孕むディレンマはそのまま残ってしまう。すなわち、この所有権と参政権の主体の自由と平等がイデオロギーにすぎないものでないことは、いかにして保証されうるのか、そして、まさにこのことを解釈し判断する主体は、それが単に形式的、抽象的、普遍的にいきなり前提されるのでないとすれば、どのようにして現実的、具体的に形成されうるのか。

カントは構成メンバーたちの自己立法、つまり自律 Autonomie という意味での立憲主義的ブルジョア的法治国家の理念を提示し、かつ言論・出版の自由という意味での啓蒙主義的・普遍主義的ないわゆる公共性 Öffentlichkeit の意義を強調している。しかしかれは、政治権力の機能分割、つまり執行権と立法権の分立制度を欠く国制（いわゆる直接民主制）を容易に専制に転化しうる民主制と呼び、これに対して、権力機能の分立制度と代表制（代議制）を備えた国制を共和制と呼んで、これを民主制と対置している。したがって、カントの共和制的法治国家の理念には、よかれあしかれ、自由主義と共和国主義との要素が混在している。[30]

いずれにしても、民主制と代表制とは、ルソーやC・シュミットの指摘を待つまでもなく、原理的には相容れない制度である。[31] ラディカル・デモクラシーは、自由かつ平等な構成メンバーたち Staatsbürgernation がすべて国政（立法、政策決定）に実質的に参与することが要件である。代表制 Repräsentation は、すでにモンテスキューが指摘しているように、よかれあしかれ、代表するものと代表されるものを原理的には差別する貴族制・寡頭制である。もちろん、C・シュミットにおけるように、政策決定の政治過程をアモルフな大衆の「喝采」Akklamation などに置き換えてしまえば、民主制はたちまち専制ないし独裁制に転化しかねない。つとにルソーやカントが自覚していたように、自己理性によっ

て自律しうる構成メンバーたちから成る国制としての民主制は「神々の国」ないし「天使たちの国」に他ならない。(32)

さて、上では近代主権国家の二つの法治国家モデル（自由主義的なそれと共和国主義的なそれ）を見てきたが、これらは資本制経済システムの形成・展開過程における、いわゆる商業資本主義段階と産業資本主義段階とを背景にして呈示されたものであった。これらに対して、一九世紀後半以降のいわゆる帝国主義・金融資本主義段階においては、理念としては混在する自由主義と共和国主義を踏まえた「社会国家」的法治国家モデルが現れる。

ここでは、貨幣を媒体とする資本制経済システムの多様化・複雑化・巨大化、これに伴う「生活世界」への目的合理的行為システムの全面的浸透（いわゆる「システムによる生活世界の植民地化」）、市場の自動調整的均衡メカニズムの機能不全、社会的富（資源）の分配の加速度的不均衡化、これらに対処する（配分的正義の実現）ために権力を媒体とする官僚制的行政システムは高度化かつ肥大化する。これによって法規範の実定法化は極度に進展するとともに、従来の私法・公法の二元的な実定法体系に、これらとは次元の異なる高度に政治的かつ行政的な経済法や社会法が加わる。後者の新たな実定法についての判断には、より高度の形式合理性と政治的な実質合理性とが要求される。(33)

さて、西欧近代の法治主義的主権国家は、しばしば国民国家 nation-state と呼ばれる。語弊を懼れず言い切ってしまえば、国民 nation は、近代国家の「社会統合」のアスペクトに、国家 state は、その「システム統合」のアスペクトに係わる。state は、ラテン語で語源的に言えば、「存立する」stare（sto）という動詞の完了分詞から派生した静止状態を表す言葉である。これはおよそ一六世紀以降西欧で用いられはじめた言葉であり、狭義ではとりわけ近代主権国家、さらにその主権を核とした権力機構、統治機構（政治権力によって人為的に形成された秩序）を含意する。上で触れたように、資本制的商品経済システムの形成に伴って台頭したブルジョワジーから調達された財源によって整備された官僚制的行政システムと常備軍によって集権化を遂げた主権国家がまさに state である。state においては、貨幣を媒体とする資本制的「経済システム」と権力を媒体とする官僚制的「行政システム」が機能的に結合している。

これに対して、nation という語のほうは、nature と同じく、ラテン語では語源的に言えば、「生む（産む）」nasci （nascor）という能相欠如動詞から派生している。したがって、それは語源との関連では、ギリシア語の genos と同じく、自然発生的血縁共同体、郷里や地域を同じくする同胞あるいはその地域代表、歴史、文化、伝統などを共有する人たち、という意味での民族を意味するが、一八世紀末以降、これが転義して、近代国家の構成メンバーとしての、そしてまた所有権と参政権の主体としての、国民を意味する。(34)

だから、nation と同じく、フランス革命以後用いられる nationalism あるいは nationality という語も両義的である。それらは一方では、普遍主義的な自由主義や共和国主義を内包する国民主義を、他方でこれに対して言語、文化、歴史、伝統の特殊性を強調する、歴史主義やロマン主義を内包する民族主義を意味する。だが、いずれにおいても、対他関係においてはその言語、文化、歴史、伝統の特殊性が主張されながら、対内的には、つまり state の枠の中ではそれらの多様性の統一化・画一化が図られる。これによって、よかれあしかれ、個人の人格権や所有権においてと同様に、国民国家の対外主権も対他関係における相互承認によって確立する。

いずれにしても、一八世紀後半以降、資本制的商品経済システムとこれに連動する官僚制的近代主権国家の形成を背景にして、それまで各地域に分散割拠していた封建的世俗権力が清算され、伝統的な共同体が解体されていくにつれて、啓蒙主義に対抗するロマン主義や歴史主義の主張に伴って、nation, nationality, nationalism といった概念や思潮が意識的にせよ無意識的にせよ醸成されることになった。これら nation や nationality の観念は、それまで諸個人の人格的自己同一性 personal identity を支えていた伝統的共同体の解体によって、これと代替されたいわゆる「想像の共同体」imagined community として必然的に形成されたと言えよう。人間諸個人の人格的自己同一性 personal identity の形成と維持は、いつもすでに何らかの集団的自己同一性 collective identity を必要とするからである。(35)

かくして、西欧近代においては、一八世紀末のフランス革命以来、nation という観念は、中世末以来の商業経済の担い手（商人資本家）としての都市住民という意味での bourgeois; Bürger と、そしてまた古典古代的国家に由来する politês; civis; citoyen; Staatsbürger と重用されるようになった。この意味での市民（ブルジョア）は、歴史的には、盛期中世の「自由都市」における guilde や zunft といった共同体 Korporation の構成メンバー（都市の商工業者、商人資本家）に由来するが、この商業ブルジョアジーと、後にイングランドやスコットランドで萌芽する産業ブルジョアジー（都市近郊の農村で成立する産業資本家）とは歴史的にも概念的に区別する必要がある。要するに、混乱や混同を避けるためには、1．古典古代的国家市民、2．中世「自由都市」市民、3．産業的中産市民、4．主権国家、民主制的法治国家（対内主権）の構成メンバーとしての市民（公民）、5．その対外主権の構成メンバーとしての国民、これらの諸概念の内包と外延の同一性と差異性を明確にしておく必要がある。

この点に関して、ハーバーマスはとりわけ国民 nation と公民 Staatsbürger とを重ねて、次のように述べている。「公民としての国民（公民国家）Staatsbürgernation は、その自己同一性 Identität を民族的・文化的な共通性の中にではなく、自己の民主制的な、参加やコミュニケーションの権利を能動的に行使する公民たちの実践の中に見出す。ここでは公民性 Staatsbürgerschaft（すなわち citizenship）という共和国主義的構成要因 republikanische Komponente は、出自や共有された伝統や共通言語を通じて統合された前政治的 vorpolitisch な共同体への帰属性から完全に切り離される。」(36)だが、果たしてそうであろうか。

自由主義的 liberalistisch かつ共和国主義的 republikanisch に構成された現代の立憲主義的 konstitutionell な法治国家 Rechtsstaat かつ社会国家 Sozialstaat における、「参加やコミュニケーション」を能動的に遂行し、その権利を能動的に行使する実践の諸主体の自己同一性（アイデンティティ）の形成と存立は、言語、文化、歴史、伝統の共同性を前提にしないで可能であろうか。公民性（国家市民権）Staatsbürgerschaft あるいは公共性 Öffentlichkeit は、「出自や共有された伝統や共通言語を通じて統合された前政治的な共同体への帰属性から完全に切り離され」うるものなのか。厳密に言えば、いずれもありえないことであろう。

治者と被治者の同一性、政治的自己決定（自己立法）の自律性、これらを原理として構成された近現代国家を構成する活動主体としての公民たち——かれらを、「世界の合理化」と「世界像の脱中心化」との進展の先端にあって、伝統的共同体から二重の意味で自由になることによって、いまや「脱慣習準拠」型の（つまりいわゆる post-conventional な）道徳意識の水準において、精神的のみならず経済的かつ政治的にもまた理性的に自律しうるところの、まさにそのような能動的活動主体として設定すること、このことはたしかに可能であろう。しかし、このような活動主体も、そしてその活動そのものも、過去と未来に開かれて、諸個人の生活活動を通じて不断に再生産される、言語や文化の自己同一性なしにはありえない。要するに、政治的共同意思を形成する自律的諸主体、つまり公民は、同時に生活活動を営む諸個人であり、それぞれの人格的自己同一性の形成と維持の基盤である「生活世界」から完全に切り離されてしまえば、そしてこの「生活世界」が完全に「システムによって植民地化」されているのであれば、自己腐食・自己破壊するほかないであろう。(37)

さて、こうした「公民」あるいは「公民性」の概念の抽象性・形式性に対する批判を退け、その自壊を防ぎとめるためには、次のことが必要であろう。上述したように、第一に、西欧世界の政治・経済・社会史における、「市民」という概念の両義性、すなわち一方の古典古代の国家市民（公民）polîtês と civis; Staatsbürger、他方の西欧近代のブルジョア Bürger（商品経済の機能的かつ形式的な用件としての所有と契約の形式法的人格）、第二に、「国民」という概念の両義性、一方での立憲主義的・民主制的な法治国家を構成する、所有権と参政権との権利主体としての（要するに、ブルジョアかつ公民としての）国民、他方で言語や文化の伝統的共同性の担い手としての国民――この「市民」と「国民」の両方の両義性を、歴史的にも理論的にも的確に概念分析し、それらを完全に分離したままにしておくのではなく、それらを分離した上で、それらの概念的かつ事実上の相互限定関係を見極めること、これである。

「世界の合理化」、「世界像の脱中心化」の進展しつくした世界、価値や規範に関する「神々の闘争」の世界、そしてこのような「近代」die Moderne と形容される現代世界をそれとして対自化する自己意識そのものの統一性の解体――まさにこの解体を対自化する活動中 en ergon の自己意識 cogitans、あるいはさらに言えば、このような自己言及的な自己意識を作動せしめる当のもの――こうした何かを、われわれは世界認識に際して前提せざるをえない。同じように、およそわれわれ人間諸個人が現実に生活活動を営んでいるとき、あるいは現実に何らかの実践や理論を遂行しているとき、もちろんもはや実体としての伝統的共同体の統一性、認識や行為の実体としての主体性を前提にしえないとしても、過去・現在・未来の時系列の中で、その当の実践や理論の諸主体がその活動を通じてその形成と維持に関与しているところの、不断に新たに意識的かつ無意識的に再生産されている言語や文化の共同性を、われわれは前提とせざるをえない。(38)

第二章　シティズンシップとアイデンティティ――『クリトン』篇

さて、上で見てきたように、第一に人間は自然的存在である。すなわち、身体器官と感性器官とを所与とし、外的自然としての環境との物質交換（代謝）Stoffwechselを通じて身体的自己同一性homeostasisを再生産しつつ、その環境に適応しながら生存する存在である。この内外の自然の交換Austausch過程を、人類はある時期（文明の成立時）以来、他の生物には見られないことであるが、道具の使用と共同作業によって遂行される「生産」とその成果の分配ないし交換を通じての「消費」という形での生活活動として営んできた。

第二に、人間はいわば実存的存在である。無限遡及する自己意識と不可逆的・一回的に生起する時間意識、定在Daseinとしての特殊な自己の永遠の消滅（死）を自覚する存在である。

第三に、人間は空間的・時間的なさまざまな関係（応答、交換）、自然と人間、人間と人間（自己と他者）の関係において生活し、かつそのことを自覚しうる存在である。要するに、この意味で人間は社会的かつ歴史的な存在である。

人間個人は次のようなおよそ三つの関係性の次元で捉えうる。すなわち、第一に、共時的次元、個体性individual―共同性collective、第二に、通時的次元、現在の自己（同一性）を基点にして、過去と未来に開かれた世代連関、そして、第三に、空間と時間がいわば交差する次元、公（開放性、公共性）public―私（閉鎖性、秘私性）privateがそれである。ギリシア悲劇作家ソフォクレスの『アンティゴネー』における、「人間の掟」と「神々の掟」との葛藤は、人間存在におけるこの関係性の問題を悲劇として呈示している。(1)

古典古代のポリス共同体は基本的に Gemeinschaft 的関係を基礎にしているから、Gesellschaft 的関係を基礎にした西欧近代国家における、人間の個体性―共同性、公―私の関係構造と、古典古代国家のそれとは同じではないが、公共性と自己同一性との関係の原型的な問題構成は、すでにプラトンのテクストの中に見てとれる。(2) ここでは初期プラトンの『クリトン』篇を取上げてこの問題を検討してみたい。

＊

初期プラトンの作品『クリトン』(3) は、二重の対話から構成されている。一つは刑死をひかえた獄中のソクラテスと脱獄を勧める老友クリトンとの対話であり、もう一つはこの対話の中でソクラテスによって語られる、ソクラテス自身とかれが想定する擬人化された国法との対話である。もちろん、この二重の対話を演出するのはプラトンである。

刑の執行が予定される前日、朝まだき薄明の中、旧友クリトンは獄中のソクラテスを訪ねる。ソクラテスは夜明け前の穏やかな眠りからいまだ目覚めていない。七〇年の生涯を過ごしてきた祖国アテーナイの国法によって裁かれ、間じかに迫った刑死を前に、プラトンの描くソクラテスは従容とした態度を持している。友の訪れに気付いたソクラテスに、クリトンは焦燥を露わにして逃亡を慫慂する。逃亡は容易である。だが、ソクラテスは俄かには肯んじない。脱獄は是か非か。生死を分ける緊迫した限界状況において、国法の遵守をめぐる問答を通じて、人はいかに生きるべきか、人は何を為すべきか、これについてソクラテス（あるいはプラトン）の見解が明らかにされていく。ここでは、さらに正義、法規範、国家共同体、これを構成する国家市民のアイデンティティ、これらの問題が善く生きようとする人間にとっていかなる意味を持ちうるか、これが示唆される。

ソクラテスは生粋のアテーナイ市民であり、生涯にわたる人間精神の批判的吟味の仕事を通じて祖国に最大の貢献を果たしてきた、と自負している。何故にそのソクラテスは、その当の祖国アテーナイ固有の神々への不敬罪 asebeiâ

（国家統合の根幹たる固有の神々を疎かにし、新奇なるダイモニオンを説き、国家有為の青年たちの魂を堕落せしめた）といった罪状で告発され、裁かれなければならなかったのか。(4)

ソクラテス裁判とかれの刑死以後、今日に至るまで人びとは繰り返しこれを問い返してきた。もちろん、ソクラテス自身が与かり知らないところで（民主派と寡頭派との間の）苛烈な政治的権力闘争に巻き込まれていたという事情もあったであろう。かれは寡頭派に与するのみならず、その元凶である、と民主派から見なされていた節がある。また逆に、ソクラテスはアテーナイに生まれ育ちながら、民主制に適応するために実用的知識を切り売りして、一切を相対化せしめ、結局はシニズムやニヒリズムに陥るような、居留外国人のソフィストたちにかぶれた人間の一人である、と見なす向きもあった。

だが、それよりもなによりも、ソクラテスのラディカルな否定の精神（あるいは大いなる肯定の精神）こそは、よかれあしかれ常識（あるいは伝統）のうちに安住している大衆にばかりでなく、常識（あるいは伝統）を単に破壊するだけで、結局のところその大衆の欲望に迎合するような知識人たちにも、違和感や畏怖の念を抱かせたであろう。とりわけソクラテスの反駁的対話 elengchos(5) によって、常識にせよ反常識にせよ、保守主義にせよ権力主義にせよ、思い込まれていた信念や虚栄心を完膚なきまでに打ち砕かれた人びとの中には、かれに対する悪意・敵意 diabolē を呼び覚まされた人たちも少なくなかったであろうことは想像に難くない。いずれにしても、ここではプラトンの『ソクラテスの弁明』で呈示されている問題にこれ以上立ち入ることはできない。ここで『クリトン』篇に立ち戻りたい。

1　伝統主義的倫理

ソクラテス裁判（民衆裁判 dikastērion）において、民主制アテーナイの市民たちから抽籤と輪番制で選ばれた裁定者たちは、しかるべき手続き（原告と被告のそれぞれ当人による法廷での演説を聴いた後に罪状の有無について投票して、その過半数によって裁定を下すこと）を踏んでソクラテスの有罪と量刑（死刑）を決定した。

　老友クリトンは獄中のソクラテスに説く。ソクラテスが死刑判決を甘んじて受けることは、かれにおける生存の可能性をかれ自身が奪うことを意味するばかりではない。それは養育と扶養の義務を負うかれの妻子における生存の可能性をも危うくしかねない。理由は何であれ、生き延びようとすること、つまり脱獄こそなによりも優先されるべきことではないのか。しかも、脱獄の現実的諸条件が与えられていないわけではない。獄吏を買収することも可能であろうし、ひょっとすれば死刑判決を下した裁定者たちさえ脱獄を黙認しようとしているかもしれない。亡命先のあてもある。

　にもかかわらず、脱獄の可能性を現実化しようとしないことは、男児たるもの、自由人たるものが備えるべき勇気 andreiâ の欠如を意味しないか。それはソクラテス自身がかねがね説いてきた徳 aretê の自己実現を疎かにする行為ではないか。だが、それよりもなによりも、下された判決そのものの内容が不当である以上、脱獄こそ正当な行為ではないのか。何故に不正を甘受しなければならないのか。不正に対して反撃することこそ、それを現実に為しうる以上、為すべきことではないのか。為すべきことを為しうるにもかかわらず為そうとしないソクラテスとその友人たちの怯懦に対する人々の評判 doxâ はどうであろうか。とにかく、この期に及んで四の五の議論しているときではないのではないか。(6)

　このように説くクリトンに対して、ソクラテスはさしあたり次のように反駁する。人間の行為が準拠すべきは何か。それが何であれ、生死にかかわる切所であるからこそ、その準拠基準は、多数者、大衆の抱くような批判的に吟味されていない臆断・評判 doxâ ではなく、少数者のそれであれ、そして限られた時間においてさえ、根拠づけを求めて能うかぎり究めつくされた言論 logos; dialogos の無限収斂点でなければならないのではないか。(7) この点に関するクリトンの同意を得た上で、かれは脱獄を勧めるクリトンの言説の根拠についての批判的吟味に向かう。

　いわば自他の自助精神の欠如を危惧するクリトンの言説の背後にある論拠には、およそ次のような伝統主義的倫理観あるいは常識的見解が窺える。これは基本的には、伝統的共同体の基礎に普遍的に見られる、互酬あるいは応報という交換形式としての正義観である。

①　生存（身体の死の回避）は一切に優先する。

②　侵害（不正）の甘受は恥辱である。

③　友には利（善）を、敵には害（悪）を（相応しい者に相応しいものを）。

④　他者に対して、自分が為してほしいことを為し、為してほしくないことを為さない。

⑤　侵害（不正）に対する復讐・報復（不正）は正当である。

⑥　正義に関する自己確信、自己の正義感にしたがって行為すべきである。

クリトンの言説を支えるこれらの見解は、いずれも古典古代ギリシア世界に特有のことというわけではない。いずれも近現代世界においても時処を問わず何らかの形で（法的、道徳的、あるいは政治的に）妥当するものである。

①は自己保存（生存）の第一義性を意味している。西欧近代の政治理論はこの問題を出発点にしているし、近代刑法は正当防衛や緊急避難の正当性を認めているが、「命あっての物種」は西欧近代人にのみ特徴的な常識というわけではない。『啓蒙の弁証法』の議論に従えば、自己保存は「啓蒙」（合理化）の出発点であるとともに帰着点でもある。支配・被支配の原型である「主人と奴隷の関係」に関連して言えば、奴隷は生命を奪われないことと引き換えにして支配を受け入れる。ここにはすでに生存を担保にした互酬、応報、交換の原理が現れる。

②の共同体のために命を擲ってさえ献身する勇気の徳 aretê; virtus（男気）と名誉心は、とりわけ古代部族共同体や戦士共同体としてのポリス共同体に見られるものであるが、中世における貴族倫理でもある。「義を見てせざるは勇無きなり」（『論語』為政）は、その義の内容がさらに問われなければ、つまりそれが批判的に吟味されずに伝統的に受け入れられているかぎりでは、古今東西の人間世界に通用する倫理感覚である。この基礎にあるのは、帰属する共同体か

ら贈与されたものに対してそっくり返礼しなければならない、という互酬の原理であろう。
③は②と同様に、ポリス共同体の伝統的倫理であるが、共同体 Gemeinschaft 一般の対内倫理でもである。しかし、これは近現代主権国家の対外主権に関して同じことが妥当している。したがって、C・シュミットの「政治的なるものの概念」に関するいわゆる「友敵理論」も国家共同体間の関係における対内倫理に係わっている。[8] いわゆる「盗賊の倫理」も構造的には同じことがらを示している。[9] 共同体であれ国家であれ、あるいは盗賊団であれ、複数の集団が対立しながら、しかもそこにそれらを貫く普遍的な法規範が実効性をもって確立していないかぎり、帰属集団の利害を優先するという原則は、特定の集団に帰属する人々にとって、現在でも、その倫理的、法規範的な自明性を失っていない。ここにはやはり集団への帰属倫理とともに、集団の内外における互酬、応報、交換の原理が現れている。
④はいわゆる「黄金律」の肯定命令とそれを裏返した禁止命令を示している。[10] これらはいずれも、条件付の命令である。相手がするかぎりで、自分も同じようにする、というのは、基本的には相互に拒否権を留保した契約関係である。そのかぎりで、ここには相互性と同時に排他性が含意されている。したがって、これは共同体的互酬性の関係というよりも、本質的にはむしろいわば社会契約（あるいは商品交換）の関係であるとさえ言えよう。
⑤これは、ハムラビ法典以来の古代の法規範でもあるが、古今東西の刑法上の処罰もまた原理的には同じことがらであるとも言えるであろう。「目には目を」という原則は、やはり共同体的互酬原理を裏返した応報原理である。
⑥は近代的道徳意識に、あるいはヘーゲルがカント倫理学を念頭におきながら呈示した「道徳性」Moralität に係わっている。結果を度外視して動機の純粋性のみを問題にするような単なる「信条倫理」Gesinnungsethik は、M・ウェーバーが示したように、政治的「責任倫理」Verantwortungsethik の観点からすれば、児戯に等しいものになりかねない。[11]
人間の社会的関係の交換形式という観点からすれば、上に挙げた項目のうち、④と⑥は、どちらかと言えば、共同体

Gemeinschaft が解体した近代社会 Gesellschaft における人間関係に固有のものである。その他②、③、⑤は、いずれも基本的には伝統的共同体の互酬性 reciprocity の原理に基づいている。①は広義の国家における支配・被支配関係に係わっている。

2　善く生きる to eu zên

ソクラテスは、自己保存の第一義性に関して、次のように端的に反駁している。「もっとも大事なことは、生きることではなく、善く生きることである」ou to zên peri pleistou, alla to eû zên、「善く生きること、見事に生きること、正義に適って生きることは同じことである」to de eû kai kalôs kai dikaiôs tauton estin（48b）、と。[12] この言説は、福音書（マタイ書）の「人はパンのみに生きるものにあらず」[13] と同じく、人口に膾炙している。これらの言説は、それだけコンテクストから抜き出されるならば、むしろ単なる常識にすぎないようにも思える。人間は単に身体を生きながらえるのみならず、反省的自己意識（あるいは思惟能力や信仰心）をもちながら有意味に生きる、ということは誰もが認めうることであろうからである。

だがしかし、同じ言説が、「生きる」überleben と「善く生きる」gut leben とが鋭く対立するような、すなわち、「善く生きる」ためには「生きる」ことを否定しなければならないような、生死を分ける緊迫した限界状況 Grenzsituation において語られるならば、その言説内容が発する光度は俄然増してくるであろう。生きるか死ぬかの切所において、「生きる」に対して「善く生きる」を選択することを内容とする言説 logos が行為 ergon と結び付けられるとき、この言行の一致はいわば二重の意味で「逆説・常識はずれ」paradoxâ になる。それは「生きるために生きることを否定する」というディレンマを示すばかりでなく、自己保存の第一義性という歴史貫通的な原則に、つまり「死んで花実が咲くものか」という常識に、外れることになるからである。

たしかに、プラトンの描くソクラテスは、人間にとって大事なことは、富や名誉といった現世的利益を追求することではなく、「魂の世話」he tês psychês epimeleia であり、魂の浄化のためには、理知が気概を介して欲望を制御して自己陶冶を遂げることが必要である、ということを倦むことなく繰り返し語っている。(14) しかしながら、そのソクラテスは、後世のある種のプラトン主義におけるのとは異なり、肉体を魂の墓場と、現世を穢土と見なし、生を与えられたからには一刻も早く肉体を滅し、現世から離脱することが、つまり生よりも死を選ぶことが無条件に望ましい、と考えているわけではない。ソクラテスは、このような自殺願望にとり憑かれた厭世家ではけっしてなかった。

生きるべきか、死ぬべきか。ハムレットの台詞のようなこの問には、厳密に考えようとするかぎり、人間にとって決定的な選択根拠はありえない。選択しようとする誰もが生はともかく死の何たるかを知らないからである。それどころか、本当のところ、生の何たるかさえ知らないのである。だから、ラディカルな探究の精神を手放さないソクラテスにとっては、孔子と同じく、死の何たるかを問われても、「未だ生を知らず、焉んぞ死を知らん」と答える以外にないのである。(15) 要するに、ソクラテスにとっての問題は、生きるか死ぬかではなく、生きるか善く生きるかなのである。

けれども、常識は言うであろう。善く生きるためにも、まず生きながらえていなければならない、と。しかし、「善く生きる」とそのための「魂の世話」こそがソクラテスにとって第一義であるかぎり、いかなる時処においても無条件に生を選ぶのではなく、条件次第で死を選ぶべき場合がありうるわけである。その条件について判断するのはソクラテス自身である。人間は誰しも、やがて遠からず自分が死ぬことを知っている。だが、死が個人にとって一切の終わりなのかどうか、それは誰にも分からない。個人が死ぬことでその個人にとっての世界も消滅する。しかし、個人が消滅しても、それどころか、人類が消滅しても、世界は残ることになるであろう。人間のいない世界は何を意味するのか。これは愚問であろう。ソクラテスの言説と行為が示唆しているのは、人間は共時的な（つまり現在の）生活空間における（人間と自然、人間と人間）の関係において生きるのみならず、縦の通時的な（つまり過去と未来の）時間における関係、すなわち死んでいった人々やこれから生まれてくる人々との関係において生きているということである。

3　普遍主義倫理――復讐の禁止

さて、人が人を（自己であれ他者であれ）害すること（悪をなすこと）は、故意であれ過失であれ、不正である。ところで、不正を蒙る者（被害者）が不正を為すもの（加害者）に対して不正（加害）をもって報いることは正当であるか。プラトンの描くソクラテスにしたがえば、否である。条件が何であれ、不正を為すこと adikein は、不正である。不正は不正を正当化しない。この意味では、復讐は無条件に禁止されなければならない。[16]

だが、復讐することは不正を為すことなのか。正（善）には正を、不正（悪）には不正（悪）を、は応報原理、互酬原理、あるいは「各人に各人に相応しいものを」という原則に適っているのではないか。不正に対する処罰は正当ではないのか。もちろん、処罰が不正だということにはならないであろう。問題は誰が如何にして処罰するか、ということである。さしあたり、当事者以外の第三者、あるいは国家ないし神の位置からならば、この応報ないし互酬の原理は妥当すると言えよう。しかし、第三者が不在のときはどうなのか。第三者が臨在したとしても、その第三者の判断の公正さは何によって保証されるのか。

この点に関して、プラトンの描くソクラテスは次のように述べている。

（正邪、美醜、善悪）について、いまわれわれは大衆の思いなし he tôn pollôn doxâ に従い、それを恐れなければならないのか、それとも、もしその他のすべての人たちよりも、むしろ恥じ恐れなければならない識者 eîs epaiôn, hon deî kai aischynesthai kai phobeîsthai mâllon hê sympantas tous allous が誰かあるならば、その一人の人に従わなければならないのか（…）。この一人の人に、もしわれわれが従わなければ、（…）正によってはより善いもの beltion となり、不正によってはだめになるところのあのもの ekeîno, ho tôi men dikaiôi beltion egigneto, tôi de adikôi apôllyto

を、だいなしにし、そこなうことになるだろう（47cd）。[17]

ここで述べられている「その他すべての人たちよりも、むしろ恥じ恐れなければならない一人の識者」とは誰なのか。それは後の『国家』篇で呈示された「浄化されたポリス」（第三ポリス・モデル）における統治者かつ教育者としての哲学者 philosophos である、と言ってよいだろう。もちろん、こういう哲学者は現実には存在しえない。けれども、それは、必要な変更を付すならば、カントにおける「統制的原理」das regulative Prinzip あるいは「超越論的仮象」der transzendentale Schein と類比しうる理念である、と言いうるであろう。[18] あるいは、その「一人の識者」は死を賭してまで真実知を希求するソクラテスである、とも言えるかもしれない。いずれにしても、聴従すべきは正邪、善悪についてよりよく知るより善き人の言説であり、見習うべきはそうした人の言行である、ということになろう。

次に、「正 to dikaion によってはより善いもの beltion になり、不正 to adikon によってはだめになるところのあのもの」とは何か。もちろん、これは「魂」psychê のことであろう。しかし、ho tôi adikôi apôllyto を「不正によって滅するもの」と訳すわけにはいかないであろう。なぜならば、「魂」はそれ固有の悪である不正によっても滅することのないものだからである。『国家』篇における議論によれば、まさにそれゆえに、「魂」は不滅なのである。[19] とすれば、ここで言われていることの意味は、正しいことを為す人は、自分の「魂」を善きものとし、不正を為す人は、自分の「魂」を悪しきものにする（「魂」の構成秩序を転倒させる）、ということであろう。要するに、いずれにしても自己責任である、ということであろう。そして、「魂」は不正によっても滅しない以上、悪しき「魂」に消滅による救済はないのである。

ソクラテスにとって、正しいことを為すことは、なによりもそれを為す当人のために善きことなのである。正しい行為は、人間を人間たらしめる所以のこと、人間の徳としての倫理性を充全に実現しようとすることである。不正を行なうことは、いかなる条件においても、人間にとって、自己実現の可能性を自分から閉じることである。他者を害することは自分を害することである。ソクラテスにとっても、他者から不正を被ることは望ましいことではない。けれども、かれにとっては、自分が不正を為すことよりも、他者から不正を蒙るほうが望ましいことである。不正を為しながら、しかも処罰を免れることは、その不正を為す当人にとって最善どころか、最悪なのである。[20] その場合、人間の徳の実現（自己実現）の可能性は最小であるからである。

とすれば、ソクラテスは、悪意ないし敵意をもってかれを告発し、死刑に陥れようとする人たちに不正をもって報いる必要はないし、それをすれば自分自身を害うことにもなる。人間は自らが自らたらしめているもの以外にはなりえないのである。この意味でのソクラテス的倫理意識は、伝統的共同体の特殊的かつ相対的な対内倫理（友には利を敵には害を）を超えた普遍的な性格を持っている。個人と個人、個人と集団、集団と集団、これらの関係における相互性（互酬律と応報律）という、共同体に固有の伝統主義倫理（正義）に対して、「不正（害・悪）を蒙っても、これに不正（害・悪）をもって報復するな」、というソクラテス的行為原則においては、原始キリスト教における「右の頬を打たれたら、左の頬を向けよ」、「敵を愛せよ」、「害する者のために祈れ」（マタイ、5. 38-43）というそれにおいてと同じく（もっとも、両者は大分ニュアンスを異にしているが）、共同体どころか国家の壁さえ突き破る普遍主義的倫理（正義）が成立している。[21]

4　正義解釈の特殊性と普遍性

故意に不正を犯さず、正しいこと（自他にとって善きこと）のみを為そうとする人間は、もはや伝統的共同体の相互性（正義）に埋没する個人ではないが、さりとて、他者を自己目的実現のための手段とするような自己完結的な個人でもない。ソクラテス的人格は、新たな自覚的相互性においてのみ可能となるであろう。それは、ヘーゲル的に言えば、「他在を介して自己のもとにある存在」Bei-sich selbst-Sein（相互的な限定・媒介を対自化・自覚した das an und für sich

Sein）であるはずである。

しかし、神ならざる現実の個人はいつもすでに過失を犯しかねない。それどころか、われわれはいつもすでに無意識に他者（自然と人間）に対して害（悪）を犯してさえいるのである。さらにいえば、現実の人間世界では、正義（善）の動機に発した行為が結果として正義（善）をもたらすとはかぎらない。善から悪が、悪から善が結果することさえ稀ではない[22]。いずれにしても、犯された不正は罰せられなければならない。そうでなければ、不正を犯した当人に救済はないし、相互性の原理そのものが崩壊し、したがって国家共同体の存立は不可能となるからである。

だが、そもそも正義とは何であるのか。不正とは何の謂いか。伝統的共同体における正義の自明性が揺らぎはじめている以上、ソフィストたち（古代から現代までさまざまなヴァリアントがあるが）におけるような、こうした問いかけは不可避である。それればかりではない。伝統的な世界観や倫理観の動揺は、正義についてのさまざまな解釈を生み、さらにこの解釈をめぐる「神々の闘争」を惹起する。この闘争の調停が不可能であれば、その構成メンバーたちの生活基盤としての国家共同体が解体しかねない。この闘争を調停しうるのは、より大きな実効的力を備えた第三者、すなわち広義の国家そのものである。国家の基礎にある法規範（伝統的習俗規範）nomosは、それをさらに根拠づける世界観の上に成立しているが、この世界観の解釈をめぐる対立は、国家が存立しえるためには、暫定的にであれ、何らかの形でその時々に実効的に解決されなければならない。

この解釈の選択と決定は、その時々の現実における政治的権力者の意思によって、そしてまた、その政治的権力者を明示的もしくは少なくとも黙示的に事実上承認し支持する大衆の意思によって制約される。権力者であれ大衆であれ、人間はいつもすでに過失を犯しかねないばかりでなく（事実、犯しさえしている）、それどころか故意に不正を為しかねない。だが、この可能性があるからこそ、一方では、人間の社会生活には国家と法規範がいつも必要なのであり、他方では、まさにこの可能性ゆえに、人間には自発的な倫理的自己実現の可能性が与えられている、とも言えよう。いずれにしても、原理的に言えば、解釈するのが神でも哲人王でもない現実の人間である以上、国家を基礎づける法規範とこれの基礎にある世界観とが真実の正義に適っているか否かは、少なくとも内容的・実質的には未決のままである。にもかかわらず、通常は、このことは問題化され、批判的に吟味されることさえないのである。
だが、危機状況において国法の妥当性が問題化したとき、国法 nomos あるいは国家の命令が実質的・内容的に不正であると確信されるならば、それに違反しそれを破壊することが正当化されるであろうか。この問いに関して、『クリトン』篇では、プラトンはクリトンと対話するソクラテスをして、さらに擬人化された国法 nomos と問答せしめている。これはいわばプラトンの描くソクラテスの自己内対話である。ここで問われていることは、必要な変更を付せば、すなわち、古典古代国家と西欧近代国家の構造的差異をさしあたり度外視するならば、広義の国家に対してこれを構成するメンバーは反抗権ないし抵抗権を持ちうるか、あるいはいわゆる「市民的不服従」は是か非か、という問題に係わるであろう。[23] そしてまたここでは、そもそも国家とは人間にとって何なのか、これが問われている。

5　アイデンティティ形成と国家

ソクラテスの自己内対話において、擬人化された国法 nomoi はソクラテスに問うている。

あなたはここ（アテーナイ）で生まれ養育され教育されたのだから、まずあなた自身もあなたの先祖たちも、われわれの子どもであり家の子であることを、否定することができるか。そして、もしあなたとわれわれとがそういう関係にあるとすれば、あなたとわれわれとの間に同じ正義があると思うのか。（…）あなたはあまりにも賢くなりすぎて、祖国が母よりも父よりも、その他のすべての先祖たちよりも、より尊くより厳かなより聖なるものであることを、忘れてしまったのか。[24]

ここではまず、擬人化された国法とソクラテス、国家とその構成メンバーたち、この関係が家 oikos における親子関係に喩えられ、次に、それはこの親子関係以上にソクラテス（国家の構成メンバーたち）にとって深刻なものであることが述べられている。

国家共同体 polis を構成する自由かつ平等な国家市民 polîtai の生活拠点であり、かれらが帰属するもう一つの共同体である家は、家族生活の場 topos であるのみならず、いわば二重の意味で（人間とその生活資料）の生産（労働）の場でもある。古代ギリシアにおける家は、一対の異性関係、親子関係、主奴関係から構成され、国家市民 polîtês である家父長 oiko-despotês にとって、私有地、妻子、奴隷はかれの所有財産である。家も国家もいわば同様の経営体であるが、前者の経営はその構成メンバーの縦の関係が基軸であり、後者のそれはその構成メンバーの横の関係が基軸である。

家あるいは家族 oikiâ という共同体ないし制度の基礎は、もちろん婚姻関係である。古代ギリシアの家には、親子関係と主奴関係という二つの縦の関係があった。親子関係は、国家市民同士の権利上の対等関係とも、主人と奴隷との階級支配関係とも異なる、ある種の「権威」authority の関係である。[25] この親子関係は多くの場合もちろん血縁関係であろうが、そして血縁幻想は多くの場合、もちろん家族統合において実際に大きな機能を果たすであろうが、かの「権威」関係において決定的なことは、必ずしも血縁関係ではない。極端に言えば、血縁の有無など家族の共同性において何ら本質的な問題ではない。かの「権威」はどこに由来するかと言えば、それは本質的には血縁幻想にというよりも、むしろ親が子に施す養育と教育にこそ由来するからである。重要なのは生みの親より育ての親が誰か、そしてどのように養育と教育がなされるか、ということである。

親子関係は、子の養育と教育に関して、与える者と与えられる者との関係である。人間は、さしあたり親の養育によって、後には自己教育によって、人間に成るのであって、この養育と教育なしに人間にはなりえない。いかなる時代であれ、生まれた子どもは誰もが、さしあたりは、自分の育ての親と自分が生きる世界とを、よかれあしかれ、自分で選択することができない。幼少年教育における教える者と教えられる者との関係には、（もちろん、おうた子に教えられるということがあるにしても）いわば絶対的不可逆性がある。これが子に対する親の本質的かつ決定的な「権威」を成立させる。

幼少年期の子どもを養育し教育する親は、よかれあしかれ、その言動や立ち居振る舞いを模倣し学習する子どものモデルである。ここでは意識的にせよ無意識的にせよ、世代間のコミュニケーションが成立する。やがて子は成長し、老いた親を乗り越えることになろう。だが、成長した子は老いた親を全面的に乗り越えることはできない。成長した子のアイデンティティの基盤は、よかれあしかれ、親から学習したところから成り、子は親を否定しようとしても、親の否定を可能にする当のものを当の親から受け取っているから、親を全面的に否定しようとすれば、自分のアイデンティティを何らかの形で自己破壊することにならざるをえないからである。

ところで、家族共同体の核を成すのは一対の異性間のいわば「対幻想」であるが、これが制度として成立したのは、もちろん国家共同体の成立以前のことである（というよりも、それは人類史の発端にまで遡れるであろう）。しかし、国家共同体の成立（もちろん、これは家族共同体を前提にしている）以後、婚姻制度（婚姻関係、所有権、相続権）の存立は国家共同体を前提とし、よかれあしかれ、国家共同体からの保護あるいは規制を受けることになる。

さて、ソクラテスの自己内対話における擬人化された国法は、祖国アテーナイとソクラテスとの関係（一般的に言えば、国家、ポリス共同体 polis とその構成メンバー polîtês との関係）を、上で見たように、家族共同体における親子関係に喩えている。この親子関係における幼少年期教育 paideiā、親子間の世代間コミュニケーション、子のアイデンティティ形成――これらのことが果たされる境域 elementum としての家族共同体の存立は、伝統の継受や社会的統合を可能にする境域としての国家共同体の存立を前提にしている。

家族共同体の親子関係における幼少年期教育は、上で触れたように、基本的には、親の言動や振る舞いを子が模倣する、という形をとる。すなわち、親子間のコミュニケーションの媒体は、基本的には両者の身体と感性である。しかし、早晩、そこには言語的象徴システムが介在することになろう。言語システムは、家族共同体を超えたところで、諸個人の共時的かつ通時的なコミュニケーション行為を通じて再生産される。この言語システムの再生産を基礎にして、文化や伝統、すなわち人間生活に「意味」を付与するような集団的アイデンティティが形成され維持される。

もちろん、言語システムは、国家を前提にしなくとも再生産されうるし、絶えず国家内部で分化し、かつ国家外部へと広がりうる。けれども、個人的アイデンティティ形成に決定的に係わるような言語システムの再生産には、文化と伝統に支えられた集団的アイデンティティの形成が不可欠であるかぎり、そしてこの形成され存立する集団的アイデンティティが国家共同体の「社会統合」的アスペクトと重なっているかぎり、すなわち、国家共同体が祖国 patris ないし国法 nomos と同義であるかぎりでは、国家共同体の存立が個人的アイデンティティ形成の前提となるはずである。「祖国は父よりも母よりも、その他すべての祖先たちよりも、尊く厳かで聖なるもの」である、と擬人化された国法が述べるのは、この意味においてであろう。

人間の幼少年期における教育（個人的アイデンティティ形成）に関して、教育される当人にとって、自分の素質も教育環境も自分で選択しうるものではなく、与えられるものでしかありえない。人間は自分が生み落とされた家と国家という共同体を自分で選択できない。そうであるかぎり、その家と国家という共同体は、そこで教育を受けアイデンティティの基礎を形成した人間に対して、よかれあしかれ、一定の「権威」を持たざるをえない。そして、人間に固有の「生きる意味」あるいは「善く生きる」が人格的アイデンティティの形成にかかっており、これが集団的アイデンティティの存立を前提にしているかぎり、すなわち、祖国と国法としての国家共同体における集団的アイデンティティの否定は人格的アイデンティティの否定を意味せざるをえない。[26]

6　シティズンシップとアイデンティティ

家と国家という共同体は、そこで生まれ育った人間にとって侵しがたい権威を持っている。この権威をかれが否定すれば、かれは自己自身を否定することになるからである。とすれば、親や国法（あるいは国家の名において下された判決）の判断には無条件で従うことが正しいことなのであろうか。もちろん、親や国法の判断がいつも無謬の正義を表現するということはありえない。とすれば、逆に、造反有理ということになりうるのであろうか。だがそうなれば、今度は国家が解体しかねないであろう。結局、国家の解体を許容するわけにはいかないとすれば、悪法も法であり、したがって、法は、それが法であるかぎり、遵守すべきである、ということになるのであろうか。

ソクラテスは民衆裁判の判決内容が不当である、と確信している。しかし、ソクラテスのこの確信が、かれが友人たちとの間で、そして自分自身との間で、かれに与えられた時間の中で遂行した、反駁的対話 elegchos の帰結に由来するとしても、それでもやはり、この帰結が客観的に（況や絶対的に）正しいとは言えない。有限な時間の中での限られた人たちとの間の反駁的対話が極限的な収束点に達しているか否か、これについてのソクラテスの判断もかれの主観的確信以外ではないからである。

ソクラテスは、擬人化された国法との自己内対話をはじめる前に、クリトンに対して次のように問うている。

poteron ha an tis homologêsêi tôi dikaia onta poiêteon hê exapatêteon;

何であれ誰かが誰かに同意したことは、それが正しことであるかぎり、それを果たすべきか、それとも欺き通すべきか？(27)

この問いにクリトンは、「果たすべきである」poiêteon と答えている。ここの件《くだり》は、解釈の分かれるところである。このすぐ後のソクラテスがクリトンに語る自己内対話から推量して具体的に言えば、「誰かが誰かに」は「ソクラテスが国法に」であり、「同意したこと」は、「国法（国家の命令）を遵守すること」、すなわち「法廷の裁決に従うこと」である。問題は dikaia onta であるが、これを分詞構文とすれば、これは「それが（同意したことが）正しいかぎり（あるいは、正しいならば)」と訳せる。要するに、ここで言わんとされていることは、次のようなことになる。同意したことは果たさなければならない、つまり約束は破ってはならない、但し、その同意したことが正しいかぎりで(正しいならば)。とすれば、さらに問題になるのは、この「正しい」はいかなる意味で正しいのか、ということである。[28]

たしかに、擬人化された国法が説いているように、ある意味では、ソクラテスと国法の間で、国法の遵守についての同意はすでに成立している、とは言えるであろう。しかし、国法(国家の命令)の内容が何であれ、国法はいつでも無条件に遵守されるべきである、と同意されていたわけではない。国法も、ある意味ではそれを要求してはいない。ここでそれ(国法の遵守)が「正しい」ならば、という条件がつくわけである。国法を遵守することが「正しい」ことである、と言えるのはいかなる場合か。それは、擬人化された国法の説くところによれば、国法とソクラテスとの間に、すなわち国家共同体とその構成メンバーとの間に、次のような条件を前提にして同意 homologiā ないし契約 synthēkē が成立する場合である。すなわち、第一に、その同意が強制 anagkē によるものではないこと、第二に、それが瞞着・欺瞞 apatē によるものではないこと、第三に、時間に迫られて決定されたことではないこと、これである。[29]

逆に言えば、国法遵守という同意事項の成立の関して、これらの諸条件が前提にされない場合は、その同意そのものが正しいということにはならず、それは無効である。そもそも契約というものはその締結当事者それぞれに自発性と拒否権が留保されているのである。

契約の成立条件の有無についての判断は双方が自発的に行なうのであって、そこに欺瞞や錯誤があるとどちらかが判断すれば、いつでも契約は撤回されうる。だから、いったん成立した契約を双方に遵守させるためには、ホッブズが論じているように、両当事者の意思を超える第三者の強制力が必要となる。この強制力は、両当事者間の関係から生ずる。すなわち、ホッブズの議論におけるような、両当事者にとってのこの第三者の強制力の盲目性は、両当事者間の関係の排他性から帰結する。[30]

だが、同意の成立条件についての同意が、両当事者間にあるならば、両当事者間の関係が排他的でないかぎり、すなわち、その関係が伝統的共同体の互酬・応報的な関係であるかぎり、同意（契約）内容の履行（この場合には、国法の遵守）は双方から自発的に果たされる。

ソクラテスの自己内対話における擬人化された国法は、次のようにソクラテスに説いている。民主制アテーナイの国法は、すべてのアテーナイ市民たち poîtai Athênaioi にいわば自由権（所有権と参政権）を認めている。ここには市民権を有する者ならだれにも、国政に関する自由かつ平等な発言権 isêgoriâ; parrêsiâ が与えられている。民主制アテーナイの国法は、市民たちにその国法を批判し説得する自由と、そのための時間的猶予とを、さらには、その批判や説得が不首尾であり、市民がそれを望むなら、国籍離脱権、亡命権さえ認めている。国法（国家の命令）が実質的・内容的にいつでも正しいとはかぎらない。大いに批判し説得せよ。しかし、民主制アテーナイ、祖国アテーナイにとどまるかぎり、その国法に従え、と。

ソクラテスは祖国アテーナイに生まれ育ち、長じて正式な市民となってからも、齢七〇になるまで、民主制アテーナイの自由を享受し、かつその義務を果たしながら、自分の使命と確信する、人間（アテーナイ市民）の精神の批判的吟味という仕事を、倦むことなく続け、しかも亡命権を認めている民主制アテーナイを離脱しようとはしなかった。擬人化された国法によれば、まさにこのソクラテスの生涯そのもの、かれの行為の総体は、祖国アテーナイの国法を遵守するという同意の成立条件についての（ソクラテスと祖国アテーナイの国法との間の）同意を示している。この同意は、言葉によって logôi ではなく、行為によって ergôi 成立するとされている。(31)

ソクラテスは、この自己内対話における擬人化された国法のこの説得、すなわち、合意の成立条件についての合意が成立している、という説得に合意する。ソクラテスが祖国アテーナイの国法を遵守して脱獄を選択しないのは、この合意の成立条件についての合意が成立していることをかれ自身が納得したからであって、悪法も法であるからではない。逆に言えば、民主制アテーナイの国法がこうした条件を備えていないとソクラテスが判断していたならば、そして、裁判の裁決に手続き上欠けるところがあったとかれが判断していたならば、その国法遵守の拒否、つまり脱獄ということ

（いわば市民的不服従）もありえたと言わなければならない。しかし、その場合でも、ソクラテスは民主制アテーナイのそのような国法には当然ながら反抗を示したであろうが、祖国アテーナイそのものを否定しなかったであろう。そうでなければ、かれの言行 logos kai ergon は一致しないことになるからである。[32]

第四部　自然 physis と作為 technê——支配（統治）におけるテクネー・アナロジー

第一章　国家——正義と交換

1　国家・権力・正統性——主権と自己原因

国家とは何であろうか？　国家と呼ばれる団体は、人類史的には、文明の成立以来、部族国家、帝国 imperium、共和国 res publica、封建国家 feudal state、主権国家 sovereign state（国民国家 nation-state）など、多様な姿形で登場してきた。歴史的に現れたこれらの国家と呼ばれる団体 Verband に共通するメルクマールは何であろうか？

周知のように、マックス・ウェーバーは国家を次のように定義している。「国家とは、正統的暴力の独占を要求する団体である」"Der Staat ist derjenige Verband, der das Monopol legitimer Gewaltsamkeit in Anspruch nimmt."と。(1) 彼はさらに、「国家をこれ以外の形で定義することはできない」と言い添えている。要するに、ここでは、国家という団体の種差は「主権」によって示される、と述べられている。国家が備える「主権」とは、それが及ぶ領域内において至高の物理的暴力装置である。だが、「主権」の存立を可能にするのは、国家の構成メンバーたちによる事実上のその正統化（承認）である。しかしながら、「主権」には、自己の国制を自己が定立しうる能力、自己限定 Selbstbestimmung の能力、要するに自己原因 causa sui の含意がある。この意味で、ウェーバーによる国家の定義は、国家一般ではなく、とりわけ西欧近代の主権国家に係わっている。けれども、必要な変更を加えるならば mutatis mutandis、それは国家一般にも妥当しうるであろう。[2]

ウェーバーが件の定義で用いている「正統的暴力」という概念の外延を広くとれば、言うまでもなくそれは「政治的権力」political power のことである。「政治的」という概念が意味することについては後に考察することにするが、「権力」という概念が示唆することについて、ここで簡単に触れるならば、Power あるいはドイツ語の Macht という言葉は、ラテン語の potestas と同様に、語源的には「能力」posse; machen können を意味している。ところが、この power; potestas という語は、一方で近代自然学（物理学）あるいは力学において物理学的「力」の概念に転用され、他方でさらに、この物理学的「力」（Kraft; 自分の意思を他者に否応なく強いる力としては Gewalt）を含意すると同時に、この物理学的「力」には還元しつくされえない「政治権力」という概念に転用された。

興味深いことに、漢語の「権力」の「権」という言葉は、「はかる（秤で計測する）」と「かわる（代替・代表する）」とを意味している。[3] この意味を敷衍するならば、とりわけ西欧近代国家において、「政治権力」は、明示的かつ制度的に、次のような機能を遂行している、と言えるであろう。すなわち、それは一方で、国家の構成メンバーたちの多様な利害 interests や意見 opinions; sentiments を、明示的にせよ黙示的にせよ、代表 represent し、他方で、まさにそのことによって、それらを公的意思 public will（あるいは、いわゆる「一般意思」あるいは総意 volonté générale）の形に集約し、その上で国家の政策を決定し、かつこの決定を執行することにある。「政治権力」はこうした統治機能を果たすかぎりで、国家の構成メンバーたちからそれ自身の正統性を事実上供給される。

かくして、現代政治学の用語で言えば、広義の政府 Government（この語は語源的には「操船すること」kybernân; gubernare を意味する）の中枢にあって、「政治権力」は、国家の構成メンバーたちの多様な利害や意見の出入力過程における変換器の機能を遂行するわけである。とはいえ、「政治権力」は、まさにこの統治機能の遂行を通じて、いつもすでに階級支配の機能をも果たしうるし、現実に果たしてもいるであろう。たしかに、前近代的な諸国家においては、「政治権力」のこのような出入力の変換機能は、少なくとも明示的かつ制度的には遂行されず、もっぱら階級支配機能を果たしているかのように見えるかもしれない。しかしながら、やはり前近代的諸国家といえども、それらが存立していたかぎりでは、同時に上述の統合機能を事実上遂行し、そのかぎりで、その正統性を事実上調達していたのである。広義の国家が備える「政治権力」の統合機能は、国家という枠の中での社会的再生産過程におけるいわゆる「システム統合」と「社会統合」の両局面に係わっている。「政治権力」の成立は、歴史的には通常、優越する暴力の行使、つまり征服を前提にしていた、とは言えるであろう。しかし、支配者（統治者）の「政治権力」の存立は、被支配者（被治者）たちがそれを事実上正統化している、ということにかかっている。かれらの正統性信仰は、ウェーバーが言うように、伝統、カリスマ、実定法などへの彼らの信頼 Vertrauen によって調達されるであろう。(4) しかし、いずれにしても、こうした信頼（事実上の承認）（これが信仰 Glauben にすぎないにせよ）がそもそも事実上成立するのは何故であろうか？その理由はおそらく、次の点にあるであろう。いったん確立した優越する暴力装置を基礎にした当該の「政治権力」が、政治的統合機能を現実に完遂していること、すなわち、少なくとも、さしあたり対外防衛を確保し対内治安を維持することによって、二重の意味で被支配者（被治者）たちの社会生活（経済生活と精神生活）を保障していること、このことをまさにかれら被支配者（被治者）たち自身が事実上（行為結果において）tatsächlich 何らかの形で見極めている、という点に。

「政治権力」を支える資源は、被支配者（被治者）たちからの貢納（租税）あるいは兵役の形で提供される寄与である。歴史的には当初、この寄与は直接的収奪という形で調達されたであろう。もちろん、被収奪者たちにおいて社会的剰余生産を可能にする生産力の水準が達成されていなければ、この収奪は制度化されない。しかし、それだけではない。収奪制度つまり階級支配は、収奪者から被収奪者への最低限の給付なしには維持されないであろう。被収奪者たちの寄与と収奪者たちの給付の交換が一定の幅で均衡していれば、階級支配（あるいは統治）は安定する。この均衡した秤が一方的かつ構造的に前者に傾き、実質的不等価交換が行なわれているにもかかわらず、なおかつ階級支配が存立しているとすれば、それは「政治権力」を掌握する支配者が最低限の政治的統合機能を現実に遂行していることによって正統性信仰が調達され、そのことによって寄与と給付の交換価値に関して支配者（あるいは統治者）が呈示する一定の解釈が通用することになるからである。

「すべての階級社会は、それらの再生産が社会的に生産される富の特権化されている領有に基づいているから、社会的剰余生産物を不平等に、しかし正統的に配分する、という問題を解決しなくてはならない。それらは、この問題を構造的暴力によって解決する。すなわち、欲求充足の正統的チャンスの不均衡配分が規範体系に確実に明記されかつ遵守されている、ということによって。」(5)

要するに、柄谷行人の言い方に従えば、国家とは、伝統的共同体における「互酬性」(6) reciprocity という基本的に横の交換形式と区別されうる、「略取―再分配」という縦の交換形式と言えるであろう。近代以前には、帝国であれ封建国家であれ、共同体は国家に組み込まれることになるから、国家は縦横二つの交換形式から構成される。近代主権国家においては家族以外の共同体が解体する（あるいは解体される）から、ホッブズが呈示したように、基本的に主権 sovereignty―臣民 subjects という縦の交換形式だけが残ることになる。この場合、原理的には、主権の前にすべての臣民は平等であり、主権者は臣民を本人 author として、これを代表 represent する法人 person ということになる。主権国家は、対外的には、他の主権国家と、相互に person として形式的な承認関係において存立するが、この関係は実質的には自然状態と同じである。(7)

さて、被治者の寄与と統治者の給付の交換における均衡に関して、広義の国家あるいは政治的結合体 political association が存立しているかぎり、その均衡（寄与と給付の交換率）について事実上判断しているのは支配者（統治者）である。だが、この均衡を仮に「正義」と呼ぶならば、均衡（あるいは交換と分配の「正義」）であると思われていることと均衡であることとの差異、正義と不正との差異、これについて自覚あるいは反省が生じたとき、この差異については誰がいかにしてそれを判断しうるのであろうか？

それを判断しうるのは、被支配者（被治者）であろうか、それとも支配者（統治者）であろうか？　あるいはこの両者であろうか？　だとすれば、その判断能力は、そもそもあらゆる人間に、少なくとも可能性としては、無差別に所与のものなのであろうか？　それとも、神ならざる現実の個々の人間には、この判断はそもそも不可能であって、事後的に（行為の後で）のみ判明しうる（ヘーゲルの言うような）「歴史における理性」[8]に委ねるしかないのであろうか？

いずれにしても、人間社会の存立が単なる自然発生的な統合機能のみならず、何らかの人為的な自覚的統合機能をまってはじめて可能であるとすれば、この統合機能の担い手（すなわち、統治者あるいは支配者）は誰であるのか、あるいは誰であるべきなのか、そして、彼にはいかなる資格と能力が必要なのであろうか？　だがしかし、そもそも人間存在にとって支配あるいは統治が必然であるとすれば、それはいかなる意味においてなのか？

2　正義 dikaiosynê とポリス・モデル

これらの問題を考えようとする者に対して、プラトンが『国家』篇において展開している諸々の議論はさまざまな示唆を与えているように思われる。誰もが統治者になりうるわけではないし、なるべきでもない。人間の徳（卓越性、器量）aretê において最善の人たち aristoi が統治者になるべきである。——このようなメッセージが、プラトンのテクストからは発せられているように思われる。「等しいものも等しくないものも等しくする」。プラトンは、自分がまさに生きている同時代のアテーナイ民主制の基礎にあるものを、このような無差別原理として捉え、差異を差異として識別できない、あるいは識別しようとしない人々（「民主制的」人間類型）に対して深刻な批判的意識を抱いていたように思われるからである。[9]プラトンは文字通りの意味での貴族制 aristokratiā としての最善国家モデルを提示しているが、ここには、人間存在にとって支配ないし統治が持っている意味 significance は何か、これが示唆されているように思われる。

プラトンの『国家』篇というテクストの読解にあたってまず何よりも注意すべきことは、次のことであろう。第一に、用いられている鍵となる主要な概念（例えば、自然 physis、作為（技術）technê、徳（卓越性）aretê、善 agathon、そして正義 dikaiosynê など）が、いずれも両義的あるいは多義的であるだけでなく、現代語のそれらに該当する言葉と同じ意味内容を指示しながら、しかも同時に、これらとはかなりずれたことを含意し、それどころか、ときには正反対のことを意味すること、そして、第二に、これらの主要概念の意味内容は、古典古代ギリシア語の諸概念のネットワークにおいて、対照的にせよ包摂的にせよ、相互に限定し合っていることである。

『国家』篇の主題は「正義」である。ギリシア語の正義 dikê, dikaiosynê, dikaion（この語の語源的意味や派生的意味については、ここでは深入りしない）の含意の中核にあるのは、いわば自生的な宇宙秩序 kosmos（あるいは調和 harmonia）としての自然 physis における、（天秤 bilanx で象徴される）内発的均衡 balance; Bilanz あるいは「同等のものにする（もどす）はたらき（機能）」Ausgleich であろう。したがって、古典古代ギリシア語の「正義」という概念は、人間を含む（すなわち、ユダヤ・キリスト教的ないし西欧近代哲学的な自然観におけるのとは異なり、人間存在がその外に位置しない、汎神論的な）宇宙秩序、コスモスとしての自然 physis に包括的に係わっている。[10]

しかし、いずれにしても、正義、「正しいこと」to dikaion とは、古代ギリシア人の日常生活においても、さしあたり「人が人として為すべきこと」として人々によって認められていることである。すなわち、それは一般的には、法ないし習俗規範 nomos に従うこと、そしてとりわけ古代ギリシアのポリス共同体においては、その構成メンバーたちの平等であろう。[11] 人間が人間として人間関係において「為すべきこと」と「為すべきでないこと」、善と悪、正義と不正――このように言われている人間の行為がさしあたり自明のこととして人々に受け取られていなければ、いかなる時代においても社会生活は営めない。例えば、「人は互いに助け合うべきである」、「年少者は年長者に敬意を表すべきである」、「理由もなく無闇に他人に危害を加えてはならない」等々――これらの勧告や禁止の命題は、古今東西の社会生活において、かなり高い妥当性を持っているであろう。

周知のように、アリストテレスは、ポリス共同体における平等としての正義に関して、配分的正義（幾何学的平等）

と矯正的正義（算術的平等）という概念を提示している。[12] プラトンは、上に挙げたようなこれらの倫理的命題を、すでに古代ギリシア人が共有していた「各人に各人のことを（それに相応しい人に相応しいものを）」suum quique; Jedem das Seine あるいは「自分自身の（為すべき）ことを為すこと」to ta hautoû prattein という命題に集約している。「正しいこと」to dikaion を為すことは「善きこと」to agathon であり、「善きこと」を果たす人は幸福 eudaimonîa でなければならない。常識的にはそのように思われるであろう。ところが、この世の現実社会は、古今東西いたるところ、災厄と悲惨、倫理的不条理（正義と幸福との齟齬）absurditas で満ち溢れている（ように見える）。「禍福は糾える縄の如し」。だが、そうだとしても、何故にしばしば善人が不幸になり、悪人が幸福となるのか？ 何故に見てくれの「正義の評判」や偽善がまかり通るのか？ あるいは少なくとも、そのように見えるのは何故なのか？ 「正しいこと」であること ti dikaion *esti* と「正しいこと」であると思われていること ti dikaion *eînai dokei* との乖離、これが自覚されるならば、誰がいかにして「正しいこと」、正義をそれとして認識するのか？

ここからプラトンは上述したような意味での「正義」to dikaion という概念を基軸にして、人間の魂 psychê と国家 polis それぞれの構成秩序およびそれらの連関の問題に立ち向かっている。プラトンによれば、この「正義」（という一般的な「徳」、あるいは両者の構成秩序・機能連関）に照らすならば、魂と国家とは類比 analogîa、あるいは比喩 metaphorâ の関係にあるものとして示しうる。魂 psychê とはプラトンにおいて宇宙 kosmos としての自然 physis の根源的起動因 archê; conatus あるいは生命（内発性、自生性の）原理であるが、[13] ここでの魂は人間個人の魂のことであり、必要な変更を付すならば、後の人格 person という概念で言い換えることができるであろう。プラトンによれば、「正義」は魂の徳 aretê としては、魂におけるその三つの構成要素それぞれの徳（知恵、勇気、節制）の構成秩序あるいは機能連関そのものである。したがって、その魂において理性が勇気を介して欲望を統治している人が正しい人（善き人）である。この意味で正しい人（正しいことが何であるかを知る人；最善の人 aristoi）たちが「正しい信念」orthê pistis; echte Gesinnung を有する人を介してその他の構成メンバーたちを統治するのが、正義を実現する最善国家（の国制、すなわち aristokratiâ（第三ポリス・モデル）である。[14]

　プラトンのテクストからは、次のような全体的構図が見て取れる。魂の三部分は最善国家（第三ポリス）における三身分に対応するとともに、国家 polis 生成の三段階と照応している。[15] 第一ポリスは第三身分（生産者層）に、第二ポリスは第二身分（守護者層 phylakes; 戦士層 strateôtai・補助者層 epikuroi; boêthoi）に、第三ポリスは第一身分（統治者 archontes; 哲学者 philosophos）に。第一ポリス、「健康なポリス」では、いわば「即自的」*an sich*（内発的ないし自生的）に正義が実現されている。第二ポリスは分裂と不和が支配する不正のポリスである。第三ポリスは最善の人たちによって不正が自覚的に浄化される（正義が回復あるいは再建されている）ポリスである。プラトンは、（1）ポリス生成の三段階を範型的に呈示し、（2）第三ポリスの構成要件として、守護者層における、二つの教育プログラム、男女平等、共産制、哲学者の指導 hêgemoniâ といった諸契機（制度）について多くを論じてから、（3）この第三ポリス、最善国家、aristokratiâ の堕落過程として第二ポリス国制 polîteiâ の四類型（名誉制 tîmokratiâ、寡頭制 oligarchia、民主制 dêmokratiâ、僭主制 tyrannis）を描いている。

　プラトンは、こうした国家論において、人格的（psychê の）正義の比喩として政治的（polis の）正義を問題にすることによって、第二ポリス、不正のポリスの第四類型、その堕落の極限形式として僭主制 tyrannis の転倒と破綻を示し、その支配者である僭主 tyrannos が外見や評判 doxâ ではどれほど極限的に幸福に見えようと、真実においては正反対に極限的に不幸な人間であることを、要するに、見かけがどうであれ、人間存在における正義と幸福とは究極的には一致することを、ミュートスで物語り、かつロゴスで論証しようとしている。

第二章　自然と作為

1　第一ポリス・モデル——physis と technê

けれども、プラトンが展開した国家論の全体的構図からは、次のような政治哲学の原理的問題に関する示唆を読み取ることができる。すなわち、それは第一に、政治的結社 political association を形成し存立せしめる所以のもの（つまり、その結合原理）は何か、自然的必然性なのか、あるいは人間的作為性なのか、それとも、そのいずれでもない何かなのか、第二に、魂と国家、人間の個体性と共同性、人格的正義と政治的正義、これらはどのように交錯し、どのような相互限定関係にあるのか、といった問題である。

第一ポリス・モデル、すなわち「健康なポリス」あるいは「豚のポリス」で示されているのは、有機的組織体 organization、あるいはある種の経済システムである。このモデルに関しては、その特徴が健康な有機的身体に擬えて語られているが、ここには、人為的統合ないし政治的統合の機能（つまり、政治権力の統括機能）という契機が不在であるから、厳密に言えば、この第一ポリスは、もちろん近代的主権国家ではありえないし、上でその定義を提示したような広義の国家 State でさえない。ここではまた、あたかも西欧近代ブルジョア社会（商品交換システム）におけるような、農、工、商の実業に携わる職能人たち dêmiourgoi; craftsmen による自己労働の産物の内発（自生）的な交換

Austauschverkehr を通じての、全面的相互依存と社会的分業 the division of labour; Teilung der sozialen Arbeit が示されている。したがって、職能の専門化 specialization と社会的分業が展開している以上、この第一ポリスはもはや自給自足の本源的共同体ではありえないが、にもかかわらず、ここには西欧近代ブルジョア社会におけるのとは異なり、かれら相互間に排他的・敵対的な競争も闘争も見られず、財の交換に際しての契約も、これを支える第三者的強制権力も見られず、この（基本的には伝統的共同体の互酬的交換）モデルにおけるかれら職能人たちは、内外の平和と心身の健康に自己充足している。(1)

ところで、古代オリエント的・アジア的世界では、カール・ヴィットフォーゲルによれば、その地理的条件ゆえに、大規模な水利灌漑事業の統括機能の必要から、官僚制を備える巨大な集権的専制国家（帝国：「全般的隷従制」）が屹立したとされる。(2) これとは対照的に、地中海世界では、とりわけ古典古代期のギリシアでは、やはりその地理的条件からして、官僚制を欠く中小の戦士共同体国家が群立した。スパルタなどがそれを例証しているように、このポリス共同体国家は典型的な征服国家、奴隷制社会であったから、ここでは対外防衛任務を担う自由かつ平等な戦士市民 polîtai とかれらに支配された直接的生産（経済活動）を課される奴隷 doûloi との明確な社会的機能分化が見られた。この奴隷支配に基づく経済活動が営まれるトポスは、戦士市民の私有地における家 oikîa であった。家はまた、主奴、男女、親子という支配関係が成立するトポスであった。したがって、このギリシア的ポリス共同体国家においては、いわば政治的な自由・平等と経済的な支配・隷属とが分離し、かつ相互に規定し合っていた。(3)

さて、プラトンの呈示している第一ポリス・モデルには、こうした歴史的に成立していた現実的諸国家と比較してみると、人間と人間社会の再生産のために不可欠なものと思われる国家と家という二つの制度があたかも欠如しているかのように見える。ここではプラトンはいわば方法（意識）的に二つの制度を捨象している、と言えるかもしれない。しかし、そうだとすれば、プラトンは方法的なフェイド・アウトによって何を示そうとしているのであろうか。おそらくここでプラトンは、意識的にせよ無意識的にせよ、人間社会に潜在する有機的組織体 organization と社会的結合体

association に通低するところの結合原理を、しかも社会的結合体における政治権力の統合機能と家族的紐帯（あるいは親族原理）以外の結合原理を、要するに人間社会の本源的共同性（交換と分配）を、結果的に際立たせているように思える。

第一ポリス・モデルは、さしあたり、単なる自然的・有機的な組織体 natural organization、また単なる人為的・政治的な結合体 artificial political association、このいずれでもないように思われる。プラトンは第一ポリス・モデルにおける全体の統一性 the unity of the whole の根拠を、多様な広義の技術（技能 skill; craft あるいは職能 trade）、テクネー technê（pl. technai）とその担い手である技能人・職能人、デミウルゴス dêmiourgos（pl. dêmiourgoi）; craftsman たちの相互補完システムとして呈示している。人間社会の存立過程を、かつてマルクスは「人間と自然との（社会的）物質代謝」（ein sozialer）Stoffwechsel zwischen Mensch und Natur という、いわば自然そのものの自己循環過程として表現した。これは、現代の社会システム論の用語で言えば、社会システムとその環境としての内外の自然との交換過程ということになろう。テクネーは、（この自然そのものの自己循環過程としての）人間の社会的生産過程の総体における、その一環としての人間の活動 ergon; activity; Tätigkeit である。だとすれば、プラトンが呈示する第一ポリス・モデルは、テクネー（作為）を内在させた自然的組織体とも言えるであろう。

2　テクネー technê とポイエーシス poiêsis

ハンナ・アーレントが、アリストテレスに倣って概念的に区分しているように、人間の活動 activity; Tätigkeit は、総じて、行為 prattein; action; Handeln、製作 poieîn; work; Herstellen、労働 ergazesthai; douloûn; labour; Arbeiten の三つの局面に区分されうる。（アリストテレスにおいては、学問対象として理論 theôriâ と実践 prâxis のそれが区別されているが、この区分において実践と製作 poiêsis のそれは同じ実践のカテゴリーに包含されている。）アーレントが人間の活動に関するこの概念装置とその区分で論じようとしたこと（とりわけ、行為 Handeln を製作 Herstellen や労働 Arbeiten から概念的に厳格に区別しようとしたこと）、そしてその是非については、ここでは立ち入らない。しかし、次のことはあらかじめ言っておかなければならない。人間の社会生活（その社会的生産）における現実的活動そのものは、直接的にせよ間接的にせよ、いつもすでに何らかの広義の技術〈知〉を随伴させており、アーレントにおけるようには、概念的にはともかく、現実的には、その諸局面を必ずしも明確には区別できない、と。人間は、社会生活（広義の社会的生産労働）を営んでいるかぎり、いつもすでに、明示的であれ黙示的であれ、何らかの形で homo sapiens であると同時に homo faber であり、あらざるをえないからである。(4)

注意すべきことは、古代ギリシア人あるいはプラトンにおけるテクネーは、よかれあしかれ、近代以降におけるもっぱら自然支配のための狭義の「目的合理的行為」における技術（もちろんこれは、すでにプラトンの同時代にはソフィストたちの間に、いわば主観化された道具的理性の形で、紛うことなく明らかに現れていた）ではないことである。たしかに、テクネーという言葉は、「道具」の製作と製作された「道具」の使用に係わっている。この意味で、古代ギリシア語のテクネーとポイエイン（製作）は、初期ハーバーマスの使っている「労働」Arbeit あるいは「道具的行為」das instrumentelle Handeln と言い換えることもできよう。しかし、プラトンにおいては、他の多くの古代ギリシア人たちにおいてもそうであるように、技能人・職能人、デミウルゴスの技能 skill; craft あるいは職能 trade としての（ギリシア語でいう）テクネーという概念には、はるかに広くかつ多様な意味合いが含まれている。テクネーの遂行を示すギリシア語のポイエイン poiein という他動詞は、ラテン語の facere（この他動詞と自動詞 fieri［なる］の完了分詞は同形 sg.m. factus である）、現代語の faire; make; machen などと同じく、〈つくる〉と〈する〉、この両方の意味を持っている。(5)

要するに、人間の現実的活動においては、いつもすでに、prattein と poiein とは、必ずしも分離されないのである。プラトンにおけるテクネーは、自然に対する人為一般を含意しうるが、いつもすでに、狭義の作為・技術・製作だけではなく、人間の知恵・知性・知識などを伴う熟練した技能でもある。だから、プラトンにおいては、テクネーという言葉がしばしば、知恵 sophiā、知性 noûs、知識 epistêmê、思慮 phronêsis などと置き換えられている。(マルクスにおける本来の「労働」概念も、アーレントやハーバーマスのそれにおけるような「道具的行為」や生存のための肉体的・生理的必要労働よりも広義のもの、むしろ古代ギリシア人のそれに近いもの、と考えておくべきであろう。そして、この「労働」概念の差異は「自然」概念のそれに係わっている)。(6)

それゆえに、プラトンにおいては、よかれあしかれ、アリストテレスにおけるのとは異なり、理論 theôrein と実践 prattein が、そしてアーレントやハーバーマスにおけるのとも異なり、実践 prattein と製作 poiêin とが、(そう言いたければ、むしろ意識的に)概念的あるいはカテゴリー的に厳格に区別されていない。(7) プラトンにおいて、理論と実践、実践と製作、このいずれもが未分化であったこと、これは何を意味するのであろうか? 第一に、さしあたり、このことは、プラトンにおける自然概念が、古代ギリシア的それが総じてそうであるように、西欧近代の哲学や科学におけるそれとは異なっていたこと、このことに関係するであろう。しかし、それよりもなによりも、第二に、プラトンが、タレス以降のイオニア派、ピュタゴラス以降のイタリア派(いわゆる「ソクラテス以前の哲学者」たち)の数世紀にわたる自然哲学の展開の末端にあって、自然(宇宙)像の動揺、自然 physis と人為 nomos との間の亀裂、これを自覚していたとすれば、むしろ彼はカテゴリーの弁別の必要を自覚しながら、なおかつそれらを統一的に捉え直そうと試みていた、と言えるのではあるまいか。(8)

ハンナ・アーレントによれば、人間による製作 poieîn; Herstellen という活動には自然に対する暴力が潜んでいる、とのことである。(9) 近現代の科学・技術の自己制御を欠く盲目的発展を見れば、そのような感想を抱かざるをえないように思える。人間は自然にとって、自然を自己の欲望のままに恣意的に支配しようとしながら、ひたすら自己破壊に突き進む異物でしかないようにさえ見える。しかしながら、内外の自然の交換過程に媒体としての道具 organon; instrument が介在することそのものが、そのまま暴力とは言えまい。なぜならば、人間自身も人間が製作し使用する道具も自然の一部であり、人間が自然存在として自己の生活活動における自然必然性の一定の限度内で道具を製作し使用するかぎりでは、そのことによって人間が自然の可塑性の許容限度を超えることはないであろうからである。

さて、ここで、古代ギリシア人、とりわけアリストテレスに倣って、形相 eîdos; form と質料 hylê; matter という古代ギリシア語起源の言葉を用いて、テクネー technê とその遂行としてのポイエイン poieîn について考えておきたい（いわゆるイデア論についてのアリストテレスのプラトン批判に関連していることであるが、この形相・質料という言葉の用い方における両者間の差異に関しては、ここでは立ち入らない）。古代ギリシア語の eîdos とは、さしあたり視覚像、〈見られたもの〉、その姿形、〈かたち〉を意味する。しかし、それはさらに、その〈かたち〉をそれとして示現せしめているもの、〈もの〉あるいは事柄（〈あること〉、〈存在すること〉eînai）の統一・秩序・限定を可能にしている当のものを意味する。形相と質料との関係は、〈かたち〉あるいは〈かたち〉を〈かたち〉たらしめていもの、すなわち統一・秩序・限定の原理、これを与えるもの（能相）と与えられるもの（所相）との関係である。その意味では、形相と質料とは、デカルトにおける思惟実体 res cogitans と延長実体 res extensa のように、相互に還元不能の二元論的実体ではなく、いわば同じ自然の二局面（能相と所相）に過ぎない。

プラトンが呈示する第一ポリス・モデルにおけるデミウルゴスのテクネー technê とその遂行としてのポイエイン poiein は、質料に形相を定立 impose する活動、あるいは、（形相と質料とを二元論的実体として分離しないかぎりでは）質料そのものに潜在する形相を顕在化 actualize させる活動 ergon; activity である。すなわち、ここでのデミウルゴスは、このテクネーの遂行としてのポイエインという活動を通じて、質料としての外的自然にだけではなく、同じく質料としての内的自然にもまた潜在する形相を、同時に顕在化させる。すなわち、このテクネーの遂行は、質料としての、一方での外的自然における多様で偶然的な諸性質 qualities、他方での内的自然における同じく多様で偶然的な諸能力 faculties——この両方を統一し、それらに統一的秩序すなわち形相を付与する。かくして、ここでのデミウルゴスは、外的自然において何らかの製作（生産）物を現出させ、同時に、かれ自身の内的自然（生得の自然的諸能力 innated natural faculties）を陶冶させる。すなわち、かれはテクネーの遂行によって二重の意味で善 agathon を実現する。かれは一方で自他の生活必需品という財 goods をもたらし、他方で自分に素質として潜在している固有の技能 crafts; faculties、すなわちかれの徳（卓越性、器量）aretê を開花させる。[10]

第一ポリス・モデルにおいては、デミウルゴスのテクネーの遂行は、道具（生産用具）の製作と製作された道具による生活資料 Lebensmittel の生産である。この道具の製作を介した生産活動は、上述したように、人間と自然との間の物質代謝過程の一環である。製作された道具は、かれの内的自然としての身体における生得の諸能力を拡張した形で実現したものに他ならない。ここでは、人間はその種 genus が動物であるところの一自然種 a natural species であり、その種差 differentia は理性 reason あるいは目的合理的行為 das zweckrationale Handeln である。人間のこの種差としての理性は、人間を自然種そのものとは異なる何かとして自然種そのものから区別するのではなく、他の諸々の自然種から区別するにすぎない。人間は自分の類的自然本性 generic nature を、自分の自然的諸能力としての目的合理的理性の適用を通じて、動物的必要（自然必然性）を充たすことによって実現する。

3　諸々のテクネーの相互補完システム――natural organization

プラトンが呈示する第一ポリス・モデルにおいては、テクネーの遂行 ergon は、必要労働 Arbeiten とそのための道具の製作 Herstellen――この両方を含意している。[11] 第一ポリスは、デミウルゴスたちそれぞれの諸テクネー technai の遂行から成る相互的な補完と依存のシステムである。このシステムを成立せしめているもの（つまり、第一ポリスの結合原理）は何か？　それは、端的に言えば、生物一般におけるのと同じく、自然必然性あるいは自然内発性、要するに必要（自然的欲求とそれを充たすもの）である。だが、さらに言えば、有機的組織体 organization の統一的自己再生産を可能にする原理的前提がそれを構成する諸器官 organs の相互の差異そのものであるように、第一ポリスの結合原理としての相互補完システムを成立させるのも、諸々のテクネー（技能 skills あるいは職能 trades）相互間の差異そのものである。この差異そのものが相互需要を喚起し、いずれもがおのずから自分に欠けるものを補完しようとさせるのである。

第一ポリスにおいては、一方で、誰もが等しく、おのずから、それぞれ専門的な職能人であり、自分固有の職能に専心し、他の諸々の職能に携わることを断念し、他方で、誰もが等しく、おのずから、自分の生存に必要でありながら、自分には欠けるもの、これを獲得する自然必然的な能力というニュートラルな意味でのクレマティスケー chrêmatiskê（いわば self-interest）を備えているがゆえに、相互補完的な均衡システムが現出する。オトフリート・ヘッフェに従えば、「健康なポリスを支配しているのは、高次の理想ではなく、（啓蒙化された）自己関心 das（aufgeklärte）Selbstinteresse、より詳しく言えば、生きること（生き延びること）へのまったく動物的な関心 das schon animalische Interesse am（Über-）Leben（369d: 生きるために *toû zên heneka*）であり、これは生活を容易にすることへの関心 das interesse an Lebenserleichterung（vgl. 369c: 快適なこと *ameinon*）によって補完されている。」[12] ヘッフェはさらにここで、協働 Kooperation; Zusammenwirken の利点を次のように要約している。

> 人がさまざまな職業に赴くこと、そして人が孤独なロビンソンとしても生計を立てうること（369e ff）――このことをプラトンは否定しない。[13] しかし、次の三つの相互に補完し合うことがらは協働 Kooperation の利点である（vgl. auch 374b-c）。すなわち、（1）規則づけられた手順 Verfahren あるいは熟練 Kunstfertigkeit の利点（technê; Technik; vgl. 374c）、技術原理 ein Prinzip Technik、（2）自然本性的な才能の差異が厳然と存在すること（370a-b, vgl. III 415a-c）、才能原理 ein Prinzip Begabung、（3）専門化を通じての生産性の向上（370c ff.）、狭義の専門化原理 ein Prinzip Spezialisierung がそれである。挙げられた三つの原理は共に、一人格は『すべての他のことには取り組まず』（370c）、『自分の任務のみを引き受ける』べきである（vgl. 374b-c）、という広義の専門化原理を根拠づけている。ここにはすでに、『各人に、自分が責任を負うことを Jedem das, was man ihm schuldet（*ta opheilomena hekastô*）』というギリ

シア共通の正義原理を受け入れている専業公式 die Idiopragieformel が窺える。(14)

第一ポリス・モデルにおける諸職能の相互補完的システムは、社会的総労働の分割、つまり社会的分業 the division of labour である、と言えよう。さらに、必要な変更を付せば mutatis mutandis、そして、均衡システム、経済システムという点にだけ注目すれば、この相互補完システムは、近代ブルジョア社会における「全面的相互依存関係」、「諸欲求のシステム」（ヘーゲル）に類似している、とも言えよう。(15) だがしかし、これは似て非なるものである。近代ブルジョア社会あるいは近代資本制社会を構成するのは、理念的にはカント的な意味で（道徳的あるいは倫理的に、あるいは少なくとも法律［形式法］的に）自律的な実践的意思（所有と契約）の主体であり、現実的にはホッブズ的な意味で排他的かつ自己完結的に自己保存と自己利益を追求する利己的欲求の主体である。ここでは、一般的に、利己的欲求の諸主体の間には闘争が、つまり敵対的関係 antagonism が全面的に支配的であり、そうであるがゆえに、これらの主体は好むと好まざるにかかわらず nolens volens、相互依存関係に入らざるをえない。ここから、所有と契約に基づく形式的私法体系が析出され、さらにまさにこれを保持するための主権国家の成立が必然化する。第一ポリス・モデルには、近代ブルジョア社会を特徴づける、闘争、形式法、主権国家、これら一切が欠けている。その結合原理は、共同体の互酬的原理に基づく交換形式であり、「商品交換」や「略取―再分配」という交換形式ではないからである。

古典的な自由主義経済理論にしたがえば、近代ブルジョア社会の敵対的関係からはいわば「予定調和論」的な（つまり、自然発生的な）均衡と統合が現出するはずであった。しかし現実には、互いに正反対の立場にあるように見えながら、同じ自由主義的なパラダイムから発想したホッブズとカントが近代ブルジョア社会を構成する諸主体における革命権（抵抗権）を否認せざるをえなかったように、近代ブルジョア社会は主権国家の直接的な――あるいは少なくとも間接的な――人為的介入なしに存立しえない。これに対して、プラトンが呈示している第一ポリス・モデルは、あらゆる人為的な支配や統合の機能なしに、すなわち政治的権力や政治的国家を前提にしないで、自然必然性のみにしたがって社会的統合が達成されている。それゆえに、「プラトンの牧歌的小ポリスは、純粋に経済的に、分業と専門化によって組織されているから、近代アナーキズムのもっとも厳格な尺度さえ充たす一つの『自由市場 ein freier Markt』に他ならない」[16]。

健康な身体において、その健康（すなわち諸器官の均衡と統一性）をもたらすのは、それを構成する多様な諸器官のいずれかの一つあるいはいくつかではなく、それら諸器官の自生的な有機的機能連関そのものである。同じく、諸テクネー technai の相互補完システムとしての第一ポリス・モデルにおいて、その諸テクネーの均衡と統一性をもたらすのは、いずれかの特殊なテクネーではなく、そのシステムの内発的な諸機能の相互調整連関そのものである。生物の身体的諸器官の機能的相互調整システム（いわゆる homeostasis）は、その均衡が崩れかけても、それが一定の臨界内のことであれば、おのずから回復を遂げる。すなわち、有機的身体には、一定の不可逆的な老化の進行はあっても、病気からの一定の自己治癒（回復）能力が備わっている。同じことは、第一ポリス・モデルにおける諸テクネーの相互補完システムについても、そしてまた、それを構成するデミウルゴスたちの魂 psychê 内部におけるその構成要因間の機能連関についても言えるであろう。

第一ポリス・モデルにおけるデミウルゴスたちの魂においては、〈理知的部分〉logistikon、〈気概的部分〉thymoeides、〈欲望的部分〉epithymêtikon の諸機能とそれらの連関とは、第三ポリス・モデルの構成メンバーたちの魂におけるそれらのように明確に析出されていないし、縦の三層構造を成してもいない。デミウルゴスたちの魂の内部では、理知、気概、欲望のそれぞれ潜在的な三機能は、おのずから相互に限定あるいは制御し合って均衡を保っている。ここでは均衡としての形相あるいは正義がいわば即自的 an sich に現前 be present している。したがって、そこではデミウルゴスたちの欲望は自足しているから、「満足を通じての平和」Friede durch Zufriedenheit が成立している[17]。すなわち、第一ポリス・モデルにおいては、魂の満足と国家の平和とが、類比関係のみならず、相互依存関係にさえある。

4　第二ポリス・モデル—— political association

これに対して、プラトンが呈示する第二ポリス・モデルにおいては、魂と国家の両方において、自生的な均衡システムと統一的秩序（すなわち、正義）とが、つまり本源的充足状態が、一定の臨界点を超えて破綻してしまう。それゆえに、第二ポリス・モデルは、「病気のポリス」、「熱で膨れ上がったポリス」、「過剰のポリス」と呼ばれている。ここでは、身体的病理（病気）、社会的病理（紛争）が、そして、それよりもなによりも、これらを基本的に条件づける魂の病理（無際限の欲望）が成立する。[18] 何故に、ここでは健康は損なわれてしまうのか？　何故に、ここでは魂と国家それぞれのそれら均衡システムの臨界点は超えられてしまい、そしてその均衡システムの自己治癒機能は作動しないのか？

そもそも、第一ポリス・モデルは、ミュートスにおいて過去の黄金時代のそれとして語られるような、楽園、ユートピア、怠け者の天国 Schlaraffenland ではない。それは自己保存のために、いつもすでに必要労働に迫られているからである。ヘッフェにしたがえば、第一に、「労働収益と生活需要との調和」Harmonie von Arbeitsertrag und Lebensbedarf は、内外の自然的諸条件次第で、いつでも崩れかねない。必要労働が係わる自然は、本源的に常に不確定的・偶因的な諸要因 Kontingenzen を孕んでいるからである。第二に、必要労働のためのテクネー（技能・職能）の習熟は、喜びや楽しみをもたらすのみならず、むしろそれ以上に労苦を要するであろうから、ひとりでに成立するわけではないであろう。だから、第三に、労働が労苦を要する以上、「身体的に優越する者たちが、自分たちの生活需要を、労働を通じてよりも、むしろ暴力 Gewalt を通じて、知的に優越する者たちが、労働を通じてよりも、むしろ詐術 Betrug を通じて、調達しようとする（…）危険が、結局のところ浮上する。」そして、第四に、社会的分業において必然化する財やサーヴィスの交換は契約なしにはすまないが、この契約も常に毀損されかねない。[19] かくして、第一ポリス・モデルについて、ヘッフェは次のように結論づけている。

結局、純粋な相互関係は、概念からして、あらゆる対立関係をしめだす、というプラトンのテーゼは、分析命題としてのみ説得力を持つにすぎない、これに対して、控えめな人間たちの間では平和が支配する、という綜合命題は説得力を持たない[20]。

さて、第二ポリス・モデル、「病気のポリス」、「過剰のポリス」はどこから生起するのか、という問題に戻るならば、プラトンのテクストからは次のことが読み取れるであろう。すなわち、その因って来るところは、外的な自然的諸条件からというよりも、基本的に、内的なそれから、つまり魂の病理 Pathologie der Seele から、ということになろう。魂の病理とは、プラトンの用語で端的に言えば、プレオネクシアー、すなわち「より多くを欲すること」pleonexiā; Mehr haben wollen in der Begehrigkeit 欲望における必要の限度の箍が外れることである。しかし、そうだとすれば、そもそもこのプレオネクシアーの因って来るところはどこなのか？

無際限の欲望を成立させる外的な自然的諸条件はさまざまであろう。しかし、それはあくまでもその外的な必要条件にすぎない。その内的な十分条件は人間の魂の基底にある欲望そのものに内在する。プラトンにとって、それは人間の魂の堕落を促すキリスト教的原罪、あるいはカント的根源悪といったものよりも、むしろ道徳的には善悪無記の欲望というものの自然本性そのもの、すなわち、欠如ゆえの渇望（本源的衝動 conatus）といったもの、と言えるのではあるまいか。自然的再生産あるいは自然的自己交換の過程を構成する本源的諸契機は、差異と欠如、そしてこれらゆえに自生する均衡と統一である。プラトンにとっては、欲望とその欲望が必要の限度を超えようとすること、これは自然的存在としての人間の条件 conditio humana と言うべきものではあるまいか。

第一ポリス・モデルのデミウルゴスの魂においては、いまだ即自的に自己制御された欲望E（Epithymêtikon）が主導的であり、一方で必要労働や技能訓練を推進する活動力 Tatkraft としての気概T（Thymoeides）を、他方で自己労働と分業を管轄する経済的理性としての理性L（Logistikon）を、補助的に連動させている。これに対して、第二ポリス・モデルにおいて支配的な人間の魂内部では、その自生的均衡が崩れて、活動力としての気概（T）が主導的となり、自己充足する欲望（E）を無際限の欲望（EP）に変質させ、つまり欲望（E）そのものにもともと内在するプレオネクシアーの形質を顕在化させ、さらに理性（L）をこの無際限の欲望（EP）を追求するための道具的理性に変質させる。

第二ポリス・モデルにおいては、プレオネクシアーの現出から、奢侈や文化の新たな欲望が生じ、これらを担う職能人たち（かれらは必要労働に直接的に係わるデミウルゴスではない）が生まれる。[21] さらに、プラトンによれば、社会的分業のネットワークが拡大し、生産力が上昇すれば、人口の増大が結果する。これに伴う農地の逼迫によって、隣国との戦争（征服）の可能性が生まれる。これによって、第一に、他国への攻撃ないし他国からの攻撃に対する防禦という二重の役割を担う新たな戦士（strateôtai; warriors ないし守護者 phylakes; guardians）という職業集団（身分）（彼らもまた必要労働あるいは生活需要の供給に少なくとも直接係わるデミウルゴスではない）が必要となる。さらには、無際限の欲望の析出からは、第二に、自生的な交換的正義の崩壊に伴う（福祉価値 welfare-values のみならず、とりわけ防衛価値 deferential-values をめぐる）対内的紛争（内乱）stasis を調停する任務を負う統治者 archontes; rulers が必要となる。[22]

対外防衛を担う戦士と対内治安を担う統治者、この両者の機能は必ずしも同じではないが、プラトンはこれらを一括して守護者 phylax と呼んでいる。守護者という階層の成立が第二ポリス・モデルにおいて必然化しているとしても、この階層は必ずしも自然発生するわけではない。戦闘的気質という天与の資質に恵まれた者を発見し、技術と身体鍛錬との両方の陶冶（訓練）課程によって、戦闘と統治の任務遂行者を資格づける必要が生じる。要するに、ここで守護者を教育する守護者が必要となる。この教育された守護者を欠くかぎり、ポリスは漸次堕落していかざるをえない。

プラトンのテクストに従えば、第二ポリス・モデルを構成するメンバーの魂においては、とりわけ活動力としての気概（T）は、一方では欲望（E）と結び付いてプレオネクシアー pleonexiā として現出するが、他方ではそれ本来の徳（卓越性、器量）aretē である勇気 andreiā として顕在化する。この気概の徳、アンドレイアー andreiā がプレオネクシアーに優越しているかぎりで、第二ポリス・モデルは（プラトンのテクストにおいては、第三ポリス、最優秀者制 aristokratiâ から堕落した第一類型としての）名誉制 tîmokratiâ という国制 polîteiâ として現れることになろう。この名誉制は古典古代期ギリシアの戦士共同体 koinôniâ symmachê; Kriegerzunft としてのポリス共同体に近似している。しかし逆に、プレオネクシアーがアンドレイアーに優越するようになると、さしあたり堕落の第二類型、（金権制、プルートクラティアー ploutokratiâ としての）寡頭制 origarichiâ と、その第三類型、（衆愚制、オクロクラティアー oklokratiâ としての）民主制 dêmokratiâ とが、そしてとどのつまりは、その第四類型、暴君制としての僭主制 tyrannis が現出する。(23)

さて、第二ポリス・モデル、すなわち、「病気のポリス」あるいは「過剰なポリス」では、戦争と内乱の危機に伴い、すなわち、第一ポリス・モデルにおいて自生的に果たされていた「システム統合」機能の喪失に伴い、失われたこの機能を補完するために、社会的分業あるいは専門化原理に従って、新たなデミウルゴスとしての守護者たち phylakes; guardians の現出が必然化する。守護者たちは、第一に対外防衛のための活動を、第二に対内治安のための活動を要請される。守護者たちのこのテクネーの遂行は、直接的な生産活動に係わらないから、その意味では第一ポリスのデミウルゴスたちのそれとは性質を異にするといえよう。第一ポリス・モデルにおけるデミウルゴスの製作活動 poiein; Herstellen かつ労働 Arbeiten は、コスモス的秩序としてのいわば第一の内外の自然に係わっていた。そのかぎりで、このテクネーの遂行は内外の自然に対して暴力的性格を帯びることがなかった。これに対して、戦争と内乱を防遏する守護者たちの活動は、内外の自然に対する「戦略的行為」das strategische Handeln あるいは「道具的行為」das instrumentelle Handeln として、暴力の契機を孕んでいる。だが、自分自身が自然の一部に他ならない人間の人間に対する戦略的あるいは道具的な、つまり何らかの形で暴力的な支配の成立によって、人間による自然そのものに対するまさに同じ戦略的あるいは道具的な、つまり何らかの形で暴力的な支配が萌芽する。さらには、生産者としてのデミウルゴスの生産活動としてのテクネーも、単なる自然支配あるいはプレオネクシアーのための暴力を秘めた手段に転化しかねないものとなる。

かくして、第二ポリス・モデルにおいては、単なる社会的分業あるいは専門化ではなく、社会階層の区分が現出し、さらにこの階層分化は階級支配（奴隷支配）に転化しうる。もちろん、歴史的現実においては、直接的な生産労働に携わるデミウルゴスたちが同時に対外防衛や対内治安を維持するための活動という任務を担った段階があったはずである。だが、プラトンにおけるテクネーと専門化の原理からしても、あるいはマックス・ウェーバーの言う「合理化」Rationalisierung の不可避性からしても、二つの社会的機能（階層）の分化は必然化する。第二ポリス・モデルにおいて守護者の戦争と内乱を防遏する活動がいわば第二のテクネーとして専門化されるならば、そして、この第二のテクネーをもっぱら担う守護者という階層が自生的に再生産されるわけではないとすれば、この守護者の養成が必要となる。この守護者教育を引き受けるのは、上で触れたように、さしあたり守護者以外にない。したがって、第二ポリスにおける守護者は、三重の意味における第二のテクネー（防衛、治安、教育）を修得するという課題を果たさなければならない。

第二ポリス・モデル、「病気のポリス」という概念は、プラトンのテクストにおいては、第一ポリス・モデル、「健康なポリス」のそれと同じく、必ずしも十全には展開されていない。そこでは、自然治癒の見込めない病気の身体が医者（医術）を必要とするように、第二ポリス・モデル、「病気のポリス」はそこに生ずる内外の対立と分裂を回避し、その統合を維持するために、戦士（物理的暴力装置）と裁定者（裁判所）とを必要とする、と比喩的に語られているだけである。(24)

けれども、この第二ポリス・モデルの基本的メルクマールは、必要な変更を付すならば、すべての広義の国家（西欧政治史に関しては、奴隷制に基づく polis や civitas、農奴制に基づく封建国家、資本制に基づく近代主権国家 sovereign state）に妥当するように思われる。プラトンは、第一ポリス・モデルにおいて、産業（農業と手工業）と商業（流通業）とを、デミウルゴスのテクネーとしてカテゴリー的に一括して、両者を区別していない。同じようにかれは、第二ポリス・モデルにおける守護者の活動と生産者のそれ（われわれは便宜的に前者を第二テクネー、後者を第一テクネーと呼んだ）とを、

（本質的には同じテクネーと捉えているかぎりで）カテゴリー的に弁別していない。要するに、プラトンは、広義のテクネーの遂行という意味で、いずれの活動も、社会的分業ないし専門化の一環として概念的に捉えているわけである。

そうであるかぎり、プラトンの第二ポリス・モデルにおいては、社会的分業ないし専門化が展開しているだけで、階級支配が登場しているわけではない。むろん、古典古代ギリシアの現実の奴隷制社会においては、階級支配のトポスは、対外的征服戦争によって獲得された土地の分配に基づく私有地における家政 oikiā であった。だから、ここでは、戦士市民は、〈国家〉と〈家〉の二つのレヴェルで、国家統治と階級支配の二つの「システム統合」機能を事実上果たしていたのである。したがって、歴史的現実のポリスと比較してみるならば、プラトンの第二ポリス・モデルは、すでに解きがたい原理的矛盾を孕んでいるように思える。社会的分業と専門化の原理に従い、守護者のテクネーと生産者のそれとを、社会的再生産の一環であるという意味で本質的には同じテクネーとして捉えるならば、両者の間に不平等あるいは階級支配はありえないことになろう。しかし、そうだとしても、両者のテクネーはカテゴリー的にはやはり区別されるべきものであり、しかも、両者間に職能選択の互換性が欠けているとすれば、したがって、専門化原理にしたがって両者が社会層としてそれぞれ固定化されているとするならば、そこには不平等ないし階級支配が事実上存在することになろう。

プラトンが第二ポリス・モデルの諸類型として、あるいは第三ポリスの堕落形式として示しているポリスの四類型では、いずれにおいても、階級支配が前提になりながら、それらの構成メンバーたちの分裂や対立、そしてかれらの間の政治的な統治―被統治の関係だけが問題になっていることになるであろう。しかしながら、守護者と生産者の関係が、そしてそれらの区分と結合の関係が、社会的分業と専門化の原理にしたがって、つまりテクネー・アナロジーによって、考えることができるならば、そのかぎりでは、第三ポリス・モデルは、つまり最優秀者制 aristokratiā は、必要ないことになろう。(25)

第二ポリス・モデルにおける守護者層の機能は、上述したように、第一に、攻撃であれ防禦であれ、対外的戦争の遂行、第二に対内的内乱の鎮圧にある。これらの任務を遂行することは、いずれも究極的には暴力に係わっている。だから、共同体としてのポリスの統合と秩序の前提を守護するためには、生命をも賭することを辞さない覚悟あるいは勇気を要求される。けれども、このようにしてポリス統合の前提が確保されたとしても、第二ポリス・モデルは閉鎖システムに固有の自生的均衡回復機能を喪失している開放システムであるから、ここでは特殊的利害（交換的正義）をめぐる紛争が常に起こりうる。ここで、第二ポリス・モデルにおける守護者層には、こうした紛争を調停する、という第三の機能が要請される。守護者層はさしあたり暴力装置を背景にして、こうした紛争を解決しなければならない。しかし、この紛争が解決されたとしても、さらに交換的正義の基準の解釈をめぐって紛争が起こりうる。そして、この紛争も守護者層によって解決されたとしても、この紛争を解決しうる暴力装置を備えた守護者層という権力的地位の正統性の解釈をめぐって、さらにまた紛争が起こりうる。かくして、第二ポリス・モデルは、暴力と紛争との循環の拡大再生産的発展の可能性を構造的に孕んでいる(26)。

この悪循環は、さしあたり原理的に突破しえない。しかし、もしも交換的正義の基準に関して、誰もが納得しうる普遍化可能な解釈を提示しうる守護者が現れるならば、このかぎりではない。プラトンの第三ポリス・モデル、最善国家では、守護者層の機能が分化して、守護者層は、一方で、哲人統治者と、他方で、この哲人統治者による教育で養成され、そしてこの哲人支配者の統治を補助する守護者、すなわち補助者 epikoûroi; boêthoi; auxiliaries とに転成する。さらにまた、ここでは、補助者を介した哲人統治者による支配ないし統治を通じて生産者もその性格を変える。かくして、プラトンによれば、第三ポリス・モデル、最優秀者統治制は、（統治者かつ教育者としての）哲学者、戦士、生産者の三階層から構成されることになる。ここでは、「自分自身のことを果たし、他人のことには手をださない」という正義の原理、あるいは社会的分業と専門化の原理に反して、（この第三ポリス・モデルの生涯教育プログラムによって全人的に陶冶しつくされたとされている）哲学者は、哲学、統治、教育、そして国制創設の四つの職能を担うことになる。このような第三ポリス・モデルは現実に成立かつ存立しうるのであろうか？　これはひとえに、そもそもこのような哲人統治者がありえるのか否か、これにかかっている。

プラトンはかれのテクストにおいて、守護者の第二教育、すなわち哲人統治者育成のための教育、これについて多くの紙幅を割いている。プラトンが示している哲人統治者のメルクマールは、彼が認識と存在のいわばメタ根拠としての「善のイデア」を見極め、それにしたがってポリス統治と構成メンバーたちの教育を行なう点にある。哲人統治者の魂内部では、理知（L）が気概（T）を介して欲望（E）を完璧に制御している。哲人統治者によって教育された補助者の魂内部では、気概が理知の制御を自発的に受け入れ、そのことによって欲望を制御している。補助者によって教育された生産者の魂の内部では、欲望が自発的に気概の制御を受け入れ、そのことによってそれ自身が制御されている。

5　第三ポリス・モデル――哲人王と「善のイデア」

プラトンは、かれの主著と目される『国家』篇というテクストにおいて展開された議論の中核に、この第三ポリス・モデル、最善国家のモデルを据えている。そこでは、全プラトン哲学の核心を成すいわゆる「イデア論」と、全プラトン政治哲学の核心を成すいわゆる「哲人王論」が呈示されている。両論はアリストテレス以来、繰り返し繰り返し、さまざまに解釈され、かつ批判されてきたが、両論が孕む深刻な問題点は、つとにプラトン自身によって自覚されていたように思われる。しかし、だからといって、後期のプラトンが両論を放棄したわけではないであろう。よかれあしかれ、両論はプラトン哲学とプラトン政治哲学の arcanum かつ sine qua non であると言わねばなるまい。(27)

第三ポリス・モデルを成立かつ存立せしめうる哲学者は、最高の統治者かつ教育者であるのみならず、それよりもなによりも、第三ポリスという国制の創設者（立法者）でなければならない。だが、哲学者がそうでありうる根拠は何か？　それはこの哲学者があらゆる認識と存在の究極的メタ根拠としての「善のイデア」を認識（というよりも直観）しうる、という点にある。「善のイデア」（善そのもの）とは、あらゆる個別的なものをして、それぞれを構成する〈イデア〉へと向かわしめる力である。[28] だが、誰であれ、神ならぬ人間にこの直観が可能である、という想定は説得力を持つであろうか？　初期プラトンの定義によれば、真実の認識からの隔絶の自覚ゆえに真実を希求する人間が哲学者ではなかったのか？　仮に「善のイデア」を直観しうる哲人王のような人間がありうるとしても、いかにしてありうるのか？　第三ポリス・モデルの哲人統治者自身は、何らかの僥倖 tychê によって降って湧いたように与えられた deus ex machina でないとすれば、第三ポリス・モデルにおける全生涯教育プログラムの所産以外ではない。だが、この第三ポリス・モデルそのものは、まさにその所産たる哲人統治者が創設するはずのものである。とすれば、ここで議論は、結果が原因とならなければならない、という循環に陥らざるをえない。この循環を突破するためには、第三ポリス・モデルを創設する哲人統治者自身の創設者を想定しなければならない。とすれば、ここで議論は無限遡及に陥らざるをえない。

プラトンのテクストに従えば、この第三ポリス・モデル、最善国家のロゴスにおける創設者は、（あたかもプラトン自身がマリオネットであるかのように操っている対話者である）作中の登場人物、ソクラテスとグラウコンである。そのかぎりでは、第三ポリス・モデルは、もともと実現可能性を欠く、単なるミュートスあるいはフィクション、つまり非現実的なユートピアである。この点は、アリストテレス以来のさまざまな（凡庸とも言えるであろう）諸批判を待つまでもなく、プラトン自身によって自覚されていたところであろう。だが、「真実に近づくのは、エルゴンよりも、むしろロゴスである」（473a）[29] とすれば、そのかぎりで、第三ポリス・モデルは、（何らかの実現可能性を秘めているところの）単なるミュートス以上の何かであるはずである、とプラトンは考えていたように思われる。だとすれば、この単なるミュートス以上の何かとは、何なのであろうか？

第三ポリス・モデル、哲人王によって統治される最善国家、これが単なる物語でも単なる非現実的ユートピアでもなく、何らかの現実性を秘めた何かであるとすれば、その何かとは何であり、その現実性の所以は何であるのか？　それは、プラトンにしたがえば、端的に言って、「善のイデア」であろう。しからば、その「善のイデア」とは何なのか。

それは、さしあたり、現実に生きている人間にとって、かれが現実に人間として、すなわち理性を備えた社会的存在（homo sapiens; homo faber; homo loquens）として、現実に生きているかぎり、いわば「統制的原理」das regulative Prinzip としていつもすでに機能しているところのものであろう。[30]

人間が人間として生きることは、ただ「生きること」ではなく、善く生きる」ことであるかぎり、〈善であるもの〉と〈善であるものと思われること〉との乖離の意識が人間にとって必然であるとしても、この乖離を超えようと希求することもまた人間にとって必然なのである。差異ということが差異を差異たらしめる同一性なしにありえないように、quid facti と quid juris の分離の意識は、その当の分離を可能ならしめる統一性を前提にしている。「神々の多神教」の世界であれ、「神の死」以後の世界であれ、すなわち、「善悪の彼岸」にあっても、人間は人間として現実に生きているかぎり、人間は、行為においても生活においても、いつもすでに何かを「善きこと」と臆断して選択しているのである。プラトンによれば、「悪を悪として知りながら悪を為す」ということは人間にはありえない。[31] 人間が何かを選択して行為するかぎり、その悪と臆断されていることをみずからは善と臆断するからこそ、かれは人間として行為することができるのである。

なるほど、人間は自意識の内部でなら、無限に反省を繰り返すことも、価値の転倒した世界で、あるいは価値の無記の世界でさえ、非現実的ないかなる行為をもイメージすることができよう。しかし、人間が現実世界で現実に行為する際には、かれは事実上自分が自分にとって善と臆断したことに従って行為する以外ない。人間は人格を崩壊させないかぎり、つまりアイデンティティを完璧に喪失させないかぎり、価値、意味、規範の無記の世界で行為することも生きることもできない。善の臆断を可能にさせている何か、臆断を臆断として意識せしめる何か、この乖離の意識からこの乖離の克服を希求せしめる何か、これこそ、「善そのもの」、「善のイデア」とプラトンによって呼ばれている当のものではあるまいか。[32]

たしかに、「善のイデア」を直観し、この直観に従ってあらゆる判断を下し、真実と臆断の齟齬を完璧に見極めうるような哲人王を、そのまま現実政治の変革プログラムの中で想定することは、現実的にも論理的にも不可能なことであろう。それは全能の神が世俗国家でいきなり統治するようなものだからである。しかし、「善のイデア」は非現実的な想定と考えるわけにはいかない。それは人間の人間としての現実的行為を可能にする当のものである、という意味で、むしろ現実性（真実在）そのものである。それはいわば人間における現実的行為の可能性のアプリオリな条件であるからである。

6　natural organization と political association——正義と自由——支配（統治）のテクネー・アナロジー問題

さて、全能の神のごとき哲人王の想定は非現実的であるとしても、第二ポリス・モデルにおける守護者層の機能の二分化、そしてこれにしたがった第三ポリス・モデルにおける社会的再生産システムの総体の機能あるいは階層の三区分は、論理的にも現実的にも必然的であるように思われる。政治的決断、行政執行、社会的生産——国家共同体の存立要件としてのこの三つの機能（活動）の間には本質的な差異があるからである。

ここでまず三つのポリス・モデルそれぞれにおける、その構成メンバーたちの魂を構成するこれら三要因の関係について簡単に確認しておこう。

第一ポリス・モデルにおいては、どの構成メンバーたちの魂の構成も基本的に同じである。ここでは、どの構成メンバーたちの魂においても、三つの構成要因のうち主導因 hêgemonikon は欲望（E）にあり、そのかぎりで、理性（L）は道具的な理性の形を、そして気概（T）は道具的な活動力 Tatkraft の形をとっている。その構成メンバーたちにおいては、自生的ないし即自的に横並びの連関を成し、均衡システム（交換的「正義」）が実現している。

第二ポリス・モデルでは、その構成メンバーたちの魂において、主導因が気概（T）に移り、この気概（T）は一方で欲望（E）と結合して無際限の欲望 pleonexiâ となり、他方でなお道具的な理性（L）と結合してこの無際限の欲望を抑制しようとする暴力的な活動力となる。ここでは、さらになお道具的な理性に対してこの無際限の欲望が支配的に結合するから、第一ポリス・モデルにおいて即自的に実現していた交換的「正義」は喪われる。恣意と暴力の相関の中で構成メンバーの間で階級支配（つまり広義の国家）が成立するが、均衡システムが完全に破綻してしまわないかぎりで、この道具的な理性を支配する無際限の欲望と暴力的活動力との間の危機的な緊張関係が持続的に現出する。

第三ポリス・モデルでは、統治者（哲学者）、守護者（補助者）、生産者という、そして魂においては理性（L）、気概（T）、欲望（E）という三階層構造 the threefold structure が顕在化する。ここでは、理性（L）がいわば「政治的」理性と道具的理性とに分化し、この「政治的」理性が主導因となる。この「政治的」理性は暴力的活動力としての気概（T）を統御し、これに統御された気概は無際限の欲望を制御する。プラトンの第三ポリス・モデルにおいては、認識と存在のメタ根拠としての「善のイデア」を直観した哲学者としての統治者の魂においてその理性による自己統御は完全な形で確立している[33]。

だが、この哲学者統治を受け入れる守護者や生産者の魂においても、不完全であるにしても、理性的秩序は形成されているはずである。そうでなければ、かれらが自発的にこの哲学者統治をうけいれることはないはずであるからである。たしかに、統治、守護、生産という相互に異なる三つの活動は、国家統合の観点からは、いわば機能必然的に、縦の関係にあり、社会的責任という観点からも、それらの間には軽重の差が見られるであろう。しかし、三階層の区分は国家共同体の存立に不可欠な社会的機能分割にすぎないから、そのかぎりでは、三階層間にはまったく貴賎の差はありえず、どの階層に帰属する人たちも国家共同体のまったく平等の構成メンバーである。とはいえ、いずれの構成メンバーにも、「より善きもの」、「よりすぐれたもの」に聴従しようとする、というエートスがなければ、この三階層秩序は成立しないであろう。この要件が充たされるならば、ここには「政治的」理性の統御によって、いわば縦横の均衡システムとしての分配と交換の「正義」が現出するであろう。

さて、プラトンの第三ポリス・モデルとこれを基づく「正義」論は、アリストテレス以来さまざまな解釈と批判がなされてきた。現代でも専門的西洋古典学者以外の理論家たちが、（例えば、基本的にアリストテレス的パラデイグマからはハイデガーやアーレントが、自由主義と実証主義の立場からはポパーなどが）これを直接的あるいは間接的に（いずれも批判的ないし否定的に）取上げた[34]。これら理論家たちにおけるプラトン批判の眼目は、端的に言えば、プラトンの第三ポリス・モデルにおける三つの論点に係わっている。すなわち、第一に、「哲人王」と「善のイデア」の形而上学的設定、第二に、民主制批判、第三に、統治（支配）機能のテクネー・アナロジーがそれである。

第一と第二の問題に関しては、上で示した第三ポリス・モデルの分析と解釈の中に反批判が含意されているし、またそれぞれ問題そのものが極めて重大かつ深刻であるので、ここではあえて立ち入らない。ここでは、第三の論点、すなわち、プラトンの第三ポリス・モデルにおける統治（支配）機能のテクネー・アナロジーについて考察したい。

ここで問題として考察しなければならないことは、次のことである。すなわち、第一に、プラトンの第一ポリス・モデルにおける「正義」、すなわち、諸々のテクネー間の相互補完システムにおける横の均衡という意味での交換的ないし配分的な正義（換言すれば、natural organization）と、第三ポリス・モデルにおける「正義」、すなわち、三階層構造the threefold structureにおける縦の統治秩序という意味での交換的ないし配分的な正義（換言すれば、political association）――この両者を「正義」to dikaion; he dikaosynêという同じカテゴリーに括ることが妥当か否か、ということであり、第二に、同じことであるが、さらにいえば、第三ポリス・モデルにおいて必然化している政治的統治（支配）という機能を、第一ポリス・モデルにおけるテクネーtechnê概念で捉えることが妥当か否か、ということである[35]。

上で見たように、プラトンは第一ポリス・モデルを、諸々のデミウルゴスdêmiourgoiとかれらそれぞれが担うテクネーtechnaiとにおける自生的・即自的に均衡的な相互補完システムとして捉えている。これを存立せしめているのは、自然発生的な社会的分業die naturwüchsige Teilung der sozialen Arbeitという意味での専門化原理である。この自然発生的な社会的分業は、伝統的共同体においても、近代ブルジョア社会・資本制社会においても、多かれ少なかれ、歴史汎通的に見られる。但し、伝統的共同体は、近代ブルジョア社会とは異なり、基本的に自給自足の自然経済に基づいているかぎり、「全面的相互依存関係」にあるわけではない。

この第一ポリス・モデルにおける自生的な均衡システムに対して、第三ポリス・モデルにおける三階層秩序は自生的に成立するのではなく、統治機能を担う統治者層の自覚的（人為的）活動の所産である。とすれば、両者における均衡ないし秩序は本質的に同じことがらなのかどうか。そして、第三ポリス・モデルにおける三階層秩序を成す統治者層、守護者層、生産者層の活動ないし機能のそれぞれは、第一ポリス・モデルにおけるデミウルゴスたちのテクネーとおなじことなのかどうか。


第三ポリス・モデルにおける第三階層を成す生産者層の魂の構造は、上で示したように、第一ポリス・モデルにおけるデミウルゴスのそれとまったく同じというわけではない。ここでの生産者層の魂は、上で見たように、統治者層の統治（支配）を自発的（この自発性は生産者層自身の魂の気概的部分に起因する）に受け入れることによって、その魂自身が三階層構造を顕在化させているからである。もっとも、第三ポリス・モデルにおける生産者層の活動は、質料としての内外の自然に形相を定立する、という意味でのテクネーに係わるかぎりでは、道具的行為、すなわち製作・労働 Herstellen; Arbeiten であり、この点では、第一ポリス・モデルのデミウルゴスの活動と変わりはないし、ここでも、基本的に、生産労働の分業と専門化が自生的に展開する点でも変わりはない(36)。

同じく、第三ポリス・モデルにおける守護者層の魂もまた、統治者層の統治（支配）を自発的に受け入れるかぎりで、三階層構造を顕在化させている。守護者階層の活動は、質料としての人間集団に形相を定立する、という意味でのテクネーに係わるかぎりでは、戦略的行為ないし道具的行為であり、この点では生産者層の活動と本質的には変わりはないと言えよう。けれども、守護者層の活動は、とりわけその魂における気概そのもの、あるいは理性と結び付いた気概の内発性、つまり勇気 andreiâ に起因する。そのかぎりでは、守護者階層の活動は、すでに単なるデミウルゴスとしての生産者のテクネーとは区別されるべきであろう。

最後に、第三ポリス・モデルにおける統治者層（これが「善のイデア」をすでに完璧に直観している哲学者であるか否かはともかく）の魂においては、「政治的」理性あるいは知恵 sophiâ が、これに主導された気概を介して、無際限の欲望を制御している。まさに、このような統治者層が主導的地位にあることによって、第三ポリス・モデルの三階層秩序は存立する。この第三ポリス・モデルにおける統治者としての哲学者のすぐれて政治的な統治活動は、質料としての人間における内外の自然に形相を定立（顕在化）する、という意味でのテクネーとは本質的に異なるであろう。[37]

上で触れたように、質料とは、デミウルゴスの活動にとって、多様性、偶然性、特殊性を伴って現れる所与の内外の自然であり、かれにとって同じく所与の内的自然における諸能力（カント的にいえば、感性、悟性、理性）に照応するかぎりで一定の秩序として（つまり形相を付与された形で）捉えられるものである。すなわち、形相はデミウルゴスの活動を通じて、内的自然と外的自然の統一的秩序として顕在化する。

プラトンのテクストによれば、第三ポリス・モデルの（魂と国家の）形相である三階層秩序を定立するのは、言説 logos におけるこの第三ポリス・モデルの創設者である登場人物としてのソクラテスないしグラウコンである。このかぎりでは、第三ポリス・モデルの実現可能性を考えることはできない。それはロゴスあるいはミュートスによって語られたことにすぎないからである。しかし、第三ポリス・モデルを構成する統治者層自身が当の第三ポリス・モデルを創設すると想定しうるならば、このかぎりではない。[38]

だが、もしこのように想定しうるとするならば、この統治者たち自身のいわば自己定立とそれを前提にした国家創設の活動は、質料への形相の定立という意味でのデミウルゴスのテクネーと言えるであろうか？　この場合、この統治者たちの自己定立とそれを前提にした国家創設という活動の質料は、第三ポリス・モデルを構成すべき統治者自身及び守護者と生産者の自然的所与としての心身 sôma と psychê であり、この質料において顕在化される（付与される）べき形相は、三階層秩序の創設能力とこれを実現しようとする内発性である。そもそも、このような想定は可能であろうか。

この問題に関して、M・B・フォスターは次のように論じている。すでに上で繰り返し言及してきたことであるが、第一ポリス・モデルの形相は、諸々のデミウルゴスとそれぞれのテクネーの均衡的補完システム、すなわち社会的分業システムとしての専門化原理として、あるいは内発的な交換的「正義」として、まさにこれを定立するデミウルゴスなしに、自生的・即自的に顕在化する。これに対して、第三ポリス・モデルの三階層秩序は、第一ポリス・モデル（あるいは第三ポリス・モデルの生産者層）における自生的な社会的分業システム（すなわち、質料としての自然存在に内在する形相）とはカテゴリー的に異なり、統治者たちの「政治的」創設行為の所産である。同じくこの創設行為は、テクネー（製作・労働）とはカテゴリー的に異なる、と。[39]

要するに、フォスターは次のように考えている。プラトンは、第一ポリス・モデルの自然発生的な社会的分業システム（いわば即自的「正義」）と第三ポリス・モデルの人為の所産である三階層秩序（いわば即かつ対自的「正義」）を同じ「正義」という言葉で呼んでいるが、そのかぎりでは、これはカテゴリーの混同である、と。

プラトンは、第三ポリス・モデル（最善国家）の三階層秩序モデルにおいて、それぞれの異なる社会的機能に照らして、守護者層を統治者層と補助者層との二階層に分け、さらにこの二階層を生産者層と分けている。上で触れたように、たしかに、この階層分化は、縦の統治（支配）秩序の形をとっているが、しかし、それはあくまでも機能分化である。しかもこの位階制は固定的カースト制ではなく、機能的適正次第で階層間の移行が可能である。ここではまた、生産者層における自生的分業システムは機能しており、しかもこれが第三ポリス・モデル全体の統治秩序に人為的・自覚的に組み入れられている。

ここでの統治者層の機能は、国制の創設と創設された国制における統治（機能統括）とにあるが、この機能の実現は、統治者自身の魂内部での（単なる悟性とは異なる）「理性」と（単なる気概とは異なる）「意思」との結合を通じての自己限定 Selbstbestimmung にかかっている。フォスターにしたがえば、このような自己限定は、例えばカント哲学の道徳的主体の自律 Autonomie という意味での積極的「自由」die positive Freiheit と呼ぶことができよう。

要するに、フォスターにしたがえば、このような自律的人間としての統治者が、補助者（政治権力）に基づき、自己の国制をみずから創設する。これは、もはや西欧近代における極限的理念として自由な主体とその自己限定能力としての主権という概念に限りなく近づいている。だが、このような意味での「自由」という概念は、古代ギリシアに固有な形相質料関係パラダイム Phylemorphismus とその「正義」概念を前提にしているかぎり、適切には捉えられない。そこでは、統治活動は生産活動と結果的に同じカテゴリーで括られることになるからである。以上が、この問題に関するフォスターの見解の趣旨である。

小括

プラトンの第三ポリス・モデルにおいては、階層間の移動は能力次第で可能であるから、さらに統治者層（哲人王）を人民一般に置き換えることが可能であるならば、第三ポリス・モデルはそのまま近代的なラディカル・デモクラシーの理念になりうるであろう。だが、プラトンは、同時代の民主制アテーナイの政治状況を目の当たりにして、まさにこれが不可能である、と見極めたからこそ、かれは第三ポリス・モデルを呈示したのである、と理解すべきではないのか。

完璧な理性的自己限定、自律 Autonomie という意味での「自由」という理念――これはそもそも現実の人間に実現可能であろうか？　自己原因 causa sui というのは、ユダヤ教・キリスト教における超越的創造神としても、またスピノザ的汎神論における能産的自然 natura naturans としても、神を示すメルクマールである。この意味で、至高の物理的暴力としての主権によって自己限定しうる国家は、神に類比されうる。人間は神の似姿であるとしても、人間は神そのものでもないし、神になりうるわけでもない。主権によって自己限定するという国家も同様に、完璧な自己原因としての神にはなりえない。

さらには、人民すべてが無差別に、自律という意味での「自由」を担いうる、あるいは担いうることになる、というのは空虚かつ鈍感なユートピア思想でなければ、狡猾な欺瞞ではないのか？　たしかに、根拠のない差別を黙認することは、暴力に加担することであろう。しかし、差異そのものを無差別かつ無根拠に否定することも、暴力に他ならない。

「哲人王」が非現実的であるとすれば、無差別に自律的な人民もまた非現実的であろう。対極にある「哲人王」も、「自律的人民」と同じく、一つの極限的理念、あるいはウェーバーにおける「理念型」Idealtypusである。

だが、理念はそのまま現実化されえないとしても、単なる幻想ではない。それは人間の現実の行為や生活を方向づけることができるからである。この意味で、第三ポリス・モデルは、そしてこのモデル構成における要諦sine qua nonである「哲人王」と「善のイデア」は、プラトンによってリアリズムとアイデアリズムとの緊張の只中において考え抜かれた、いわば「統制的原理」das regulative Prinzipあるいは「超越論的仮象」der transzendentale Scheinとして呈示されている、と言えるのではあるまいか。

だが、そうだとすれば、何故にプラトンにとっての政治的理念は「哲人王」であって、「自律的人民」ではなかったのか。それはまず、差異のあるところに差異を見ようとせず、差異のないところに差異を見ようとするような自己欺瞞を、プラトンは自他に許さなかったからであろう。そして、それよりもなによりも、人間が、倫理的不条理に満ち満ちた人間の現実生活において、それにもかかわらず、単に幻想や想像の中にではなく、まさにその現実生活の中で、自他の「より善きもの」をひたすら希求すること——このことをプラトンは人間に求めたからであろう。

ところで、第三ポリス・モデルにおける統治者（哲人王）は（これをデミウルゴスと呼ぶにしても）、「ユートピア的社会工学」者という意味での科学者でも技術者でもない。この統治者が遂行する統治（支配）というテクネーは、いわば道具的理性と製作・労働との盲目的結合（自然が孕む無限に多様な価値・意味・規範を目的合理的に捨象し、これら一切を生存という一元的な意味ないし価値に還元し、ひたすら自然支配に突き進む工学技術）という近現代的な意味でのテクノロジーではない。この統治者が担うのは、公共〈善〉に係わる価値・意味・規範についての解釈（判断）と決断である。たしかに、この統治者に統治される守護者と生産者の活動は、道具的理性と製作・労働に係わるであろう。しかし、この活動もまた、統治者による価値・意味・規範の解釈を通じて限定されているかぎり、一元的自然支配に盲進することはありえないであろう。

プラトンにとってテクネーは、それが係わるものに内在する徳（卓越性、器量）、このものにとって固有の善きこと、これを実現する技能であって、このものから何かを収奪するための詐術ではない。医術は患者の病気を治癒させる技能であって、医者が患者から金銭を収奪する詐術ではない。この意味では、牧羊術でさえ、第一義的には、牧者自身の生存のための詐術ではなく、羊自身の善を実現するための技能である。それゆえに、統治術という政治的テクネーtechnê politikêもまた、被治者から収奪するための詐術ではなく、まずなによりも被治者自身の善（徳）を、そしてひいては統治者自身にとっての善（徳）を、ともに実現する技能である。(40)

統治者の徳（卓越性、器量）aretêは、「何らかの特殊な技術artや職能tradeを追求するために必要とされる知識ではなく、諸々の特殊な職能の均衡balance、そしてさまざまな技能者たちartificersを単一の結社associationに統一uniteする秩序order——この均衡と秩序についての知識［洞察insight］である。それは技術的知識technical knowledgeではなく、政治的知恵political wisdomである。(41)」そして、この統治者の政治的知恵は、国制を創設する権能という意味での至高権（主権）を実現しなければならない。

たしかに、フォスターが指摘するように、プラトンは第一ポリス・モデルにおける社会的分業システムと第三ポリス・モデルにおける三階層秩序とについて、同じ「正義」という概念を用いている。しかし、もちろんプラトンはこの二つのことがらの差異を自覚していなかったわけではないであろう。もしこれらが同じことがらであるならば、かれはそもそも三階層秩序を設定する必要はなかったからである。同様に、統治と生産という活動ないし機能について同じテクネーtechnêという概念が用いられているとしても、両者間に差異はない、とプラトンは考えていたわけではない。ここでも差異があるからこそ、三階層秩序が設定されたはずだからである。

だが、ひるがえって、プラトンは、社会的分業という横の交換形式と政治的統治秩序という縦の交換形式、生産活動と統治活動、労働ないし製作と行為、そして実践と理論、価値ないし規範と事実、これらを二元論的に金輪際切り離して考えていたであろうか。人はプラトン哲学と言えば、まずイデア界と現象界の決定的裁断を思い浮かべるかも知れない。しかし、この両界を切断しないことこそ、むしろプラトン哲学の真骨頂というべきではなかろうか。もしそうであるならば、差異性と同一性との同一性の認識という前提からして、フォスターの言う「正義」と「自由」とは、プラトン哲学において究極的には通底していると言えるであろう。

第五部　正義と自由

第一章　「政治的なるもの」——共同性と個体性

「政治的なるもの」とは何か。国家とは何か。正義とは何か。そもそもこれらを問うている人間とは何か。いずれも古くて新しい政治哲学的問いである。フランス革命で標榜された自由、平等、友愛は、これらが担う意味の歴史的変容があるにしても、いずれも古典古代以来の政治的理念である。だが、自由と権力、自由と平等、これらの二律背反はそもそも揚棄されうるのか。帝国であれ共和国であれ、古典古代国家であれ西欧近代国家であれ、国家あるいは支配を人間は廃棄しうるのか、それどころか、そもそもこれらは人間にとって廃棄されるべきなのか。いずれの問いも、いまだなお誰もが納得しうる形で解答が提示されていないというべきであろう。あるいは、これらの問いは人間には永遠に解きえない課題なのであろうか。だとすれば、何故に。

ともあれ、この探究の精神は、西欧近代哲学が古代ギリシア哲学から、とりわけプラトン哲学から、意識的にせよ無意識的にせよ、受け継いだ志あるいは衝迫とはいえるであろう。しかし、古典古代から今日に至るまで、政治哲学において用いられている政治哲学的な諸概念の内包には、共通性と差異性がある。今日、上で挙げたような政治哲学的な諸課題に取り組むためには、これらを歴史的にも概念的にも的確に見極めておく必要がある。

すでに上で、自然 physis; Natur、作為（技術）technê; Technik、法規範（不文法と成文法、慣習法と実定法）nomos; Sitte, Recht, Gesetz については言及した。ここでは再び、政治的なるもの to polítikon; etwas Politisches、国家 polis; Staat、国制 polîteiâ; Verfassung、民主制 dêmokratiâ; Demokratie、そして自由 eleutheriâ; Freiheit、平等 homoion;

Gleichheit、正義 dikaion; Gerechtigkeit などの諸概念（これらについても、すでに繰り返し言及してはいるが）からいくつかを取上げ、これらの概念分析を通じて、プラトン政治哲学の要諦といえるもの sine qua non を能うかぎり際立たせてみたい。

　国家とは人間にとって何か。国家は必要悪なのか。だとすれば、それは何らかの条件が充たされれば廃棄されうるものなのか。それとも、国家は人間の生活にいつでも必要な何かなのか。われわれは、プラトンが描くソクラテスが語った「大事なことは生きることではなく、善く生きることである」ou to zên peri pleistou poiêteon, alla to eu zên（Crito, 48b）という言説にすでに再三言及してきた。われわれは、上で、国家は、「生きること」（人間の生存）to zên と（人間が）「善く生きること」to eu zên の両方に係わり、と同時にいつも人間による人間や自然の支配 Beherrschung にもいつも係わってきた、と論じた。国家という団体は、古典古代国家 polis; civitas にせよ、西欧近代国家 sovereign state; nation state にせよ、時処に応じてその機能・構造・規模の点で極めて異なっているが、いずれもいま挙げた三つの本質的アスペクトを備えている（但し、それらへのウェイトの置きかたは、両者において極端に違っているが）。

　ここではまず「政治的なるもの」に関する両者の共通性に注目しておこう。例えば、アリストテレスのよく知られた命題を取上げてみよう。

人間は自然本性からしてポリス（政治）的動物である。
ho anthrôpos physei zôion politikon estin（1253a）.

自然本性からして、国家は家やわれわれ個々人よりも先にある。なぜならば、全体は必然的に部分より先にあるからである。
kai proteron dê têi physei polis hê oikiâ kai hekastos hêmôn estin. to gar holon proteron anagkaîon eînai tou merous

(ebenda).

共同（分担）する能力を持たない者、自立（自足）によってそれをまったく必要としない者、こうした者はポリスの部分ではなく、獣かあるいは神である。

ho de mê dynamenos koinônein hê mêthen deomenos di' autarkeian outhen meros poleôs, hôste hê thêrion hê theos (ebenda).

アリストテレスの『政治学』第一巻、第二章のこれらの命題は何を意味するか。これらの命題は古典古代世界にのみ当て嵌まり、近現代世界にはもはや妥当しないのか。それとも、そこには時代を超える普遍性が示されているのか。アリストテレスによってここで自然 physis や国家 polis という言葉（概念）が用いられ、個人に対する国家の、部分に対する全体の、優位が語られるとき、西欧近代のそれ（例えばホッブズにおける力学的・機械論的なそれら）とは異なる、目的論的・有機体論的な自然観や国家観が前提にされている、ということは明らかである。というのは、部分と全体、個人と国家――後者の前者に対するの優位の根拠は、ここでは次のように説明されているからである。

（諸事物の）自然本性は、生成が目的に達したときに諸事物があるところのものである。

hê de physis telos estin, hoîon (…) hekaston esti tês geneseôs telestheisês (…) (1252b).

すべてものは機能と能力で定義される。

panta de tôi ergôi hôristai kai têi dynamei (1253a).[1]

すなわち、有機体の部分機能は、その全体機能を前提にしているのであり、その逆ではない、と。だが、こうした見解に古典古代ないしアリストテレス特有の目的論的・有機体論的な発想だけでなく、近現代にも通底する事物の生成・機能・構造をトータルに捉え返そうとするそれを見ることができるならば、眼目は、個人に対する国家、部分に対する全体の優位でも、その逆でもなく、むしろ両項の相互規定関係における生成・機能・構造の優位ということになろう。

さらに、同じ箇所（第一巻、第二章）で、アリストテレスは次のように述べている。人間の種差は、善悪・正邪についての知覚 aisthêsis を可能にする言語・理性 *logos* の有無にあり、このロゴスを成立せしめるのは人間の共同性 *koinônia* であり、そしてこの共同性の終極目的（テロス）は、その自然本性 physis であるところのポリスである、と。ここで人間にとっての言語・理性に注目するならば、一般に、言語システムは、諸個人の現実の言語行為 speech act によって絶えず再生産される諸構造の総体であり、ひるがえって、何らかの言語システムの修得によって、諸個人は理性的人格として自己（アイデンティティ）形成を遂げる。要するに、人間は社会化 Sozialisation（言語システムや社会規範の内面化 Verinnerlichung）を通じて個体化 Individualisation を可能にする。

この言語システム（あるいは社会システム）に、ここで言われている共同性ないしポリスは類比しうるとするならば、この意味での共同性ないしポリスにおいてはじめて、人間にとって、生存 überleben のみならず、善く生きる gut leben が可能となる。このように人間、国家（共同体）、言語を捉えうるかぎり、ここでも問題は個人に対する国家の優位でもその逆でもなく、個人と国家の相互規定的な社会的自己産出（形成）過程における生成・機能・構造ということになろう。

いずれにしても、アリストテレスが提示した諸命題の中に、人間はその固有の共同体の中で、それを再生産しながら、人間として自己形成し、人間として生きることが可能となる、という古典古代と西欧近代とに共通する普遍的な問題を、要するに人間における共同性 Gemeinwesen と個体性、社会的再生産と自己陶冶 Selbstausbildung、これらの相互限定という根源的問題を、読み取ることができよう。

しかし、上で引用したアリストテレスの諸命題においては、人間と国家に関して明確に現わされていないもう一つの普遍的かつ本質的な問題がある。それは、端的に言えば、「社会統合」Sozialintegrationと「システム統合」Systemintegrationのいわば結節点である正統的政治権力legitime Gewaltsamkeitの統合機能である。例えば、プラトンの初期対話篇『プロタゴラス』におけるいわゆる「プロタゴラスの神話」においては、次のことが述べられている。人間が自然環境に適応して生存するためには、自余の動物とは異なり、知と共同体が必要であるが、共同体を形成・維持するためには、技術知のみならず、「廉恥」aidôsと「正義」dikê、換言すれば、倫理知と政治知technê politikêが必要である、と。(2) それはアルケーないしアルケイン、権力とその統治の機能、そしてその正統化の事実の問題であり、価値・規範・意味の決定に係わる政治的「測定術」metrêtikê politikêの問題である。(3) 人間のいかなる共同体ないし国家も、いつもすでにその内外に対立と紛争の契機を孕んでいるとするならば、共同体ないし国家が存立しているかぎり、そこではいつもすでに正統的政治権力の統合機能が事実上果たされている。(4)

政治権力の正統性を供給する伝統的神話が揺らげば、つまり所与の習俗や掟（法）の自明性が崩れてしまえば、共同体や国家の存立が要請されるかぎり、権力の正統化需要が生じ、共同体や国家における所与の習俗規範ethosや法規範nomosの人為性（作為可能性）が自覚化される。古典古代にはこの自覚化が萌芽している。とりわけソフィストたち、プラトン、アリストテレスによって、正義（政治権力の正統性）の根拠が問いに付され、共同体ないし国家の形式（国制）を区分し、選択し、人為的に構成することが問題になる。ここにも、古典古代と西欧近代とに通底する普遍的かつ本質的なプロブレマティックの水脈を見て取ることができよう。

プラトンに関連して言えば、第一に、人間の共同性と個体性の関係の問題は、国家polisの構成秩序と魂psychêのそれとの類比analogiāの問題として展開されている。類比される両者に通底する均衡秩序がプラトンにおいてはディカイオン（正義）と呼ばれているのであるが、この類比は叙述方法の問題としてのみならず、相互限定wechselseitige Bestimmungという方法論的な問題として捉え返されうる。第二に、両者の公分母である均衡秩序としての正義は、一方での個体 Individuum と、他方での諸個体の活動 ergon によって産出されると同時にその当の諸個体の本質 ousiâ を成す共同体 Gemeinwesen とにおける、自己限定 Selbstbestimmung; egkrateia の問題として捉え返される。この自己限定は、人間の自己陶冶 Selbstherausbildung の問題であり、と同時に、人間の内外の自然における支配 doulôsis あるいは統治 archê の問題、さらには政治的自己決定の問題でもある。第三に、この自己限定の問題が、第一の共同性と個体性との相互限定の問題として再び捉え返される。こうした、議論の展開を通じて、人間存在における自己陶冶と自己支配（統治）の必然性だけでなく、まさにそれゆえに、自由主義的なそれとはまったく異なる形で、国家に対する個人の倫理的優位をもまた導き出される。

第二章　西欧近代国家と古典古代国家——「システム統合」と「社会統合」の比重

上でも言及したように、国家とは、マックス・ウェーバーの定義によれば、「正統的権力（至高の暴力）legitime Gewaltsamkeit の独占を要求する団体」である。[1] これは極めて過不足のない歴史汎通的な定義と思われるが、この正統的政治権力は、国家の「社会統合」と「システム統合」という二つのアスペクトないし機能にいつもすでに係わっている。

西欧近代の主権国家における政治権力の機能は、後者（システム統合）にウェイトが置かれている。ブルジョア社会ないし資本制経済システムの統括がその主な任務であるからである。西欧近代のブルジョア国家を構成する諸個人は、現実的には、ホッブズ政治学における欲望の主体、あるいはマルクスにおける労働の主体であり、理念的には、カント倫理学における信条の主体、あるいはウェーバー政治学における責任の主体である。[2] 両者の本質は、抽象的欲望（ないし労働）と形式的な権利の主体、あるいは実存的決断の主体としての、自己完結的（原子論的）個人にある。両者が同じ事態の表裏を表現しているに過ぎないことは、ヘーゲルの言う全面的相互依存の「欲求の体系」としてのブルジョワ社会と「必要（悟性）国家」Not- und Verstandesstaat がそうであるのと同じである。

西欧近代のブルジョア国家においては、諸個人の恣意と国家装置 Staatsapparat の外的強制とが形式法を通じて相互限定的に結合している。このブルジョア国家の原理ないしイデオロギー、等価交換 äquivalenter Austausch と算術的平等 arithmetische Gleichheit の保障が、いわゆるナショナル・デモクラシーの内実である。[3] 現代の行政（給付）国家ないし大衆国家の特徴はその行政権力の肥大化（官僚制化）とこれに対応する大衆の政治的アパシーとにあるが、正統的政治権力の「社会統合」機能がフェイド・アウトされ、いわばその「システム統合」機能そのものから、その正統性が供給されている、という点から見るならば、その本質的構造は基本的にはブルジョワ国家のそれと同じであると言えよう。(4) いずれにしても、ここでは「善く生きる」という問題、つまりアイデンティティ形成の問題は、抽象的な原子論的諸個人の恣意に委ねられてしまう。

これに対して、古典古代国家、とりわけポリスの祖型は、M・ウェーバーによれば、戦士共同体 Kriegerzunft; koinônia symmachê である。この共同体国家の構成メンバー polîtês は戦争遂行の主体であり、まさにそのことによって土地及び奴隷の所有権と参政権を保有する。家 oikia における奴隷による生産（自給自足）が基礎にある以上、戦争遂行は、奴隷調達と共同体的結束とのために、この共同体国家にとってその構造からして不可避である。知られているかぎり、スパルタがこうしたポリスの典型である。アテーナイその他のポリスにおいては、殊に海上交易などを通じて、商品・貨幣経済もすでにかなり浸透していたが、基本的な存立構造は同じであったと言えよう。(5)

いずれにしても、ポリスにおける市民権（所有権と参政権）は、元来、戦士としてのアレテー（器量）に、つまり共同体のために一身を擲つ気概 andreia の相互承認に、由来していたはずである。従って、もちろん、ポリスにも、主権 souverainité という概念は存在しなかったにせよ（強いて言えば archê がそれに当たるであろう）、対内的な治安維持や紛争調停、対外的な戦争遂行の効率的組織化といった「システム統合」的機能の要請があったはずであるが、しかし、ここでは、交換経済は萌芽していたにせよ全面的に展開されたわけではなく、その規模からして古代オリエント専制国家や西欧近代国家におけるような官僚制の高度な発展も見られなかったから、自由かつ平等の市民たちから成る共同体の「社会統合」的機能の問題に、これによってまたポリスにおいて「善く生きる」という問題に、専ら関心が向けられたと言えよう。

第三章　アテーナイ民主制の光と影[1]——polîteiâ と dêmokratiâ

プラトンが『国家』篇のタイトルとしている polîteiâ という古代ギリシア語にはいくつかの意味がある。それは第一に、ポリスの幾つかに区分される政治形態一般、つまり国制（近代語では constitution, Verfassung に当たる）、第二に、ポリスの公式メンバーである自由かつ平等の市民が有する市民権、第三に、アリストテレスが国制分類に際して用いている多数制（その堕落形式が民主制・衆愚制 dêmokratiâ）などを意味する。[2] プラトンは、この polîteiâ というギリシア語を、国家（ポリス）・個人（の内面）つまり魂 psychê・宇宙 kosmos を貫く構成秩序、あるいは「均衡的平等」proportionale Gleichheit という意味での「正義」to dikaion に関係づけている。

混乱を避けるためには、スパルタを典型とする自由かつ平等な市民たちからなる戦士共同体としてのポリス形式一般 polîteiâ と、プラトンやアリストテレスの行なっている国制分類における一類型としての多数制ないし衆愚制 dêmokratiâ とを、さしあたり概念的に区別しておく必要があろう。[3] この意味での dêmokratiâ は、治者と被治者との同一（同質）性を基礎にした討議による政治的意思決定という理念及び制度として、西欧近代国家にも通底する概念である。但し、もちろん、古代民主制は、役職の抽選制、輪番制などを伴う直接制であったのに対して、近現代民主制は、選挙制、政党制、官僚制、権力分立制などを備えた間接制（代議制）であり、厳密に言えば、混合国制 die gemischte Verfassung である。

プラトンが同時代人として直接目の当たりにしていたのは、「アテーナイの民主制」であり、これは、『国家』篇における類型によれば、いわばメタ範型 *metaparadeigma* としての哲人王制 Philosophen-Konigtum ないし陶冶貴族制 Bildungsaristokratie(4) から堕落した四類型のうちの一つとしての民主制である。戦士共同体としてのポリスの祖型は、プラトンのこの国制分類で言えば、名誉制 tîmokratiâ に当たる。アテーナイの歴史的現実は、対内的には常に血統や貧富の差による貴族《アガトイ》と民衆《カコイ》、寡頭派と民主派との対立・緊張を孕んでいたが、ソロン、クレイステネスの改革、ペルシア戦争における陸海の戦闘での多数の市民の活躍などによって、前五世紀前半に民主制が制度的に確立する。トゥキュディデスの筆に成る、かのペリクレスの国葬演説では、名誉と自由とが理念として結び付けられた盛期アテーナイ民主制の精華が、スパルタの国制（名誉制・貴族制・寡頭制）との対比において、理想化されている。(5) 後のプラトンによる議論を踏まえて言えば、アテーナイにおいては、スパルタにおけるのとは異なり、勇気による欲望支配を通じての自己実現というよりも、理性による勇気を介しての欲望支配を通じての自己実現が果たされている、というわけである。

だが、自由かつ平等の市民たちから成る自発的結社としての民主制アテーナイとその繁栄は、対内的には、奴隷支配、対外的には、対ペルシア・デーロス同盟を通じた同盟諸国に対する帝国主義的支配、という二重の排他性を前提にしていた。実際のアテーナイにおいては、土地と奴隷の所有権と参政権としての市民権の世襲、海上交易と貨幣経済の発展、人口の増加、これらから不断に社会的矛盾や貧富の格差が帰結した。ポリスの存立のためには、対外的な絶えざる植民市及び奴隷の獲得戦争が不可避であり、民主制を制度的に維持するためには、対内的に、土地の再配分、負債の取り消し、そして民会、民衆裁判、観劇への日当の給付などの政策遂行が必然化した。民族の存亡を賭けたペルシア戦争の記憶も世代の交代によって薄れ、海上帝国の確立による繁栄の絶頂にあって、アテーナイ市民たちの活動の、つまりオイコス経営と戦争遂行の、内実が失われると、自律と責任の信条 êthos は廃れた。トゥキュディデスやプラトンがその有様をありありと描いているように、伝統的権威は崩壊し、理性の主観化・道具化の進展に伴い、覇権主義と相対主義が跋扈する。かくして、かれらが目にした後期アテーナイ民主制においては、欲望の無際限な解放 pleonexiâ が現出し、理性は屁理屈に、勇気は傲慢や卑屈に、自由は恣意や放縦に、平等は悪平等に転化し、煽動政治家 dêmagôgos の跳梁によって、言論の自由 parrêsiâ も発言権の平等 isêgoriâ も有名無実化する。

ペリクレスによって全ギリシア人が範とすべき国制として自賛された盛期アテーナイ民主制、プラトンによってその退廃が克明に描き出された後期アテーナイ民主制、このどちらが民主制の本質なのか、このどちらが歴史的現実に近いものであったのか、あるいは民主制についての二つのイメージは同じことがら〔本質〕の二側面であり、前者は条件次第で必然的に後者に転化せざるをえないのか。いずれにしても、三〇年にもわたってギリシア世界を二分して展開されたペロポンネーソス戦争の間に、アテーナイ民主制の相貌が著しく変わってしまったことは事実であろう。

第四章　平等と自由——概念の両義性[1]

ここでは、アテーナイ民主制と近現代民主制とに通底する平等と自由という概念を吟味検討してみたい。上述のように、古代民主制と近代民主制とは、前提となるそれぞれの現実的諸条件、規模、制度（直接制か間接制か）などの点で著しく異なっているが、治者と被治者の同一（同質）性、市民たち（国民・人民）の討議を通じての政治的意思決定という原理の点では共通している。しかし、両者の共通点はそれだけではない。注目すべきは、プラトンが初期対話篇や『国家』篇において精細に描き出している後期アテーナイ民主制の諸々の否定的アスペクトである。ここで問題になるのは、肯定的にせよ否定的にせよ民主制の基礎にある平等と自由という原理（概念）の意味転換ないし両義性である。

すでに述べたように、ポリス共同体とはそれを構成する自由かつ平等な市民たちと同義である。ポリス共同体の同一性、その構成メンバーたちの自由かつ平等の市民権は、対外的には、自余の国家共同体すべての排除（ないし相互承認）、対内的には、奴隷、婦女子、居留外国人《メトイコイ》の排除、この二重の排除の上に存立する。これを前提にして市民たちは、それぞれの活動（軍務、政務、オイコス経営）を通じて、つまりそれぞれが自分の義務と責任を果たすことを通じて、自由かつ平等の権利を相互に承認する。内外の差異化を前提にし、しかもこうした活動（義務と責任）とその相互承認という相互行為があって、ようやく（平等という）権利 ius, Recht が成立するのであって、その逆ではない。そうであるかぎり、権利において形式上平等な市民は、相互の実質的差異性を認めることができるであろう。ペリクレスが呈示しているアテーナイ市民像はそのようなポリスの内外における差異性を認めることのできる自律的個人として彫琢されている。[2]自他のポリス間の、そして市民間の差異性の認識はポリス及び市民自身における同一性を前提にしているが、いずれの同一性も、市民たち自身のポリスにおける実質的活動を前提にしている。[3]

ところが、プラトンが呈示している民主制的個人にとっては、基本的には近現代民主制における諸個人にとってと同じく、始めに平等の権利ありき、である。こうした個人の眼中にあるのは、「等しいものも等しくないものも、等しいとする」悪平等、すなわち「算術的平等」でしかない。デーマゴーゴス、ソフィステース、一般民衆、何であれこうした民主制（衆愚制）的個人にとっては、諸個人における活動・人格・能力の差異性（均衡的平等）を見極める能力も意志も持たない以上、一切の価値は無差別になってしまう。[4]

プラトンが『国家』篇第八章のはじめでのところで名誉制について叙述しているように、[5]またヘーゲルが『精神現象学』において「主人と奴隷」、「高貴な意識と下劣な意識」の弁証法について同様に叙述しているように、戦士の名誉は、貴族の品位と同様に、共同体のために実際に生死を賭するという実質的活動を欠き続ければ、単なる評判 doxâ となり、堕落しかねない。多様な doxâ は、doxâ でしかないという一点において同一である。差異性と同一性、特殊性と一般性、これらの具体的統一が崩壊するならば、抽象的な同一性ないし一般性だけが、要するに「算術的平等」だけが問題になる。

こうした無差別の平等という抽象的な概念には、欲望選択の自由という同じく抽象的な概念が対応している。[6]周知のように、ホッブズは自由 liberty を、欲望ないし意思の追求における「障害の欠如」absence of impediments と定義している。[7]快苦を善悪として設定したり、自然権ないし自然法を設定したりすることの「自然主義的誤謬」naturalistic fallacy はともかく、ホッブズの自由の定義は、一面では、所与の歴史的・社会的な諸規範を一旦一切捨象するという方法的思考実験に由来し、他面では、伝統的規範の崩壊、ブルジョワ社会と主権国家の形成という一七世紀の前半における西欧世界のいわば脱規範化状況を反映している。プラトンが前五世紀末に見ていた後期アテーナイ民主制における自由も、したいことをする、生きたいように生きる、Tun, was man will; Leben, wie man will という恣意と放縦の意味であるかぎりで、すでにホッブズにおける「消極的自由」negative freedomと同じ性格を持っていたと言えよう。

だが、自由を意味する印欧諸言語、例えば、ギリシア語の eleutheriâ、ラテン語の libertas、ゲルマン系言語の Freiheit, freedom、ロシア語の свобода、これらはいずれも、元来は、あるいは語源的には、現在では自明と目されているような、強制・拘束・障害の欠如ないしそれらからの解放一般を意味していたわけではない。それは、何らかの本源的共同体の内にあること、あるいはそれに帰属し、保護されていること、これを意味していた。この意味では、それらの諸語はむしろ共同体的な強制・拘束・規範からの解放とは逆の意味を持っていたと言えよう。共同体の内にあることとは外的自然や他の共同体の脅威から解放されることを、その外にあること Elend はそれらの脅威に晒されることを、つまり生存の危機を、そしてそれよりもなによりも、自己を人間個人として形成しえないこと、つまりアイデンティティの危機を、意味しているからである。古代ギリシアでも、元来は、自分が帰属する共同体が他のそれに従属しないこと sôtêriâ、自分が帰属する共同体の掟（法）を自分で定立すること autonomiâ、共同体が経済的・政治的に自立していること autarcheia、これらを前提にして人間個人が共同体において生きることが可能になること、これこそが自由を意味していたはずである。(8)

いずれにしても、自由は拘束と解放、個体性と共同性の結節点を含意している。神ならざる死すべき人間には、自然必然性からの絶対的解放という意味での自由はありえない。解放という意味での自由は、人間自身が自己の活動によって歴史的に形成しながら自己に疎遠なものとして現れる社会的な規範や制度からの解放、それらの自己定立という意味での自由、すなわち個体性においても共同性においても自律 *Autonomie* という意味での自由以外ではありえない。神にとって自由と必然は即自的に同一であり、人間以外の存在には必然性しかないとすれば、自由が問題になりうるのは人間のみである。その人間の自由は、内外の自然必然性一般からの解放ではなく、その社会的自己限定によるそれからの限定的解放である。とすれば、節制 sôphrôsynê、自己制御 egkrateia は、人間の自由と対立するどころか、その必要条件であろう。

周知のように、ルソーは『社会契約論』において、「自然的自由」、「市民的自由」、「道徳的自由」について語っているが、[9] ホッブズが設定しているような内的自然としての欲望の盲目的解放は、ルソーにとってその欲望の奴隷状態を意味するに過ぎない以上、必然性と非自由を意味する「自然的自由」liberté naturelle は形容矛盾であり、彼にとって理論的に問題になりうるのは「市民的自由」liberté civile と「道徳的自由」liberté morale だけである。人間の自由は、自然の必然性・不変性と、人格・規範・制度の人為性・可変性とを見極め、後者を自覚的に形成・改変する、というその活動そのものにある。ヘーゲルに従えば、これは人間における個体性と共同性の関係そのものから成立する自己限定 *Selbstbestimmung*、あるいは他在を介して自己自身の許にあること *Bei-sich-selbst-Sein* である。

差異性と同一性、特殊性と一般性、これらの具体的統一が崩れてしまえば、すなわち、平等が「算術的平等」となり、自由が「消極的自由」となるならば、諸個人を排他的に結合させるのは、欲望の抽象的な同一性と権利の形式的な一般性以外にはない。逆に言えば、まさにこうした排他的結合によって、諸個人は抽象的な欲望と形式的な権利の主体となる。抽象的な欲望と形式的な権利に基づく等価交換の原理（交換的正義）は、後期アテーナイ民主制においては、近代民主制（資本制社会）におけるのとは異なり、全面的になっていたわけではないにしても、後期アテーナイ民主制についてのプラトンの病状診断が示しているように、著しくその傾向を強めていたとは言えよう。

第五章　正義と測定術 technê metrêtikê

古典古代世界では基本的には、一般に理性・知性、例えば sophiâ, epistêmê, nous; noêsis,logos; logistikon、そしてテクネー technê において、知 Wissen、意欲 Wollen、能力 Können は未分化であった。それは古典ギリシア語の動詞に含意されるいわゆる conative force に示されている。しかし、プラトンが生きた同時代、アテーナイ民主制の末期には、プラトン自身が的確に見極めていたように、すでに理性は主観化・道具化し、テクネーも単なる内外の自然支配のための技術 Technik となる傾向が、——決定的ではなかったにせよ——はっきり現れていた。[1]

すなわち、そこでは、いわば社会システムの分化 Differenzierung に伴う（あるいは連動する）、理論と実践 Theorie und Praxis、作為と行為（ポイエインとプラッテイン）Machen und Handeln の分化を前提とした、理性の主観化・道具化が萌芽していた。[2] とすれば、そこにはまた、後にマックス・ウェーバーが「世界の合理化 Rationalisierung ないし脱呪術化 Entzauberung」と、ホルクハイマーやアドルノが「啓蒙の弁証法」と、そしてハーバーマスが「生活世界のシステムによる植民地化」と呼んだようなプロブレマティックの萌芽も見られることになろう。とすればまた、必要な変更を付すならば、すでにプラトンは、『国家』篇において、人間の大脳皮質の三層構造とその機能連関に類比しうるような、人間個人の魂とこれに対応する国家とにおける機能分割と構成秩序を設定し、この制御・均衡モデルを「正義」と呼び、その内乱 stasis 状況を、すなわち自制を欠く欲望と道具化した理性とが「死に至る病」に向かって盲進するような「合理化」の病理学 Pathologie として描き出している、と言えるであろう。[3]

とすれば、逆に、まさにアテーナイ民主制の光と影、その理念及びその退廃・矛盾の中に、近現代民主制のそれのプロトタイプを見うることになろう。西欧近代のブルジョア社会の形成過程において、合理主義的実証科学は成立し、これはまた逆に、この形成過程を促進してきた。近代合理主義あるいは実証主義科学を導いてきた関心は、人間の解放 Emanzipation である。何からの解放か。内外の自然の脅威（非合理性・不透明性）及び（人間が歴史的・社会的にみずから形成し来たった）共同体ないし国家社会の自然性（実定性）、そしてこれらについての合理的根拠を欠く言説あるいはイデオロギー（つまり呪術 Zauber 一般）、これらからである。この解放は基本的にどこに向かっているのか。R・マオラーによれば、端的に言って、それは「技術的自然支配に基づく民主制」に向かっている。[4] この趨勢を駆動しているのは、後期アテーナイ民主制におけるのと同じく、自己限定 egkrateia; Selbstbestimmung を欠いて、抽象的かつ形式的な自由（恣意と放縦）と平等（「算術的平等」）を求める、原子論的諸個人の無際限の欲望、すなわち pleonexiā; Mehr-haben-wollen である。

古典古代の古典期におけるポリス共同体の戦士市民と後期中世及び初期近世におけるブルジョアとは、その活動の本質をまったく異にしているが、個体性と共同性、自由と連帯の相互限定関係という点では、本質を共有しているとも言えるであろう。しかし、いずれも、アテーナイ民主制後期の市民たちとは、そしてブルジョア（資本制）社会後期の市民大衆とは、本質的に異なっている。開かれた公的空間における政治的討議を通じての政治的意思の自己決定、市民たちの自発的結社における理性的な自律と責任、これらのことは後者のいずれにおいても決定的に形骸化し、単なる理念ないしイデオロギーとなり、もはや現実ではない。

なぜなら、自由かつ平等な市民たちによる理性的討議と、市民諸個人の意見の多様性及び可謬性とを前提にした、少数意見を尊重する多数決による政治的意思決定、という意味でのデモクラシーが最善の決定システムであるとしても、ここでは討議と決定の主体である市民たちの「市民的自由」liberté civile が、「道徳（精神）的自由」liberté morale を、つまりエートスないし信条 Gesinnung と責任 Verantwortung を、欠いているから、ブルジョアであれ大衆であれ、政治家であれ官僚であれ、かれらは抽象的欲望と形式的権利の主体でしかなく、かれらの政治的決定は、実践的理性による討議の結果ではなく、道具的理性による妥協でしかないからである。

プラトンは『国家』篇の中でみずからが描き出した後期アテーナイ民主制に、哲人王制 Philosophen-Konigtum ないし陶冶貴族制 Bildungsaristokratie を対置している。これは、「理念型」Idealtypus とも言えようが、仮説演繹法的な単なる認識モデル paradeigma としてではなく、そこでは次のような意味での「正義」to dikaion がいわば即かつ対自的に実現しているとされる、一つのメタ・パラデイグマとして、自覚的・方法的・発見学的に設定されている。『国家』篇における「正義」は、人間の三つの徳 aretê、知恵 sophiā、勇気 andreiā、節制 sôphrosynê を統括する第四の徳であり、いわば人間個人の魂 psychê と国家 polis とを相互に対応・限定せしめる同型の構成的な秩序と均衡の原理、あるいは suum quique, Jedem das Seine、「自分のことを為すこと」to ta hautoû prattein、換言すれば、全体の機能連関の中で各部分がそれぞれに固有の機能を十全に果たすことによって、全体と部分のそれぞれの機能が相互にフィードバックする関係にあることである。『国家』篇全体を貫く主題は、端的に言えば、西欧近代の哲学や倫理学のそれとは異なり、この意味での正義 to dikaion と善 to agathon あるいは幸福 hê eudaimoniā との一致を論証することである[(5)]。

『国家』篇第二巻では、二つのポリス・モデル、すなわち、「健康なポリス」と「病気のポリス」が提示されるが、前者はいわば即自的に上の意味での「正義」が実現しているポリスであり、これに対して後者においてはこの「正義」が崩壊し、いわば対自的な統合機能の必要が生じている。第八巻と第九巻で叙述されている名誉制、寡頭制、民主制、僭主制という四つの国制は、「病気のポリス」の諸類型である。この第二ポリス・モデルに対置され、『国家』篇という構築物全体の中核的部分で展開されるのが、第三ポリス・モデル、すなわち「浄化されたポリス」、あるいは現実にありうべき諸国制モデルのメタ・モデルとしての哲人王制ないし陶冶貴族制である。

プラトンが描き出しているこの哲人王制ないし陶冶貴族制は、職能に従って、哲人 philosophos、守護者 phylax、生産者の三階層に機能分割され、哲人統治によって統括されている。この国家 polis の三階層の機能と構造は、魂 psychê

のそれに、すなわち理性、気概、欲望に、類比される。この哲人は統治者かつ教育者であるが、その素質を生涯にわたる全人教育によって陶冶・開花される。哲人の「魂」においては理性が気概を介して欲望をもっとも善く制御する。ギリシア語の aristos は形容詞の agathos の最上級で、この名詞形（中性）が agathon（善）である。善とは徳が実現すること、すなわち、ことがらの固有の潜在的な機能や能力が顕在化（開花）することである。この陶冶貴族制は、この意味で aristoi、最善者たちが統治する国制であり、世襲貴族制ではなく、能力次第で職能の移動が可能な文字通りのメリトクラシーである。哲人（最善者）が統治しているということは、魂と国家において同時に「正義」が実現しているということを意味する。ここでは哲人統治者とそれを補助する守護者には私有が認められず（財と妻子の共有制）、いわば無産者が有産者を支配している。

プラトンによれば、哲学 philosophiâ と権力 archê の結合なしには、つまり哲人王が存在しないかぎり、人類の災厄は已むことがない(6)。だが、歴史的現実において、この結合は、すなわち、彼が呈示しているような哲人王制は、――極めて巨視的に見てさえ――実現可能であろうか。これはプラトン自身がすでに承知していたことであるが、このいわゆる「哲人王論」は、paradoxâ（常識はずれ）、ユートピア（非現実・空想）と、それどころか、反動的・復古的な保守主義ないし貴族主義を、あるいは危険で非合理な専制、独裁、全体主義を、正当化する議論である、と見なされてきた(7)。プラトンの構想における哲人統治者を、ある種の超人的ないしカリスマ的な「ユートピア的社会工学」者として、技術主義的に、あるいはそうでなければ神秘主義に、解釈してきたのは、ポパーのような人だけではない。だが、果たしてそうなのか。

第六章　善のイデアと哲人王 hê tou agathou ideâ kai ho basileus philosophôn

―― Bild と Bildung

プラトンのいわゆる「哲人王論」を、J・リッターやG・ビアンにおけるように、歴史主義・相対主義に帰着せざるをえないようなエートス論に、あるいはそうでなければ、自然存在論のごときものに連れ戻すわけにいかないとしても[1]、さりとてポパーにおけるように（あるいはハイデガーやアーレントのプラトン理解においても、結局は同じことになろう）「ユートピア的社会工学」utopian social engineering に、あるいはケルゼンやトーピッチにおけるように、宇宙論的ミュトロギーや Soziomorphismus に仕立て上げて済ますわけにもいかないであろう。とするならば、問題を、技術主義か神秘主義か、規範主義（あるいはテクノクラシー）か決断主義か、こうした二者択一に還元するわけにはいかないであろう[2]。

プラトンが哲人王制ないし陶冶貴族制の構想において中核に設定している哲人 philosophos は、もちろん講壇哲学者でも自称・他称の哲学者と呼ばれる人でもなく、まさにこの陶冶貴族制における生涯にわたる全人教育プログラムに従って自己陶冶を遂げて、事物のイデア・形相とそのメタ根拠としての「善のイデア」とを洞察しうる人間である、とされている[3]。したがって、この哲人統治者の政治知 technê politikê においては、この「善のイデア」の洞察に基づいて、技術知と倫理知、理論と実践、作為と行為とが結合するはずである[4]。しかしながら、この哲人統治者は、彼が神ならざる死すべき人間、いわば世界内存在であるかぎり、すなわち、彼がユダヤ教・キリスト教におけるような、〈有〉（存在者と存在者性）を、つまり形相と質料とを、共に〈無〉から創造しうるような絶対的な超越神として、存在（世界）一般にもっぱら外から作為的・製作的・支配的に係わるわけではないかぎり、宇宙論的デミウルゴス、あるいはユートピア的社会工学者ではありえないであろう。けだし、プラトンが設定している哲人統治者にとって問題になるのは、世界の外にあって、事物（事柄）を、作為 Machen、製作 Herstellen; poieîn することではなく、あくまで世界の内にあって、共同体 Gemeinwesen において人間諸個人が形成する現実 Wirklichkeit; ousiâ と本質 Wesen を洞察すること Einsehen、そしてこの洞察に基づいて決断すること Entscheiden であるからである。(5)

だが、そうだとすれば、このような哲人統治者や彼に統治される陶冶貴族制のモデルの設定とその実現可能性の想定に、論理的な飛躍や矛盾を見て取ることは容易であろう。そもそも神ならざる死すべき人間に万物の根拠としての「善のイデア」の洞察能力を帰すことに無理があろう。第一に、この洞察能力を有する人間が現実に可能であるとすれば、誰がそうした人間をそうした人間として見極め、陶冶するのか。これに対して、すでにその洞察能力を有する人間によって、と答える以外にないとすれば、論理は循環か無限遡及かに帰着する。第二に、哲人統治者、その魂において盲目的な欲望をみずからの理性によって最善の形で制御しうる人間、こうした人間が統治者として存立しうるためには、被治者たちは彼がそうした人間であることを見極め、それを承認していなければならない。しかし、被治者たちがそれを見極めることができるならば、そもそも哲人統治者は不要なのである。彼らはそれができないからこそ哲人統治者を必要とするのであるから。(6)

しばしば指摘されるように、プラトンはこうした哲人統治者を設定する際に、彼が実際に見知っていた実在のソクラテスをイメージしていたことはありうることであろう。だが、初期対話篇においてプラトン自身が描いているソクラテスは、「善のイデア」を洞察しうる人間ではなく、それからの隔絶を自覚しながら、この自覚の故に、すなわち、いわゆる「無知の知」ゆえに、懐疑主義や相対主義に陥るのではなく、まさにそれへの希求を志した人間である。この初期対話篇のソクラテス像と『国家』篇の哲人統治者像との落差ないし懸絶は歴然としている。プラトン自身がこの落差ないし懸絶に気付かなかったことなどありうることであろうか。それとも、彼は気付いていながら哲人王の実現可能性を断固主張したのであろうか。

だが、そもそもイデア、そしてメタ・イデアとしての「善のイデア」とは何の謂いか。すでに上で言及したように、古典ギリシア語のイデア ideâという言葉は、元来、エイドス eîdosなどと同じく、視るという動詞から派生した語で、視られたもの、視られた形姿 Gestalt、視覚像 Bildそのものを意味する。これは、例えば、ロシア語の видеть と вид との関係と同じである。ところが、プラトンはこのイデアという語に、現実の視覚像でも、観念でも、概念でもなく、これらによって標示されるところの当のもの、その根拠 Grundかつ本質 Wesenの意味を与えている。アリストテレスは、この語を質料 philêに対する形相 eîdos; physisという語で言い換えている。いずれにしても、いわば視えざる視覚像 Bild・形姿 Gestaltの意味は残っている。[7]

ラインハルト・マオラーは、イェーガーにしたがって、『国家』篇全体においてパイデイアー paideiâ; 陶冶・教育 Bildungという概念が演じている決定的な役割を強調しているが、イデアとパイデイアーの関係の意味も見逃していない。[8]プラトンが描く哲人王制ないし陶冶貴族制におけるパイデイアーないし陶冶 Bildungは、ドイツ語の Bildと Bildungという語の関係が示しているように、人間諸個人がすぐれた人物 Gestaltによって模範（パラデイグマ）として与えられたモデル（視覚像）Bildを模倣 *mimêsthai* することを通じて、自分自身および自分が係わることがら ousiâに内在するイデア（根拠・本質）を発見する過程である。「善のイデア」は、この発見・探究の道程の極限に想定される究極の根拠、あるいはこの発見・探究の過程を駆動する当のものである。

善 to agathonは、人間の日常生活においても、倫理学においても、そしてプラトンが展開する議論においても、もっとも基本的なカテゴリーである。プラトンにおける善は、さしあたり道徳的・倫理的な善悪に係わるのではなく、その意味ではさしあたり善悪無記であるが、さりとてホッブズにおけるように専ら快苦の事実に係わるわけでもなく、語弊を懼れずに言えば、ことがら ousiâに潜在する固有の本質的な機能 ergon: dynamisが実現されることそのもの、すなわち徳 aretê である。とすれば、あるいは、だからこそ、少なくともプラトンにおいては、語源的関連はともかく、人間においては善と徳は、そして両者は知と通底していることになるし、「正義」dikaiosynê と「幸福」eudaimoniâ とは切り離せないわけである。人間にとっての善悪は、もの一般にとってのそれと同じく、その活動や機能に先立って与えられているのではなく、まさしく活動や機能によってその都度明らかになるのである。

知性や理性は人間にとって所与の可能性である以上、人間にとって「はじめにロゴスありき」は真実である。しかし、可能性は現実性ではない以上、人間にとって「はじめに活動（行為）Tat ありき」もまた真実である。[9] 人間は、他の動物と異なり、一定の閉鎖システムの中で遺伝子プログラム通りに行動するわけではないが、さりとてまったく恣意的あるいは闇雲に活動しうるわけでもない。人間は、いつもすでに、自然的諸条件のみならず、歴史的に形成・維持されている開放システムとしての一定の社会における所与の諸条件の下で、より善きモデルを選択・模倣しながら活動するのである。そしてまさに「より善きもの」を選択・模倣するために、この選択能力こそが陶冶されなければならないわけである。

人間が知を可能性として与えられていることは自然的必然であるが、その知を社会の中で陶冶しなければならないこと、そしてその〈知〉が、条件次第で、技術知と倫理知に分化し、さらにそれぞれが多様に分化することは歴史的必然であろう。だが、分化した知を統合しうる政治知が要請されることもさらにまた、知そのものの必然である。神ならざる死すべき人間は、誰であれ、万物の根拠として「善のイデア」を洞察することはできない。しかし、この洞察を志向することの必要・必然性を洞察することは可能である。この洞察によって、人間は理論と実践、作為と行為の分化の必然性を見極め、同時に両者の媒介の必然性を、単なる要請としてではなく、現実的活動を通じて追求することが可能になろう。とすれば、「善のイデア」は、人間の認識と万物の存在そのものを可能ならしめる太陽のみならず、この必然性の発見と探究の現実的活動という航海を導く北極星 Leitstern の比喩 metaphorâ であり、と同時に、人間の限界 Begrenzung と限定・使命 Bestimmung、人間の条件 conditio humana を知らしめるソクラテス的ダイモーンの由って来るところの当のもの、と言えるのではあるまいか。

プラトンの描いた「浄化されたポリス」、哲人王制あるいは陶治貴族制、そしてその哲人統治者は、現実にありうるモデルでも、あるべきモデルでもないであろう。それは現実的な革命プログラムではなく、ありうる、あるいはあるべき国制モデルのメタ・パラデイグマである。このメタ・パラデイグマは、人間諸個人が、統治者であれ、被治者であれ、国家共同体 Gemeiwesen の現実（活動現実態）Wirklichkeit; ousiâ における活動 Wirken; Tätig-Sein; ergazesthai に際して、いわば超越論的に、あるいはむしろ反事実的 kontra-faktisch に、すなわち、その都度、行為結果に照らして、より善き（より適切な）現実をいつもすでに指示していることが判明するところの、志向連関である。

第七章　正義・陶治・自由――プラトン的「正義」とヘーゲル的「自由」

人間個人は、他者と親しく関係することによって、自分自身と親しく関係し、逆に自分自身と親しく関係することによって、他者と親しく関係する。この親しい関係 *philiâ* こそが、幸福 eudaimoniâ; Glück であるとすれば、こうした親しい関係を持てない極限的な人間類型である僭主的人間は不幸の極限である。[1] プラトンは、この親しい関係、つまり彼の言う意味での正義と幸福との関係を、このように平明に解き明かしている。自分自身と親しく関係すること、魂における「正義」、つまり自己限定を実現すること、これを可能にするのは自己陶治である。自己陶治はまた、「より善きもの」に聴き従う態度において可能となる。

もちろん、さしあたり模倣すべき既成のモデルが「より善きもの」である保証はないが、現実的活動による発見と探究の過程で、この制約を克服していく以外にないであろう。この発見学的 heuristisch な過程において、上述のように、「より善きもの」を希求する現実的活動を促し、その都度の現実におけるそれを発見せしめ、と同時に人間の限界を知らしめる当のものが、プラトンが呈示しているメタ・パラデイグマとしての「善のイデア」の謂いである、ということになるのではあるまいか。

統治者における政治的決定、被治者における実践的・政治的討議において、それどころか諸個人の日常生活のあらゆる場面で、人間は決断と選択に迫られ、現実にいつもすでに決断と選択をしている。この決断と選択は、欲望や快楽の総量の単なる統計学的計算によって行なわれているわけではないし、さりとて悪魔と契約してまったくの無から行なわれているわけでもない。技術知と倫理知の、存在 Sein と当為 Sollen の結合は、決断と選択ごとに事実上いつもすでに果たされているはずである。それゆえに、プラトンにとって、あるいはルソーにとっても、政治の本源的問題は、魂における「正義」の実現、リベルテ・モラールの涵養なのである。この問題を、テクノクラート的最適計算あるいは虚無的決断の問題に、あるいはそうでなければ、再び既成の制度や伝統的習俗に、無批判に還元してはならないとすれば、人間の条件 conditio humana と他在（他者）に対する責任 Verantwortung とに自覚的な信条 Gesinnung、こうした信条の陶冶 Bildung こそが先決問題であると言わねばならないであろう。

　人間が人間となり人間として生きるためには何らかの国家共同体が必要であり、国家共同体が存立するためには、人為的統合機能が必要であること、この統合機能においては統治者と被治者の分化が必然であること、殊に統治者の政治〈知〉（テクネー・ポリティケー）においては、存在 Sein と当為 Sollen、作為 Machen と行為 Handeln、これらの分離と結合（「測定術」technê metrêtikê）が問題になること、統治者の魂の構成秩序と被治者のそれとは対応していること、まさにそれゆえに、統治者においても被治者においても、同一性と差異性の相互限定関係を見極めることを可能にするような知＝徳の陶冶が決定的に重要であること、この意味での陶冶が、「均衡的平等」という意味でのプラトン的「正義」と「自己限定」という意味でのヘーゲル的「自由」を媒介すること、そして最後に、人間は、個人、国家、類《るい》、いずれのレヴェルにおいても、他者との関係において自己をみずから抑制すべき存在であること[2]——これらのことを、プラトンの政治哲学に関するテクストは示唆しているように思われる。

小括――汝自身を知れ！

「汝自身を知れ gnôti seauton!」と「過度になるな（身の程を知れ）！mêden agân.」、神アポローンを祀るデルフォイ神殿にかつて掲げられていたというこれらの箴言は、神ならざる死すべき人間の倨傲 hybris を戒める警句として人口に膾炙している。これらはまた、初期プラトンが描くソクラテス像と、かれの行為を抑制するダイモーンとの意味をも示唆してもいよう。『国家』篇の主題が個人と国家を類比的に貫く構成秩序の意味での国制 polîteiā であり、「正義」to dikaion であるならば、そしてこの「正義」は、tua res agitur（果たされるべきは、他ならぬ自分自身のことだ）、suum quique, Jedem das Seine（各人に各人のことを）を意味しているならば、さらにまた、プラトン政治哲学の主題は、「均衡的平等」proportionale Gleichheit という意味でのプラトン的「正義」と「自己限定」Selbstbestimmung という意味でのヘーゲル的「自由」との関連において捉えうるならば、この主題は神アポローンが発する二つの箴言の関連において理解されうるであろう。

【第Ⅰ部】

序

* *Greek Lyric*, Sappho and Alcaeus（LOEB C.L.）Edited and Translated by D.A Campbell, P.56., P.130, P.162, P.82, P.144; 呉茂一『ギリシア・ローマ抒情詩選　花冠』、P.176, P.194; 北嶋美雪『ギリシア詩文抄』（平凡社）P.10-11.

（1）Vgl. Hegel, G.W.F., *Grundlinien der Philosophie des Rechts oder Naturrecht und Staatswissenschaft*, Werke 7, Redaktion von Eva Moldenhauer et al., S.28;『法権利の哲学』（未知谷、三浦和男他訳）参照。

（2）Vgl. Hegel, *Vorlesungen über die Philosophie der Geschichte*（Werke 12）, S. 33ff.

（3）Vgl. Schiller, F., *Über die ästhetische Erziehung des Menschen in einer Reihe von Briefen*（1793/94）; Hölderlin, F., *Hyperion*（1797/99）.

（4）Vgl. Hegel, *Frühe Schriften*（Werke 1）, S.42ff.

（5）Vgl. Hegel, Wereke12・S.275.

（6）Vgl. Marx, K., MEW., Bd.1, S.201ff, S.347ff.

（7）Vgl. Marx, *Grundrisse der Kritik der politischen Ökonomie*, Berlin, 1953, S.375.

（8）Vgl. Horkheimer, M., *Zur Kritik der instrumentellen Vernunft*, Ffm., 1974（1947）, S.15ff.; Horkheimer, *Zum Begriff der Vernunft*, Ffm., 1951; Habermas, J., *Erkenntnis und Interesse*, Ffm., 1977, S.14-87.

（9）Vgl. Horkheimer（1947）;（1951）; Horkheimer, M. und Adorno, T.W., *Dialektik der Aufklärung*, Ffm., 1986（1944）.

（10）Vgl. Horkheimer（1974〔1947〕; 1951）.

第Ⅰ章

1

（1）Vgl. Rothacker, E., *Philosophische Anthropologie*, Bonn, 1964, S.35ff.; Portmann, A., *Um das Menschenbild*, Stuttgart, 1982.

(2) Vgl. Rothacker (1964), S.38ff., Gehlen, A., *Der Mensch, Seine Natur und seine Stellung in der Welt*, Ffm./Bonn, 1966.
(3) Vgl., Habermas, J., *Technik und Wissenschaft als Ideologie*, Ffm.1968, S.9-46, S.120ff.; *Zur Rekonstruktion des Historischen Meterialismus*, Ffm., 1976, S.144ff.
(4) 和辻哲郎、『風土』(岩波文庫)、P.77以下参照。
(5) 飯沼二郎、『風土と歴史』(岩波書店)、P.41以下参照。
(6) 前掲書、p. 52.
(7) 弓削達、『地中海世界』(講談社)、P.17以下、『西洋古代史料集』(古山正人他編訳、東京大学出版会)、P.5以下参照。
(8) Vgl. Jaspers, K., Vom Sinn der Geschichte in: *Deutsche Geschichtsphilosophie von Lasseing bis Jaspers*, S.401ff.

2

(1) Marx, K., Formen, die der kapitalistischen Produktion vorhergehn. in: *Grundrisse der Kritik der politischen Ökonomie*, Berlin, 1953; Weber, M., *Gesammelte Aufsätze zur Sozial- und Wirtschaftsgeschichte*, Tübingen, 1924(マックス・ウェーバー『古代社会経済史』渡辺金一、弓削達訳、東洋経済新報社).
(2) Vgl. Marx (1953), ebenda, S. 375ff.
(3) Vgl. Marx, ebenda; Weber (1924), S.34ff. ウェーバー『古代社会経済史』、就中P.55以下、大塚久雄『共同体の基礎理論』(岩波書店)、就中P.39以下、P.59以下、P.78-80、真木悠介『現代社会の存立構造』(筑摩書房)、P.116以下参照。
(4) 大塚久雄、前掲書、就中P.28-39参照。

「「富」の包括的な基盤である「土地」を「共同体」が占取し、それによって自己を現実に「共同体」として再生産していくばあい、(…)「共同体」の内部にはいやおうなしに「固有の二元性」le dualisme inhérent がはらまれてくることになる。(それは)土地の共同占取と労働要具の私的占取の二元性であり、「共同体」の成員である諸個人のあいだに取り結ばれる生産関係に即していえば、「共同態」という原始的集団性と、そのまっ只中に、それに対抗して新たに形づくられてくる生産諸力の担い手であるところの私的諸個人相互の関係、そうした二元性である。」(P.32)

「生産諸力の発達にともなって、とくに牧畜から定着農耕への移行の過程に、「共同態」をなして生産しつつある諸個人のもとに「生産された労働要具」の私的な蓄積がしだいに増大してくる。しかも、分業関係の自然発生的な性質の結果として、その蓄積は当然に各個人間に不均等に（…）集中しはじめる。そして、それとともに、「固有の二元性」ももはや「原始共同態」の内部に眠ったままでいることができなくなり、しだいに古い部族組織の血縁関係の枠を内側から突き破りはじめる。そして、その結果として、もはや単なる原始的な「血縁共同態」ではなく、すぐれて「共同体」Gemeinde, commune とよばれるにふさわしいような生産様式が生まれてくることになるのである。」（P.34-35）「「共同体」によって「共同に」gemeinschaftlich 占取された「土地」のまっ只中に、しかもそれにまさしく対立して、「私的に」privat 占取されたもろもろの「土地」が形づくられ始める。（…）新たに成立しつつある「家父長制的家族共同態」にとって基地ともいうべき「宅地」Hof とその周囲の「庭畑地」Wurt, Gartenland が、垣根やその他の形で囲い込まれ、父系制的に相続されて、その「家族」の永続的な私的占取にゆだねられるようになる（私的土地所有の端初的成立!-）」（P.36-37）

（5）真木悠介『現代社会の存立構造』、P.111-121 参照。Vgl. Habermas, J., *Legitimationsprobleme im Spätkapitalismus*, Ffm., 1973, S.33-35.

（6）Vgl. Eder, K., *Die Entstehung staatlich organisierter Gesellschaften*, Ffm.1980.

（7）Vgl. Habermas, a.a.O., S.132.

（8）「共同体」の「アジア的形態」と比較して、その「古典古代的形態」の歴史的特質を、大塚久雄は前掲書において次のように理論的に整理している。

①「「古典古代的形態」においては、（…）血縁制的関係の規制力はすでに弱化して従属的なものとなり、それにかわって「戦士共同体」kriegerisch organisierte Gemeinde（マルクス）あるいは「戦士ギルド」Kriegerzunft（ウェーバー）という集団形成が基本的関係として前面に現れる（…）。「古典古代的形態」では、私的諸個人がすでに共同態に対立していちおう確立されており、したがって「共同体は、一面において自由かつ平等な私的［土地］所有者たちのあいだの相互関係」として現れるようなものとなっている。」

②「「古典古代的形態」においては、私的占取の契機は明確かつ格段に前進をとげている。すなわち、「ヘレディウム」のもつ私的所有の性格がいっそう明確となったばかりでなく、そうした「土地」の私的所有はさらに強力に拡大され、いわゆる「先占権」によって「公有地」ager publicus の一部をもそのうちに収めて「私有地」としての「フンドゥス」……を形づくる。この「フンドゥス」fundus は、しばしば「戦士持分」Krigerlose とよばれているように、戦士としての市民（＝「公有地」の防衛と獲得のために「共同労働としての戦闘」に参加する共同体成員）の私的自立の物質的基礎であり、彼および彼の家族の生活はこの土台の上で

おこなわれる。(…)「フンドゥス」を引き去った残余の「共同マルク」は、いまや「公有地」という姿をとって、戦士共同体としての「都市」(=キーウィタース)の共同占取と共同管理のもとにおかれるようになる。こうして「公有地」は、共同体全体の共同需要をみたし、さらに戦士持分としての「フンドゥス」の不足を補うという仕方で、共同体存立の不可欠の土台を形づくる。全市民(=共同体成員)はそれぞれ戦士としてたえずこの「公有地」の防衛と新たな占取にあたらねばならないが、逆にまたこの「共同労働としての戦闘」への参加が各市民に対して「フンドゥス」の私的占取の正当性を保証するのである。」(大塚久雄、前掲書、P.78-79)

(9) ポリス polis; キーヴィタース civitas などは、概念上、狭義の(あるいは近代的意味での)権力機構ではないが、広義でのそのカテゴリー(一定地域内において正統的至上暴力を独占する団体)には入る。但し、それらにおいては、state と nation との決定的分化は見られない。

(10) 伊藤貞夫『古典期アテネの政治と社会』(東京大学出版会)、P.118-125参照。「古典期のポリスでは、成員相互の間における経済的な力の差が、他の世界に比して小さい。そのうえ下層の市民といえども、他人の経済的支配に服さず、独立の生活を営むのを旨とした。意識の上でそれを建て前としたのみでなく、現実に困難ながらもその種の意志を貫く条件が具わっていたのである。」(前掲書、P.121)、Cf. Xenophôn, *Memorabilia* (LOEB.C.L), P156-158.

3

(1) 弓削達『地中海世界』(講談社)、P.18-36、前沢伸行「ポリスとは何か」『地中海世界』(弓削達編、有斐閣)所収、P.25-33参照。

(2) 竹内芳郎『国家と文明』(岩波書店)、P.202.

(3) 竹内芳郎、前掲書、P.200.

(4)「部族共同態(Stammgemeinschaft)、すなわち自然のままの Gemeinwesen は、土地の共同態的占取および利用の結果ではなく、むしろ前提として現れる。」(Marx, a.a.O., S.376)、「自然的諸個人はいわば宝庫としての「大地」を占取し労働によってその扉をひらくに先だってつねに前もって一定の原始的な共同態に組織されており、したがって諸個人はそうした共同組織の一員として「大地」を占取し、自己の労働を介してそれに関係するのであって、決してその逆ではない。そして、そのような共同組織が現実の労働過程のうちで、それぞれ生産諸力の発達段階に照応した一定の形態をとりつつ、「共同体」として自己を再生産していくのである。

（…）社会関係の基本が「共同体」の形態をとっている限り、その根底には、ともかくもつねに原始的な共同態が何らかの形の「共同組織」として生きのびており、その集団性のいわば基本的な外枠を形づくっているといわねばならない。」（大塚久雄、前掲書、P.25-26）

（5）竹内芳郎、前掲書、P.202.

（6）竹内芳郎、前掲書、P.202-203.

（7）スパルタとアテーナイとは、しばしばそれらの「ポリス共同体」としての在り方の点で対比されるが、「ポリス共同体」の本質ないし基礎構造が「戦士共同体」であるとすれば、征服国家としてのスパルタの方がむしろその典型であると言えよう。但し、対内的に二重の支配の上に生きるスパルタ人たちの〈自己労働〉は基本的に〈戦闘活動〉に限定されている。それに対して、アテーナイ人たちのそれは、一方での私有地における独立した直接的農業経営活動と他方での戦士としての活動とから成る。Vgl. Weber (1924), a.a.O., S.111-117、ウェーバー、前掲書、P.208-231、古山正人「スパルタ的生活とその崩壊」（弓削達編『地中海世界』所収）、P.61以下、伊藤貞夫、前掲書、P.44以下、太田秀通『スパルタとアテネ』（岩波書店）、P.79以下参照。

（8）注、第一部、第二章、（8）参照。

（9）仲手川良雄「アテナイ民主制と自由」（『ヨーロッパ的自由の歴史』仲手川良雄編著、南窓社）、P. 12以下参照。

（10）J・P・ヴェルナン『ギリシャ思想の起源』（吉田敦彦訳、みすず書房）、P.46-68参照。前沢伸行、前掲書、P.24-25参照。

（11）ギリシャ語の語義については、*Liddell and Scott's Greek-English Lexicon*, Oxford『ギリシャ語辞典』（古川晴風編著、大学書林）参照。ヴェルナンは、「ポリス」の精神世界の特徴を以下の三つにまとめて、論述している。1「他のすべての権力手段に対する言葉の徹底的優越」、2「社会生活上の最重要事項に対して与えられる、完全に公共的性格」、3「すべての市民の権力の行使への平等な参加」としての「イソノミア」（前掲書、P.46-68参照）。尚、アテーナイの「民主制ポリス」に関しては、本章次節、特に引用したペリクレスの演説内容を、参照のこと。

4

（1）Aristotle, *Athenaion Constitution*（LOEB, C.L.）, III（P.14-19）、アリストテレス『アテナイ人の国制』、村川堅太郎訳（岩波文庫）、P.18-20、伊藤貞夫『古典期アテネの政治と社会』（東京大学出版会）、P.63-66参照。

（2）Aristotle, *Politics*（LOEB, C.L.）IV, 1297b（P.342-343）、アリストテレス『政治学』（山本光雄訳、岩波文庫）、P.21参照。Weber,

M.（1924）, a.a.O., S.40-45、ウェーバー、前掲書、P.65-72、『西洋古代史料集』、前掲書、P.18-19、弓削達、前掲書、P.48-51参照。

（3）Weber, M.（1924）, a.a.O., S.95-98、ウェーバー、前掲書、P.180-185、伊藤貞夫、前掲書、P.112-116、P.177-180、P.191-195参照。

（4）Weber, M.（1924）, a.a.O., S.101-111、ウェーバー、前掲書、P.190-205、伊藤貞夫、前掲書、P.112-116参照。

（5）Aristotle, *Athenaion Constitution*, op. cit., IV-V（P.18-21）、アリストテレス『アテナイ人の国制』、前掲書、P.20-21、伊藤貞夫、前掲書、P.187-190参照。

（6）Aristotle, op. cit., V-VII（P.20-41）、アリストテレス、前掲書、P.21-31、Weber, M.（1924）, a.a.O., S.121-122、ウェーバー、前掲書、P.223-225、伊藤貞夫、前掲書、P.66-72参照。

（7）Aristotle, op.cit., XX-XXI（P.60-67）、アリストテレス、前掲書、P.43-46、Weber, M.（1924）, a.a.O., S.122-124、ウェーバー、前掲書、P.225-227、伊藤貞夫、前掲書、P.73-78

（8）Aristotle, op.cit., XXV-XXVI（P.118-121）、アリストテレス、前掲書、P.74-76、Weber, M.（1924）, a.a.O., S.134-139、ウェーバー、前掲書、P.224-251、伊藤貞夫、前掲書、P.74-78、P169-177参照。

（9）弓削達、前掲書、P.63-65参照。

（10）Aristotle, op.cit., XXV-XXVI（P.74-79）、アリストテレス、前掲書、P.51-52、伊藤貞夫、前掲書、P.79-109参照。

（11）Thycydides, *History of the Peloponnesian War*, BooksI and II,（LOEB,C.L.）XXXVII（P.322-325）、トゥキュディデス『戦史』（久保正彰訳、中央公論社）、P.356

（12）Op.cit.,（P.326-328）、トゥキュディデス、前掲書、P.358.

（13）Op.cit.（P.330-331）、トゥキュディデス、前掲書、P.338-339.

（14）注、第一章、3（10）参照。

（15）Aristotle, op.cit., XXIV（P.86-87）, XXXIV（P.98-115）、アリストテレス、前掲書、P.57-58、P.63-68参照。

（16）Op.cit., XXIV（P.72-75）、アリストテレス、前掲書、P.50-51、Thucydides, op.cit., XCXI-XCVIII（P.162-167）、伊藤貞夫、前掲書、P.125-130参照。

（17）Weber, M.（1924）, a.a.O., S.137-146、ウェーバー、前掲書、P.249-264、『西洋古代史料』、前掲書、P.61-66、篠崎三男「ポリスの衰退」（弓削達編『地中海世界』所収）、P.50-56参照。

5

（1）松本正夫『西洋哲学史―古代・中世』（慶応通信）、P.9-159、山川偉也『古代ギリシャの思想』（講談社）参照。

（2）第一章、3参照。

（3）Horkheimer, Max/Adorno, T.W., *Dialektik der Aufklärung*, Ffm., 1986（1944）, S.6.

（4）Ebenda.

（5）Vgl. Horkheimer, M., *Zur Kritik der instrumentellen Vernunft*, Ffm., 1974（1947）; *Zum Begriff der Vernunft*, Ffm., 1952.

（6）Habermas, J., Moralentwicklung und Ich-Identität in: *Zur Rekonstruktion des Historischen Materialismus*, Ffm., 1976, S.63-91.

第二章

1

（1）村田数之助・衣笠茂『ギリシャ』（河出書房新社）、P.270以下参照。

（2）Cf. Platonis Opera V., *Epistulae*（Burnet）, P.480 et seq.、プラトン『プラトン書簡集』（山本光雄訳、角川文庫）、P.33以下、特にP.36-37参照。

（3）藤沢令夫、プラトン『国家』、岩波文庫（下）、解説、P.470-474参照。

（4）See Popper, K., *The Open Society and its Enemies*, Vol. 1, London, 1945

（5）*Polîteiâ hê peri Dikaioû, Polîtikos*（The Republic or on Justice; Political） in: Plato V, *Republic I*（LOEB c.L.）, P.2-3.

（6）Vgl. Hegel, *Enzyklopädie der philosophischen Wissenschaften* III, Werke 10.

（7）Habermas, Moralentwicklung und Ich-Identitat, a.a.O., S.63ff.

（8）dikê（正義）の語義については、Liddell and Scott, *Greek-English Lexicon* 参照。1. custom, usage, 2. right as dependent on custom, law, right, 3. a judgement, 4. a law-suit, the trial of the case, thepenalty awarded by the judge（dikên didonai=poenas dare）。ホイジンガは、dikeinとの関連を示唆している。ホイジンガ『ホモ・ルーデンス』（高橋英夫訳、中公文庫）、P.175-176参照。

（9）注、第一部、4．⒃参照。

（10）同、⑾、⑿、⒀参照。

(11) Platonis Opera IV. *Res Publica*（Burnet), 560b、プラトン『国家』（藤沢令夫訳、岩波文庫）（下）、P. 212.

(12) Ibid., 560e、前掲書（下）、P.213.

(13) Ibid., 561cd、前掲書（下）、P.215.

(14) Ibid., 563ab、前掲書（下）、P.219.

(15) Vgl. Hegel, *Phänomenologie des Geistes*, Werke 3, S.386-387.

(16) Vgl. Hegel, *Grundlinien der Philosophie des Rechts*, Werke 7, S.227-279.

(17) Vgl. Hegel, Werke 3, a.a.O., S.155.

(18) Vgl., Horkheimer/Adorno, *Dialektik der Aufklärung*; Horkheimer, *Kritik der instrumentellen Vernunft*.

(19) 北村透谷『北村透谷選集』（岩波文庫）、P.218 以下。

(20) Cf. Platonis Opera I., *Apologia*, 29de, 30abc.

(21) Cf. Platonis Opera IV., *Res Publica*, 354a.

(22) ギリシャ語の logos は、ラテン語の ratio と同様に、文脈によって多様な意味を持ちうる。Cf. Liddell and Scott, *Greek-English Lexicon*,（A）the word or that the inward thought is expressd, Lat. oratio, vox; that which said or spoken; and（B）the inward thought itself, Lat. ratio; thought, reason.

(23) 松本正夫・前掲書、P.79-87 参照。

(24) Cf. Platonis Opera I., op.cit., 21d.

(25) Cf. Aristotelis *Metaphysica*（W. Jaeger), 1078b、アリストテレス『形而上学』（出隆訳、岩波文庫）（下）、P.183.

(26) Cf. Plato, *Theaetetus*（Plato, Vol. VII, LOEB), 149a-150b.

(27) 松本正夫、前掲書、P.79-87、山川偉也、前掲書、P.246-261 参照。

2

（1）藤沢令夫、プラトン『国家』（岩波文庫）（下）、解説、P.487.

（2）同。

（3）同。

（4）藤沢令夫、前掲書、P.488.

第三章

1

（1）Cf. Platonis Opera IV.（Burnet）, *Res Publica*, 327a-336a.
（2）登場人物のそれぞれについては、藤沢訳、前掲書（下）、P.435-447.
（3）藤沢訳、前掲書、P.447-455参照。
（4）藤原保信『西洋政治理論史』（早稲田大学出版部）、P.30、参照。
（5）Cf. Platonis Opera IV., *Res Publica*, 331b、藤沢訳、前掲書（上）、P.26.
（6）Ibid., 332c、藤沢訳、前掲書（上）、P.30.
（7）Ibid., 332d、藤沢訳、前掲書、P.30-31.
（8）Ibid., 331b、藤沢訳、前掲書、P.26.
（9）Ibid., 335ab、藤沢訳、前掲書、P.38-40

2

（1）Ibid., 336b-354c、藤沢訳、前掲書、P.43-99.
（2）Ibid., 338c, 343c、藤沢訳、前掲書、P.49, P.65
（3）Platonis Opera III.（Burnet）, *Gorgias*, 483d.
（4）Platonis Opera IV., *Res Publica*, 348d、藤沢訳、前掲書（上）、P.79.
（5）Ibid., 345C-346c、藤沢訳、前掲書、P.69-73.
（6）Ibid., 351c-352a、藤沢訳、前掲書、P.89-91.
（7）Ibid., 353de、藤沢訳、前掲書、P.96-97.

3

（1）Ibid., 357a-362c、藤沢訳、前掲書、P.102-115.
（2）Ibid., 358b、藤沢訳、前掲書、P.104.
（3）Ibid., 358a、藤沢訳、前掲書、P.103.
（4）Ibid., 358c、藤沢訳、前掲書、P.105.
（5）Ibid., 358e-359b、藤沢訳、前掲書、P.106-109.
（6）Ibid., 359c、藤沢訳、前掲書、P.109-110.
（7）Ibid., 360d、藤沢訳、前掲書、P.110.
（8）Ibid., 361a、藤沢訳、前掲書、P.111.
（9）Ibid., 361c、藤沢訳、前掲書、P.112.
（10）Ibid., 361b、藤沢訳、前掲書、P.112.
（11）Ibid., 361e-362a、藤沢訳、前掲書、P.113-114.
（12）Ibid., 362a、藤沢訳、前掲書、同。

4

（1）Ibid., 362d-367e、藤沢訳、前掲書、P.115-128.
（2）Ibid., 364a、藤沢訳、前掲書、P.118-119.
（3）Ibid., 364b、藤沢訳、前掲書、P.119.
（4）Ibid., 365bc、藤沢訳、前掲書、P.121.
（5）Ibid., 365de、藤沢訳、前掲書、P.122.
（6）Ibid., 367b、藤沢訳、前掲書、P.126.
（7）Ibid., 367 藤沢訳、前掲書、P.127-128.

第四章

1

（1）Ibid., 368a-474d、藤沢訳、前掲書（上）。
（2）Ibid., 369a、藤沢訳、前掲書、P.131-132.
（3）Cf. Voegelin, Eric, *Plato and Aristotle*（Oder and History, Vol.3）, 1957, P.97-104.
（4）Vgl. Hegel, Werke 7, a.a.O., u.a. S.292ff.
（5）Platonis Opera IV. *Res Publica*, 369d、藤沢訳、前掲書（上）、P.132-133.
（6）Ibid., 372d、藤沢訳、前掲書、P.140.

2

（1）Ibid., 372e、藤沢訳、前掲書、P.141.
（2）第1章、1参照。
（3）Vgl. Hegel, Werke 7, a.a.O., S.346ff.
（4）Vgl. Weber, M.（1924）, S.139、ウェーバー、前掲書、P.251以下、伊藤貞夫、前掲書、P.209以下参照。
（5）Platonis Opera IV., *Res Publica*, 405a、藤沢訳、前掲書（上）、P.227-228.
（6）Ibid., 426a、藤沢訳、前掲書、P.227.
（7）Ibid., 426b、藤沢訳、前掲書、同.
（8）Ibid., 426c、藤沢訳、前掲書、P.278.
（9）Ibid., 426e、藤沢訳、前掲書、P.279.

第五章

1

（1）Ibid., 375a、藤沢訳、前掲書、P.147.
（2）Ibid., 375cd、藤沢訳、前掲書、P.148-149.
（3）Ibid., 376ab、藤沢訳、前掲書、P.150-151.
（4）Ibid., 379c、藤沢訳、前掲書、P.161.

（5）Ibid., 381c、藤沢訳、前掲書、P.167.
（6）Ibid., 382bc、藤沢訳、前掲書、P.169-170.
（7）Ibid., 382cd、藤沢訳、前掲書、同。
（8）Ibid., 389b、藤沢訳、前掲書、P.184.
（9）Ibid.,401cd、藤沢訳、前掲書、P.218.
（10）Ibid., 409de、藤沢訳、前掲書、P.238.

2

（1）Platonis Opera IV., *Res Publica*（Burnet）, 405b、プラトン・国家・（藤沢令夫訳、岩波文庫）（上）、P.227-228.
（2）Cf. *Res Publica*, 376e-412b、前掲書、P.153-224参照。
（3）Vgl. Hegel, *Phänomenologie des Geistes*（Werek 3）, S.137-155.
（4）Cf. Platonis Oprea IV., *Res Publica*, 414b、プラトン『国家』（藤沢訳）（上）、P.251以下参照。
（5）Ibid., 415b、前掲書、P.253.
（6）Cf. ibid., 535a-541c、前掲書（下）、P.149-165参照。
（7）Cf. ibid., 413a-e、前掲書（上）、P.247-250参照。
（8）Ibid., 412de、前掲書（上）、P.246-247.
（9）第一章、2参照。
（10）第一章、3、4参照。
（11）第一章、4参照。
（12）第二章、1参照。
（13）Cf. Platonis Opera IV., *Res Publica*, 415d-421c、前掲書（上）、P.254-264参照。
（14）Ibid., 416b、前掲書（上）、P.256.
（15）Ibid., 416e-417a、前掲書（上）、P.257-258.
（16）Marx, K., *Ökonomisch-philosophische Manuskripte aus dem* Jahre 1844, in: MEW. Ergänzungsband I, S. 535-535、「野蛮な共産

主義者とは、空想された最低水準を出発点にして、この嫉妬と平均化とを完成したものに他ならない。」

(17) Vgl. Arendt, H., *Vita activa oder Vom tätigen Leben*, München, 1981, S.18-23; Habermas, J., Arbeit und Interaktion, in: *Technik und Wissenschaft als Ideologie*, S.9-46.

(18) Platonis Opera IV., *Res Publica*, 463b、前掲書（上）、P.376.

(19) Ibid., 423d、前掲書（上）、P.270-272.

(20) Ibid., 423cd、前掲書（上）、P.270.

(21) Ibid., 421d-422a、前掲書（上）、P.265-267 参照。

(22) Ibid., 423c、前掲書（上）、P.270.

(23) Ibid., 421a、前掲書（上）、P.263.

(24) Ibid., 431c、前掲書（上）、P.293.

(25) Ibid., 420b、前掲書（上）、P.261.

(26) Ibid., 421c、前掲書（上）、P.264.

(27) Ibid., 472e、前掲書（上）、P.404.

(28) Ibid., 427e、前掲書（上）、P.282.

(29) Ibid., 428d、前掲書（上）、P.285.

(30) Ibid., 428d-429a、前掲書（上）、P.286.

(31) Ibid., 429bc、前掲書（上）、P.287.

(32) Ibid., 429cd、前掲書（上）、P.288.

(33) Ibid., 430b、前掲書（上）、P.289.

(34) Ibid.Cf. 431c、前掲書（上）、P.293 参照。

(35) Ibid., 432a、前掲書（上）、P.294.

(36) Ibid., 433a、前掲書（上）、P.297-298.

(37) Ibid., 433b、前掲書（上）、P.298.

(38) Ibid., 441a、前掲書（上）、P.321 参照。

(39) Ibid., 443d、前掲書（上）、P.329.

(40)『初期ギリシャ哲学者断片集』（山本光雄訳編）、岩波書店、P.22-23参照。Cf. *Res Publica*, 617b.

3

(1) Platonis Opera IV., *Res Publica*, 472d、前掲書（上）、P.402.

(2) Ibid., 473a、前掲書（上）、P.403.

(3) Ibid.

(4) Ibid.

(5) Ibid., 473b、前掲書（上）、P.404.

(6) Ibid., 473de、前掲書（上）、P.405.

(7) Vgl. Hegel, *Grundlinien der Philosophie des Rechts*（Werke 7）, S.49ff.; *Phänomenologie des Geistes*（Werek 3）, S.431ff.

(8) Cf. *Res Publica*, 492a-d、前掲書（下）、P.41-42参照。

(9) Cf. Platonis Opera I., *Apologia*.

(10) Cf. ibid.

(11) *Res Publica*, 505e、前掲書（下）、P.74-75.

(12) Ibid., 504d、前掲書（下）、P.71.

(13) Ibid., 509c-511e、前掲書（下）、P.85-92.

(14) Ibid., 511d, 533d-534a、前掲書（下）、P.91、P.146.

(15) Ibid., 511bc、前掲書（下）、P.90.

(16) Ibid., 534a-541b、前掲書（下）、P.146-165.

(17) Ibid., 514a-521b、前掲書（下）、P.94-111.

(18) Cf. ibid., 520b、前掲書（下）、P.108-109参照。

(19) Ibid., 518c、前掲書（下）、P.104.

(20) Ibid.

（21） Ibid., 499a、前掲書（下）、P.56.
（22） Habermas, J., *Vorstudien und Ergänzungen zur Theorie des kommunikativen Handelns*, Ffm., 1984, S.174ff.
（23） Vgl. ibid., S.127-183; Apel, Karl-Otto, *Diskurs und Verantwortung*, Ffm., 1988.

第六章

1

（1） Cf. Platonis Opera IV., *Res Publica*（Burnet）543a-576b、プラトン『国家』（藤沢令夫訳、岩波文庫）（下）、P.168-253.
（2） Cf. ibid., 367e-376e.
（3） Cf. ibid., 376e-541b.
（4） Cf. ibid., 521c-541b.
（5） Cf. Platonis Opera I., *Politicus; Aristotle's Politics*, III, VI-VIII（LOEB, C.L.）

2

（1） Cf. Platonis Opera IV., *Res Publica*, 543a-576b、プラトン『国家』（藤沢訳）（下）、P.168-253 参照。
（2） Ibid., 545ab、前掲書（下）、P.172.
（3） Ibid., 544de、前掲書（下）、P.171.
（4） Ibid., 545d、前掲書（下）、P.174.
（5） Ibid., 550e、前掲書（下）、P.186.
（6） Ibid., 562d、前掲書（下）、P.218.
（7） Cf. ibid., 546bcd、前掲書（下）、P.175-177 参照。
（8） Cf. ibid., 414d-415d、前掲書（上）、P.252-254 参照。
（9） Cf. ibid., 547a、前掲書（下）、P.177 参照。
（10） Ibid., 546a、前掲書（下）、P.174.
（11） Cf. ibid., 545d-550b、前掲書（下）、P.173-185 参照。

(12) Ibid., 547bc、前掲書（下）、P.178.

(13) Ibid., 548c、前掲書（下）、P.180.

(14) Vgl. Hegel, *Phänomenologie des Geistes*,（Werke 3）, S.359ff.

(15) Cf. *Res Publica*, ibid., 550c-555b、前掲書（下）、P.185-199 参照。

(16) Ibid., 551a、前掲書（下）、P.187.

(17) Cf. ibid., 555b-562a、前掲書（下）、P.198-217 参照。

(18) Ibid., 558bc、前掲書（下）、P.206-207.

(19) Ibid., 557c、前掲書、（下）、P.204.

(20) Ibid., 561c、前掲書、（下）、P.214-215.

(21) Cf. 562a-567b、前掲書、（下）、P.216-232 参照。

(22) Cf. 562b、前掲書（下）、P.217 参照。

(23) Ibid., 564a、前掲書（下）、P.221 頁-222.

(24) Ibid., 565c、前掲書（下）、P.226.

(25) Cf. ibid., 566b、前掲書（下）、P.223-224 参照。

(26) Cf. ibid., 568b、前掲書（下）、P.234-235 参照。

(27) Ibid., 596c、前掲書（下）、P.305.

(28) Ibid., 571b、前掲書（下）、P.240-241.

(29) Ibid., 571cd、前掲書（下）、P.241-242.

(30) Ibid., 573a-c、前掲書（下）、P.244-246.

第七章

1

(1) Cf. ibid., 576b-621d、前掲書（下）、P.253-373 参照。

(2) Cf. ibid., 576b-580c、前掲書（下）、P.253-266 参照。

（3）Cf. ibid., 573b、前掲書（下）、P.245参照。
（4）Cf. ibid., 571c, 572b、前掲書（下）、P.240-241, P.242参照。
（5）Cf. ibid., 359de, 360abc、前掲書（上）、P.101, P.109-110参照。
（6）Ibid., 360c、前掲書（上）、P.110.
（7）Cf. ibid., 357a-367e、前掲書（上）、P.112-128参照。
（8）Ibid., 577d、前掲書（下）、P.257.
（9）Ibid., 577e、前掲書（下）、P.258.
（10）Cf. ibid., 562e-563ab、前掲書（下）、P.219参照。
（11）Ibid., 574bc、前掲書（下）、P.248-249.
（12）Ibid., 575e-576a、前掲書（下）、P.252.
（13）Ibid., 576a、前掲書（下）、P.252.
（14）Ibid., 579e、前掲書（下）、P.264
（15）Ibid., 580a、前掲書（下）、P.264.

2

（1）Cf. ibid., 580c-592b、前掲書（下）、P.265-300参照。
（2）Cf. ibid., 580d-581a、前掲書（下）、P.266-267参照。
（3）Cf. ibid., 582ab、前掲書（下）、P.270-271参照。
（4）Ibid., 583b、前掲書（下）、P.274.
（5）Ibid., 583e、前掲書（下）、P.276-277.
（6）Ibid., 584a、前掲書（下）、P.277.
（7）Ibid., 584e, 585a、前掲書（下）、P.288.
（8）Ibid., 585d、前掲書（下）、P.283.
（9）Ibid., 585c、前掲書（下）、P.281-282.

（10）Ibid., 585d、前掲書（下）、P.282-283.
（11）Ibid., 586ab、前掲書（下）、P.283-284.
（12）Ibid., 586bc、前掲書（下）、P.284.
（13）Ibid., 586e, 587a、前掲書（下）、P.286.
（14）Ibid., 587a、前掲書（下）、P.286.
（15）Ibid., 588b、前掲書（下）、P.290.
（16）Ibid., 589e, 590a、前掲書（下）、P.294.
（17）Ibid., 590cd、前掲書（下）、P.296.

3

（1）Cf. ibid., 595a-608b、前掲書（下）、P.302-336参照。
（2）藤沢令夫、『いわゆる「詩人追放論」について』（前掲書、補注B、就中P.426以下、三、議論の背景にある一般的状況）参照。
（3）Cf. Res Pbulica, 596a-597e、プラトン『国家』（下）、（藤沢訳）P.303-310参照。
（4）藤沢令夫、前掲書（補注B、P.416以下、一、存在論的観点からの議論）参照。
（5）Cf. *Res Publica*, 600e、プラトン『国家』（下）、（藤沢訳）P.318参照。
（6）Ibid., 601b、前掲書（下）、P.319.
（7）Ibid., 601b、前掲書（下）、P.319。尚、藤沢令夫、前掲書（補注B、P.422以下、二、心理的・感情的効果の観点からの議論）参照。
（8）Cf. ibid., 601c-602b、前掲書（下）、P.320-322参照。
（9）Ibid., 601d、前掲書（下）、P.320-321.
（10）Ibid., 602b、前掲書（下）、P.322-323
（11）Cf. ibid., 604b-605c、前掲書（下）、P.328-332.
（12）Ibid., 605bc、前掲書（下）、P.331-332.
（13）Ibid., 606a、前掲書（下）、P.334.

第八章

1

（1）Cf. ibid., 608c-621d、前掲書（下）、P.339-373参照。

2

（1）Cf. ibid., 608d-611a、前掲書（下）、P.339-347参照。

（2）Platonis Opera I, *Crito*, 48b.

（3）Platonis Opera I, *Apologia*, 29de, 30abc.

（4）Cf. ibid., 21d, 31cd；岩田靖夫『倫理の復権』、P.6以下、就中P129以下参照。

（5）Cf. *Res Publica*, 506b-509b、プラトン『国家』（下）（藤沢訳）、P.75-85参照。本書、第五章、2参照。

（6）Cf. Platonis Opera I, *Phaedo*; a．補償の原理による証明、b．想起説による証明、c．類似、親縁による証明、d．イデアの存在を根本原理とみなす立場からの証明（斎藤忍随『プラトン』、P.193-194参照。）

（7）Cf. *Res Publica*, 608d-613e、プラトン『国家』（下）（藤沢訳）、P.340-354参照。

（8）Cf. ibid., 608e-609a、前掲書（下）、P.341参照。

（9）Cf. ibid., 609c-610c、前掲書（下）、P.342-345参照。

（10）Cf. ibid., 609c、前掲書（下）、P.342参照。

（11）Cf. ibid., 609d、前掲書（下）、P.343参照。

（12）Cf. ibid., 609b、前掲書（下）、P.342参照。

（13）Ibid., 610d、前掲書（下）、P.345.

（14）岩田靖夫、前掲書、P.159.

3

（1）*Res Publica*, 611a-612b、プラトン『国家』（下）（藤沢訳）、P.346-350参照。

（2）Cf. ibid., 611b、前掲書（下）、P.347参照。

（3）Ibid., 612a、前掲書（下）、P.349.

（4）Ibid., 611cd、前掲書（下）、P.347-348.

（5）Ibid., 611e、前掲書（下）、P.349.

（6）Cf. ibid., 611e-612e、前掲書（下）、P.349-351参照。

4

（1）Ibid., 612b、前掲書（下）、P.350.

（2）Ibid., 612e, 613ab、前掲書（下）、P.351, P.352.

（3）Hegel, *Vorlesungen über die Philosophie der Geschichte*（Werke 12）；尚、マックス・ウェーバーのいわゆる「世界（像）（現世）の合理化」論の出発点は、ある意味で、「苦難の神義論」Theodizee des Elendes にあると言えるであろうが、「世界宗教の経済倫理中間的考察」においては、次のことが言われている。

「合理的思考が正当な応報による補償という問題に熱心に取り組めば取り組むほど、その問題を現世の内部だけで解決することはますます不可能となり、現世の外での解決の方が確率の高い、あるいは意味の大きいもののように見えてきた（…）。人間の目の届く限りでは、あるがままのこの世の成り行きは、そんな（此の世が人間の利害関心に係わる限りで意味ある事柄であるはずだとする）要請など殆ど顧慮してはいないように見える。というのは、幸福と苦難の配分の、倫理的には説明のつかないような不公平［の不条理さ］が非合理的であるばかりでなく、その補償が一応考えられる場合でも、苦難の存在という事実そのものがすでにそれだけで、どこまでも非合理的であるほかないからである。」（Max Weber, Zwischenbetrachtung, Die Wirtschaftsethik der Religion in: *Gesammelte Aufsätze zur Religionssoziologie I*, S.576、マックス・ウェーバー『宗教社会学論選』（大塚久雄、生松敬三訳）、P.153.

（4）岩田靖夫、前掲書、P.150.

（5）岩田靖夫、前掲書、P.152.

（6）「死を恐れることとは、（…）知者でないのに、知者だと思うことにほかならない（…）。それは知っていないことを知っていると思うことであるから。」（*Apologia*, 29a）「死んでいることは二つのうちのいずれか一つである。つまり、それは全然存在しないようなもので、死んでしまっている人は何ものについてもなんらの知覚を持たないか、それとも、言い伝えのように、魂にとっては一種の転生であり、この世の場所からあの世の場所への転居であるか、である。」(ebenda, 40c)「曰敢問死、曰未知生、焉知死」(『論語』、巻第六、先進第十一)

(7) 岩田靖夫、前掲書、P.148.

5

(1) Cf. *Res Publica*, 614a-621d、プラトン『国家』(下)、(藤沢訳) P.354-373参照。

(2) Ibid., 614b、前掲書 (下)、P.355.

(3) Cf. ibid., 614b-616b、前掲書 (下)、P.354-360参照。

(4) Cf. ibid., 616b-617c、前掲書 (下)、P.360-364参照。

(5) Ibid., 617b、前掲書 (下)、P.363-364.

(6) Cf. ibid., 617d-620d、前掲書 (下)、P.364-371参照。

(7) Ibid., 621b、前掲書 (下)、P.372.

小括

(1) 岩田靖夫、前掲書、P.148.

(2) 岩田靖夫、同。

(3) Res Publica, 618bc、プラトン『国家』(下) (藤沢訳)、P.366-367.

(4) Ibid., 621cd、前掲書 (下)、P.373.

【第二部】

序

(1) Vgl. Kant, *Kritik der reinen Vernunft*, 2. Abschnitt, B833; Otfried Höffe, Einführung in Platons Politeia in: Klassiker Auslesen *Platon*, 1997, S.4

(2) 藤沢令夫『プラトンの哲学』、1988参照。

（3）Cf. Cassirer, E., *The Myth of the State*, 1946; Marcuse, H., *Reason and Revolution*, 1954・

（4）周知のように、いわゆる『第七書簡』は、シュラクーサイの暗殺された革命家ディオーンの同志たちに当てて認められている。そこには、およそ以下のようなことが書かれている。すなわち、①アカデーメイアでの愛弟子ディオーンからの慫慂黙し難く、シュラクーサイの国制変革に参画すべく、老齢をも顧みず、数度にわたって遠くシケリアーにまで出かけ、その度に蹉跌を繰り返したこと。②青年時代に「政治」に志したプラトンが、ペロポンネーソス戦争中のアテーナイ民主制の退廃、内乱（スタシス）、ソクラテスの刑死などを目の当たりにして、「政治」から「哲学」に転じたこと。③哲学者が統治者（支配者）にならないかぎり、人類の厄災はやまないであろう、という見解。④書き記されたプラトンの哲学的教説などは存在しないこと。⑤国制変革を志す人々への具体的な助言（政治的な活動を行うに際して、同志間の信頼が何より大事であること、法治主義、穏健な貴族主義あるいは保守主義）などである。

ここでの、哲学者が統治者にならなければならない、という件は、たしかに『国家』篇における同様の記述とそっくりである。だが、内容、文体、当事者しか知ることのできない事実といったことを挙げても、それが、この書簡がプラトンの真筆である、ということの決定的な証拠になるとは必ずしも思われない。むしろ、内容全体から感じられるのは、何か言い訳がましい、いわば「プラトンの弁明」といった印象である。いずれにしても、仮に書簡の内容が事実であったとしても、この小論でも示したように、いわゆる「哲人王論」なるものが、そのままプラトンの政治思想である、ということにはならないであろう。主著『国家』篇での第三ポリス・モデルは、そのまま実現しうるような性格を基本的に（原理的に）持っていないし、プラトン自身も、『国家』篇をそのような意図で書いたとは思われない。第三ポリス・モデルにおける統治者＝教育者としての「哲学者」とは、まさに真理からの隔絶を自覚するゆえに、限りなく真理を探究しようとするソクラテスのことでも、況や自称・他称の哲学者のことでもないからである。

第一章

（1）斎藤忍随『プラトン』、一九七二年、P.9以下参照。

（2）同、P.52以下参照。

（3）ギリシア語の動詞には、一般に conative force が含まれるとされている。とりわけ episthanai（識る）という動詞のそれは意味深長であろう。近代語（ドイツ語）でも、カントとは異なり、ヘーゲルにおいては、ある意味で、Wissen は、いつもすでに Wollen

を伴っている、と考えられている。プラトンにおいても、「知」と「意思」とは、もともと別のものではなく、一つの「魂」の構成機能なのであって、それらの機能間の関係こそが問題になっている。いずれにしても、人間にとっては、「知る」ことというよりも、むしろ「知ろうとする」ことこそが問題である、という点は強調しておくべきであろう。

（4）Platonis Opera I., *Apologia*, 20e seq.

（5）プラトン『弁明』、『クリトン』、『パイドン』、クセノフォン『ソクラテスの思い出』、アリストファネス『雲』参照；Cf. Stone, I.F., *The Trial of Socrates*, 1988（ストーン『ソクラテス裁判』永田康昭訳）, Brickhouse, T.C. and Smith, N., *Socrates on Trial*, 1989（ブリックハウス、スミス『裁かれたソクラテス』米沢茂、他訳）.

（6）*Apologia*, 21a

（7）Ibid. 29d seq.

（8）とはいえ、上述したように、プラトン（あるいはヘーゲル）にとっては、「知」と「意思」とは不可分である。

（9）Plaonis Opera I., *Crito*, 48b.

（10）注、第一章、（3）参照。

第二章

（1）ここでは、初期対話篇、とりわけ『ソクラテスの弁明』、『クリトン』、『ゴルギアス』などにおいて表現されているプラトンが描いているソクラテスの発言を、幾分パラフレーズしている。

（2）プラトンのテクストにおいては、ギリシア語の agathon という形容詞、そして aretê という名詞は、語源的繋がりはともかく、いずれも事柄に固有の本来的はたらきという意味に係わっており、technê は、これを引き出す術の意味を持っている。

（3）Cf. Sophocles, *Oedipus Tyrannus*, Edited by R.C. Jebb, 1885（1993）; 吉田敦彦『オイディプスの謎』、川島重成『オイディプース王を読む』参照。

（4）Cf. Platonis Opera III., *Protagoras*.

（5）Ibid., 320d-323c.

（6）Cf. Gehlen, A., *Der Mensch — Seine Natur und seine Stellung* in der Welt, 1940（1950）; Rothacker, E., *Philosophische Anthropologie*, 1964.

（7）*Protagoras*, 322b.
（8）Ibid., 321b.
（9）Vgl. Kant, Was ist Aufklärung? ここには、Unmündigkeit（未成年状態）からの脱出という意味での「啓蒙」の定義とともに、sapere aude! という表現が見られる。

第三章

（1）加藤信朗『初期プラトン哲学』、1988年、とりわけ三四頁以下参照。
（2）Platonis Opera IV., *Res Publica*;『国家』、上・下（藤沢令夫訳）、この主著に関しては、第一巻から第二巻九章までのテクストとそれ以下のそれとの成立時期が異なるのではないか、と言われている。事実、形式的に見るならば、前者は初期対話篇に特徴的な「否定反駁的」な、後者は「教説提示的」な性格をはっきり示している。しかし、テクスト全体をもって、「否定反駁的」かつ「批判的・探究的」なものとして読まれるべきであろう。
（3）Ibid., 328Bb seq.
（4）Ibid., 338c.
（5）Ibid., 339b.
（6）「支配する」に当る言葉は、近代語の動詞では、beherrschen, verwalten, regieren; dominate, master, govern など、古典ギリシア語では、いずれも属格支配の動詞、archein, kratein, basileuein, despozein, thyranên, hêgemoneuein, hêgesthai, stratêgên、それに対格支配の kubernân などがある。これらは、それぞれ語源的には意味が異なる。人間による人間の「支配」の場合、問題は暴力（強制力）のみならず、相互の「関係」そのものであり、とりわけ「説得」と「承認」、被支配者の「服従の自発性」である。と同時に、その際、個々人における自己支配（自己限定）が問題となる。
（7）*Res Publica*, 339c seq.
（8）*Clito*, 48b.
（9）Gorgias, 482b seq.
（10）『ソクラテスの弁明』では、ソクラテスは、ダイモニオンが、「政治」への関与を、具体的には民会 ekklêsiâ での発言を、禁じたので、命をながらえることができた、と述べ、さらに次のように言っている。「諸君に対してにせよ、その他の人民大衆に対してにせよ、律義に反対して国のうちに多くの不正なことや違法なことが起こらないように妨げる人で、命を全うできる者は世に一人もいない。むしろ正義のために本当に戦おうとする者は、僅かな間命を全うしようとする場合でさえも、私人として暮らすべきで、公人として働くべきではないのである」(*Apologia*, 31e-32a、山本光雄訳)上掲のストーンは、メーロス島談判やミュティレーネー事件に際してソクラテスが、民会に参加して積極的に発言しなかったことを、はなはだ遺憾としている。この点については、次の注(11)を参照。

(11)「国家の政治に携わることになった場合、われわれ市民ができるだけすぐれた者になるようにということ以外に、何か配慮することがあるだろうか。いや、まさにこれこそが、政治に携わる人間のなすべきことである(…)。」(*Gorgias*, 515c)「ぼくたちの知るかぎり、このアテーナイの国には、政治家としてすぐれた人間は誰一人としていなかった(…)。」(ebend, 517a)

本文でも示したように、ソクラテスにとっては、「政治」とは、権力闘争のことでも、共同意思の形成のことでもなく、また国家の防衛、治安、繁栄のことでもなく、これらに先だって、何よりも人間の「徳」の実現、要するに、「徳育」と「倫理」の問題であったわけである。いずれにしても、注意すべきは以下の点であろう。すなわち、民会は、「時間」に制限された政治的意思決定の場であり、ここでの議論は、極端に言えば、モノローグ(臆見、私的利害関心、道具的理性)どうしの衝突とそれらの間の「妥協」であるのに対し、ソクラテスが志向していた「対話」dialogosは、原理的に「時間」に制限のない、ハーバーマスなどが謂う意味での、言明の「妥当要求」Geltungsanspruchそのものの吟味、つまり「討議」Diskursであった、ということである。

第四章

(1) *Res Publica*, 427d seq.
(2) 注、第一章、(3)参照。
(3) *Res Publica*, 433a seq.
(4) Ibid., 367e seq.
(5) Ibid., 543a seq.
(6) Ibid., 358e seq., 558b seq.
(7) Cf. Hobbes, T., Leviathan, P.1., Chap.13 seq.
(8) *Res Publica*, 359c seq., Hegel, *Grundlinien der Philosophie des Rechts*, §34 seq.

(9) Vgl. Horkheimer, M., *Zur Kritik der instrumentellen Vernunft*, 1967.

(10) 「あなた方が人々にしてほしいと思うことは何であれ、あなた方もまた、彼らにそのようにしなさい。」panta oûn ean thelête hina poiôsin hymîn hoi anthrôpoi, houtôs kai hymeîs poieîte autoîs. *Kata Maththaion*『マタイ福音書』、7．12

(11) *Res Publica*, 365bc.

(12) Ibid., 364b.

(13) ドストエフスキイ『カラマーゾフの兄弟』、2.5.5.「大審問官」。

(14) Vgl. Nietzsche, F., *Jenseits von Gut und Böse; Zur Genealogie der Moral.*

(15) *Gorgias*, 482c seq.

第五章

(1) *Res Publica*, 376e seq.

(2) Ibid., 509c seq., 521c seq.

(3) Ibid., 427d seq.

(4) Ibid., 506b seq.

(5) Ibid., 576b seq.

(6) Hegel, *Phänomenologie des Geistes*, B. Selbstbewusstsein.

(7) Hegel, *Vorlesungen über Philosophie der Geschichte*, Einleitung.

(8) Vgl. Lukács, G., *Geschichte und Klassenbewusstsein.*

(9) Weber, M., *Religionssoziologie* I., Zwischenbetrachtung, S.567.

(10) Weber, M., Die protestantische Ethik und der Geist des Kapitalismus in: *Religionssoziologie* I, S.204.

(11) Vgl. Horkheimer und Adorno, *Dialektik der Aufklärung*; Horkheimer, *Eclipse of Reason*, 1944（1986）.

(12) Horkheimer und Adorno, a.a.O., S.50ff.

(13) Vgl. Arendt, H., *Vita activa oder Vom tätigen Leben*, 1967.

(14) Vgl. Habermas, J., *Technik und Wissenschaft als Ideologie*, 1968.

(15) *Res Publica*, 431e seq.

(16) 強いて言えば、「第三ポリス・モデル」にしても、そこでの統治者=教育者としての「哲学者」にしても、いずれも超越的transzendentというよりは、いわば「超越論的」transzendentalな性格を持っている、と言えよう。

【第三部】

第一章

(1) キリスト教的ヒューマニズムという言い方には問題があろう。ユダヤ教・キリスト教的な超越的創造神と被造物の一つとしての人間との関係は単純ではないからである。とりわけ、古代ユダヤ教、原始キリスト教、近代のプロテスタント神学の人間観には、ある意味で、むしろ原理的に徹底的なアンチ・ヒューマニズムが潜んでおり、そこにはまさにそのことの徹底的自覚のゆえのヒューマニズムだけがありうるように思われる。

(2) Vgl. Theunissen, M., *Kritische Theorie der Gesellschaft Zwei Studien*, Berlin, 1981, S.28ff. このテクストは、一九三〇年代のホルクハイマーのいわゆる「批判理論」Kritische Theorieから初期ハーバーマスの「西欧マルクス主義」ないし批判的社会理論を、よかれあしかれ相対化している。

(3) Vgl. Löwith, K., *Zur Kritik der christlichen Überlieferung*, Stuttgart, 1966, S. 37ff., S.119ff. レーヴィットは古代ギリシア的世界観によって、ルネサンス以降の西欧近代哲学、そしてとりわけ一九世紀以降のドイツにおける歴史主義、実存主義、マルクス主義を批判的に相対化している。初期のハーバーマスはレーヴィットの仕事を「歴史意識からのストア的退却」と評しているが、もちろんこの批評はハーバーマス自身の議論の基本的性格を逆照射している。Vgl. Habermas, Karl Löwiths stoischer Rückzug vom historischen Bewusstsein (1963) in: *Philosophisch – politische Profile*, Ffm., 1971, S.141ff.

(4) Vgl. Gehlen, A., *Der Mensch – seine Natur und seine Stellung in der Welt*, Wiesbaden, 13 Aufl., 1986; Rothacker, E., *Philosophische Anthropologie*, Bonn 1963、茅野良男『哲学的人間学』（塙書房）他、参照。

(5) Cf. Aristotle, *Politics*（LOEB), 1253a; アリストテレス『政治学』（山本光雄訳、岩波文庫）、P.35-36参照。

(6) Cf. Berger, P.L., *The Sacred Conopy – Elements of a Sociological Theory of Religion*, New York, 1967, P.22 seq., Habermas, J., Das Ende des Individuums? in: *Legitimationsprobleme in Spätkapitalismus*, S.162ff.

(7) パスカル『パンセ』（前田陽一訳、中央公論社、世界の名著）、P.204他、三木清『パスカルにおける人間の研究』（岩波文庫）

他、参照。

（8）ディドロ『哲学断想』、『哲学者とある元帥婦人との対話』（野沢協、杉捷夫訳、ディドロ著作集、第一巻、所収、法政大学出版会）参照；ルシアン・ゴルドマン『啓蒙精神と弁証法的批判』（拙訳、文化書房博文社）、P.81 seq.; P.126 seq. 参照。

（9）Cf. Rousseau, J.J., *discours sur l'origine de l'inégalité*、ルソー、J・J・『人間不平等起源論』（本田喜代治、平岡昇訳、岩波文庫）参照。

（10）Vgl. Horkheimer und Adorno, *Dialektik der Aufklärung*（1944）; Horkheimer, *Zur Kritik der instrumentellen Vernunft*（*Eclipse of Reason*,1946）.

（11）Cf. Berger, P.L., *.The Scred Canopy*, 1967; Berger, P.L. and Luckmann, T., *The Social Construction of Reality — A Treatise in the Sociology of Knowledge*, 1966、邦訳、『日常世界の構成――アイデンティティと社会の弁証法』（田島節郎訳、新曜社）。

（12）Cf. Aristotle, *Politics*, a.a.O., アリストテレス『政治学』（前掲）、Feuerbach, Ludwig, *Das Wesen des Christentum*（1841）（Theorie Werkausgabe, Bd.5, Suhrkamp）、ルードヴィヒ・フォイエルバハ『キリスト教の本質』（船山信一訳、岩波文庫）、Marx, Karl, Ökonomisch-philosophische Manuskripten, in MEW, Erg. Bd I, マルクス『経済学・哲学手稿』（三浦和男訳、青木文庫）、茅野良男『哲学的人間学』（塙書房）他、参照。

（13）Vgl. Habermas, J. Moralentwicklung und Ich-Identitat, in: *Zur Rekonstruktion des Historischen Materialismus*, Ffm., 1976, S.63ff.; Zu Theoremen der Motivationskrise, Das Ende des Individuums, in: *Legitimationsprobleme im Spätkapitalismus*, Ffm. 1973, v.a. S. 120ff.; S.162ff. これらのテクストにおいてハーバーマスは、「アイデンティティ形成」の問題に関して、コールバーク（L. Kohlberg）の発達心理学、バーガーの宗教社会学を援用している。アイデンティティ形成の問題において、第一に、決定的なことは「意味」Sinn und Bedeutung の成立である。「意味」の成立は「関係」に係わっている。この「関係」は、必要な変更を付せば、初期マルクスにおける Verkehr、ハーバーマスにおける das kommunikative Handeln、柄谷行人における「交換」に当たるといえよう。雑駁にいえば、この「関係」は、人間と自然、人間と人間、この二つの「関係の関係」である。第二に、人間の意識の conventional な段階から post-conventional な段階への発展が問題になる。これはヘーゲルの『精神現象学』における用語で言えば、自己意識の「対自的」段階から「即かつ対自的」段階への移行の問題である。第三に、personal identity の形成と collective identity の形成との関係の問題は、プラトンの『国家』篇における psychê と polis の構成秩序の類比関係に係わる。ここで「アイデンティティ形成」を問題にしようとするのは、一般的に、現代の社会学や心理学の socialization ないし internalization について言及するためではなく、近代ブルジョア社会の Bürger の Staatsbürger への自己陶冶 Selbstheraubildung の問題に関心が向けられているからである。

(14) Vgl. Jaspers, K., Vom Sinn der Geschichte (in: *Von Ursprung und Ziel der Geschichte*, Zürich, 1949), in: *Deutsche Geschichtsphilosophie von Lessing bis Jaspers*, 1949. 人類史を巨視的に見たとき、社会的生産、つまり農業、牧畜、「国家と文明」、階級支配（収奪・搾取・略取）、世界宗教などが、ほぼ同時期に成立したことは偶然ではないであろう。

(15) Cf. Rousseau, J.J. *discours sur l'origie de l'inégalité* ルソー『人間不平等起源論』（前掲書）、竹内芳郎『国家と文明』（岩波書店）参照。Vgl. auch Eder, Klaus, *Die Entstehung staatlich organisierter Gesellschaten*, Ffm., 1976.

(16) Weber, M., *Religionssoziologie I.*, S.547.「社会」概念に関して、Gemeinschaft と Gesellschaft の区別が重要であるように、「国家」概念に関しては、国家一般と近代主権国家との区別が重要である。

(17) 柄谷行人『世界共和国へ』（岩波新書）、P. 17 seq. 参照。同『トランスクリティーク』（批評空間）、P. 392 seq.

(18) Habermas（1973）, S.132.

(19) ここで問題になるのは、国家権力のいわば間接的な「社会統合」social integration 機能、国家権力（支配）の正統化、国家の構成メンバーのアイデンティティ形成――これらの三つのアスペクトの関連である。

(20) Habermas, a.a.O, S. 163.

(21) Vgl. Hegel, *Grundlinien der Philosophie des Rechts*, 1821,（Werke 7）, v.a., S.346ff.

(22) Habermas, a.a.O., S.38.

(23) 現代のいわゆる大衆デモクラシーの下での受動的市民たち Passivbürger、かれらの私生活志向 Privatismus、かれらによる行政権力の正統化 Legitimation について、ハーバーマスは、例えば一九七三年に出版されたテクストでは、以下で引用するような形で述べている。内容はともかく、いわゆるドイツ観念論、つまりカントやヘーゲルの悪文とも異なる意味で、ドイツ語原文で読んでも、邦訳で読んでも、一読してすぐには了解できない奇妙な文章である。ここで一例を挙げておく。

「形式民主主義の制度や手続きの常套手段は、行政の決定が国民の特定の動機とは大幅に無関係に下されうるような仕組みになっている。それは、一般化された動機すなわち内容的には漠然とした大衆的忠誠心を調達するが、しかし国民の政治参加を回避する正統化過程によっておこなわれる。市民的公共性の構造転換は、それ自体では政治的な社会のただなかで国民が拍手拒否権をもつ受動的市民の地位を占めるようにする状況を、形式民主主義的な制度や手続きの適用条件として創出する。民間の自律による投資決定は、国民公衆の市民的な私生活志向をその必然的補完とするに至るのである。

その構造から見て脱政治化された公共性の中では、正統化の要求は収縮して二つの欲求を残すのみとなる。第一に、国民の私生活志向、すなわち昇進志向、余暇志向、消費志向と結びついた政治的棄権は（金、労働のない余暇、安全という形での）それに見合った体制迎合的な補償への期待を助勢する。これには、教育体系へ移譲された業績イデオロギーの構成部分をも取りこんだ福祉国家的な代替綱領がしかるべく取り計らう。次に、構造的な脱政治化そのものも、それなりに正当化を必要としている。シュンペーターとマックス・ウェーバーを典拠にする民主的エリート理論、あるいは二〇年代の制度主義にさかのぼるテクノクラシー的システム理論が利用されている。」

Habermas（1973), S.55-56、『晩期資本主義における正統化の諸問題』（細谷貞雄訳、岩波書店）、P57-58.

ハーバーマスは、引用した文章の前後の文脈において、「形式的民主制のシステム」"das System der formalen Demokratie"という言葉に対して、「実質的民主制」"die materiale Demokratie" すなわち「政治的な意思形成の諸過程に公民たちの参加」"Partizipation der Staatsbürger an den politischen Willensbildungsprozessen という言葉を用いている。本書で課題としようとしていることは、形式的民主制、ウェーバーの用語で言えば、「人民投票的」plebiszitär な大衆民主制 Massendemokratie における、「喝采拒否権」Akklamationsverweigerung だけを行使する、私生活志向 Privatismus、消費志向の脱政治化された受動的大衆 die entpolitisierten Passivmassen が、能動的公民 die active Staatsbürger に自己陶冶すること die politische Selbstherausbildung が可能か否か、そして、可能であるとすれば、それは如何にして可能か、不可能であるとすれば、何故に不可能なのか、ということである。

(24) Vgl. Habermas, *Theorie des kommunikativen Handelns*, Ffm., 1981, Bd.2, S. 171ff.

(25) 習俗規範（道徳規範）と法規範との——西欧法思想史の文脈では、nomos と lex（law, loi, Gesetz）との——概念的分化は、法規範そのものの二つのアスペクト、Recht と Gesetz とへの分化として帰結する。したがって、いわゆる法化ないし法制化にも、二つの局面、Vergesetzlichung と Verrechtlichung とがある。

(26) 西欧近代国家における任意性という意味での自由と実定法（形式法）との関係については、ヘーゲルの『法権利の哲学』*Grundlinien der Philosophie des Rechts*（Werke 7）の叙述全体において示されていると言えようが、より明確な論述がM・B・フォスターのテクストの中に見られる。Cf. Law as the condition of Freedom in the State, in: M.B. Foster, *The Political Philosophies of Plato and Hegel*, 1937, Oxford, P. 110 seq.

（27） Vgl. Habermas（1981）, Bd.2, S.525ff.

（28） Cf. Regis Debray, Etes-vous démocrate ou républicain? レジス・ドゥブレ「あなたはデモクラットか、それとも共和主義者か」、『思想としての〈共和国〉』（水林章訳、みすず書房）所収、水林章「フランス共和国の孤独――十八世紀が照らし出す現代」（同著、所収）；『共和主義ルネサンス』（佐伯啓思他編、ＮＴＴ出版）；マウリツィオ・ヴィローリ（Maurizio Viroli）『パトリオティズムとナショナリズム』（佐藤瑠威他訳）；『共和主義の思想空間』（田中秀夫、山脇直司編、名古屋大学出版会）、参照。ドゥブレは、近現代におけるアングロサクソン的自由主義と近代フランス（啓蒙主義）的共和国主義との根底にあるいわば思想的核になるものを極めて鮮やかに対比している。ドゥブレによれば、現在、国名として共和国を名のる国家は数多あれども、その名に値するのは、せいぜいフランスとスイスくらいであろう、と述べている。君主国でも帝国でもなく、人民（国民）主権を標榜してさえいるならば、それは共和国である、というわけにはいかない。

そもそも、共和国、共和制、共和主義、つまり、res publica, républicanisme とは何か。ここでこれを歴史的かつ概念的に詳しく論じることはできない。しかし、混乱をいくらかでも避けるために、否定神学の顰に倣い、それが何でないかについて簡単に触れたい。ラテン語の res publica は、プラトンのテクスト名、つまりギリシア語の polîteiâ の訳語として用いられてきたように、広義の古典古代国家、つまり polis や civitas の核にある理念や制度であり、これはオリエント的専制（集権的・官僚制的）国家のそれと対比される概念である。歴史的淵源を遡れば、古代のギリシアや初期のローマに見られた共同体国家の形式である。その眼目は、国家共同体の構成メンバーが、公のことがら、つまり res publica に関してそれぞれ責任を自覚的に引き受けることによって、それぞれが自律的な構成メンバーとなる、という点にある。したがって、これは単純な collectivism ではない（近現代の共和国主義理念がその抽象性ゆえに、テロルや全体主義 totalianism と親近性を持ってしまったことは事実であるとしても）。その本源的形式は、戦士共同体、koiôniâ symmachê, Kriegerzunft である。民主制 dêmokratiâ は国制 polîteiâ の一形式であり、その内実が恣意としての自由と悪平等にあるかぎりでは、およそ共和制とは相容れないものなのである。古典古代的な res publica 概念は、中世末からルネサンス期に登場する商業ブルジョアジーを主体とする自治団体、自由都市、corporation, association, guilde, zunft など、そして所有権の保全を本質とする自由主義国家、これらとも、団体とその構成メンバーのあり方の本質からして、異なるものとしなければならないであろう。res publica は、経済的利益団体ではないからである。その構成メンバーは、単なる形式的な人権、所有権、参政権の主体ではなく、〈公〉への実質的責任主体、すなわち、liberté naturelle ではなく、liberté civile et morale の主体なのである。ドゥブレは、よかれあしかれ、兵役、実質的公教育、理性と信仰との、そして社会との国家の峻別――これらの有無に照らして、共和国主義を、民主制、自由主義、そして新自由主義及びこれと補完関係にある共同体主義 communitarianism などから明確に区別している。

(29) Vgl. Kant, Immanuel, v.a. Zum ewigen Frieden. Ein philosophischer Entwurf, Beantwortung der Frage: Was ist Aufklärung?, Idee zu einer allgemeinen Geschichte in weltbürgerlicher Absicht,. in: *Schriften zur Anthropologie, Geschichtsphilosophie, Politik und Pädagogik I* (Werkausgabe Bd. XI).

(30) Vgl. Kant, Zum ewigen Frieden, a.a.O., S. 207. いまでは古典的なカントのこの論文「永久平和のために」が公刊されたのは一七九五年である。カントはここで Republikanism を、立法権と執行権の分立制と代議制を備えた国家原理とし、これらを備えない国家形式 Staatsformen のひとつとしての民主制 Demokratie は必然的に Despotism であるとしている。かれはここでは統治形式 Regierungsform としての die repuplikanische Verfassung について語っていて、これを実現しうるのはむしろ君主制 Autokratie あるいは貴族制 Aristokratie であるとしている。そのかぎりで、かれの立場は基本的には立憲主義的ブルジョア的法治国家論のそれのように思える。フランスでのジャコバン独裁と恐怖政治が始まるのは九三年であり、(フリードリヒ大王とは異なり)カントの宗教的・政治的言説に神経を尖らせていたプロイセン王フリードリヒ・ヴィルヘルム二世が亡くなるのが九七年であるから、カントが置かれた一八世紀末の歴史的状況を鑑みると、カントの必ずしも明晰でない宗教的・政治的言説の真意を読み解くのは、一見そう思われるほど容易ではないといえよう。

(31) Vgl. Rousseau, *du contrat social*, III, XV, Schmitt, Carl, *Die geistesgeschichtliche Lage des heutigen Parlamentalismus*, 1923, Berlin.、邦訳、カール・シュミット『現代議会主義の精神史的地位』(稲葉素之、みすず書房)

(32) Cf. Rousseau, J.J., *du contrat social*, L. III, C. IV. "S'il y avait un people de Dieux, il se gouvernerait démocratiquement. Un Gouvernement si parfait ne convient pas à des homes."

Vgl, Kant, a.a.O. S.223. "Nun ist die republikanische Verfassung die einzige, welche dem Recht der Menschen vollkommen angemessen, aber auch die schwereste zu stiften, vielmehr noch zu erhalten ist, dermassen, dass viele behaupten, es müsse ein Staat von Engeln sein, weil Menschen mit ihren selbstsüchtigen Neigungen einer Verfassung von so sublimer Form nicht fähig wären. Aber nun kommt die Natur dem verehrten, aber zur Praxis ohnmächtigen allgemeinen, in der Vernnunft gegründeten Willen, und zwar gerade durch die jene selbstsüchtige Neigungen, zu Hülfe, so, dass es nur auf eine gute Organisation des Staats ankommt (…), jener ihre Kräfte so gegen einander zu richten, dass eine die anderen in ihrer zerstörenden Wirkung aufhält, oder diese aufhebt: so dass der

Erfolg für die Vernunft so ausfällt, als wenn beide gar nicht da wären, und so der Mensch, wenn gleich nicht ein moralisch-guter Mensch, dennoch ein guter Bürger zu sein gezwungen wird. Das Problem der Staatsrichtung ist, so hart wie es auch klingt, selbst ein Volk von Teufeln（wenn sie nur Vernunft haben）, auflösbar（…）."

ルソーは神々からなる人民ならば民主政をとるであろうが、この統治形式は人間たちには適さないとしている。これに対して、カントは次のように語っている。人権に完全に相応しい唯一の国制（憲法体制）である共和制は、人間たちには、かれらの自然本性としての利己的性向ゆえに創設不可能な天使たちの国家である、といわれるが、逆にまさにこの利己的性向ゆえに、悪魔たちでさえ、かれらが悟性さえ持っているならば、敵対する諸々の利己的性向を相殺する国家（この国家がどこまで共和制に近づきうるかはともかく）を創設しうる、と。カントが別の論文（"Idee zu einer allgemeinen Geschichte in der weltbürgerlichen Absicht"）で述べている「非社交的社交性」die ungesellige Geselligkeit や上の引用箇所の少し後で使っている「自然のメカニズム」der Mechanism der Natur と言った言葉は、ヘーゲルの歴史哲学における「理性の狡知」List der Vernunft とともに十八世紀のいわゆる古典経済学における神の invisible hands としての「市場のメカニズム」を想起させる。ここで見極めておくべきことは、カントがこの「自然のメカニズム」によって成立する「善き市民」と「道徳的に善き人間」とを区別している点である。

（33） Vgl. Habermas（1981）, Bd.2, S. 505ff., S. 522 ff., S.530ff.

（34） Vgl. *Historisches Wörterbuch der Philosophie*, Vol.6. S. 406-414.

（35） 柄谷行人、前掲書、P.157以下参照。

（36） Habermas, Staatsbürgerschaft und nationale Identität, in: *Faktitität und Geltung*, Ffm. 1992, S. 636; Vgl. Hat der Nationalstaat eine Zukunft?, in: *Die Einbeziehung des Anderen*, Ffm. 1996. 二〇世紀末の東西ドイツの再統一に際して、単なる保守主義的なナショナリズムに対してハーバーマスが提示したいわゆる Verfassungspatriotismus は首肯しうることであろう。ドイツ近代史において極端に示された「近代」の病理学、偏狭なナショナリズム、ドイツ・ファシズムにおける非合理的人種理論、これらに対して、第二次大戦後半世紀以上閲した立憲主義的社会国家的法治国家としての連邦共和国 Bundes Republik に相対的に一定の積極的な評価を下すことは妥当であろうからである。しかしながら、Staatsbürgerschaft と Nationalität との完全な切断は、前者を抽象的で空虚 leer なものに、後者を同じく抽象的で盲目的 blind なもの（非合理的なもの）にしてしまわないであろうか。

（37） Vgl. Habermas（1981）, Bd2, v.a. S. 449.

（38） Nationalität を欠く Staatsbürgerschaft が leer であり、Staatsbürgerschaft を欠く Nationalität が blind であるならば、両者の切断

ではなく、結合こそが、すなわち、「精神を欠く専門人」Fachmensch ohne Geist でも「信条を欠く享楽人」Genussmensch ohne Gesinnung でもない、Geist と Gesinnung を備えた Staatsbürger のアイデンティティ形成こそが、追求されるべき課題であろう。

第二章

(1) Vgl. Hegel, *Phänomenologie des Geistes*, (Werke 3), S.328ff.; ソポクレース『アンティゴネー』(呉茂一訳、岩波文庫) 参照。

(2) 人間の生の〈意味〉が成立するトポスとしての〈自己同一性〉identity は、personal なそれであれ collective なそれであれ、時間と空間のそれぞれの次元における人間の関係性 (交換・応答・責任) が、すなわち、〈公〉と〈私〉、Öffentlichkeit と Geschlossenheit、要するに共時的な関係性と通時的な関係性とが交錯するところで再生産される。

(3) Cf. Platonis Opera I (Burnet), Oxford, *Crito*.; プラトン『クリトン』(山本光雄訳、角川文庫)。

(4) Cf. Platonis Opera I, *Apologia*. プラトン『ソクラテスの弁明』(三嶋輝夫、田中享英訳、講談社学術文庫); アリストパネス『雲』(ギリシア喜劇Ⅰ、ちくま文庫); Xenophon, *Memorabilia* (LOEB, C.L.)、邦訳、クセノフォーン『ソークラテースの思い出』(佐藤理訳、岩波文庫); Brickhouse, T.C. and Smith, N.D., *Socrates on Trial*, Oxford, 1989、邦訳、T・C・ブリックハウス、N・D・スミス『裁かれたソクラテス』(米澤茂、三嶋輝夫訳、東海大学出版会); I・F・ストーン『ソクラテス裁判』(永田康昭訳、法政大学出版会); 岩田靖夫『ソクラテス』(勁草書房); 加来彰俊『ソクラテスはなぜ死んだのか』(岩波書店); 加藤信朗『初期プラトン哲学』(東京大学出版会); 同『哲学の道』(創文社)、参照。

(5) 岩田靖夫、前掲書、P.41以下、参照。

(6) Cf. Platonis Opera I, *Crito*, 44e-46a.

(7) Cf. ibid., 46bff., 岩田靖夫、前掲書、P.71 以下参照。

(8) Vgl. Schmitt, C., *Der Begriff des Politischen*, Berlin, 1932 (1963).

(9) Cf.Platonis Opera Ⅳ, Res Publica, 351c.

(10) Panta oun hosa ean theletê hina poiôsin hymîn hoi anthrôpoi, houtôs kai hymeîs poieîte autoîs. (他の人たちがあなたがたのためにしてくれることを、あなたがたが望むのであれば、あなたがたもまたそうしたことすべてを、かれらのためにしなさい。) (マタイ福音書、7.12); Quod tibi fieri non vis, alteri ne feceris. (自分がされたくないことを他の人たちにもするな。) Hobbes, *Leviathan*, P 1, Ch.14、P. 85.

(11) Vgl. Weber, Max., Politik als Beruf, in: *Politische Schriften*. v. a. S. 548ff.
(12) Cf. a.a.O., *Crito*, 48b.
(13) マタイ福音書、4.1.
(14) Cf. Platonis Opera Ⅳ., *Res Publica*.
(15)『論語』、巻第六、先進十一、（金谷治訳注、岩波文庫）、P. 146 参照。
(16) Cf. a.a.O., *Crito*, 49a seq., 岩田靖夫、前掲書、P. 146 以下、参照。
(17) Cf. ibid., 47cd.
(18) Kant, *Kritik der reinen Vernunft*, B696, Ph.B.（Felix Meiner） S.624, B349ff, S. 334ff.
(19) Cf. Plato, *Res Publica*, 609b .
(20) Cf, Platonis Opera Ⅲ, *Gorgias*, 474a,『ゴルギアス』（加来彰俊訳、岩波文庫）、P89.「不正を受けるよりは不正を行うほうが、又、裁きを受けるよりは受けないほうが、より悪いことである（…）」。
(21) 岩田靖夫、前掲書、P.146 以下、参照。
(22) Vgl.Weber, M., Politik als Beruf, a.a.O. S. 554.「善からは善のみが、悪からは悪のみが生まれるというのは、人間の行為にとって決して真実ではなく、しばしばその逆が真実であること。これらのことは古代のキリスト教徒でも非常によく知っていた。これを見抜けないような人間は、政治のイロハもわきまえない未熟児である。」（脇圭平訳、岩波文庫）、P. 94
(23) 岩田靖夫、前掲書、P.154 以下参照。
(24) *Crito*, a.a.O., 50e.
(25) Aristotle, *Politics*, 1259a seq. アリストテレス『政治学』、前掲書、P.60 以下、参照。
(26) ここではポリス polis とポリス市民 polîtês、国家と国家の構成メンバーとに関係が類比的あるいは比喩的に語られている。結論的には、後者に対する前者の先在（優位）性 priority が説かれている。もちろん、問題はこの priority そのものではなく、この priority の意味である。ここでは、集団主義、全体主義、権威主義などが主張されているわけではなく、諸個人が「善く生きること」、それぞれに固有の「徳の実現」、すなわち人格的アイデンティティ形成を可能にする、「社会統合」機能を果たす国家のアスペクトの優位が語られているのである。
(27) *Crito*, a.a.O., 49e.

(28) 岩田靖夫、前掲書、P.162以下、賀来彰俊『ソクラテスはなぜ死んだのか』（岩波書店）、P.187以下参照。
前者においては、次のように述べられている。「『同意の正しさ』とは『同意が為される際の手続き上の正しさ』を意味している。（……）［同意の三つの前提条件に］抵触していれば、約束は約束として成立していないのだから、これを破ることは一向に構わないが、これらの条件を満たしていれば、その約束がどのような結果を生もうとも、われわれは約束を死守しなければならない、という原則をソクラテスは語っているのである」（P. 163）「同意された事柄の内容上の正しさは、こと倫理的原理に関しては、問題提起が為される度に反駁的対話によってその是非を検討し基礎付け直さねばならぬ性質のものであるから、予めその正しさが一〇〇パーセント明らかになっている、とは言えないであろう。したがって、正義は先ず『手続き的正義』として成立していなければならないのである。その意味で、正義とは、その最低限の基礎において、『人間同士が自由意志によって合意したことがらを遵守すること』なのである」と。

これに対して、後者では次のように述べられている。「『正しいことであるかぎり』という限定の語句は、（……）同意に至るまでの過程の正しさ、『手続き上の正しさのことよりも、ここでは明らかに約束（同意）されたこと（内容）の正しさを指していると思われる。（……）今の状況の場合、何をすることが約束（同意）されているのであろうか。それは多分、後で言われる国法との同意（約束）という観点から見れば、国法の命ずるとおりにする、すなわち、法廷の判決には服する、ということであろう」と。

いずれの解釈も可能であろう。しかし、「同意したことが正しければ」という場合の「正しさ」には内容と形式の両アスペクトが含意されており、両者を切断して一方に他方を還元するわけにはいかないであろう。「自由意志によって約束されたかぎり、その当事者によって約束は遵守されるべきである」といっても、問題はまさにこの同意の成立条件について同意せしめ、かつそのかぎりで成立した同意を遵守せしめうる自由意志（自発性）の根拠そのものなのであるから。

(29) Cf. *Crito*, a.a.O., 52de.
ソクラテスの自己対話において、約束・同意・契約が正当に成立しうる三条件が挙げられているが、両当事者の自由のみならず、さらに平等もまた不可欠であろう。だが、国法の主張によれば、親子がそうでないのと同じく、国法とソクラテスは対等の関係にはない。しかし、他方では、同意や契約が成立する際には両者は形式上、自由かつ平等でなければならない。神と人間、国家と国民、親と子、封建領主と家臣、資本家と労働者、要するにあらゆる人間諸個人は実質的には平等ではない、しかし、権利上、両当事者を形式上平等とそれぞれが意思しなければ、同意も契約も成立しないのである。

(30) Cf. Hobbes, T., Leviathan, P 1, Ch. 13 ff.

(31) Cf. *Crito*, a.a.O., ergôi alla ou logôi.

(32) ソクラテスの言行において、Nationalität と Staatsbürgerschaft の不可分の関係のプロトタイプが示されているように思われる。

【第四部】

第一章

(1) Weber, Max, *Religionssoziologie*, Bd. I, S.547.

(2) 国家、ネイション、国家理性、主権、支配、主権に関しては、以下の著作を参照。Meinecke, F., *Die Idee der Staatsräson in der neueren Geschichte*, München, 1957, 邦訳，マイネッケ『近代史における国家理性の概念』（菊盛英夫、生松敬三訳、みすず書房）；d'Entrèves, *The Notion of the State*, Oxford, 1967, 邦訳、ダントレーヴ『国家とは何か』（石上良平訳、みすず書房）；Cassirer, Ernst, *The Mith of the State*, New Haven, 1946, 邦訳、カッシーラー『国家の神話』（宮田光雄訳、創文社）；Weber, M., Die Typen der Herrschaft, in: *Wirtschaft und Gesellschaft*,（Studienausgabe, Tübingen, 1972）, S. 122 ff. 邦訳、『支配の社会学Ⅰ』第二部経済と社会的・秩序および力、第九章支配の社会学（世良晃志郎訳、創文社）；Habermas, J. *Legitimationsprobleme im Spätkapitalismus*, Ffm., 1973；柄谷行人『世界共和国へ』（岩波書店）、同『トランス・クリティーク』（批評空間）、佐藤優『国家論』（ＮＨＫブックス）など。

(3) 白川静『字統』（平凡社）、P. 263、同『字訓』、P.605-6、参照。

(4) Weber, Max, a.a.O., S. 122ff.

(5) Habermas, J., *Legimationsprobleme im Spätkapitalismus*, Ffm., 1973, S. 132.

(6) 柄谷行人『世界共和国へ』（岩波書店）参照。

(7) Vgl. Hegel, *Grundlinien der Philosophie des Rechts*,（Werke 7）, S.497ff.

(8) Vgl. Hegel. *Vorlesungen über die Philosophie der Geschichte*（Werke 12）, S.33ff.

(9) Platonis Opera IV, *Republic*, 555b-562a, プラトン『国家』（藤沢令夫訳、岩波文庫）下、P.198以下参照。

(10) 古代ギリシア的自然概念については、藤沢令夫『世界観と哲学の基本問題』（岩波書店）、参照。「事物も、（…）性質も、『物』（実体・基体）と『性質』（属性）といった存在論的な身分の差なく、どちらも同じ知覚的性状として、それぞれの原範型イデアによってそれぞれの意味と価値を与えられつつ、そのつど〈場〉にうつし出されて現れる――というのが、世界・自然における基本的事態であるとプラトンは考えた。（…）プラトンの自然観は、『物』の運動と配置と離合集散というあり方にも、『補助原因』としての一定の役割と位置づけを与えながら、最終的にはしかし、恒久的な実体としての『物』を消去して。『意味』と『価値』と『プシューケー』（生命・魂）を根底にすえる自然観であった。」P. 109-110.

（11）加来彰俊『プラトンの弁明』（岩波書店）、P.103以下。

（12）Cf. Aristotole, *Nicomachean Ethics*,（LOEB, C.L）, 1129a seq., アリストテレス『ニコマコス倫理学』（高田三郎訳、岩波文庫）、上、P.169以下；加来彰俊、前掲書、P. 131以下；Vgl. Maurer, Reinhardt, *Platons "Staat" und die Demokratie*, Berlin, 1970, S. 74ff. 邦訳、マオラー『プラトンの政治哲学』（拙訳、風行社）P.89以下、参照。

（13）藤沢令夫、前掲書、「プシューケーは、自然万有に行きわたり浸透して、あらゆる動きと生成変化を支配しつつ、知性（ヌゥス）的原理に助けられて、『意味』と『価値』にもとづく秩序をつくり出す。自然万有は、それぞれさまざまな意味と価値を帯びた事象の総体であり、端的に言えば、意味と価値の総体にほかならず、われわれの知覚と経験も、ある事象を、何らかの意味と価値（反価値を含めて）を示すものとして知覚し経験する。」P.109.

（14）Cf. Plato, *Republic*, 434c seq; Vgl. Höffe, Otfried, *Zur Analogie von Individuum und Polis*, in: *Platon Politeia*（Akademie Verlag）, S. 69-93.

（15）Vgl. Höffe, ebenda., S. 89.

	PM1（健康なポリス）	PM2（過剰なポリス）	PM3（哲学者ポリス）
支配	欲望の支配	活動力の支配	理性の支配
E（欲望）	端的な欲望	活動力を伴う欲望 プレオネクシアー	理性的欲望（節制）
T（気概）	道具的活動力	単なる活動力	理性的活動力（勇気）
L（理性）	道具的・経済的理性	道具的（経済的・軍事的）理性	政治的理性（真正な理性）
構成	同質の市民	二つの身分	三つの身分
均衡	自発的節制による充足	自発的節制の喪失 プレオネクシアー	正義の貫徹
秩序	自発的正義	ポリス内外の紛争	ポリスの統一

第二章

（1）Vgl. Plato, *Republic*, 369b-372c' Höffe, ibid., S. 73-79.

（2）Cf. Wittvogel, Karl August, *Oriental Despotism: Comparative Study of Total Power*, New Haven and London, 1964; 湯浅赳男『『東洋的専制主義』論の今日性』（新評論、二〇〇七年）参照。

（3）Vgl. Weber, Max, *Gesammelte Aufsätze zur Sozial— und Wirtscaftsgeschichte*, Tübingen, 1924, 邦訳、マックス・ウェーバー『古代社会経済史』（渡部金一、弓削達訳、東洋経済新報社）、松尾太郎『経済史と資本論』（論創社）参照。

（4）Cf. Foster, M.B., *The Political Philosophies of Plato and Hegel*, Oxford, 1934. P. 1-37.

（5）Aristoteles' *Metaphysik*（Griechisch-Deutsch, Felix Meiner）, Ⅵ., S. 414ff.' 邦訳『形而上学』（出隆、岩波文庫）上、P. 214以下；Habermas, Arbeit und Interaktion, in: *Technik und Wissenschaft als "Ideologie"*, Ffm. 1968; Arendt, Hannah, Vita activa oder vom tätigen Leben, München, 1981; 藤沢令夫、『世界観と哲学の基本問題』では次のようにテクネーについて述べられている。「もともと技術とは、（…）動物たちの身体にそなわる自然的装備にちょうど対応するような、生きていくための天与の素質であり、人間は生まれながらに——つまり自然《ピュシス》的に——『技術者としての人間』（ホモ・ファベル）であるように定められている。」P.157-158.

（6）藤沢令夫、前掲書ではテクネーとピュシスの関係について次のように述べられている。「『技術』と『自然』とは、一応それとして区別されるとしても、しかし根底において相互排除的な対立関係にはないはずである。人間が自然的素質である〈知〉としての技術によって自然に働きかけることは、それ自体が自然であり、『自然』（ピュシス）の概念そのものは、そのような人間の働きかけを丸ごと包みこんだ『自然』でなければならない。」P.158.

（7）藤沢令夫、『世界観と哲学の基本問題』、前掲書、P. 156-157参照。

（8）同著、とりわけP. 96以下、P. 211以下；藤沢令夫『ギリシア哲学と現代』（岩波書店）とくにP.121、参照。両著では、初期ギリシア哲学の、古代原子論、プラトン、アリストテレス、これらの自然観それぞれの連続性と差異性とが、とりわけプラトンとアリストテレスの自然観の入り組んだ関係について、きわめて簡潔に論述されている。

（9）Vgl. Arendt, H. , *Vita activa*, ibid, S. 165. "Alles Herstellen ist gewalttätig, und Homo faber, der Schöpfer der Welt, kann sein Geschäft nur verrichten, indem er die Natur zerstört." (「すべての制作活動は暴力的であって、世界の創造者である工作人は、自然を

破壊することによってのみ自分の創造を果たしうる。」）

（10）古典古代哲学に特有の、近代以降には変質というより、むしろ消失してしまう「徳」aretē ないし virtus という概念は、古典古代においても、時代により、また用いられるテクストやコンテクストによって、広狭の意味があるが、いずれにしても、類や個における天与の自然本性の固有性とその実現とに係わっている。

（11）Cf. Plato, *Republic*, 369b— 372c.「第一ポリス・モデル」に関する『国家』における叙述は、量的には僅かであるが、立論全体からすると大きな意味を持っている。

（12）Höffe, Otfried, Zur Analogie von Individuum und Polis, in: *Platon Politeia*, S.74.

（13）Höffe, ebenda, S.74. ヘッフェによれば、この点でプラトンはアリストテレスと異なるとしている。Cf. Aristotle, *Politics*, 1252a seq. もちろん、条件次第で、単独で生計を立てることは可能であろう。しかし、人間の徳の実現には、人間同士の関係性と共同性は不可欠であり、この点をプラトンは無視しないし、分業の効率性だけを問題にしようとしているのでもない。

（14）Höffe, ebenda, S. 75.

（15）Vgl. Hegel, *Grunlinien der Philosophie des Rechts*（Werke 7）, S. 346ff.

（16）Höffe, a.a.O., S. 77.

（17）Höffe, ebenda, S.78.

（18）Plato, *Republic*, 372e-374d.「第二ポリス・モデル」についての『国家』での直接的な記述もごく僅かであるが、第八巻 545 c 以降の不正な国制の類型論においてその内容の展開が見られる。

（19）Vgl. Höffe, a.a.O. S.78.

（20）Höffe, ebenda, S. 79.

（21）Cf. Plato, *Republic*, 373a-373d.

（22）Cf. ibid., 373d seq.

（23）Cf. ibid., 545c seq.

（24）『国家』篇、第二巻 376e 以下のところでは、プラトンの叙述は、もっぱら守護者教育のあり方、その内容と形式に向かっている。

（25）『国家』篇の叙述に従えば、生産者、守護者、哲学者の各階層の活動は、テクネーという概念で括りうると同時に、それらの区別もまた問題になりうる。プラトンおけるテクネーという概念は、「道具的行為」や「戦略的行為」に還元しえないからである。

(26) 丸山真男は、資本制社会における個別資本（貨幣）の「価値増殖過程」に類比して、権力の拡大再生産過程について語っている。『政治の世界』（丸山真男集第五巻、岩波書店、P.125以下）参照。

(27) 「イデア論」なしに「哲人王論」はありえないが、ここではアリストテレス以来のさまざまなイデア論批判に立ち入ることはできない。「イデア論」の積極的解釈に関しては、さしあたり、以下の著書を参照。藤沢令夫、前掲両著、『イデアと世界』（著作集Ⅱ、岩波書店）、マオラー、前掲書、P. 242以下（Maurer, 1970, S. 240 ff.）。

(28) 藤沢令夫は、「善のイデア」と技術との関係について、次のように述べている。「『国家』第六巻から七巻にかけて表明されている根本思想は、もろもろのイデアはさらに〈善〉のイデアによって根拠づけられていること、それぞれのイデアは〈善〉の光に照らされてこそ、十全に認識されうるということであった。この根本思想によれば、技術は、イデアの認識への努力にもとづいてその似像を感覚界のうちに作り出そうとする営みであるかぎり、必ずや〈善〉を指向し、〈善〉に導かれてあるはずである。」『世界観と哲学の基本問題』P. 162-163.

(29) Plato, *Republic*, 423a.

(30) Kant, *Kritik der reinen Vernunft*, B696, Ph.B.（Felix Meiner）, S.624, B349ff., S.334ff.

(31) Cf. Platonis Opera III, *Protagoras*, 邦訳『プロタゴラス』（藤沢令夫訳、岩波文庫）、「およそ知者ならば誰ひとりとして、世にみずからすすんで過ちをおかしたり、みずからすすんで醜く悪しき所行をする者たちはすべて、みずからの意に反してそうするのだということを、よく知っているはずだからです。」346e（邦訳、P115）；「悪――ないしは悪と思う事柄――のほうへ自分からすすんでおもむくような者は、誰もいないのではありませんか。また思うにそのようなことは――善をさしおいて悪と信じるもののほうへ行こうとするようなことは――もともと人間の本性の中にはないのではありませんか。」358c-d（邦訳、P.152-3）; Vgl. Maurer, 1970, S.213-214（邦訳、P.222-223）. マオラーはこの箇所で、次のトマスの命題を引用している。Quia non appetunt malum nisi sub ratioe boni, inquantum scilit existimant illud bonum: et sic intentio eorum per se fertur ad bonum, sed per accidens cadit supra malum.（in Ethi.L.I, 1, 1, Nr.10）

(32) 本書、第五部第六章、参照。

(33) 注15のシェーマを参照。

(34) 周知のように、西欧におけるファシズムやホロコーストの記憶がまだ生々しい時期に出版された、プラトンの政治思想に関するポパーの著作（*The Open Society and its Enemies*, Bd.I: The Spell of Plato, London, 1948; *Die offene Gesellschaft und ihre Feinde*, Bd.I: Der Zauber Platons, Bern, 1957）は、ファシズムやいわゆる全体主義の（そしてその凶行の）遠因を、『国家』篇のテクストの中に見ようとしたものである。ファシズム期の偏狭なプラトン解釈とは評価はまったく逆であるが、その解釈の牽強付会と杜撰さは同じであるので、古典学者や文献学者にはほとんど関心をもたれなかったようであるが、アングロサクソン世界の政治学者などにはかなりの影響力を及ぼしたようである。ヘッフェは、ポパーの著書についての簡潔な批判を提示している（Otfried Höffe, Vier Kapitel einer Wirkungsgeschichte der, *Politeia*, in: *Platon Politeia*, S.354 ff.）。Cf. Bambrough, R.（Hg.）Cambridge-New York, 1967: *Popper and Politics Some Contribution to a Modern Controversy*. アーレントのプラトン理解は、そのアリストテレス解釈との関連で再吟味されなければならないであろう。また poieîn と prattein の概念的対置に関して、アーレントの枠組みを、無批判意ではないにしても、基本的に踏襲しているハーバーマスは、アリストテレスもプラトンも無差別に「新アリストテレス主義」に括ってしまっているようである。

(35) これらの問題にM・B・フォスターはかれの著作（M. B. Foster, *The Political Philosophies of Plato and Hegel*, Oxford, 1935）の中で、全面的に取り組んでいる。かれはギリシア的世界（自然）観とユダヤ的世界（自然）観を対比する構図において、プラトンのポリス構成とヘーゲルの近代国家構成を原理的に吟味批判している。大変示唆に富む著作であるが、プラトンの自然観とアリストテレスのそれとの入り組んだ関連、両者の差異性と同一性などには注意が向けられていない。ヘーゲルの政治哲学に関する理解も英語圏のものとしてすぐれているように思われる。

(36) プラトンにおいては家族が捨象されているが、第三ポリス・モデルにおける政治と経済の機能的・構造的な重層構造は、ヘーゲルのブルジョア社会と国家のそれに類比しうる。

(37) もっとも、テクネーという概念をプラトン的に広義に使うならば、両者は究極的には同じであるとも言えよう。生産者や補助者の認識と行為が、そのときどきに、一方の伝統的エートスと他方の道具的理性とに分裂してしまうとすれば、哲人統治者（あるいはマックス・ウェーバーが要請したような、「燃えるような情熱と冷静な判断力」を兼ね備えた政治家）においては両者がいつも結びついていなければならないであろう。

(38) Cf.Foster, a.a.O. I. 例えばフォスターはここで、次のように述べている。「自然のおけるあらゆる統一性 unity は、つまり、すべての自然的対象は、ひとつの形相の現前 the presence of a form にかかっている。ひとつのポリスの統一性は、自然的統一性ではなく、技術（人為）art の産物である統一性として、その形相が知られていること form's being known にかかっている。理想的ポリスの形相はつねに現存している。なぜならば、それは諸イデアの王国においてひとつの永遠の存在者 an eternal being をもっているからである。しかしそれは、統治者がそれについての知識にまで登りつめ、この知識によって地上のポリスにおいてそれを実現するならば、そのときにのみ現実化される。／ポリスが一つの自然的対象以上のものであるのは、その自然的対象を技術（人為）の産物に同化することがらによってである。すなわち、その形相が知られていることによってのみ実現されうる、という事実によってである。そして、政治社会のこの特殊な性格の認識によって、プラトンは政治哲学への永遠に価値のある寄与を果たしている」と。(P.17-18)

(39)「理想的なポリスの中にその形相を定立し維持するための組織化が現前することはこのポリス［第三ポリス・モデル］の形相そのものを、原初的なポリス［第一ポリス・モデル］のそれから区別させる。統治者たち自身が、自分たちが統治するポリスの中に一階層として含まれている、という単純な事実は、かれらがポリスの中で維持する秩序は、自分たち自身に定立される秩序でなければならない、ということを必然化する。こうした含意をさらに引き出すことは、ギリシア的哲学の領域から近代的なそれへと一気に飛び移ることである。そして、プラトンの理論の主要な矛盾や混乱の根源は、これらを引き出すことにかれが失敗していることの中に見出せるであろう。」(ibid., P.18)

(40)『国家』篇第一巻のいわゆる「トゥラシュマコス」篇において、トラシュマコスは、政治術はその主体に利益をもたらし、客体からは利益を収奪する、という趣旨のことを主張する。これに対して、ソクラテスは、まったく逆に次のように主張する。統治術のみならず、本来の技術（テクネー）は一般に、その客体にのみ利益をもたらす。例えば、医術そのものは患者に利益をもたらすのであって、医者自身にではない、と。しかし、本来のテクネーであれば、その両者に（意味は異なるにしても）利益をもたらしうる。すなわち、客体にはその技術に固有の利益を、主体にはその技術の実現によってその主体固有の自己陶冶ないし自己実現という利益を。

(41) Foster, ibid. P. 12.

【第五部】

第一章

(1) Aristotle, *Politics*,（LOEB, C.L.）, P. 4-12, 邦訳、アリストテレス『政治学』（山本光雄訳、岩波文庫）、P.31-36.
(2) Cf. Platonis Opera, *Protagoras*, III, 320d seq., 邦訳、プラトン『プロタゴラス』

（藤沢令夫訳、岩波文庫）、P. 41以下。

（3）Cf. Platonis Opera I, *Politicus*, 283d, 303e seq., 306a seq. 邦訳、プラトン『ポリティコス』（水野有庸訳、プラトン全集3、岩波書店）、P.277, P351以下、P.360以下、参照。ここでは、さしあたり統治者の政治的判断能力が問題になる。これは、冷静な事実認識と果断な価値判断の結合しうる能力である。さらにここでも、『国家』におけるのと同じく、こうした能力を有する教育者としての統治者を生み出す統治者の能力が問題になる。ここではそれが、統治者の統治者、教育者の教育者、要するに王 basileus の王に固有のテクネーが、二つの背反するエレメント、例えば andreiā と sophrôsynē、パトスとロゴスを縦糸と横糸として、これらを織り合せる機織術として比喩的に語られている。

（4）支配（権力）の正統化に関しては、本書、第三部、第一章、第四部、第一章、参照。正統化の事実に関して要約すれば、支配（統治）関係（「略取—再分配」の関係）の前提にはいわば本源的な互酬関係があり、そうであるかぎり、究極的に問われなければならないのは、統治者と被治者の両方の判断能力とその関係ということになる。

第二章

（1）本書、第四部、第一章、1、参照。

（2）フォスターが指摘しているように、ヘーゲルは、西欧近代国家を古典古代国家と対比して、その基本的メルクマールを「主体性」Subjektivität あるいは「自由」Freiheit に見ている。しかし、フォスターに従えば、ヘーゲルの叙述の中に見られる、ブルジョア社会の economic freedom と国家の ethical freedom は、プラトンの第三ポリス・モデルにおける生産者層と統治者層の中にそれぞれ萌芽が見られる。Polis と State との決定的種差はむしろ、それぞれが前提とする、エートスに係わる慣習法、つまり Nomos と、端的な命令 command とそれゆえの実定性 positivity にかかわる実定法 Law との差異にある。自由の両義性は、ブルジョア社会（資本制社会）における経済法則 economic laws とこれに対応する所有や契約に係わる実定的私法との関係において明らかになり、さらにこのことによって、いわば第三の政治的自己限定という意味での自由概念が析出される。Cf. M. B. Foster, *The Political Philosophies of Plato and Hegel*, Oxford, 1935.

（3）ここでは、マックス・ウェーバーの用語としての国民的民主制 die natinale Demokratie を念頭においている。ウェーバーのこの概念を構成する主体には、おおよそ次のようなエレメントが含意されている。第一に、中世末以降の自治都市における商業ブルジョアジー、第二に、プロテスタンティズムと結び付く中産的産業ブルジョアジー、第三に、古典古代の戦士市民を基礎とする共和国主義的国家市民 Staatsbürger がそれである。Vgl. Weber, Max, *Gesammelte Politische Schriften*, 3.Auflage, Tübingen, 1971; 雀部幸隆『ウェーバーと政治の世界』（恒星社厚生閣）、同『ウェーバーとワイマール』（ミネルヴァ書房）参照。

（4）本書、第三部、第一章、2、参照。

（5）Vgl. Weber, Max, *Gesammelte Aufsätze zur Sozial- und Wirtsschaftsgeschichte*, Tübingen, 1924, 邦訳、マックス・ウェーバー『古代社会経済史』（渡辺金一、弓削達訳、東洋経済新報社）、雀部幸隆、前掲書、他、参照。

第三章

（1）本書、第一部、第一章3、4、参照。

（2）周知のように、国制 politeiā の分類が提示されている古典的なテクストは、多少用法がずれているが、プラトンの『国家』及び『政治家（ポィティコス）』、アリストテレス『政治学』である。

（3）プラトンは『国家』篇の中では用いていないが、民主制とか寡頭制に関しては、否定的な意味で ochlokratiā（衆愚制）と ploutokratiā（金権制）という言葉もある。

（4）Vgl. Maurer, R., *Platons "Staat" und die Demokratie*, Berlin, 1970; マオラーはプラトン『国家』篇における第三ポリス・モデルについて Bildingsaristokratie という言葉を用いている。

（5）本書、第一部、4、参照。

第四章

（1）本書、第一部、第一章、1、参照；Vgl. Maurer, ibid., I Der Aspekt Gleichhait, II Der Aspekt Freiheit（S. 21-207）、邦訳、前掲書、P.43-216 参照。

（2）Cf. Thycydides, *History of the Peloponnesian War*, Book I, II（LOEB,C.L）XXXVII（P. 322-325）、邦訳、トゥーキュディデース『戦史』（久保正彰訳、岩波文庫）（上）、P.226 以下、参照。

（3）ブルクハルトの研究（Burckhardt, Jacob, *Griechische Kulturgeschichte*、邦訳、『ギリシア文化史』新井靖一訳、筑摩書房）を基礎にして、マックス・ウェーバーは前掲書において、Hoplitendemokratie（重装歩兵民主制）という言葉を用いている。ポリス市民の市民たる所以は、自弁で武装して兵役義務を実際に果たすことにあった。分割地所有（オイコス経営）や自由な政治的発言権

（参政権）も、この義務履行を前提にしていて、その逆ではない。
（4）本書、第一部、第一章、4、第六章、2、参照。
（5）Vgl. Hegel, *Phänomenologie des Geistes*（Werke 3）, S. 145 ff., S. 362 ff.
（6）本書、第一部、第六章、2、参照。
（7）Hobbes, Thomas. *Leviathan*, Edit by M. Oakeshott, XIV, P. 84, “By LIBERTY, is understood, according to the proper signification of the word, the absence of external impedents”.
（8）仲手川良雄編『ヨーロッパ的自由の歴史』（南窓社）、P.12以下、参照。
（9）Rousseau, J.J., *du contrat social*, 1762, L. I, C. VIII, 邦訳、ルソー『社会契約論』（桑原武夫、前川貞次郎訳、岩波文庫）、P.36-37 参照。

第五章

（1）本書、第四部、第二章、2以下；藤沢令夫『世界観と哲学の基本問題』第Ⅲ章、第Ⅳ章、参照。
（2）Vgl. Weber, M., *Religionssoziologie I*, op. cit., Horkheimer, M. und Adorno, T.W., *Dialektik der Aufklärung*, op.cit., Habarmas, J., *Theorie des kommunikativen Handelns*, op.cit.
（3）本書、第四部、第二章、4以下、参照。
（4）Vgl., Maurer, R., op. cit., Einleitung II, III 邦訳、マオラー、前掲書、序論、Ⅱ、Ⅲ参照。
（5）本書、第一部、第四部、第二章、5、6参照。
（6）Cf. Plato, *Republic*, op.cit., 473de; Platonis Opera V, *Epistulae*, 362ab, P.526, 邦訳、『プラトン書簡集』（山本光雄訳、角川文庫）、P. 37.

第六章

（7）本書、注、第四部、第一章、48、参照。

（1）Vgl. Maurer, op. cit., S. 126 ff., S. 133 ff 邦訳、前掲書、P. 135以下、P. 142以下、参照。
（2）本書、注、第四部、第一章、48；Vgl. Maurer, op. cit., S. 262 ff., 邦訳、前掲書、P. 264以下、参照。
（3）本書、第四部、第二章、6、参照。
（4）事実認識と価値判断の関係について、藤沢令夫は次のように述べている。「科学技術がそれ自身の動因によってつくり出した結果を、『倫理』がその都度後からチェックするというあり方は、価値判断を下す人はまず『事実』そのものを認識した上で、しかるのちそれについて、価値判断を下し態度決定を行なうのだという見方と、正確に対応している。今日まで長らく支配的であったこの根づよい常識的な見方は、しかし、基本的な誤解の上に成立している。実際にはわれわれの知覚と経験は、ある事実を必ず、何らかの意味と価値（反価値や無価値を含めて）を帯びたものとして知覚し経験するのであって、いかなる価値的な相貌をも示さない純粋無垢の『事実』なるものは存在しない。『事実』を知るということは、たとえどれほど潜在的で希薄なかたちにおいてにせよ、最基底においてはそのまま同時に価値判断なのであり、あるいは、それに対していかに対応・対処・行動すべきかを知ることそのことにほかならないのである。」（『世界観と哲学の基本問題』、P. 225-226）
（5）Vgl. Spaemann, Robert, Die Philosophenkonige,（Plato, *Republic*, Buch V 473 -VI 504a）, in: *Platon Politeia*, op.cit. S.161 ff.
（6）政治的判断力の陶冶に関しては、統治者の陶冶と被治者のそれとは、一端は切り離して考えざるをえない。しかしながら他方で、両者のそれはいつも同時に関係づけられるべきものとして考えられるべきである。そうでなければ、『国家』篇の叙述が示しているように、両者はともに、早晩堕落することになるであろう。
（7）本書、第五部、第二章、5以下、参照。Maurer, op. cit., S. 240 ff. 邦訳、前掲書、P. 242以下、参照。
（8）Vgl. Jeager, W., *Paideia Die Formung des griechischen Menschen*, 3 Bde. Berlin, 1934（1957）; Maurer, R., op. cit. S. 269 ff., 邦訳、前掲書、P. 271以下、参照。
（9）『ヨハネ福音書』、Geothe, *Faust I*.

第七章

（1）Cf. Plato, *Republic*, op.cit., 576b-588a.
（2）「正義」と「自由」は、フォスターがプラトンの政治哲学とヘーゲルのそれとの、古典古代国家 Polis と西欧近代国家 State との、差異性と関係性を論じるに際してのキーワードである。ヘーゲルによれば、プラトンの国家モデルには、主体性（自由）の契機が欠けている。だが、フォスターによれば、プラトンにおける「自由」概念は未分化であるが、しかし、プラトンのポリス・モデルにおいても、事実上、欲求の自由（経済的自由）と自己限定の自由（倫理的・政治的自由）が示されている。前者の欲求の自由は、Polis における Nomos を State における Law（Gesetz、つまり法則と法律、これらの本質は command と positivity にあり、それゆえに、これらは objectivity と generality を持ちうる）に転成させる当のことがらである。この法則や法律に関する知、つまり科学や形式法は、西欧近代に固有の（いわば自由主義的）自由の前提である。しかし、この自由にも限界があることを、ヘーゲルのそれと同じく、プラトンの政治哲学は示しているのではあるまいか。Cf. Foster, op.cit.

小括

（1）本書、第二部、第一章、参照。

あとがき

プラトンは謎である。わたしにとっては、その人物も、そのテクストも。おそらく真贋のテクストが混在する三十数篇の大小の対話篇と十数篇の書簡が、われわれに与えられているすべてである。マックス・ウェーバーが述べているように、古代イスラエルや古代インドにはこれ以上のものがあるのかもしれないが、とにかくこれだけの内容をもつ古代ギリシア人のテクストが二千数百年の歳月を隔てわれわれに遺されていることは、やはり大きな驚きである。テクストが残されたことには偶然ないし僥倖もあったであろう。しかし、そこには少数とはいえ、それを遺そうという人々の強い意思があったに違いない。

なぜプラトンを読もうとわたしが思ったのか。いまでは自分でも判然としない。若年のころ、いくつかの初期対話篇を読んだはずである。しかし、そのころはギリシア語を本格的に習い覚えて原典を読もうなどという気にはならなかった。そう思うようになったのは中年になってからである。自分のなそうとしていることに展望が定まらず、とにかく原点に立ち戻ろうということであったに違いない。以来、少しずつテクストを読み、何かがそこにはありそうだとは感じてはいても、理解は一向に深まらず現在に至っている。

とまれ、いつかは自分なりの理解に表現を与えたい、とは思ってきた。しかし、浅学非才と生来の怠惰とでも言うしかないのであるが、これまで思うところを果たせないできた。いつまでたっても、まともな仕事はできそうもなかったし、たまたま、今年度の出版助成が得られるということであったので、今回は目をつぶって見切り発車することにした。

出版を決めてから、これまでの覚書に基づき統一的な構想のもとで新たに稿を起こそうと考えていた。ところが、ことはまったく思い通りには進まなかった。内憂外患、秋から校了間際まで、雑用においまわされ、愚にもつかないトラブルにも煩わされ、机の前の席を暖める暇もない、というありさまであった。こういう次第で、内容に関してはまったく意に満たないものであるが、いずれにしても能力からすれば、これが精一杯というところであろう。本書を文字通り、序説とした所以である。とはいえ、嘆き悲しんでみたところで、何もはじまるまい。Trotzdem aber, Klagen taugt nichts.

そこで、ここでは本書をまとめるに際して、念頭にあったことがらのポイントのいくつかを、紙幅の許すかぎりでごく簡単に示しておきたい。

哲学と政治、あるいは政治哲学と言っても同じことになるであろうが、これを主題としようとするとき、学生時代からいつもわたしの念頭にあることがらは、マックス・ウェーバーが生涯最後の講演において最後に語っている次のような件《くだり》である。

全能であると同時に慈悲深いと考えられる力が、どうしてこのような不当な苦難、罰せられざる不正、救いようのない愚鈍に満ちた非合理なこの世を創り得たのか。この疑問こそは神義論の最も古い問題である。この力には全能と慈悲のどちらかが欠けているか、それとも人生を支配するのはこれとは全然別の平衡の原理と応報の原理——そのあるものは形而上学的に解釈でき、あるものは永遠に解釈できない——なのか。この問題、つまり、この世の非合理性の経験が、すべての宗教発展の原動力であった。インドの「業」の教説・ペルシアの二元論・原罪説・予定説・隠れたる神も、すべてこの経験から出てきた。この世がデーモンによって支配されていること。そして、政治にタッチする人間、すなわち手段としての権力と暴力性とに関係をもった者は悪魔の力と契約を結ぶものであること。さらに善からは善のみが、悪からは悪のみが生まれるというのは、人間の行為にとって決して真実ではなく、しばしばその逆が真実であること。これらのことは古代のキリスト教徒でも非常によく知っていた。これが見抜けないような人間は、政治のイロハもわきまえない未熟児である。

（脇圭平訳）

述べられているように、これはいわゆる「神義論」Theodicee の問題である。「神義論」という言葉は十七世紀にライプニッツがギリシア語の神 theos と正義 dikē から造語したのだそうであるが、名前はともかく、この久しく古代ユダヤ教・キリスト教的なパラダイムで取り組まれてきた基本的に同じ（と思われる）問題に、古代ギリシアのプラトン哲学はどのように向き合っているのか。これがさしあたりわたしが関心を向けたことがらである。哲学も思想も科学も、所詮「時代の子」Sohn der Zeit である。プラトンが生きた時代、プラトンを読もうとしているわれわれが生きている時代、この両方の時代のコンテクストを見極めようとしないかぎり、プラトンの哲学や思想を語ることは意味をなさない。

さりながら、二千数百年以前の古代ユダヤ教やプラトン哲学が成立した時代、百年ほど以前にウェーバーが生きた時代、そして現在。いずれの時代であれ、われわれが基本的に向き合っている本質的問題は、やはり基本的には同じではあるまいか。どう逆立ちしてもわれわれには永遠に解決しえない問題、要するに「語りえないこと」、これに対しては沈黙することこそ正解であろう。しかしながら、この問題から出発しないかぎり、政治哲学などというものはそもそもありえないのではあるまいか。あったとしても、それは Geschmacksache か、あるいはそうでなければ、ことがらに即して、つまり sachlich に、処理すべき各人の Sache 以外ではありえないであろう。

周知のように、西欧近代思想の出発点にルネサンスと宗教改革があり、西欧近代哲学の成立の前提にはヘブライズムとヘレニズムがあったが、しかもそこには、いずれとも異なるパラダイムが成立している。この数世紀、いなこの百年の間に、社会構造の転換に伴う思惟パラダイムのそれによって、人間が生きる世界の相貌は激変してしまった。人間は内外の自然環境において深刻な危機に直面している。その端緒は数世紀前の近代の初めに、あるいは数千年前の文明の発端にあった、ともいえるかもしれない。プラトン哲学はこうした人類にとっての危機の元凶であったかのように語られることがある。要するに、技術的自然支配と反民主制の発端はプラトンにあり、というわけである。しかし、こうしたプラトン解釈は妥当なものであろうか。おそらくは見当違いである。それどころかむしろ、プラトン哲学の中には、現在の人間が向き合っている危機にまともに取り組もうとする人々に示唆を与えるものを見出しうる。これがわたしの見解である。

とまれ、こうした論争は半世紀前にもなされたことである。水掛け論のような論争を表面的に蒸し返そうとは思わない。杜撰なテクストの読み方はまったく他人事ではないのだが、大抵の政治学や法学の研究者は、たとえば古典古代の正義などを論じるに際して、アリストテレスのプラトン解釈（あるいは批判）を前提にして、プラトン理解に関して紋切り型の解釈で能事足れりとしてしまっているように思われる。もちろん、プラトンとアリストテレスの両哲学の複雑な関係など簡単に論じるわけにはいかない。しかし、両者には共通するところがあるにしても、プラトンについて否定的な解釈をする人たちとは異なる意味で、むしろ両者の差異の方が問題であるように思われる。とにもかくにも、イデア論のアポリア、哲人王論の非現実性あるいは危険性、人の支配から法の支配への転回、ユートピア的社会工学者――こうしたプラトン解釈では、プラトンのテクストが示唆しているものを読み取ったことにはならないのではあるまいか。

総じて、プラトンのテクストは、中期のものも含めて、教説提示的なものではなく、いずれもエレンコス的かつ探究的に、つまり批判的に、読まれるべきものではあるまいか。理論と実践、実践と製作、哲学と政治、倫理と政治、これらの区別と結合は、むろんプラトンの中に見られる。しかし、これらは、あれかこれか、といった形ではプラトンにおいては考えられていない。ロゴスとミュートス、類比や暗喩、これらを駆使して、プラトンはこれらそれぞれの限界をわきまえながら、ロゴスでは「語りえないもの」までも示唆しようとしているように思われる。

いずれにしても、藤沢令夫氏が示しているように、前ソクラテス的自然哲学、デモクリトスの原子論的唯物論、プラトンとアリストテレスの哲学あるいは形而上学――これらそれぞれのスタンスの差異や繋がりを、さらには古代ギリシア、古代イスラエル、西欧近代のそれぞれの思惟パラダイムの差異性と共通性とを見極めておかなければ、プラトンの実像は明らかにならないのではないか。プラトンに「書かれざる教説」などというものがあったのかどうかはともあれ、見当違いの理解や解釈を回避するためには、われわれにはテクストとの往還運動しかないように思われる。

人間は、結局のところ、利害と恐怖によって動かされるものだそうだ。だが、もしそうならば、政治とは、煎じ詰めれば、利害と恐怖からの妥協、取引、そして効率的な行政的事務処理の技術の問題に、要するに、第一次的自然への適応、つまり生存の問題に、還元されることになろう。だがおそらく、人間を規定しているのはそれらのみではない。ウェーバーは、人間の行為はおおかた利害によって制約されているが、歴史の転換期には理念が決定的な役割を演じるのだ、との趣旨のことを述べている。しかし、価値、規範、意味が人間を規定しているのは、歴史的限界状況のような場合だけではない。いかなる場合も、「神々の多神教」の時代であれ、「神の死」以後の時代であれ、人間が人間である以上、いつもすでに日常生活においてもまた、それらが何らかの形で人間を制約しているはずである。利害と恐怖でしか動かない人間も、没価値的客観化科学などを標榜する人間もまた、まさにその没価値的生を意識的・無意識的に価値として選んでいるのである。そのかぎりでは、やはり生きることの意味とアイデンティティ形成が問題にならざるをえない。

社会システム論的観点からすれば、政治は経済と文化、システム統合と社会統合の結合環 Bindeglied である。ちょうど、プラトンにおける魂の構成機能としての気概的部分が欲望的部分と理知的部分の結合環であるように。M・B・フォスターによれば、古代ギリシア語には、西欧近代の「意志」にそのまま該当する言葉がないそうである。政治哲学の本質的問題を考える上で、おそらく理性と欲望、ロゴスとパトスを媒介するこの「意思」が注目されよう。プラトンはそれを示唆しているように思われる。

フォスターは、古典古代哲学における、「意思」のカテゴリーの欠如を、絶対的な超越的創造神を想定するユダヤ・キリスト教的自然観といわば宇宙論的ないし有機体論的なギリシア的自然観との、そしてLawあるいはGesetzとNomosとの、本質的差異と関連づけている。前者においては、法規範を定立するのは、絶対的超越神であり、かつ被造物である人間である。だが、そこでは神と人間、人間と自余の自然、これらの間には絶対的な断絶がある。しかし、後者においては、プラトンの時代にはすでにPhysisとNomosは分離するが、にもかかわらず、そこには、よかれあしかれ、絶対的な断絶はありえない。ここでは法規範を定立する人間が、いきなり前提されるのではなく、いつもすでに歴史的・社会的な関係の中で形成されるものとして捉えられている。

同じようなことは、「支配」という概念についても言える。前者においては、神と人間、人間と自然、人間と人間、これらの関係は、結局のところ、主人と奴隷の関係に帰着してしまう。しかし、後者においては、原理的に必ずそうなるわけではない。奴隷は「話をする道具」だといっても、それはあくまでも比喩であって、原理的には人々の間に、それどころか生きとし生けるものの間に、絶対的断絶はない。とすれば、そこでは支配archeinは、他者支配にせよ自己支配にせよ、かならずしも人格Personと物件Sacheとの関係に、つまり奴隷支配の関係に、ならざるをえないわけではなく、むしろそれぞれに固有の徳（潜在的な機能）を実現するための活動になりうる。そこではまた、教えるものと教えられるものとの関係も、そとから既成の知識を注入するなどということではなく、それぞれの潜在能力を顕在化させるような関係になりうるはずである。

理性的に自律した人間たちが構成する社会、国家、世界政府などといっても、人間の生きることの意味とそれに基づくアイデンティティ形成に係わる縦横の人間関係のあり方そのものが本質的に転換されないかぎり、人間の魂と人間が生きる世界（自然）の荒廃は深まるのみであろう。プラトンのテクストは、現代世界における自由、平等、友愛、民主制などの理念と現実の深刻な乖離に関して、そして人間の内外の自然破壊に関して、ラディカルな批判を促しているように思える。

なにはともあれ、今後も、藤沢令夫、加藤信朗といった碩学の方々の著作に学びながら、少しでもプラトン理解を深めたいと念じている。今回も出版を快く引き受けてくださった風行社の犬塚満さんには、ご多忙のところ、おしゃべりに付き合っていただいたり、校正作業などを助けていただいた。また、伊勢戸まゆみさんには、面倒な組版作業などを引き受けていただいた。短い時間で、充分に整えられていない原稿をとにかくまとめていただいたことに対して、お二人に深く感謝の念を申し上げたい。尚、大東文化大学国際比較政治研究所から出版助成をいただいた。

二〇〇八年　早春の気配を感じながら　小田原にて

永井健晴

◎初出一覧

第一部　「政治と哲学　あるいはプラトン『国家』篇における正義と魂不滅」
　　大東法学第三巻第二号〔予備的考察（Ⅰ）〕、一九九四年
　　大東法学第四巻第一号〔同（Ⅱ）〕、一九九四年
　　大東法学第五巻第二号〔同（Ⅲ）〕、一九九六年
第二部　「正義と支配――プラトン『国家』篇 327a-367e」大東法学第一〇巻特別号、二〇〇一年
第三部　「ナショナル・アイデンティティの現在」『民族と国家の国際比較研究』（田中浩他編、未來社、一九九七年）
　所収
第四部　書き下ろし
第五部　R・マオラー『プラトンの政治哲学』訳者解説（風行社、二〇〇五年）

[人名索引]

あ

アデイマントス〔Adeimantos〕 42, 46, 47, 49, 51-53, 59, 118, 125, 180, 182
アドルノ〔Adorno, T.W.〕 9, 31, 191, 199, 296, 308, 315, 333, 335, 353
アナクサゴラス〔Anaxagorâs〕 29
アナクシマンドロス〔Anaximandros〕 22, 29, 38
アーペル〔Apel, K. O,〕 322
アリストテレス〔Aristotelês〕 29, 30, 39, 104, 244, 249, 251, 252, 264, 265, 268, 269, 282-285, 289, 302, 312, 313, 315, 322, 335, 342, 345, 346, 348-350, 352
アリストファネス〔Aristophanês〕 159, 330, 341
アーレント〔Arendt, H.〕 77, 193, 249-251, 269, 300, 320, 333, 346, 349
飯沼二郎 309
イェーガー〔Jaeger, W.〕 302, 354
出隆 315, 346
伊藤貞夫 311-313, 318
岩田靖夫 326-328, 341, 342
ヴィットフォーゲル〔Wittvogel, K.〕 248, 346
ヴィローリ〔Viroli, M.〕 338
ウェーバー〔Weber, M.〕 9, 14, 190, 201, 221, 239-241, 261, 275, 287, 288, 296, 309, 310, 312, 313, 318, 327, 333, 336, 337, 342, 344, 346, 349, 351, 352
ヴェルナン〔Vernant, J.P.〕 312
エーダー〔Eder, K.〕 310
エフィアルテス〔Ephialtês〕 25
エンペドクレス〔Empedoklês〕 29
オイディプース〔Oidipous〕 163, 164, 330
太田秀通 312
大塚久雄 309, 327

か

加来彰俊 341-343, 345
カッシーラー〔Cassirer, E.〕 329, 344
加藤信朗 331, 341
茅野良男 334, 335
柄谷行人 202, 242, 335, 336, 340, 344
カリクレス〔Kalliklês〕 45, 51, 52, 162, 175, 184
川島重成 330
カント〔Kant, I.〕 30, 155, 160, 209, 210, 221, 225, 255, 271, 272, 287, 329, 331, 336, 339, 340, 342, 348
北嶋美雪 308
北村透谷 315
衣笠茂 314
クセノファネス〔Xenophanês〕 29
クセノフォン〔Xenophôn〕 159, 330
久保正彰 313, 352
グラウコン〔Glaukôn〕 42, 46-49, 51-53, 55, 57, 59, 117, 118, 180-182, 265, 271
クリトン〔Kliton〕 217, 219, 220, 228, 232, 330, 341
クレイステネス〔Kleistenês〕 24, 290
呉茂一 308, 341
ゲーテ〔Goethe, W.〕 354
ケファロス〔Kephalos〕 42-44, 51, 170
ケルゼン〔Kelsen, H.〕 300
ゲーレン〔Gehlen, A.〕 330, 334

ゴルギアス〔Gorgias〕 330, 332, 333, 342
ゴルドマン〔Goldmann, L.〕 335
コールバーク〔Kohlberg, L.〕 335

さ

斎藤忍随　326, 329
雀部幸隆　352
篠崎三男　313
シュペーマン〔Spaemann, R.〕 354
シュミット〔Schmitt, C.〕 210, 221, 339, 341
シュンペーター〔Schumpeter, J.〕 337
シラー〔Schiller, F.〕 7, 308
白川静　344
ストーン〔Stone, I. F.〕 330, 332, 341
スピノザ〔Spinoza, B.〕 274
スミス〔Smith, N.D.〕 330, 341
ゼノン〔Zênôn〕 38
ソフォクレス〔Sophoklês〕 163, 216, 330, 341
ソロン〔Solôn〕 24, 290

た

高田三郎　345
竹内芳郎　311, 312, 336
タレス〔Thalês〕 29, 31, 38, 39, 251
ダントレーヴ〔d'Entrèves, A.P.〕 344
ディドロ〔Diderot, D.〕 37, 199, 335
デカルト〔Decartes, R.〕 30, 155, 252
トイニッセン〔Theunissen, M〕 334
トゥキュディデス〔Thoukydidês〕 26, 290, 313, 352
ドゥブレ〔Debray, R.〕 338
トゥラシュマコス〔Thrasymachos〕 42-47, 51, 52, 59, 106, 162, 169-172, 174-177, 180, 182, 187, 350
ドストエフスキイ〔Dostojewski〕 37, 50, 183, 333
トーピッチ〔Topitsch, E.〕 300
トマス〔Thomas, A.〕 197, 348

な

仲手川良雄　312, 353
ニーチェ〔Nietzsche, F.〕 45, 51, 105, 184, 333

は

ハイデガー〔Heidegger, M.〕 269, 300
バーガー〔Berger, P.〕 334, 335
パスカル〔Pascal〕 198, 334
バーネット〔Burnet〕 314, 316, 319, 322, 341
ハーバーマス〔Habermas, J.〕 77, 193, 213, 250, 251, 296, 308, 309, 314, 320, 322, 332-337, 340, 344, 346, 349, 353
パルメニデス〔Parmenidês〕 29, 38
ビアン〔Bien, G.〕 300
ピュタゴラス〔Pythagoras〕 29, 38, 84, 108, 251
フェーゲリン〔Voegelin, E.〕 318
フォイエルバハ〔Feuerbach, L.〕 199, 335
フォスター〔Foster, M.B.〕 271-273, 276, 277, 337, 346, 349, 351, 354, 355
藤沢令夫　314-319, 325, 326, 328, 344-346, 348, 351, 353
ブリックハウス〔Brickhouse, T.C.〕 330, 341
ブルクハルト〔Burkhardt, J.〕 352
プロタゴラス〔Prôtagorâs〕 164-166, 285, 331, 348
ヘーゲル〔Hegel, F.W.〕 7, 30, 35, 37, 54, 58, 67, 105, 145, 156, 187-189, 192, 203, 221, 226, 243, 255, 287, 293, 295, 306-308, 314, 315, 318, 319, 321, 323, 327, 329, 330, 332, 333, 335-337, 340, 341, 347,

349, 351, 353, 354
ベーコン〔Bacon, F.〕 30, 197
ヘシオドス〔Hêsiodos〕 10, 108
ヘッフェ,〔Höffe, O.〕 254, 257, 345-347, 349
ヘラクレイトス〔Hêrakleitos〕 29
ペリクレス〔Periklês〕 25-27, 33, 36, 177, 290, 291, 292
ヘルダーリン〔Hölderlin〕 7, 308
ホイジンガ〔Huizinga, J.〕 314
ホッブズ〔Hobbes, T.〕 233, 242, 255, 283, 287, 293-295, 302, 332, 343, 353
ポパー〔Popper, K.〕 68, 269, 299, 300, 314, 349
ホメロス〔Homêros〕 129, 191
ホルクハイマー〔Horkheimer, M.〕 8, 9, 31, 191, 199, 296, 308, 314, 315, 333-335, 353
ポレマルコス〔Polemarxos〕 42, 44, 51, 170
ホワイトヘッド〔Whitehead, A.N.〕 30

ま

マイネッケ〔Meinecke, F.〕 344
前沢伸行　311
マオラー〔Maurer, R.〕 297, 302, 345, 348, 352-354
真木悠介　309, 310, 312
松尾太郎　346
松本正夫　314, 315
マルクス〔Marx, K.〕 7, 8, 14, 16, 19, 20, 76, 105, 156, 189, 199, 249, 251, 287, 308-310, 319, 335
丸山真男　348
三木清　334
水野有庸　351
水林章　338
村川堅太郎　312
村田数之助　314
モンテスキュー〔Montesquieu〕 210

や

ヤスパース〔Jaspers, K.〕 13, 200, 309, 336
山川偉也　314, 315
山本光雄　312, 314, 321, 332, 334, 341, 353
弓削達　309, 311-313, 346
吉田敦彦　330

ら

リッター〔Ritter, J.〕 300
ルカーチ〔Lukács, G.〕 333
ルソー〔Rousseau, J.J.〕 8, 199, 210, 295, 306, 309, 335, 336, 339, 340, 353
レーヴィット〔Löwith, K.〕 334
ロータッカー〔Rothacker, E.〕 308, 334

わ

和辻哲郎　12

[主要概念対照表と若干の重要な用語の簡単な解説]

1　取上げた用語は限られている。取捨の基準は特にない。
2　古代ギリシア語と現代語の用語が混在する。ギリシア語はここでもラテン文字で記した。
3　簡単な解説は本文の内容との関連で著者の解釈を示している。
4　（　　）内の人名は、特にその人の用語であることを示している。関連語は→で、反対語は⇔で示した。

【ア】

アイデンティティ identity, Identität → 自己同一性

アイドース（廉恥、畏敬、慎み）aidôs

人間が自分を超えたもの、自分より優れたものに対して抱く畏怖、慎み、羞恥、憚り。傲慢とは反対の萌芽的自意識。プラトンが呈示する「プロタゴラスの神話」では、aidôs は dikê とともに、人間が共同生活をするポリスの形成に際して、不可欠のものとされている。プラトンの政治哲学においては、aidôs と dikê は、aretê としての sôphrosynê を介して通低している。

アウタルケイア（自足）autarkeia

アウトノミア（自律）autonomiâ ；自律 Autonomie（カント）⇔ 他律 Heteronomie → sôtêriâ

悪 kakiâ, ponêriâ ⇔ 善 agatha

アゴーン（競技）agôn, agônisma

さまざまな競技において、排他的に相手と凌ぎ合うというよりも、競うことで互いに自分の技量を高め合うことを、すなわち、それによって aretê（卓越性、器量）の実現と technê（技量）の熟達とを促進しうることを、意味しうる。

アテーナイ、アテーナイ人 Athênai, Athênaioi

アナルキアー（無統制、無秩序）anarchiâ → stasis

阿諛（諂い）thôpheriâ → kolakeiâ

アルケー（始原、根拠、統治、支配、権力）archê

ものごとの始原（起動因）の意味から、根拠、統治、支配、権力の意味が派生する。kubernân（操船、統治）と douloun（奴隷支配）とは概念的に明確に区別しなければならないが、archein はきわめて広い語義を持っている。プラトン哲学では、政治的統治（支配）と人格的自己統治（支配）との関係において、つまり統治のみならず、教育において archein が決定的に問題になる。

アルコーン（統治者、支配者、政務審議官）archôn

暗喩、比喩 メタフォラー metaphorâ

あることがらを指示する言葉を他の具体的なことがらを指示する言葉に置き換えること。

家（オイコス、オイキアー）、家族、家政 oîkos; oikiâ

古代ギリシアでは oîkos は polis の構成メンバーである家父長 oikodespotês が妻子と奴隷を支配し、二重の意味で生産がおこなわれるトポスであった。家族は人間の自己再生産にとって本質的な共同体であるが、プラトンは第三ポリス・モデルの phylakes 層の共有制において家族を否定している。この paradoxâ によって、人間における私欲の排他性の根深さが逆に示されている。

意思 Wille, will

理知・気概・欲望、あるいは知・情・意といった人間における魂の機能の三分法をとれば、意思はギリシア語の thymoeides に当たるであろうが、プラトンの議論に従えば、これは理知と欲望、知と情の結合環 Bindeglied の役割を演じる。近代語の「意志」に直接該当する古代ギリシア語はない。

イセーゴリアー（平等の発言権）isêgoriâ

一、多 hen; pollari

イデア、善のイデア idea → eîdos

見られた姿形、視覚像、現象するものの規定根拠。善のイデアは、現象するもの（認識と行為の主客のすべて）とこれを可能にするものとの両方のメタ根拠。イデア論は、俗流プラトン解釈においては俗流二世界論の元凶とされてしまう。プラトンにおける善のイデアは、現象や活動から絶対的に隔絶した実体というよりも、活動においていつもすでに機能しているいわば das regulative Prinzip である。

イデオロギー Ideologie → doxâ; eikasiâ; eidôla; phantasma

十九世紀になってから使われたイデオロギーという語は、単なる思想・信条を示すのではなく、もともとは現実と理念（観念）との乖離・齟齬を示す。例えば、自由や平等が形式的に標榜されていても、現実の社会構造のあり方からして実質的には不自由や不平等でしかないことを批判する際に用いられる。(マルクスの「経済学批判」、マンハイムの「知識社会学」などにおいて)。プラトンにおいては、doxâ が、「そうであると思われていること」、つまり臆断 Meinung、仮象 Schein という意味で、これに近い形で用いられている。

意味 Sinn; Bedeutung; significance

意味の成立は感覚知覚と言語との相互限定に、そして人間が生きる意味は個体性と共同性との、personal identity と collective identity との、相互限定に係わっている。プラトンは、人間の生の意味の実現、つまり徳の実現を、「善く生きる」eû zên と平明に表現している。

イロニー eirôneiâ; tragic irony; Socratic irony

ウーシア（実在、本質、現実）ousiâ → on

ギリシア語の ousiâ は eînai（存在する）から派生している。これはラテン語の essentia、ドイツ語の Wesen のつくり方と同じである。たしかに、何かがある、ということには何かである、が含意されていよう。しかし、そこにはさらに、機能や活動も含意されているように思われる。それゆえに ousiâ からは所有や現実の意味が派生するわけである。因みに、アリストテレスの用語の energeia に ergon が含意されているのと同じく、ヘーゲルの用語としての Wirklichkeit は wirken の意味を残している。また Eigentum は、Wirken, Arbeiten を前提にして成立する。

運動 kinêsis → genesis; phthorâ; apolysis

運命、幸運、僥倖, moîra; tychê; fortuna; Schicksal

moîra は全体の中ですでに定められている配置（部分）を意味している。tychê は Glück や luck と同じく、二つのことがらがタイミングよく符合することを意味する。felix, forutuna, Schichsal などは運ばれてくる所与の条件を意味している。

エイカシアー（影像知覚）eikasiâ; eidola; phantasma

エートス（品位）êthos; dignity; Würde → charaktêr

習慣・習俗から派生した語。身についた善き charaktêr、品位を示す。

エパゴーゲー（概念帰納法）epagôgê

エリート elite; aristos

elite は選び抜かれたもの、つまり選良の意味であるが、問題は何においてよりすぐれているかである。aristos はもっともすぐれた人、広義の aretê において最善の人の意味である。プラトンの第三ポリスモデルにおいては守護者と哲人王が区別されるが、現代国家における技術官僚と政治家との区別を強調したのは、マックス・ウェーバーである。

エルゴン、活動、仕事 ergon, ergazesthai → Tätigkeit, Handeln, Arbeiten

ergon は、Arbeiten, Herstellen, Handeln を包括する活動 Tätigkeit 一般を示す。logôi kai ergôi（言論においても行為においても）という言い回しにおけるように logos と対比して用いられる。

エレンコス（論駁、否定反駁）elegchos

エロース erôs

王、王制 basileus, basileiâ

黄金律 die goldene Regel

応報 Vergeltung

臆見（臆断、思惑、評判）、ドクサー doxâ ；（一般的）意見 endoxâ

ドイツ語の Schein が scheinen の名詞形であるように、doxâ は、dokein（思える、見える）の名詞形。客観的妥当性を欠く思い込み、私見 Meinung、評判の意味。であることに対してであると思えること。

オルフェウス Orpheus

【カ】

懐疑、懐疑主義 skêpsis, Skepsis; Skeptizismus

階級社会、階級支配 Klassengesellschaften, Klassenherrschaft

解釈 hermêneuein, Hermeneutik, Bedeutung

解放 Emazipation

快楽 hêdonê ⇔ lupê

可視界（現象界）horâton

価値 axiâ

可知界（叡智界）noêton

活動 ergon, Tätigkeit; activity → ergon

寡頭制 oligarchiâ

神、神々 theos, theoi

感覚 aisthêsis

関係、相対 pros-ti

気概 thymos, thymoeidês → 勇気、アンドレイアー andreiâ

thymoeides は火のごとく熱きもの、活動力 Tatkraft。プラトンの主著における議論においては、理知 logistikon と欲望 epithymêtikon との両機能を媒介する。陶冶 paideiâ 次第で、positive なものにも negative なものにもなりうる。

危機 krisis ；判断、区別、基準、臨界

krinein（分ける、判別する）から派生する名詞。均衡システムが崩れる臨界を示す。

技術、テクネー technê

古典ギリシア語の technê は、poiêsis（作為、製作、創作）がそうであるように、現代語の Technik, Herstellen よりもはるかに広い意味を持っている。technê は aretê を実現する熟練した技である。この古典語と現代語の語義の差異は、古典古代と西欧近代の自然観の差異に関連している。したがって、プラトンの主著におけるいわゆる支配・統治のテクネー・アナロジーに対するアーレントなどの批判は正鵠を射ていない。

偽善 hypokrisis

帰属性 Zugehörigkeit

貴族制、アリストクラティアー aristokratiâ

aristokratiâ は aretê においてもっともすぐれた者（最善者）たち aristoi が統治する国制 polîteiâ である。したがって、それは文字通りには、プラトンの第三ポリス・モデルがそうであるように、世襲制を含意しない。第三ポリス・モデルは浄化されたポリス、最優秀者統治、最善国家、陶冶貴族制などと言い換えられている。

機能、はたらき dynamis → ergon, ergasia

ergon は logos と対置して用いられることがあるが、Handeln, Herstellen, Arbeiten のすべてを包括する人間の活動 Tätigkeit, activity 一般を含意しうる。dynamis は動的機能一般を示す。

規範 Norm

欺瞞 apatê → 瞞着

救済 apolysis, sôtêriâ; Erlösung

ギュゲスの指輪 daktyrios Gygou

境位、構成要素、エレメント stoicheîon, elementum

ギリシア語の stoikeion、ラテン語の elementum は、自然（宇宙）を構成するいわゆる四大を意味するが、さらに何かがそこでその本領を発揮しうる境域あるいは Lebensumwelt を意味しうる。

教育、陶冶、教養、パイデイアー paideiâ

paideiâ は、paîs（子ども）の複数形 paides に由来するから、語源的には少年期教育を意

味するであろうが、プラトン政治哲学においては、philosophiâ とともに、近代ドイツ語の広義の人格陶冶 Bildung あるいは Selbstherausbildung を含意し、いわばその主著の議論の主柱を成している。Bildung はとりわけ 18 世紀末以降のドイツにおける人格形成・教養の理念であるが、プラトンの主著の教育論においては、模範的な像 Bild, idea; paradeigma の呈示とその模倣 mîmêsthai が問題となる。政治、哲学、教育の関係がプラトン政治哲学の核心にあるものである。

狂気 maniâ

強者（より強い者）kreittôn

強制、必然 、必要 anagkê

矯正 diortôma, correctio

怯懦 deiliâ

兄弟・姉妹 adelphos

共同体、共同性 koinôniâ, Gemeinwesen, Gemeinschaft, commune

一般的には、Gesellschaft に対置される Gemeinschaft を意味する。koinôniâ は、単なる共同性・共通性のみならず、人間存在の定義に係わる共同性・互酬性を含意しうる。共同体は、マルクスにおいては生産手段としての土地の共同所有形式を意味するが、Gesellschaft との対比だけでなく、本源的共同体と私有の萌芽する第二次的共同体との区別が重要である。

恐怖、畏怖 deinon

共有、共産制 koinôniâ; Kommunismus

プラトンの第三ポリス・モデルにおいては、財一般だけでなく妻子の共有が説かれている。但し、これらの私有の禁止は、直接的生産に直接的に係わらない統治者（守護者）層に限定されている。マルクスにおいては生産手段の排他的占有（私的所有）が否定されているのであって、所有（個体的所有）一般が否定されているわけではない。

共和国、共和国主義 res publica; republicanism

質的に無差別な多数が国政に関与する体制が民主制とすれば、カント的な意味で自律した構成メンバーが実質的に国政の参与する体制が共和制ということになろう。カントはさらに、権力の独占や集中を回避するための権力機能の分割制や代議制の有無によって、共和制と民主制を明確に区別している。

虚偽、虚構 pseûdos

プラトンにおいてはこの言葉も自覚的に両義的に用いられているはずであって、このことに無自覚であれば、奇妙なプラトン批判がまかり通ってしまう。

居留外国人 metoikoi

金権制 ploutokratiâ

均衡 symmetriâ → 調和 harmoniâ

harmoniâ や kosmos とともに、ギリシア思想の根幹を成す概念であり、交換、配分、互酬（報酬）、応報、応答、そして正義に係わる。

緊張 Spannung

禁欲 askesis

偶然性、不確定性 tychê; Kontingenz

人間がその理性によって制御しえない脅威として現れる自然の opasity(不透明性、盲目性)、不可避性、所与性などの性格を示す。

籤 klêros, klêrôsis;

経験 empeiriâ

試練や検証に耐えうるといったことを含意する。

敬虔 eusebeia

迎合 kolakeiâ

プラトンが主著で呈示しているところによれば、阿諛 thôpheriâ と同じく、「民主制的人間」類型においてすでに現れる性格であるが、まさしく権威主義的かつ権力主義的な暴君としての「僭主制的人間」類型において極限的に現れる。尊大と迎合は、魂の構成秩序が転倒し、自分が自分に親しくなれない人間の対他関係において現れる。

形而上学 ta meta ta physika; Metaphysik

形相 eîdos, eidôs; forma, Form

ideâ と語源的意味を共有している。主辞・賓辞の論理と並んで、形相・質料論 Phylemorphismus は、プラトンのイデア論を批判するアリストテレス哲学の一つの基本的パラダイムである。

啓蒙 Aufklärung（ホルクハイマー、アドルノ）

理性の光で無知蒙昧の闇を照らす、という語義のいわゆる啓蒙思想は十八世紀に西欧において登場するが、ホルクハイマーとアドルノは、啓蒙（合理的自然支配）を文明の端緒に見出している。かれらのテーゼによれば、「神話はすでに啓蒙である。」、「啓蒙は神話に逆転する。」

契約 synthêkê → 同意、合意

ヘーゲルやマルクスにおける批判的意識からすれば、契約はそれぞれの当事者に拒否権 veto を留保したいわば排他的結合（妥協）である。西欧近代における国家と社会は、よかれあしかれ、所有と契約を基礎とするブルジョア的形式法によって構成されているが、プラトンは主著の中ですでにソフィストたちが呈示していた萌芽的社会契約論を定式化している。

欠陥動物 homo demens, Mangelswesen（ゲーレン）

欠如 sterêsis

権威 auctoritas

原因 aition, aitiâ

限界 peras ⇔ 無際限 apeiron

原子論 atomism

健康 hygieia

現実 ousiâ; energeia; Wirklichkeit

賢慮、思慮、知慮 phronêsis

権力 archê; dynamis, potestas, Macht; Gewalt

archê は始原、起動因を、dynamis あるいは potestas と Macht は能力一般を、Gewalt は強制力を、もともとは意味する。しかし、「権力」は、単なる Gewalt でも Macht でもなく、事実上被治者たちから正統化された統治権能であり、治者と被治者との関係において成立する、（実体概念ではなく）関係・機能概念である。フォイエルバハや初期マルクスにおいて使われた Entfremdung という概念をあえて用いるならば、神・貨幣・権力は、相互に排他的・敵対的関係にある人間たちの自己疎外態である。

行為、活動 prattein, prâxis; Handeln, action → ergon, ergazesthai; Arbeiten → 実践 prattein ；製作 poieîn

ergon は poieîn と prattein の両方を含意する。ヘーゲルや（少なくとも初期の）マルクスの「労働」概念もまた、アーレントのいう Herstellen や Arbeiten に還元しえない。意識と意思を伴う人間の行為 Handlung と動物一般の Behaviour; Verhalten とは区別される。アーレントやハーバーマスなどは人間の活動における Handeln と Arbeiten（und Herstellen）のアスペクトを峻別する。

合意 同意 homologiâ, consensus

交換、交通 allagê, metallagê, Austausch, Verkehr

初期マルクスは Produktion と Verkehr という基本的カテゴリーを用いているが、これらはハーバーマスが用語としている das instrumentelle Handeln（Arbeit）と das kommunikative Handeln（Interaktion）にほぼ対応している。しかし、Verkehr や Austaush は、柄谷行人が言うように、両方を含意しうるより包括的な概念である。

公共性 publicity, Öffentlichkeit

漢字の「公」がそうであるように、公平性と公開性が含意されている。さらに、理念的には言説能力以外の一切の制限から解放された言論空間、公論のトポス、これを基礎にした政治への志向を意味する。「万機公論に決す」とはいっても、その公論の諸主体の能力そのものが問われなければなるまい。

構造的暴力 strukturelle Gewalt（ハーバーマス）

幸福 eudaimoniâ

プラトンの主著『国家』篇全十巻にはさまざまなプロブレマティックが含まれているが、しばしば指摘されるように、その統一的主題は、結局のところ、正義と幸福が一致しうるか否かである、と言えよう。

傲慢、倨傲 hybris

合理化 Rationalisierung; Entzauberung（M・ウェーバー）

国制 ポリーテイアー polîteiâ; res publica; constitution; Verfassung

polîteiâ は公民共同体としての polis の形式、国家体制 constitution; Verfassung、polis の構成メンバー polîtês の市民権などを意味する。それはプラトンの主著のタイトルでもあるが、そこでは類比される polis と psychê の構成秩序を示している。dêmokratiâ 民主制はこの polîteiâ の一形式である。dêmokratiâ ではなく polîteiâ の内実が res publica である。

告発 katêgoriâ

国民性、国民、ナショナリズム nationality, nation, nationalism

互酬性 reciprocity

個人、個体性、私人性 Individuum, Individualität; Privaimensch, idiôtês

idiôtês は Individuum ではなく、むしろ私人 Privatmensch を意味する。privat は排他性・利己性を、idios は特殊性・特異性のみならず、他者との関係性の自意識の欠如をも含意する。Individuum（不可分体）は、自意識と意思を伴う近代的個人を意味しうる。厳密に言えば、これは不可交換性、一回性、実存性を含意し、よかれあしかれ、形相質料論や有機体（種・類）論的な観点からは想定しえない。周知のように、初期マルクスには次の件がある。「死というものは、限定された個人に対する類の苛酷な勝利であって、お互いの統一に矛盾しているようにも見える。けれども、限定された個人とは、限定された類的本質に他ならないのであるから、そのようなものとして、死すべきものである。」

悟性（分析的・形式的理性）dianoia; Verstand; understanding

国家 polis, civitas, state, res publica; nation

polis, civitas, res publica は古典古代的な公民共同体国家を、state は西欧近代的主権国家を含意する。polis や civitas は、その構成メンバーである polîtai や cives の人的団体 Verband そのものを、state は人為的秩序を、あるいは政治権力（主権）と官僚制によって形成された権力機構を、示す。

コミュニケーション、コミュニケーション行為（ハーバーマス）

根拠 archê; hypothesis; Grund

混合国制 die gemischte Verfassung

アリストテレス、キケロ以来、いくつかの国制モデルのメリットを折衷した理念としての国制と、いくつかの国制のアスペクトが混在する現実の国制、この両方の意味がある。

混沌 chaos

【サ】

差異、差異性、種差；類似 diaphorâ; homoia; Differenz → 同・異 tauta; hetera → 一・多 hen; polla

差異性と同一性、特殊性と一般性（普遍性）——厳密にはこれらは同じことがらではない。しかし、同一性と非同一性の同一性、同一性と非同一性の非同一性——これらはプラトンにおいては同じことがらのアスペクトの相違ということになろう。

搾取 Exploitation, Ausbeutung

錯乱、倒錯 Verrücktheit, Verkehrtheit → stasis

プラトンにおいては psychê の構成・機能秩序の転倒を意味する。

産婆術 maeutikê

詩、詩人 poiêsis, poiêtês

思惟 noêsis, dianoia

恣意、逸脱、エクスウーシアー exousiâ → 放縦、放埓、自由

自己限定 Selbstbestimmung → sôphrosynê, enkrateia → 抑制、制御、抑圧

カントにおいては人格の自律性 Autonomie が自由を意味しうるが、ヘーゲルにおいては、個体と共同体の相互限定におけるそれぞれの自己限定と両者の関係が自由を意味しうる。

自己同一、アイデンティティ identity

collective identity との関係における personal identity の形成と維持が、人間が「生きる意味」（善く生きる）に決定的に係わっている。

事実、事実性、行為結果 factum; Faktizität

システム統合 system integration ⇔ 社会統合

社会システムの統合作用における環境適応と生存維持にかかわるアスペクト

自然、本性、素質、ピュシス physis, natura

語源はともかとして、physis の語義は、natura のそれと同じく、physesthai, nasci（生まれる）という middle voice ないし deponentia の動詞と関係している。西欧の自然観においては、古代ギリシア的自然観とユダヤ・キリスト教的自然観、生命論的・有機体論的自然観と原子論的・機械論的自然観が対立している。この対立の前者においては、神・自然・人間は一元論的に通低しているが、後者においては二元論的に断絶している。自然概念に関して、古代ギリシアにおいてもデモクリトスとプラトンやアリストテレスとの間には決定的な差異が現れるが、プラトンとアリストテレストの間のそれも見逃しえない。いずれにしても、プラトン理解・解釈に際して、この差異を無視すると、知 nous, noêsis, sophiâ、技 technê、徳 aretê、支配、統治 archein などの概念に関しても、転倒した議論が展開されることになる。

自然発生性 Naturwüchsigkeit

実践 prâxis ⇔ 理論 theôriâ

活動一般としての prattein（実践）は、一方で theôrein（理論）と、他方で poieîn（製作）と概念的に対置される。プラトン哲学においては、両者の間に断絶があるわけではないが、とはいえまた、やみくもの同化があるわけでもない。

実定性、実定化、実定法 positivity; Vergesetzlichung; Verrechtlichung

positive（positiv）はラテン語の ponere（置く）の完了分詞 positum から成立する。positivity は、積極的、肯定的なものという文字通り positive な意味と、同時に、すでに置かれた、という完了ないし受動の意味から、背反を許さない没意味化した既成性、自己目的性、形骸性、形式性、疎外性などのむしろ negative なことを含意しうる。初期ヘーゲルは、原始キリスト教精神の Positivität という言い方で、その negative な意味を指示させている。通常、自然法と対置されて実定法という言葉が使われるが、後者の実定性も両義的である。

質料 hylê → 形相

シティズンシップ、公民性、市民権 polîteiâ, civitas; citizenship; Staatsbürgerschaft

所有権と参政権を基礎にする公民権 polîteiâ; civitas を有する構成メンバーが構成する公民性。liberalism において強調される所有権も、republicanism において強調される参政権も、いずれも神与あるいは無前提の所与ではなく、諸個人の活動あるいは労働を前提として構成されるものである。その活動の主体は縦・横の、時間的・空間的な人間関係において形

成される。

自発性 hekousiâ; Spontaneität

支配、統治 archein; beherrschen, Herrschaft → archê

douloun（ギ）、dominari（ラ）、beherrschen（独）といった語はいずれも語源的に暴力（強制力）を介した主人と奴隷の関係を示唆している。archein は、archê（権力、人為）による政治的統括機能を示している。前者を支配（階級支配）とすれば、これとは後者を統治として区別する必要があろう。しかし、歴史的現実において存立した（している）広義の国家においては、いつもすでに両機能が同時に果たされている。archein は、統治においてのみならず、paideiâ において決定的な意義を持っているはずである。

資本、資本制社会 Kapital; die kapitalistische Gesellschaft

市民、公民、国民 politês, polîtai; civis, cives; citoyen; bourgeoi; nation

ポリス市民としての polîtês、ローマ市民としての civis、西欧の中世末以降の商業都市住民としての bourgeoi、そして近代主権国家の臣民 subject、近代立憲主義的法治国家 Rechtsstaat ないし国民国家 nation-state を構成する主体としての nation、これらを歴史的にも概念的にも明確に区別しなければ、「市民」に係わるまともな議論は不可能であろう。

社会化、内面化 socialization; internalization

社会統合 social integration ⇔ システム統合

社会システムの統合作用における、意味、規範、価値、アイデンティティの形成と維持にかかわるアスペクト。

種、類 genos, species, Gattung

私有 ta idia; das private Eigentum ；所有 hexis; ktêsis; Eigentum, property ；個体所有 das individuelle Eigentum ；占有 Besitznahme

所有は原理的には広義の自己労働と他者による承認によって物件の使用・収益・処分の優先権が成立することある。その際、その承認が欠けていれば、それは占有にすぎない。私的所有という語には、排他性、非社会性、あるいは、形式的には正当であっても、実質的には不当でありうる、というニュアンスが含意されている。

自由、エレウテリアー eleutheriâ, libertas, Freiheit; exousiâ, Willkür; libertê naturelle, liberté civile, liberté morale

自由と平等、そして両者の関係、これは政治哲学の永遠の課題であろう。しかし、これらの両義性を見極めようとすることがなければ、それが永遠の課題である、などと言うこと自体がイデオロギーであろう。自由の両義性に関しては、本書の該当箇所を参照。negative freedom と positive freedom という言い方は、バーリン I. Berlin の論文によって普及したのであろうが、恣意・任意・選択意思などとしての自由はすでに古代ギリシアに現れており、自己制御・自律としての自由のほうが、歴史的にも論理的にも原理的にも、proteron（より先なるもの）である。原理的により重要と思われるのは、つとにルソーが呈示している自由の三概念である。もちろん、すでにカントは自由のこの三契機を意識していたであろうが、ヘーゲルは自己限定 Selbstbestimmung としての自由の概念によって、この三契機をいささか強引に統括している。

習慣、習俗、習俗規範 hexis, ethos, mos, Sitte ；習俗規範性（人倫）Sittlichkeit（ヘーゲル）

ヘーゲルにおいては、時間的にも論理的にも、近代ブルジョア社会における実定法（形式的ブルジョア私法・公法）の以前と以後の両方の規範性を意味する。

重装歩兵、重装歩兵民主制 hoplites; Hoplitendemokratie

周辺革命 peripheral revolution

主観的＝道具的理性 die subjective, instrumentelle Vernunft（ホルクハイマー）

受苦、パトス pathos, Leidenschaft

守護者 phylax → 戦士 strateôtai

プラトンが第三ポリス・モデルの中核に据えた戦士・統治者階層。これはスパルタなどに典型的に見られた征服・奴隷制（直接的生産と支配・統治との二つの社会的機能の分離）を前提とした戦士共同体としてポリスを構成する戦士市民を想起させる。プラトンの第三ポリス・モデルの眼目は、第一にこの守護者・統治者の上に統治者の統治者かつ教育者の教育者としての philosophos basileus を設定していること、第二にこの三階層の間に非固定的な互換性を設定していることにある。フォスターはプラトンにおける生産者層における分業と三階層間の社会的機能の分割とのカテゴリーの混同を問題化しているが、プラトンが前提にしている活動・製作・労働・自然などについての諸概念が近代的なそれらとは異なることに鑑みるならば、フォスターの指摘（いわんやアーレントなどのプラトン理解）は、必ずしも正鵠を射ていないのではあるまいか。

主人 despotês, oikodespotês, kreiôn, Herr ⇔ 奴隷 doûlos; Knecht

主体性 Subjektivität（ヘーゲル）

ヘーゲルは、Subjektivität という語を、西欧近代精神のメルクマールであり、古典古代のギリシア精神にはいまだ欠けているものとしてとして、positive な意味で用いている。しかし、subjectivity は主体性でも主観性でもあるだけでなく、語源的にも現実的にも、やはり両義的事態を示す。ヘーゲルは、Substanz（実体・基体）は Subjekt（主体）である、といったテーゼで、この両義性をいわば逆手にとって議論を展開する。

使用 chreiâ

プラトンの主著におけるいわゆる「詩人の追放」論においては、いわばプラトン的プラグマティズムが呈示されている。

浄化 katharsis

承認 Anerkennung; gegenseitige Anerkennung（ヘーゲル）

消滅 phthora, apolysis

職人、職能人、専門家、デミウルゴス dêmiourgos

dêmiourgos はプラトンにおいては、近代的な専門的技術者ではなく、当人の aretê とともに、自分の職分を完遂する（責任を果たし、役割を演じる）職能人である。

試練 basanos

親愛、友愛 philiâ

プラトン政治哲学における重要な概念のひとつである。主著の中では、自他が親しくなり

うるには自分が自分に親しくなければならない、という考えが示されている。

人為、作為、製作、ポイエーシス、ポイエイン poiêsis; art; Kunst; Herstellen ; Machen

poieîn は、たしかに狭義においは製作 Herstellen、創作を意味して、実践、行為 prattein; Handeln と対置されるが、広義においては、facere, faire, machen などと同じく、つくるのみならず、するを意味する。→ 製作、テクネー、ポイエーシス、デミウルゴス

神義論 Theodicee

真実 alêtheia（プラトン、ハイデガー）

alêtheiâ は、隠されていた、あるいは忘れられていた存在 eînai, on の logos が顕現され、ある想起されること。

信条、信念 pistis; Gesinnung → 信従 ⇔ 隷従 douleiâ

プラトンは、単に主観的な思い込みとしての pistis ではなく、êthos や適切な教育に基づく orthê doxâ（正しい臆見）の意義をしばしば強調している。orthê doxâ は phronêsis（賢慮）や common sense（共通感覚、常識）に通ずるであろう。

親族原理、親族関係 affinity; Verwandschaft

身体 sôma ⇔ 魂 psychê

神託 manteiâ

神話、物語、ミュートス mythos

mythos は、神話や物語の意味で、二重に logos と対置される。一方では、理拠や論理を欠く言説（単なる伝承）として negative な意味で。他方では、論理的には説明しえないことがらを narrative によって表現してみせるという positive な意味で。プラトンは、後者の意味で、metaphorâ や analogiâ を駆使して、mythos を自覚的、積極的に呈示している。いずれにしても、「神話はすでに啓蒙なのである。」但し、それは、プラトンにおいては、単なる自然支配のための啓蒙ではなく、いわばその啓蒙の啓蒙、支配の支配のための方法として。

ストア主義 Stoizismus

ストラテーゴス stratêgos

スパルタ、ラケダイモーン Spartê, Lakedaimôn

性格 charactêr; 人格 personality

生活世界 Lenebswelt（フッサール、ハーバーマス）

正義 dikê, dikaion, dikaiosynê

プラトンの主著 polîteiâ のサブタイトルは to dikaion である。dikê や dikaion の語源に関しては定説がない。dikeîn（edikon, aor. 2, inf.; werfen）や deiknynai（zeigen）との語源的関連が説かれることもある。ラテン語の poenas dare と同じく、dikên didonai は、補償する、罰せられる、という意味になる。いずれにしても、dikê は、分配、均衡、応報、交換などの対他関係 pros heteron に係わっている。アリストテレスにおいては、正義に関して、対他関係における nomimon（合法・適法）、ison（平等）、そして ison に関して、幾何学的比例（平等）geômetrikê analogiâ と算術的比例（平等）aristhmetikê analogiâ が説かれ、これらに対応する配分的正義 dikaion dianomêtikon と矯正的正義とが呈示されている。価

値・能力・資格（国家共同体への貢献度）に応じて kat' axian の配分ということは、本質的には、プラトンの ta hautoû prattein（自分のことをする）やキケロ以降の（ius）suum quique; Jedem das Seine などと同じく、トマスにおいては分配的正義 iustitia distributiva として規定される。これに対して前者の平等と正義は交換的正義 iustitia commutative と規定される。いずれの平等と正義においても、結局、誰が如何にしてそれを判別するのか、これが問題となろう。まさにこの問題に関して、プラトンは主著の中で、類比される国家と魂における構成秩序としての正義（諸徳を基礎づける徳あるいは原理としての正義）について議論を展開することになる。さらに『政治家』Politikos 篇では、哲人王 basileus philosophos の政治的判断に関する「測定術」technê metrêtikê について議論が展開される。

製作、創作、ポイエイン poiêsis, poieîn; work; Machen; Herstellen

古代ギリシア語の poieîn はきわめて広い語義を持ち、technê を Technik と同義とすることができないように、Handeln と区別される Herstellen と同義とすることはできない。

生成 genesis → 運動、消滅

生存、自己保存 zên, Überleben ⇔「善く生きる」eû zên; gut leben

贅沢 tryphôn

正統性、正統化 legitimacy; Legitimität; Legitimation（M・ウェーバー、ハーバーマス）

合法性・適法性 Legalität に関しては、その事実問題や事実性しか問題なりえないが、支配や権力の正統性・正統化を問題にする場合、その事実問題 quid facti と権利問題 quid juris のみならず、さらに両者の事実性 Faktizität と真実性 Wahrhaftigkeit との両アスペクトが問題となり、さしあたりそれぞれは的確に区別されなければならない。M・ウェーバーが扱っているのは、よかれあしかれ、正統性信仰の事実性に他ならない。

成年性 Mündigkeit（カント）

征服 Eroberung

世界宗教 Weltreligion（M・ウェーバー）

世界像 Weltbild（ハイデガー）

責任 Verantwortung

節制、節度、克己、ソーフロシュネー sôphrosynê → enkrateia, Selbstbestimmung

pleonexiâ 批判に関するプラトンの議論においては、paideiâ とともに、egkrateia の意味での aidôs と dikê、すなわち sôphrosynê が決定的な意味を持つことになる。

説得 peithô

世話、配慮 epimeleia；魂の世話 hê tês psychês epimeleia

善 agathon

agathon は道徳的、倫理的な意味での善のみを意味しない。それはもっと一般的に、ことがらに固有の本質的な機能・能力が現実に発揮され、実現することである。そのかぎりで、agathon は徳（卓越性、器量）aretê と語義内容において密接な関係がある。プラトンにおいては agathon と dikaion が等置されている。

戦士共同体 koinôniâ symmachê; Kriegerzunft

僭主制 tyrannis
戦争 machê, polemos
全体；部分 holon; meros
選択 hairesis

プラトンの政治哲学においては、恣意的選択ではなく、自他に対する責任という意味での自由かつ必然的な選択が問題になる。

想起 anamnêsis
相互依存 gegenseitige Abhängigkeit
相互性 Gegenseitigkeit → 互酬性
相互補完 wechselseitige Ergänzung
疎外 Entfremdung（ヘーゲル、フォイエルバハ、初期マルクス）
測定術 technê metrêtikê
祖国 patris
ソーテーリアー（救済、救国、解放）sôtêriâ
ソフィスト、ソフィステース sophist, sophistês

初期の対話篇に限らず、総じてプラトンのテクストにおいては、「知識の卸売業者」としてのソフィストと「最大のソフィストとしての大衆」の知のあり方と生き方が批判の対象になっている、と言えよう。

存在、存在論 on; ontology

【タ】

大衆 polloi
対象化（物化、物件化）Vergegenständlichung; Verdinglichung, Versachlichung（マルクス）
対他関係 pros ti
代表 Repräsentation
対話 dialogos
妥協 Kompromiss
魂、プシューケー psychê、魂の構成秩序、魂の転向

プラトンにおいては、psychê は万有を貫く生命原理、あるいは kinêsis（運動・変化・生成）の始動因 archê ないし自己原因 causa sui である。主著においては、国家のそれらと類比される、人間個人の psychê の構成秩序と機能連関が問題となる。三機能のうち自余の二機能を媒介する thymoeides の機能が特に注目されるべきであろう。魂の転回 hê tês psychês periagôgê は、魂の秩序連関・構成秩序の転倒の転倒を意味する。

堕落 diaphthorâ
探求、方法 methodos, historiâ; philosophiâ
知、知性、知識、知恵 epistêmê, nous, noêsis, sophiâ

プラトンにおいては、もちろん感性、悟性、理性の間に、あるいは分析的理性と弁証法的理性との間に、概念的区別が見られるが、nous, noêsis, sophiâ, epistêmê, logos, logistikon

などの諸語はしばしば相互に置き変えられている。

秩序、コスモス、タクシス　kosmos, taxis

kosmos は美的な姿形の宇宙秩序を、taxis は軍隊の統率秩序をもともとは意味している。

中間者 milieu（パスカル）

中傷、敵意、悪意 diabolê; echthorâ

超越論的 transzendental（カント）

調和 harmoniâ

帝国、帝国主義 imperium

ラテン語の imperium の語義は命令が伝達されうる領域といったことであろうが、対内的には皇帝ないし専制君主を擁し、対外的には広域にわたって多様な諸民族を服属させる国家形式といえよう。したがって、国制から見れば、古代の polis, civitas, res publica や近代の nation state と対比される。しかし、国制が形式上共和制や民主制をとっていても、古代の民主制アテーナイや現代のアメリカのように、とりわけ対外的に帝国的性格を帯びることもありうる。帝国主義という言葉は、狭義においては、いうまでもなく 19 世紀以降の資本制経済の一定の発展段階との関連で、植民地主義的対外膨脹に関して用いられた。

適応 Anpassung, adaption

人間は社会という第二次的自然に適応すること（社会化）を通じて第一次的な内外の自然に適応する。すなわち、人間はこの二重の適応（人間と人間、人間と自然との交換過程）によって生活活動を営む、つまり生存とアイデンティティの形成・維持を可能にする。

敵対関係 Antagonismus（カント）

カントはこの Antagonismus, ungesellige Geselligkeit といった言葉を用いているが、対他関係 pros heteron におけるヘーゲルやマルクスのいう Entfremdung, Vergegenständlichung, Verdinglichung といった事態には何らかの必然性があり、よかれあしかれ歴史発展の原動力でもあった。対他関係が完璧に transparent になれば、歴史発展は停止し、逆ユートピアが現出するであろう。

テクネー technê → 技術

哲学、哲学者、哲人王、哲人統治者 philosophiâ; philosophos

philosophiâ は sophiâ を希求 philein することであるが、ソクラテスあるいはプラトンにおいては alêtheia からの隔絶の自覚のゆえにそれを希求することを意味する。プラトンにおいては、sophistês と philosophos の差異、そして両者が係わる知の差異（Verstand と Vernunft）が問題になる。主著の第三ポリス・モデルにおいてはいわば das regulative Prinzip として alêtheia を直観しうる哲人王 basileus philosophos が方法的に設定されている。

デーマゴーゴス（煽動者）dêmagôgos

デミウルゴス（職人、製作者）dêmiourgos　→ 職人

討議 Diskurs

統制（統整）的原理 das regulative Prinzip（カント）

道徳 morality, Moralität

周知のようにヘーゲルは、とりわけカント倫理学を念頭において Moralität という語を用い、これと Sittlichkeit を概念的に区別している。ethos, mos, Sitte などはいずれも語源的には習俗規範を表す語であるが、日本語においては、「倫理」と「道徳」という語の使い方に混乱が見られる。

徳、アレテー、卓越性、器量 arête, virtus

aretê は、それぞれのもの（存在者）に固有の本性 physis を自己実現する機能・能力を意味する。この概念は、語源的にはともかく、agathon と密接に関連しているように思われる。この意味で万物についてその aretê を語りうる。プラトンの主著では人間のそれとして、知恵、勇気、節制、正義が挙げられている。より古くは、とりわけポリス戦士市民の andreiâ について用いられた。

【ナ】

内乱、スタシス stasis

謎 ainigma

ニヒリズム

能力、機能、権力、可能性 dynamis

ノモス、習俗規範、社会規範 nomos

nomos は、古代ギリシアにおいて意識的ないし無意識的に形成された人為的習俗規範あるいは慣習法一般である。nomos の人為のアスペクトが強調されれば、physis と対置され、その時処に応じたその相対性が問題になる。しかし、Gesellschaft において成立する形式法 law と対比されるならば、Gemeinschaft における nomos の諸個人への拘束（規制）力は全面的であるとも言えよう。

【ハ】

陪審法廷（民衆法廷）dikastêrion

排他性 Abgeschlossenheit

パイデイアー paideiâ → 教育、陶冶、教養

配分、分配 dianemêsis, distributio

価値・能力・資格（国家共同体への貢献度）に応じて kat' axian の価値（利益と負担）配分というとき、結局、問題になるのはその基準 kritêrion とこれについての判断能力である。

発見法 heuresis; Heuristik

パッレーシアー parrêsiâ

ハデス haidês

パトス pathos

範型、パラデイグマ paradeigma

反事実的 kontra-faktisch

悲劇 tragôidiâ

悲惨 Elend, dystychiâ

自己実現しうる stoikeion, elementum（本領、本来的境位）からはずれること。→ 疎外

必然、必要、必然性、anagkaion, anagkê

必要国家、悟性国家 Nots-und Veratandesstaat（ヘーゲル）

批判 Kritik（カント、マルクス、ホルクハイマー）

krinein（分ける、判別する）、krisis（判断、危機）、kritêrion（基準）などと語源を同じくする。Kriterium や Sollwert からの逸脱を判別することが、Kritik の語源的意味である。Kritik はとりわけ 18 世紀の啓蒙思想において用いられはじめた語であるが、カントとマルクスはそれぞれの主著のタイトルに、研究対象の存立と限界についての徹底的な吟味・検討という意味で使っている。

ヒュポテシス（仮定、仮説、根拠）hypothesis

病気 nosos

平等 ison, isotês, isonomiâ; homoion

平等の問題は、機会の平等と結果の平等との二者択一という問題に還元するわけにはいかない。前者であれ後者であれ、形式的平等が実質的不平等に帰着せざるをえないかぎり、形式的平等の主張はイデオロギーにならざるをえない。結局、アリストテレスのいう幾何学的比例に基づく配分的正義についていわば政治的判断そのものが問題になろう。

病理学 Pathologie

ファランクス（密集隊）phalanx

復讐 timôriâ

服従 douleiâ

不敬虔 asebeia → 敬虔 eusebeia

不幸 kakodaimôn, symphorâ → 幸福 eudaimonia

不死、不滅 âthanasiâ anôlethros

不条理；非合理性 absurditas; Irrationalität

不正 adikiâ → 正義 dikaion

普遍主義、普遍化

ブルジョア社会 die bürgerliche Gesellschaft

ブーレー boulê

プレオネクシアー pleonexiâ

pleonxiâ は pleon echein、すなわち mehr haben wollen（より多くを持とうとすること）、つまり無際限の欲望のことである。これはプラトンのいう「民主制的人間」の魂の病理であるとともに、近代資本制社会で生きる人間たちの魂の病理でもあろう。pleon（より多く）というのは、必要を超えて、と他者よりもより多く、の両義を持つであろう。貨幣や権力の無際限の追求という欲望の転倒・逸脱、つまり魂の病理を示している。

分業（社会的総労働の機能分割）Teilung der gesellschaftlichen Arbeit → 協業 Zusammenwirken; Kooperation

文明 civilization

分有 methexis

平和 eirênê

ヘスティアー（竈）hestiâ

弁証法、問答法 dialektikê

弁証法という概念は、プラトン、スコラ哲学、カント、フィヒテ、シェリング、ヘーゲル、マルクス主義などにおいて異なる意味で用いられている。プラトンにおいては無知の自覚に発する客観的かつ普遍的な真実を探求する方法 methodos（仮説演繹法の一種）と言えるであろう。現象することがら（諸規定の総体としての具体的なもの das Konkrete）からより抽象的もの das Abstrakte、あるいは本質規定 hypothesis（die elementarische Form）にまで下向し、ここから再び諸規定を付加しながら、das Konkrete へと上向し、これを再構成する、思惟の往還運動。これはあることがらをあることがらたらしめているその被規定性・被媒介性を、そのことがら自身が自己発見していく過程でもある。その際、一方で、この運動を起動する何らかの archê を、そして他方で、hypothesis の設定とこれを経験的検証によって再設定していく（分析・綜合、演繹・帰納の）過程を統制（統整）する何らかの原理を、想定せざるをえない。

法、法則、法律 nomos, lex, loi, law, Gesetz; Recht

複数の人間が共同で生活しているところには、対他関係 pros heteros において正しいこと dikaion, ius, droit, right, Recht としていつもすでに妥当する少なくとも不文の掟あるいは習俗規範がある。広義の国家が成立しているところでは、ソフォクレスの悲劇『アンティゴネー』で呈示されているような、「神々の掟」と「国家の掟」との、一般的に言えば、道徳と法との、乖離が現出しうる。国家における支配と統治は、いつも何らかの法、権力、人（支配者・統治者）の三要件を通じて遂行されるのであって、厳密に言えば、「人の支配」か「法の支配」かの二者択一は問題になりえない。妥当している Recht の主観的アスペクトを Recht（権利）と呼ぶならば、その客観的なアスペクトが Gesetz（拘束力・規制力ないし義務をともなって現れる法則・法律）ということになろう。Gemeinschaft における道徳と法が未分化の規範が nomos であるとすれば、これは特殊なものであるがゆえに、諸個人の生活を全面的に規制しうる。Gesellschaft において成立する（定立 tithenai;lay; setzen される）Law, Gesetz はその形式性、抽象性ゆえにより普遍的に妥当するとともに、諸個人の生活の限定された共通部分にのみ規制力を持つことになる。

法化、法制化、法権利化 Vergesetzlichung, Verrechtlichung

忘却 lêthê

報酬 misthos

方法 methodos ；方法論 ta methodika → 探求

放埒、アコラシアー akolasiâ, akrateia

暴力 biâ

ホリスモス（普遍定義）horismos

本質、実体 ousiâ, to ti estin ； essentia; Wesen → ウーシア

【マ】

瞞着、欺瞞 apatê

密集隊 phalanx

身分、階層 Stände; Klasse

ミュートス mythos → 神話、物語

民会 ekklêsiâ

民主制、デーモクラティアー dêmokratiâ; ochlokratiâ

dêmokratiâ は、プラトンの主著においては、堕落した国制の第三形式、つまりその極限形式である僭主制の一つ手前の国制である。これは恣意の意味での自由と悪平等（算術的平等）としての平等とを原理とするポリス形式である。アリストテレスは国制一般をpolîteiâ と呼ぶと同時に多数制をも同じ名で呼んでいるが、この多数制の堕落形式をdêmokratiâ としている。Thoukydidês の筆になる Periklês の件の国葬演説でスパルタのoligarchiâ ないし aristokratiâ に対比して呈示されているアテーナイの dêmokratiâ は、内容的には、狭義の polîteiâ あるいはアリストテレス的混合国制である。治者と被治者の同一性に基づく国制は、厳密に言えば、dêmokratiâ ではなく、広義の polîteiâ ないし res publica である。因みに、dêmokratiâ, Demokratie の訳語として汎通している「民主主義」もやはり誤訳と言わなければならないであろう。

無際限 apeiron

ムーシケー（音楽）mousikê

無知 agnoia, anoia, amathia

無恥 anaideiâ

名誉、名誉制 tîmê; tîmokratiâ

koinôniâ symmakê の構成メンバーに固有の徳としての andreiâ に根ざす tîmê であっても、そこで logos と ergon が実際に一致していないかぎり、すでにそこには退廃が兆している。プラトンの描くソクラテスはアテーナイ市民に問うている。「金や名誉を追い求め、魂の世話を疎かにして恥ずかしくないのか」と。

目的、終局 telos

模倣、ミメーシス mimêsis

模倣は、善かれ悪しかれ、人間存在に固有の共同性に根在している。人間が人間に固有の徳を実現しうるのは、よりすぐれたモデル paradeigma を選び抜き、それを模倣することによってである。

【ヤ】

有機体 organism

ユートピア utopia

善く生きる eû zên, gut leben

『クリトン』篇で呈示された「大切なことは生きることではなく、善く生きることである」というテシスは人口に膾炙している。そこではまた、「善く生きる」ことは、正しく

dikaiôs、見事に kalôs 生きることである、と言われている。

抑制、抑圧、禁止、自制、エンクラテイアー egkrateia → sôphrosynê, Selbstbestimmung

抑制、抑圧は、対他関係と自己内関係の両方における、支配、統治、教育（陶冶）にかかわる。いずれにしても、非合理的抑圧は解除しなければならないが、理性に適う制御や自己抑制は、アイデンティティ形成に不可欠である。

欲望、欲求 epithymiâ, epithymêtikon; orexis

所与の生理的・身体的な必要に根ざす欲求と他者関係 pros heteron において成立する不必要な欲望とは区別しなければならないであろう。しかし、必要の限度を超えていく欲望、つまり pleonexiâ もまた人間の physis に根ざしているとも言えよう。とすればまた、人間が人間に固有の徳を実現することは、この pleonexiâ を如何に自己制御するかにかかっていると言えよう。

より先、より後 proteron; histeron

【ラ】

理性 logistikon, logos, nous、noêsis; ratio; Vernunft → 知

理性に当たる言葉は印欧語にもさまざまあるようであるが、概念的には悟性 Verstand と理性 Vernunft、構成的原理と統制的原理、分析的理性と弁証法的理性などの区別をすることが重要であろう。世界の秩序（形相、法則）を客観的理性と呼べば、それを写し取る（嗅ぎ取る、聴き取る）人間の認識能力は主観（主体的）理性ということになる。

立法者 nomothetês; legislateur; Gesetzgeber

良心 conscientia; Gewissen

古典ギリシア語には、conscientia や Gewissen に直接的に該当する語（概念）はないと言えるのではあるまいか。voluntas や Wille についても同じこと言えよう。ラテン語では conscientia は意識も良心も意味しうるが、現代語では Bewusstsein と Gewissen、consciousness と conscience のように異なる語が成立している。いずれにしても、知識活動 Wissen, sciere のいわば回折性、反照性、自己言及性に係わっている。良心という概念は、もちろんキリスト教的な原罪意識と密接な関係を持つであろうが、ソクラテスの「魂の世話」もことがらとして係わっていると言えよう。

理論、観照 theôriâ

アリストテレス以来のプラトン批判者たちが思い込んでいるのとは異なり、プラトンにおいては、thôrein, prattein, poieîn が切断されているのでも、混同されているのでもなく、むしろ区別され、かつ結び付けられているのである。

輪廻転生

輪番制 peristrophê

倫理 ethic. Ethik

類比、比例、アナロギアー analogiâ

隷属 douleiâ

連帯 solidality; Solitalität

労働 Arbeiten; labour; ergasiâ, ergazesthai

狭義の労働は人間の生存のために必要な財を調達するための必要やむをえない労苦を意味している。それは生理的・身体的に生きながらえるためのエネルギー支出であったり、道具的行為とされたりもする。ヘーゲルや初期マルクスにおける労働概念は、人間の自己実現のための労苦一般を指示している。価値や意味の成立するトポスは、人間と人間との交換過程 Verkehr; Kommunikation でも、人間と自然との交換過程（Produktion）でもなく、両過程が交錯するところである。

浪費 asôtiâ

ロゴス logos

語源的に動詞 legein（1. 集める、数える、枚挙する、選択する、2. 話す、言う）の語義を含意して、言葉、言説、論理などの意味を持つ。ergon（行為）や mythos（神話）と対比して用いられる。

論証 apodeixis

文献一覧

I．プラトンのテクスト

Platonis opera, J. Burnet, Oxford 1900-1907

Platon, Werke in acht Bänden, hrsg. von G. Eigler, übers. von F. D. Schreiermacher, H. Müuller u.a., 2. Aufl., Darmstadt 1990（griechisch-deutsch）

Plato, Loeb Classical Library, Harvard University Press

『プラトン全集』、全15巻（田中美知太郎、藤沢令夫編、岩波書店）

II．その他の古典的テクスト

Aristotle, *Politics, Metaphysis, Nicomachean Ethics, Athenian Constitution*, Loeb Classical Library, Cambridge ；アリストテレス『政治学』（山本光雄訳、岩波書店）、『ニコマコス倫理学』（高田三郎訳、同）、『アテナイ人の国制』（村川堅太郎訳、同）

Diogenes Laertius, *Lives of Eminent Philosopers*, LCL.；ディオゲネス・ラエルティウス『ギリシア哲学者列伝』（加来彰俊訳、岩波書店）

Hesiod, *The Homeric Hymns and Homerica*, LCL.

Sophocles, *Oedipus Tyrannus*, LCL.；ソポクレス『オイディプス王』（藤沢令夫訳、岩波書店）

Thucydides, *History of the Peloponnesian War*, LCL ；トゥーキュディデース『戦史』（久保正彰訳、岩波書店）

Xenophon, *Memorabilia*, LCL.；クセノフォーン『ソークラテースの思い出』（佐藤理訳、岩波書店）

Die Fragmente der Vorsokratiker, ed. Diels/Kranz, Berlin, 1960/1

Novum Testamentum Graece et Latine, Nestle Aland, Deutsche Bibelgesellschaftm Stuttgart, 1984

III．プラトンの政治哲学に関する文献

参照されるべきテクストはuferlosであるが、最新の文献については以下のテクストにかなり網羅されている。

Ottmann, Hennig, *Geschichte des politschen Denkens* Die Griechen Von Platon bis zum Hellenismus, Bd. 1, Stuttgart, 2001, S. 103-110

The Cambridge Companion to *Plato*, ed. By R. Kraut, 1992, P. 493-529

The Cambridge Companion to *Plato's Republic*, ed. By G. R. F. Ferrari, 2007, P. 474-510

Otfried Höffe, Klassiker auslegen: *Platon Politeia*, Berlin, 1997, S. 363-369

ここでは若干のテクストを挙げる。

〔A〕

Annas, J., *An Introduction ton Plato's Republic*, New York, 1981

〔**B**〕

Baumgarten, H. U., *Handlungstheorie bei Platon*, Stuttgart, 1998

Bien, G., Das Theorie-Praxis-Problem und die politische Pilosophie bei Platon und Aristoteles, in: Philosophisches Jahrbuch 76, 1968/69, S. 264-314

Bubner, R., *Welche Rationalität bekommt der Gesellschaft?*, Ffm., 1996; *Antike Themen und ihre moderne Verwandlung*, Ffm., 1992

〔**C**〕

Coleman, J., *A history of Plotical Thought From Ancient Greece to Early Christianity*, Blackwell Publishing, 2000

Cornford, F. M., *Before and after Socrates*, 1958 (1932)

Cross, R. C., and Woozley, A. D., *Plato's Republic. A Philosophical Commentary*, London, 1964

〔**F**〕

Ferber, R., *Platos Idee des Guten*, Sankt Augustin, 1984

Foster, M. B., *The Political Philosophies of Plato and Hegel*, Oxford, 1935

Friedländer, P. *Platon*. 3 Bde., 3 Aufl., Berlin, 1963-73 (1928)

〔**G**〕

Gadamer, H. G., *Platos dialektische Ethik und andere Studien zur platonischen Philosophie*, Hamburg, 1968

Gaiser, K., *Platon und die Geschichte*, Stuttgart, 1961

Graeser, A., *Platons Ideenlehre*, Bern/ Stuttgart, 1975

Guthrie, W. K. C., *A History of Greek Philosophiy*, Vol. I-V, Cambridge University Press, 1962-1978

〔**H**〕

Horkheimer, M / Adorno, T. W., *Dialektik der Aufklärung*, Ffm., 1969 (1944)

Habermas, J., *Legitimationsprobleme im Spätkapitalismus*, Ffm., 1973 ; *Zur Rekonstruktion des Historischen Materialismus*, Ffm., 1976; *Theorie des kommunikativen Handelns*, Ffm. 1981; *Einbeziehung des Anderen*, Ffm., 1996; *Faktizität und Geltung*, Ffm., 1992

Howland Jacob, *The Republic. The Odyssey of Philosophy*, New York, 1993

Hegel, G. W. F., *Vorlesungen zur Geschichte der Philosophie*, (Werke 19), Ffm.; *Phänomenologie des Geistes*, (Werke 3); *Vorlesungen über die Philosophie der Geschichte*, (Werke 12); *Grundlinien der Philosophie des Rechts*, (Werk 7)

Heidegger, M., *Platons Lehre von der Wahrheit*, Bern, 1947

Höffe, O. (Hg.), *Klassiker auslegen: Platon. Politeia*, Berlin, 1997

〔**I**〕

Irwin, T., *Plato's Ethics*, New York, 1995

〔**J**〕

Jaeger, W., *Paideia*, Berlin/ New York, 5. Aufl., 1989

〔**K**〕

Kant, I., *Zum ewigen Frieden. Ein philosophischer Entwurf*, in Schriften zur Anthropologie, Geschihtsphilosophie, Politik und Pädagogik 1, (Werkausgabe Bd. XI)

Kelsen, H., *Die Illusion der Gerechtigkeit. Eine kritische Untersuchung der Sozialphilosophie Platons*, Wien, 1985

Kersting, W., *Platons "Staat"*, Darmstadt, 1999

Kierkegaard, S., *Über den Begriff der Ironie. Mit ständiger Rücksicht auf Sokrates*, Düsseldorf/Koln, 1961

Krämer, H. J., *Arete bei Platon und Aristoteles. Zum Wesen und zur Geschichte der Platonischen Ontologie*, Heidelberg, 1959

Kuhn, H., *Sokrates. Versuch über den Ursprung der Metaphysik*, München, 1959

〔L〕

Levinson, R. B., *In Defense of Plato*, Cambridge, 1953

〔M〕

Mara, G. M., *Socrates' Discursive Democracy. Logos and Ergon in Platonic Political Philosophy*, New York, 1997

Marx, K., *Grundrisse der Kritik der politischen Ökonomie*, Berlin , 1953

Maurer, R., *Platons "Staat" und die Demokratie*, Berlin, 1970

〔N〕

Natorp, P., *Platos Ideenlehre, Eine Einführung in den Idealismus*, Hamburg（1902）

〔P〕

Patt, W., *Grundzüge der Staatsphilosophie im klassischen Griechentum*, Würzburg, 2002

Picht, G., *Die Fundamente der griechischen Ontologie*, Stuttgart, 1996

Popper, K., *Die offene Gesellschaft und ihre Feinde*, Bd. 1: Der Zauber Platons, Bern, 1957

〔R〕

Reale, G., *Zu einer neuen Interpretation Platons*, Paderborn, 1993

Reeve, C. D. C., *Philosopher-Kings. The Argument of Plato's Republic*, Princeton, 1988

Riedel M.（Hg.）, *Hegel und die antike Dialektik*, Ffm., 1990

Ritter, J., *Metaphysik und Politik. Studien zu Aristoteles und Hegel*, Ffm., 1969

Rosen, S., *Plato's Statesman. The Web of Politics*, Yale University Press, 1995

Ross, W. D., *Plato's Theory of Ideas*, Oxford, 1953

Rowe, C. / Schofield, M., *The Cambridge History of Greek and Roman Political Thought*, Cambridge UP., 2000

〔S〕

Sabine, G. H., *A history of political philosophy*, New York, 1961（1937）

Schofield, M., *Plato*, Oxford, 2006

Schubert, A., *Platon: "Staat"*, Paderborn, 1995

Stenzel, J., *Platon der Erzieher*, Hamburg, 1961（Leipzig, 1928）; *Studien zur Entwicklung der platonischen Dialektik von Sokrates zu Aristoteles*, Darmstadt, 1961

Straus, L., *The city and man*, Chicago, 1964

〔T〕

Topitsch, E., *Vom Ursprung und Ende der Metaphysik. Eine Studie zur Weltanschauungskritik*, Wien, 1958

〔**V**〕

Vernant, J. P., *Mythos und Religion im alten Griechenland*, Ffm. 1995

Vlastos, G., *Platonis Studies*, Princeton, 1973

Voegelin, E., *Order and History*, II. *The world of the polis*, III. *Plato and Aristotle*, 1957

〔**W**〕

Wallch, J. R., *The Platonic Political Art. A Study of Critical Reason and Democracy*, Pennsylvania, 2001

Weber, M., *Gesammelte Aufsätze zur Sozial- und Wirtschaftsgeschichte*, Tübingen, 1924; *Gesammelte Aufsätze zur Religionssoziologie I*, Tübingen, 1920-1

Wilamowitz-Moellendorff, U. v., *Platon. Sein Leben und seine Werke*, 3. Aufl., Berlin/Ffm., 1948

Wild, J., *Plato's Modern Enemies and the Theory of Natural Law*, Chicago, 1953 Ⅳ

Ⅳ．和書

〔ア〕

天野正幸、『イデアとエピステーメー』（東京大学出版局、1998 年）、『正義と幸福』（同、2006 年）

岩田靖夫、『ソクラテス』（勁草書房、1996 年）、『倫理の復権』（岩波書店、1994 年）

大塚久雄、『共同体の基礎理論』（岩波書店、1955 年）

〔カ〕

加来彰俊、『ソクラテスはなぜ死んだか』（岩波書店、2004 年）、『プラトンの弁明』（同、2007 年）

加藤信朗、『初期プラトン哲学』（東京大学出版会、1988 年）、『哲学の道』（創文社、1997 年）、『ギリシア哲学史』（東京大学出版会、1996 年）

柄谷行人、『トランス・クリティーク』（批評空間、2001 年）、『世界共和国へ』（岩波書店、2006 年）

川島重成、『オイディプース王を読む』（講談社、1996 年）

〔サ〕

斎藤忍随、『知者たちの言葉』（岩波書店、1976 年）、『プラトン』（同、1972 年）、『幾度もソクラテスの名を　II』（みすず書房、1986 年）

佐々木毅、『プラトンと政治』（東京大学出版会、1984 年）、『プラトンの呪縛』（講談社、1998 年）

雀部幸隆、『ウェーバーと政治の世界』（恒星社厚生閣、1999 年）、『ウェーバーとワイマール――政治思想史的考察』（ミネルヴァ書房、2001 年）

関曠野、『プラトンと資本主義』（北斗出版、1982 年）

瀬口昌久、『魂と世界』（京都大学学術出版会、2002 年）

〔タ〕

竹内芳郎、『国家と文明――歴史の全体化理論序説』（岩波書店、1975 年）

〔ナ〕

仲手川良雄、『古代ギリシアにおける自由と正義』（創文社、1998 年）

南原繁、『国家と宗教』（岩波書店、1942 年）、『政治理論史』（同、1962 年）

〔ハ〕

藤沢令夫、『ギリシア哲学と現代』（岩波書店、1980 年）、『プラトンの哲学』（同、1998 年）、『世界観と哲学の基本問題』（同、1993 年）、『イデアと世界』（藤沢令夫著作集 II, 岩波書店、2000 年）

〔マ〕

真木悠介、『現代社会の存立構造』（筑摩書房、1977 年）

松尾太郎、『経済史と資本論』（論創社、1986 年）

松本正夫、『西洋哲学史――古代・中世』（慶應通信、1990 年）

丸山真男、『政治の世界』（1950 年）（丸山真男集、第五巻、所収、岩波書店）

三嶋輝夫、『規範と意味――ソクラテスと現代』（東海大学出版会、2000 年）

〔ヤ〕

山川偉也、『古代ギリシアの思想』（講談社、1993 年）

山本建郎、『新編プラトン『国家論』考――政治理念と形而上学の交錯の一断面』（影書房、1993 年）

吉田敦彦、『オイディプスの謎』（青土社、1995 年）

〔ワ〕

和辻哲郎、『ポリス的人間の倫理学』（岩波書店、1971 年）、『風土――人間学的考察』（岩波書店、1935 年）

【著者紹介】
永井健晴（ながい　たけはる）

現在、大東文化大学法学部政治学科教授、フランクフルト大学哲学博士。

著訳書：“*Natur und Geschichte — Die Sozialphilosophie Max Horkheimers*”（Dissertation, Goethe Uni. Frankfurt a.M., 1982）、ヘーゲル『法権利の哲学』（共訳、1991年、未知谷）、L・ゴルドマン『啓蒙精神と弁証法的批判』（2000年、文化書房博文社）、C・ソーンヒル『現代ドイツの政治思想家』（共訳、2004年、岩波書店）。R・マオラー『プラトンの政治哲学（2005年、風行社）、学術論文に、「ハーバーマスの政治理論」（2002年、日本政治学会年報、岩波書店）ほか。

プラトン政治哲学批判序説——人間と政治

2008年3月25日　初版第1刷発行

著　者　永井健晴
発行者　犬塚　満
発行所　株式会社　風行社
〒102－0073　東京都千代田区九段北1－8－2
電話・FAX　03－3262－1663
振替 00190－1－537252

印刷・製本　株式会社理想社

ISBN978-4-86258-019-1